Durch Gelübde leben

SHŌHAKU OKUMURA

DURCH GELÜBDE LEBEN

EINE EINFÜHRUNG IN DIE GELÜBDE
UND REZITATIONS-SUTRAS DES ZEN

HRSG. UND VORWORT VON
DAVE ELLISON

AUS DEM AMERIKANISCHEN VON
RYŌSHUN BARBARA LUTZ

WERNER KRISTKEITZ VERLAG

Umschlaggestaltung unter Verwendung eines Gemäldes von Eiji Imao mit dem Titel *Tsukinohikari* («Mondlicht»), mit freundlicher Genehmigung.

ISBN 978-3-932337-71-0

www.kristkeitz.de

Inhalt

Vorwort des Herausgebers

Bei ihrer ersten Begegnung mit den Sūtras sind viele Zen-Anfänger perplex. Einige Worte mögen vertraut scheinen, weil man sie schon woanders gelesen hat. Vielleicht erscheint auch das allgemein Wesentliche offensichtlich. Aber beim ersten Lesen sind viele Sūtras eine undurchdringliche Mischung aus bedeutungslosen, fremden Sätzen und unlogischen Widersprüchen. Für den erfahrenen Zen-Schüler können Sūtras noch eine andere Art Problem darstellen. Nach Jahren des Studiums und der Praxis verfallen viele von uns in enge, reflexhafte Interpretationen der Sūtras, die wir so oft rezitiert haben. Dieses Buch zielt direkt auf beide Probleme ab. Als erfahrener Praktizierender spricht Shōhaku Okumura klar und offen über die persönliche Bedeutung und Tragweite der Zen-Praxis. Er verwendet seine eigenen Lebenserfahrungen, um Anfängern die praktische Bedeutung der Sūtras zu veranschaulichen. Als ein Gelehrter der buddhistischen Literatur legt er das subtile und kompliziert-verwickelte Netzwerk von Kultur und Geschichte offen, das die Worte umgibt, die dem schon lange Praktizierenden so vertraut sind. Das Endergebnis ist das eines mitfühlenden Freundes, der seit Jahrzehnten Zen praktiziert hat (und auch ganz zufällig ein buddhistischer Gelehrter ist) und acht der wichtigsten Sūtras geduldig erklärt, mit Anmerkungen versieht und veranschaulicht. Esoterische Begriffe aus dem Sanskrit erlangen so lebendige und persönliche Bedeutung. Überstrapazierte, leere Sätze erhalten reichhaltigen, neuen, poetischen Klang. Sowohl dem Neuling als auch dem erfahrenen Praktizierenden erwächst daraus eine reichhaltigere Wertschätzung dieser Sūtras.

Nehmen wir zum Beispiel das Wort «Gelübde». Viele heutige Leser, Wissenschaftler, Skeptiker und weltliche Humanisten fühlen sich mit diesem Begriff ausgesprochen unbehaglich. Manche mögen empfinden, dass er mit dem Makel altertümlichen Dogmas behaftet sei, eingehüllt in muffige, juwelenbesetzte Gewänder. Er lässt starre Regeln zu Ernährung, Sexualpraktiken, Kleidung und sozialen Hierarchien erahnen. Okumura-Rōshi verwendet die Lehren und die Poesie Buddhas, Dōgens, Katagiri-Rōshis, Uchiyama-Rōshis und anderer, um die zentrale Rolle von Gelübden in der Zen-Praxis zu erhellen. Durch dieses Vorgehen gibt er dem Wort einen frischen Gehalt. Anstelle einer statischen Verpflichtung wird Gelübde als ein dynamischer, alltäglich stattfindender Ausdruck des fundamentalsten Aspekts unserer wahren Natur aufgezeigt. Er zeigt, wie unsere Sitzpraxis, unsere Zen-Gemeinschaft und unser Lebensvollzug umfassend durch Gelübde belebt und erhellt werden können.

Leerheit, *śūnyatā,* ist wie viele Begriffe des Zen schwer zu fassen und widersprüchlich. In seinem Kapitel zum *Herzsūtra* gebraucht Okumura-Rōshi die Worte von Meistern, ausgewählt aus der fünfundzwanzig Jahrhunderte alten Tradition des Zen, um diese herausfordernde und doch äußerst wichtige Wirklichkeit zu erhellen. Das Ergebnis ist vielschichtig, kulturübergreifend, philosophisch und gleichzeitig persönlich. Seine Interpretation der fünf *skandhas* kann als Umschreibung eines modernen, neurowissenschaftlichen Textes gelesen werden. Er zitiert Nāgārjuna, der vor beinahe zweitausend Jahren gelebt hat, um aufzuzeigen, wie das Gewahrsein der Leerheit ganz natürlich zu einem friedlicheren, stabileren Leben in unserer heutigen Welt führt. Vergänglichkeit und wechselwirkende Abhängigkeit sind nicht nur philosophische Gedankengebilde. Sie sind fundamentale Aspekte unserer täglichen Existenz. Fortgesetztes Wahrnehmen dieser Wirklichkeit führt ganz natürlich zu Großzügigkeit, Ich-losigkeit und innerer Ruhe. Die Wertschätzung und Anwendung dieser Vorstellung ist ein sehr praktisches Antidot gegen die um sich greifende Angst in unserer heutigen Konsumgesellschaft.

Dieses Buch bietet dem nachdenklichen Leser eine Gelegenheit, die gesammelten Einsichten aus fünfundzwanzig Jahrhunderten disziplinierter spiritueller Forschung auf ihre eigene Alltagsexistenz anzuwenden. Es ist weder ein schnelles, müheloses Allheilmittel noch eine abstrakte, metaphysische Abhandlung, sondern vielmehr eine Folge von Wegweisern, um den fest entschlossenen Suchenden zu leiten und zu inspirieren.

Dave Ellison

Vorwort des Autors

Dieses Buch basiert auf einer Reihe von Vorträgen, die ich als zeitweise leitender Lehrer am Minnesota Zen Meditation Center (MZMC) in Minneapolis von September 1993 bis August 1996 hielt. Das Zentrum wurde von Dainin Katagiri-Rōshi gegründet. Er kam ursprünglich 1963 in die Vereinigten Staaten, um im Zenshū Sōtōji zu dienen, dem Sōtō-Zen-Tempel der japanisch-amerikanischen Gemeinde in Los Angeles. Ein paar Jahre später zog er um ins Sōkōji, um Shunryū Suzuki-Rōshi zu assistieren, dem dort ständig residierenden Mönch und Gründungslehrer des San Francisco Zen Center. Er praktizierte und lehrte dort als Assistent bis zu Suzuki-Rōshis Tod im Jahr 1971. Im Jahr darauf zog er nach Minneapolis und gründete das MZMC, wo er als Abt bis zum seinem Tod mit dreiundsechzig Jahren im März 1990 diente.

Das MZMC liegt am östlichen Ufer des Lake Calhoun im Süden von Minneapolis in der Nähe des Uptown-Viertels. Es wurde von Katagiri-Rōshi «Kōun-zan Ganshōji» benannt. Der Name des Berges (*zan*) Kōun bedeutet «die Wolken pflügen» und entstammt einem sehr bekannten Gedicht Dōgens.[1] Der Tempelname «Ganshō» bedeutet «Gelübde leben» und spielt auf eine der Definitionen eines Bodhisattvas an: «Gewöhnliche Menschen sind diejenigen, die von ihrem Karma herumgezerrt werden (*gosshō no bonpu*); Bodhisattvas sind diejenigen, die geleitet durch ihre Gelübde leben (*ganshō no bosatsu*).»

Ich hatte im Jahr 1988 die Gelegenheit, einen Monat lang mit Katagiri-Rōshi im Kloster Daijōji in Kanazawa zu praktizieren. Er war dort leitender Lehrer, und ich einer der Assistenten, einer speziellen, einen Monat lang dauernden Trainingsperiode, die von der Sōtōshū Shūmuchō für westliche Sōtō-Zen-Lehrer gesponsert wurde. Katagiri-Rōshi hielt für die westlichen Lehrer auf Englisch Vorträge über das Kapitel *Kūge* («Die Blume der Leerheit») des *Shōbōgenzō.* Ich war sehr erstaunt und auch sehr inspiriert, als ich seinen Vorträgen zuhörte. Ich hatte schon einige Erfahrung darin, vor Menschen aus dem Westen auf Englisch Dharma-Vorträge zu halten, aber bis zu diesem Zeitpunkt hätte ich nicht gedacht, dass ich

Vorträge zum *Shōbōgenzō* halten könnte. Später hatte ich mehrmals die Gelegenheit, seinen Schülern am MZMC Lehrvorträge zu halten, als er an Krebs erkrankt war. Das war der Grund, warum ich drei Jahre nach Katagiri-Rōshis Tod als zeitweise leitender Lehrer eingeladen wurde.

Als ich die Einladung des MZMC annahm, beschloss ich, Katagiri-Rōshis Praxisstil fortzuführen und den gleichen grundlegenden Geist der Bodhisattva-Praxis bzw. das Getragenwerden durch Gelübde (*ganshō*) zu übermitteln. Deshalb handelten die ersten sieben Vorträge, als ich zu lehren begann, von den Bodhisattva-Gelübden.

Einige der Unterschiede und Gemeinsamkeiten von Katagiri-Rōshis Praxisstil und meinem eigenen erklären sich aus den Umständen der Geschichte unserer Herkunftslinien. Von Śākyamuni Buddha bis zum siebenundfünfzigsten Vorfahren, Gangoku Kankei-Daioshō (1683–1767), ist unsere Linie genau die gleiche. Katagiri-Rōshi war die sechste Generation und ich bin die achte Generation nach Gangoku Kankei-Daioshō. Nicht lange nach seiner Ordination zum Sōtō-Zen-Mönch praktizierte Katagiri-Rōshi drei Jahre lang mit Hashimoto Ekō-Rōshi, der im Kloster Eiheiji *godō* (Ausbilder für Mönche während ihrer Schulung) war. Hashimoto-Rōshi war ein enger Freund von Kōdō Sawaki-Rōshi, und mein Lehrer, Kōshō Uchiyama-Rōshi, war Schüler von Sawaki-Rōshi. Beide betonten *nyohō-e*, das traditionelle Nähen des *o-kesa* und des *rakusu,* das von Mönchen und Laien getragen wird, die die Gebote Buddhas empfangen. Hashimoto-Rōshi und Sawaki-Rōshi praktizierten im Kloster Shuzenji unter der Leitung Oka Sōtan-Rōshis. Ein weiterer Schüler von Oka-Rōshi war Kishizawa Ian-Rōshi, mit dem Shunryū Suzuki in Japan studierte. Die Linien von Kishizawa-Rōshi, Hashimoto-Rōshi und Sawaki-Rōshi stehen deshalb in enger Beziehung zueinander. In den Vereinigten Staaten setzt sich der Einfluss dieser drei Rōshis durch die Linien von Suzuki-Rōshi, Katagiri-Rōshi und Uchiyama-Rōshi fort.

Obwohl Hashimoto-Rōshi und Sawaki-Rōshi gute Freunde waren, unterschied sich ihr Praxisstil ziemlich. Hashimoto-Rōshi betonte die Bedeutung der Bewahrung aller Details von Dōgen-Zenjis klösterlicher Praxis. Narasaki Ikkō-Rōshi und Tsūgen-Rōshi, die Äbte von Zuiōji, bewahrten Hashimoto-Rōshis Stil in Japan. Narasaki-Rōshi und Katagiri-Rōshi standen sich sehr nahe. Auch Katagiri-Rōshi hielt an Hashimoto-Rōshis sehr traditioneller klösterlicher Praxis fest und schickte einige seiner Schüler ins Zuiōji. Narasaki-Rōshi und Katagiri-Rōshi planten gemeinsam den Aufbau eines internationalen Klosters im Shōgoji in der Präfektur Kumamoto auf Kyūshū. Als der Aufbau der Mönchs-Halle (*sōdō*) abgeschlossen war, sollte Katagiri-Rōshi die internationale Sommer-Praxis-Periode leiten. Unglücklicherweise verstarb er zuvor.

Sawaki-Rōshi besaß niemals einen eigenen Tempel oder ein eigenes Kloster. Er war mehr als dreißig Jahre lang Professor an der Komazawa-Universität. Er bereiste ganz Japan, um zu lehren. Viele Laien begannen aufgrund seiner Anstrengungen, Zazen zu praktizieren. Sawaki-Rōshi wurde «der obdachlose Kōdō» genannt, weil er kein Kloster oder Tempel hatte, sondern stattdessen durch ganz Japan zog. Er nannte seinen Lehrstil ein «mobiles Kloster». Mein Lehrer Kōshō Uchiyama-Rōshi wurde von Sawaki-Rōshi ordiniert und praktizierte nur mit ihm. Nach Sawaki-Rōshis Tod wurde Uchiyama-Rōshi der Abt des Antaiji. Er konzentrierte sich auf eine Zazen-Praxis mit minimalem Anteil an Zeremonien, Ritualen und Formalitäten. Uchiyama-Rōshi führte fünf Tage dauernde «Sesshins ohne Spielzeug» ein, während denen wir einfach vierzehn Einheiten von fünfzigminütigen Zazen-Runden saßen. Ich wurde von Uchiyama-Rōshi ordiniert und praktizierte im Antaiji, bis er sich 1975 zurückzog.

Nachdem Uchiyama-Rōshi sich zur Ruhe gesetzt hatte, praktizierte ich im Zuiōji, wo Narasaki Ikkō-Rōshi Abt war. Eine kurze Zeit lang erlebte ich dort Hashimoto-Rōshis Praxisstil. So lernte ich unmittelbar aus erster Hand, dass Katagiri-Rōshis Praxisstil und der von Uchiyama-Rōshi gelehrte Stil ziemlich verschieden waren.

Kürzlich schrieb Arthur Braverman, ein Freund von mir aus dem Antaiji, einen Artikel in der Zeitschrift *Buddhadharma* über Uchiyama-Rōshi. In diesem sagt er:

> Während Shunryū Suzuki in den späten Sechzigern in San Francisco eine Zen-Revolution entzündete, versuchte Kōshō Uchiyama in Japan eine Zen-Reformation zu fördern. Das war vielleicht sogar die größere Herausforderung, wenn man bedenkt, über welche Macht die traditionelle Sōtō-Zen-Schule in Japan verfügt.

> Beide Meister waren fest von der Kraft der Meditation überzeugt, und beide machten einen meisterhaften Job in der Übermittlung der Bedeutung von Zazen an ihre Schüler. Während Suzuki-Rōshi versuchte, seine amerikanischen Schüler die Bedeutung vieler japanischer Formen erkennen zu lassen, versuchte Uchiyama seine japanischen Schüler darin zu unterrichten, nicht an den Formen festzuhalten, sondern die Formen aus der Praxis erwachsen zu lassen.[2]

Das ist eine sehr nachvollziehbare Erklärung sowohl des Unterschiedes zwischen als auch der zugrunde liegenden Übereinstimmung von Uchiyamas-Rōshis Stil und dem von Suzuki-Rōshi und Katagiri-Rōshi. Katagiri-Rōshi legte auch Wert auf formale, klösterliche Sōtō-Zen-Praxis. Für mich war es eine gewaltige Entscheidung, Katagiri-Rōshis Stil zu folgen. Für alle Nachkommen Dōgen-Zenjis ist der grundlegende Geist der Bodhisattva-Praxis natürlich der gleiche. Ich fühle, dass die Essenz der Bodhisattva-Praxis und der gemeinsame Boden der verschiedenen Praxisstile es ist, die Gelübde zu leben.

Katagiri-Rōshi hat oft über das Leben der Gelübde gesprochen. In seinem Buch *Each Moment Is the Universe* sagt er, dass aufrichtige Zazen-Praxis das gleiche sei, wie die Gelübde zu leben.

> Beim Zazen kommen viele Dinge hoch: Gedanken, Gefühle, manchmal Ärger und Hass. Aber alles, was du zu tun hast, ist, dich um Zazen mit seinem ewigen Potenzial zu kümmern. Es ist vollständig jenseits von gut oder schlecht, richtig oder falsch und räumt alle Arten von Vorstellungen beiseite, die dein Bewusstsein fabriziert. Halte nicht an Gedanken und Gefühlen fest, entlasse sie einfach in die Leerheit zurück. Sei einfach dort gegenwärtig und schwimme in der Buddha-Natur. Das ist Leben der Bodhisattva-Gelübde, um allen Wesen zu helfen. Dann wirst du von der gewaltigen Energie des Universums unterstützt, und du unternimmst einen Schritt in die Zukunft mit allen Wesen.[3]

Katagiri-Rōshi schrieb sein *yuige* (Abschiedsvers) einige Wochen vor seinem Tod:

> Gelübde leben, in Stille sitzen
> Dreiundsechzig Jahre lang

Pflaumenblüten beginnen zu erblühen
Der Juwelen-Spiegel reflektiert die Wahrheit, so wie sie ist.[4]

Während meine Praxis und mein Verständnis durch das Studium von Katagiri-Rōshis Praxisstil außerordentlich bereichert wurden, lernte ich von ihm auch, wie man Amerikaner unterrichtet. Dafür bin ich sehr dankbar. Zwanzig Jahre lang praktizierte ich Uchiyama-Rōshis Sesshin-Stil mit keinerlei anderer Aktivität außer Zazen. Am MZMC hielt ich Vorträge und gab *dokusan* (vertrauliche Unterredungen) während der Sesshins. Es war eine Herausforderung, aber ich lernte eine Menge dazu.

Nach der Vortragsreihe zum Thema «Durch Gelübde leben», sprach ich über die Verse und Sūtras im Sūtra-Buch des MZMC. Da diese regelmäßig rezitiert werden, stellen sie die buddhistische Literatur da, mit der die Praktizierenden im Sōtō-Zen am vertrautesten sind, gleichermaßen in Japan wie im Westen. Viele Menschen lernen sie auswendig. Aber die Bedeutung dieser Verse und Sūtras wird selten erklärt. Deshalb hielt ich Vorträge über sie. Ich sprach drei Jahre lang bis 1996 jeden Samstagmorgen über sie, bis meine Zeit als vorübergehend leitender Lehrer am MZMC abgelaufen war.

Die überwiegende Anzahl der in diesem Buch gesammelten Vorträge wurden von José Escobar und Dave Ellison aus Tonbandaufnahmen transkribiert. Einige Vorträge wurden nicht aufgenommen und einige Bandaufnahmen fehlten. Diese Abschnitte schrieb ich erneut nieder, um die Lücken zu füllen. Meine Vorträge über das *Herzsūtra* wurden von Dave transkribiert, editiert und im MZMC-Newsletter abgedruckt. Tom Goodell, einer der am MZMC Praktizierenden, war der erste, der an diesem Projekt arbeitete. Da sowohl Tom als auch ich sehr viel zu tun hatten, besonders nachdem ich nach Kalifornien umgezogen war, um für das Sōtōshu North America Education Center (derzeit Sōtōshu International Center) zu arbeiten, konnte das Projekt nicht vollständig abgeschlossen werden. Einige Jahre später wurde es von Dave freundlicherweise übernommen und mehr als zehn Jahre lang geduldig fortgeführt.

Ich hielt diese Vorträge vor mehr als fünfzehn Jahren, genau nach meinem Umzug von Japan nach Minneapolis. Obwohl ich fünf Jahre in den Vereinigten Staaten gelebt hatte, sprach ich kein flüssiges Englisch. Ich hatte nur ein begrenztes Vokabular zur Verfügung, um meine Gedanken auszudrücken. Ich bin mir sicher, dass es für Dave schwierig war, zu verstehen, was ich sagen wollte. Seine harte Arbeit, mein sehr japanisches Englisch in verständliches Englisch zu «übersetzen», hat meine tiefe Wertschätzung.

Auch möchte ich meine Wertschätzung für Jōkei Molly Whitehead, eine meiner Schülerinnen im Sanshinji, zum Ausdruck bringen. Während sie damit beschäftigt war, sich auf ihre Ordinationszeremonie vorzubereiten, arbeitete sie hart an den letzten Stationen dieses Buches und gab uns viele hilfreiche Anregungen. Weiters danke ich Andrea Martin, die mir erlaubte, einen frühen Entwurf ihres Buches *Ceaseless Effort: The Life of Dainin Katagiri* zu lesen und Katagiri-Rōshis *yuige* zu zitieren. Und schließlich bin ich höchst erfreut, Eiji Imaos wundervolles Gemälde «Tsukinohikari» (Mondlicht) auf der Titelseite dieses Buches zu haben. Ich schätze seine großzügige Genehmigung, ein weiteres seiner Gemälde zu nutzen, so wie wir es bereits bei dem Buch *Die Verwirklichung der Wirklichkeit* taten.

Katagiri-Rōshis Dharma-Erben und ihre Schüler erfüllten sein Gelübde, Dōgen-Zenjis Lehre und Praxis nach Amerika zu übermitteln. Der Baum des Dharmas, der von Katagiri-Rōshi umgepflanzt wurde, wächst weiterhin, während sich seine Wurzeln tief im Boden der amerikanischen spirituellen Kultur ausbreiten und in die Tiefe dringen, in Minneapolis Saint Paul wie auch anderswo. In tiefster Weise weiß ich ihre unablässigen Anstrengungen und ihre Freundschaft zu schätzen.

Mit Gasshō,
Shōhaku Okumura

Einführung

Alle buddhistischen Schulen praktizieren Rituale, Andachten und Zeremonien. Bei fast allen diesen formalen Handlungen rezitieren wir Verse, Gedichte oder Sūtras und Widmungen von Verdiensten (*ekō*). Jede buddhistische Schule hat eine Sammlung dieser Schriften, oft bezeichnet als «Sūtrabuch» (*kyōhon* auf Japanisch), die in der täglichen Praxis eingesetzt wird. Das vorliegende Buch enthält meine Vorträge zu einigen dieser Verse und Sūtras aus dem Sūtrabuch.

In der Sōtō-Zen-Tradition ist das offizielle Sūtrabuch, veröffentlicht durch die Verwaltungszentrale (Shūmuchō), das *Sōtōshū Nikka Gongyō Seiten.* Diese Sammlung wurde durch die Shūmuchō 2002 unter der Überschrift *Sōtō School Scriptures for Daily Service and Practice* in die englische Sprache übersetzt und veröffentlicht. Vor der Veröffentlichung dieses Buches schuf sich jedes Zen-Zentrum in den Vereinigten Staaten sein eigenes Buch, manchmal unter Verwendung unterschiedlicher Übersetzungen, und viele Zentren setzen immer noch ihre eigenen Versionen ein. Die Textgrundlage für die Vorträge im vorliegenden Buch ist das Sūtrabuch des MZMC.

Wie man weiß, gibt es keine perfekte Übersetzung, besonders im Fall religiöser Schriften. Eine Übersetzung, die sich exakt an der Bedeutung orientiert, ist oft schwer zu lesen und zu rezitieren. Aber um einen schönen Vers zu schaffen, müssen wir möglicherweise die exakte Bedeutung des ursprünglichen Textes opfern. Jeder Lehrer und jeder Übersetzer interpretiert unterschiedlich und drückt sich auf seine Weise aus. Die Übersetzungen der Version des MZMC, die ich, abgesehen von den Versen zu den Mahlzeiten, benutze, sind da keine Ausnahme. Manchmal biete ich ein Wortverständnis an, das sich von der Bedeutung unterscheidet, die in den Übersetzungen des MZMC ausgedrückt wird. Meine Interpretation fußt auf meinen Studien und meiner Praxis, ist aber nicht die einzig richtige. Meine Hoffnung ist, dass dieses Buch den Praktizierenden dabei helfen möge, die Bedeutung der Verse und Sūtren im Kontext ihrer eigenen Praxis zu verstehen. Vielleicht wird mein Kommentar die Grundlage für zukünftig bessere Übersetzungen sein.

Ich bin überzeugt, dass alle Verse und Schriften der Sōtō-Zen-Tradition auf der Mahāyāna-Lehre des Bodhisattva-Gelübdes beruhen. Deshalb habe ich dieses Buch *Durch Gelübde leben* genannt. Es soll nicht nur eine praktische Einführung in die Sōtō-Zen-Praxis sein, sondern auch in die Mahāyāna-Lehre im Allgemeinen.

Sōtō-Zen-Buddhismus ist Teil der buddhistischen Tradition des Mahāyāna, in der die Praktizierenden *bodhisattvas* genannt werden. Wir empfangen die Bodhisattva-Gebote und legen die Bodhisattva-Gelübde ab. Der historische Ursprung des Mahāyāna-Buddhismus ist bis jetzt nicht geklärt. Bis zum 19. Jahrhundert galten in Japan alle Mahāyāna-Sūtras als aufgezeichnete Reden Śākyamuni Buddhas. Als sich das heutige historisch informierte und kritische Buddhismus-Studium etablierte, fanden die Gelehrten heraus, dass die Mahāyāna-Sūtras erst mindestens mehrere hundert Jahre nach Śākyamuni Buddhas Tod geschaffen wurden. Als sie begannen, den Ursprung der buddhistischen Mahāyāna-Bewegung zu untersuchen, nahmen einige Forscher an, das Mahāyāna habe sich aus Mahāsāṃghika, einer der frühen buddhistischen Schulen, heraus entwickelt. Später legten Gelehrte wie Akira Hirakawa (1915–2002) nahe, dass der Mahāyāna-Buddhismus aus den buddhistischen Laienbewegungen in verschiedenen Regionen Indiens emporwuchs, eine Behauptung, die sich aus der Erforschung der Stūpaverehrung ableitete und der biografischen Literatur, die Śākyamuni Buddhas Bodhisattva-Praxis pries. Beispiele sind Texte wie das *Mahāvastu,* Aśvaghoṣas *Buddha-carita*, und die Jātaka-Erzählungen. Für mich als Student an der Universität war das eine neue und aufregende Hypothese. Viele japanische buddhistische Gelehrte akzeptierten die Theorie, obwohl sich die Meinungen darüber im Detail unterschieden. Gelehrte bildeten die Hypothese, dass es Bodhisattva-*gaṇas* (d. h., *saṅghas*) gab, die unabhängig von klösterlichen *saṅghas* existierten. Heutzutage wird diese Hypothese von einigen westlichen Forschern angezweifelt und nahegelegt, dass Mahāyāna als die Bewegung einer kleinen Anzahl von führenden Mönchen begann, die darauf abzielten, im Wald zu leben und zu praktizieren, wie Śākyamuni Buddha als Bodhisattva in seinen früheren Leben.

So oder so, eine der fundamentalen Ideen des Mahāyāna-Buddhismus ist es, die Bodhisattva-Gelübde abzulegen und wie Śākyamuni zu praktizieren, um die Buddhaschaft zu erlangen. Die Erzählung, dass Śākyamuni Buddha die Bodhisattva-Gelübde ablegte, erscheint nicht nur in den Biografien Buddhas, sondern auch in Darstellungen seiner vergangenen Leben. Ich denke, dass Śākyamunis Gelübde seinen Ursprung in dem Augenblick hat, in dem er sich von seinem Sitz unter dem Bodhi-Baum erhob und die Entscheidung traf, zu lehren. Diese Geschichte, die wahrscheinlich mehrere hundert Jahre nach Buddhas Tod entstand, war die ursprüngliche Inspiration zur Bodhisattva-Praxis. Ich würde gerne eine Geschichte aus dem Pālikanon vorstellen. Auch wenn es sich nicht um einen Mahāyāna-Text handelt, sind schon alle wesentlichen Punkte des Bodhisattva-Ideals vorhanden. Ein bedeutsamer Unterschied ist, dass sich in der Pālitradition der Ausdruck *bodhisattva* ausschließlich auf Śākyamuni selbst bezieht, und zwar, bevor er die Buddhaschaft erlangte. Erst später schuf die Tradition vergangene Buddhas wie Vipaśyin Buddha und den zukünftigen Buddha Maitreya. Aber Mahāyāna-Buddhisten waren überzeugt, dass jeder von uns ein Bodhisattva werden könnte, wenn wir nur *bodhi-citta* (den Geist des Erwachens) in uns aufkeimen ließen, die Bodhisattva-Gelübde ablegten und die sechs *pāramitās* oder Vollkommenheiten praktizierten.

Diese Erzählung stammt aus dem Khuddaka Nikāya des Pālikanons. Ein Teil dieses Nikāyas, die Jātakas, umfasst 547 Erzählungen aus Śākyamuni Buddhas früheren Leben. Eine dieser Geschichten handelt von Sumedha (der Buddha in einem früheren Leben). Als er das Gelübde ablegte, ein Buddha zu werden, sagte der Buddha Dīpaṃkara voraus, dass Sumedha in einem zukünftigen Leben erfolgreich die Buddhaschaft erlangen würde. Diese Geschichte veranschaulicht den Ursprung des Bodhisattva-Gelübdes und viele der wichtigen Punkte der Bodhisattva-Praxis. Es ist interessant, dass das archetypische Bild des Bodhisattvas schon in den Pāli-Nikāyas existierte.[5]

Diese Geschichte fand vor zahllosen Ewigkeiten statt. In einer Stadt namens Amaravatī lebte ein Brāhmin namens Sumedha, der eine herausragende Persönlichkeit einer angesehenen Familie war. Seine Eltern starben bereits, als er noch klein war. Ein Staatsminister, der der Verwalter des Familienvermögens war, zeigte Sumedha den von sieben Generationen angehäuften Reichtum, den er von seinen Eltern erbte. Die Schatzkammer der Familie war gefüllt mit Gold und Silber, Edelsteinen und Perlen und anderen Wertgegenständen.

Als er den Schatz sah, dachte er: «Nach dem Aufhäufen all diesen Reichtums konnte keiner meiner Verwandten und Vorfahren auch nur einen Penny mitnehmen, als sie starben. Wie könnte es angehen, dass ich beabsichtige, meinen Reichtum mit mir zu nehmen, wenn ich gehe?» Daraufhin teilte er dem König mit, dass er all diese Schätze den Armen geben und seine Heimstatt verlassen würde, um ein spirituell Praktizierender zu werden.

Er erkannte, dass ein im Saṃsāra – dem Kreislauf von Geburt, Krankheit, Alter und Tod – durchwandertes Leben Leiden bedeutet, und wollte den Pfad der Befreiung ins Nirvāṇa finden. Sumedha dachte sich: «Nehmen wir an, jemand, der in einen Haufen Unrat gefallen ist, erfährt von einem fernen Teich, der mit Lotosblumen fünf verschiedener Farben bedeckt ist. Jener Mensch sollte nach diesem Teich suchen. Wenn er das nicht tut, ist das nicht die Schuld des Teiches. Auf die gleiche Weise gibt es einen See – das große, todlose Nirvāṇa –, in dem der Schmutz meines schädlichen Karmas hinweggewaschen werden kann. Wenn ich das nicht anstrebe, ist es nicht die Schuld des Sees.» So verließ er die Heimat und zog in einen Wald in den Bergen des Himālaya, um dort als Eremit zu praktizieren. Weil er über große Fähigkeiten verfügte, erlangte er übermenschliches Wissen und übernatürliche Kräfte.

Während er dergestalt praktizierte, erschien Dīpaṃkara Buddha in der Welt und begann zu lehren. Dīpaṃkara Buddha besuchte eine Stadt nicht weit entfernt von dem Ort, wo Sumedha lebte. Die Menschen dieser Stadt luden den Buddha und seine Gefolgschaft zu einem Mahl ein. Zur Vorbereitung begannen sie die überflutete Straße zu befestigen und mit Blumen zu schmücken. Dorthin flog Sumedha kraft seiner übernatürlichen Kräfte. Er fragte, warum sie so schwer arbeiteten und so aufgeregt seien. Sie erklärten ihm, dass Dīpaṃkara Buddha komme. Sumedha war hocherfreut und bot seine Hilfe an. Da die Leute wussten, dass Sumedha über übernatürliche Kräfte verfügte, baten sie ihn, den schlammigen Teil der Straße mit Erde aufzufüllen. Aber Sumedha, obwohl er mit Leichtigkeit die schlammige Straße mithilfe seiner übernatürlichen Kräfte hätte auffüllen können, wollte stattdessen seine eigenen Hände nutzen. Er begann per Hand Erde zu transportieren. Unglücklicherweise trafen Dīpaṃkara Buddha und seine Gemeinschaft ein, bevor er seine Arbeit beenden konnte.

Sumedha wollte nicht, dass der Buddha durch den Schlamm gehen musste, und so löste er sein verflochtenes Haar, legte sich lang auf den Boden und bat den Buddha, über ihn zu laufen – ein dramatischer Ausdruck seines Bekenntnisses, zu Buddha, Dharma und Sangha Zuflucht zu nehmen. Sogar heutzutage vollziehen manche Buddhisten Niederwerfungen, indem sie ihre Körper in voller Länge auf dem Boden ausstrecken. Wenn wir uns in der Sōtō-Zen-Tradition niederwerfen, berühren wir mit fünf Teilen unseres Körpers – beiden Knien, beiden Ellenbogen und der Stirn – den Boden. Wir heben unsere nach oben gewandten Handflächen auf die Höhe unserer Ohren, als ob wir Buddhas Füße auf unseren Händen empfangen würden. Das ist die Form, in der wir dem Buddha unseren Respekt und unsere Dankbarkeit ausdrücken.

Als Sumedha, im Schmutz liegend, zu Dīpaṃkara Buddha aufblickte, legte er ein Gelübde ab: «Wenn es mein Wunsch wäre, könnte ich ab jetzt dem buddhistischen Sangha angehören und mich durch Meditationspraxis von verblendeten, menschlichen Sehnsüchten und Begierden befreien und ein Arhat werden. Im Tod könnte ich dann sofort Nirvāṇa erlangen und damit weitere Wiedergeburt beenden. Aber dies hieße, ein selbstsüchtiges Vorhaben zu verfolgen, weil dergestalt ich nur mich allein dadurch begünstigen würde. Ich möchte allen Wesen helfen, so wie es Dīpaṃkara Buddha jetzt tut. Mein Entschluss steht fest. Ich gelobe zu erreichen, was Dīpaṃkara Buddha erreicht hat, und allen Wesen Nutzen zu bringen.» Beim Anblick Dīpaṃkara Buddhas verwarf Sumedha seine frühere Absicht, Saṃsāra zu entfliehen. Ab sofort strebte er an, wie der Buddha zu leben und in Saṃsāra zu verweilen, um allen lebenden Wesen zu helfen.

Dīpaṃkara Buddha erblickte Sumedha im Schlamm liegend und erkannte, dass der junge Mann gelobt hatte, ein Buddha zu werden. Er verkündete seiner Gemeinschaft, dass Sumedha in ferner Zukunft zu einem Buddha namens Gautama würde. Sumedha war überaus erfreut, als er diese Voraussage hörte, und überzeugt, dass sein Gelübde verwirklicht werden würde. Nachdem er Sumedha für sein Gelübde gepriesen hatte, zogen Dīpaṃkara Buddha und seine Gefolgschaft von dannen. Auf diese Weise wurde Sumedha zu «dem Bodhisattva», was in diesem Fall «der designierte Buddha» bedeutet. Dies ist ein frühes Beispiel des Bodhisattva-Praxis genannten Pfades, den Śākyamuni Buddha gewählt hat.

Anschließend erkannte Sumedha, dass er die zehn *pāramitās* praktizieren sollte, um ein Buddha zu werden: die Vollkommenheit des Gebens (*dāna*), die Vollkommenheit des rechten Verhaltens (*śīla*), die Vollkommenheit des Verzichts (*nekkhamma*), die Vollkommenheit der Weisheit (*paññā*, eher bekannt in Sanskrit als *prajñā*), die Vollkommenheit des entschlossenen Bemühens (*viriya*), die Vollkommenheit der Geduld (*khanti*), die Vollkommenheit der Wahrhaftigkeit (*sacca*), die Vollkommenheit der Entschlossenheit (*adhitthāna*), die Vollkommenheit der liebenden Güte (*mettā*) und die Vollkommenheit des Gleichmuts (*upekkhā*). Diese Liste von zehn *pāramitās* findet sich im Pālikanon. Interessanterweise ist zu bemerken, dass fünf von ihnen (Geben, rechtes Verhalten, Geduld, Bemühen und Weisheit) in der Mahāyāna-Liste der sechs *pāramitās* vertreten sind. Die sechste *pāramitā*, die in der Pāli-Version fehlt, ist Meditation (*dhyāna*). Aber in einigen Mahāyāna-Sūtras, zum Beispiel im *Zehnstufen-Sūtra*, werden zehn *pāramitās* erwähnt, die gerade genannten sechs *pāramitās* und diese vier: geschickte Mittel (*upāya*), Gelübde, Entschiedenheit oder Entschlossenheit (*pranidhāna*), spirituelle Kraft (*bala*) und Wissen (*jñāna*).

Die Vorstellung Śākyamunis als eines Bodhisattvas ist im frühen Buddhismus und Mahāyāna gemeinhin ähnlich. Ein signifikanter Unterschied ist jedoch, dass Mahāyāna-Buddhisten immer daran festhielten, dass jedermann, sogar gewöhnliche Menschen wie wir, ein Bodhisattva sein kann, wenn er *bodhicitta* aufkeimen lässt, die Bodhisattva-Gelübde ablegt und die sechs *pāramitās* praktiziert. Keiner von uns kann erwarten, eine Prophezeiung zu erhalten, die uns versichert, dass wir die Buddhaschaft erlangen, aber da alle Wesen über ihnen innewohnende Buddha-Natur verfügen, ist es gewiss, dass wir unser Gelübde vollenden und die Buddhaschaft erreichen.

Das archetypische Bild des Bodhisattvas in dieser Geschichte legt nahe, dass alle buddhistische Mahāyāna-Praxis auf dem Bodhisattva-Gelübde fußt. Das Gelübde hat zwei Aspekte: ein Buddha zu werden und allen Wesen zu helfen, Buddhas zu werden. Diese beiden sind nicht voneinander zu trennen. Wir geloben, Buddhas zu werden gemeinsam mit allen Wesen. Das bedeutet, wir geloben, nicht eher ein Buddha zu werden, bis alle Wesen Buddhas werden. Wir geloben, in Saṃsāra zu verweilen, um Seite an Seite mit allen Wesen voranzuschreiten. Das erklärt, warum Zen-Meister Guīshān Língyòu (Isan Reiyū) sagte, er würde als Wasserbüffel wiedergeboren, denn der Wasserbüffel, der im schlammigen Wasser stapft, um den Bauern zu helfen, Reis anzubauen, symbolisiert Bodhisattva-Praxis. Das Bodhisattva-Gelübde ist ein essenzieller Punkt in den Lehren und in der Praxis des Mahāyāna. All die Verse und Sūtras, die in diesem Buch erörtert werden, basieren auf diesem Gedanken oder beziehen sich darauf.

Reue, oder Buße, ist auf innige Weise mit Gelübde verknüpft. Mein Lehrer Kōshō Uchiyama-Rōshi betonte stets, dass Gelübde und Reue zwei Seiten einer Praxis seien. Weil unser Gelübde ohne Ende ist, ist unsere Praxis niemals vollständig abgeschlossen. Sich dieser Unvollständigkeit bewusst zu sein, ist Reue. In *The Hungry Tigress* erzählt Rafe Martin die Geschichte vom Beginn der Suche Śākyamuni Buddhas nach der Wahrheit.[6] In dieser Geschichte war Śākyamuni ein König namens Suprabhasa. Eines Tages bat der König den Elefantentrainer, ihm seinen großen weißen Elefanten für einen Ausritt zu bringen. Der Trainer erwiderte, dass der Elefant in den Dschungel entkommen sei, dass er aber zurückkehren würde, weil er ihn gut trainiert hätte. Der König glaubte ihm nicht, wurde zornig, verlor jede Selbstbeherrschung, schrie ihn an und befahl ihm fortzugehen. Am nächsten Morgen berichtete der Trainer, dass der Elefant zurückgekehrt sei. «Das Training war gut», sagte er. «Wir haben seine alten, wilden Verhaltensweisen bezwungen.» Als er das hörte, dachte der König: «Obwohl ich ein König bin, der große Macht über andere hat, habe ich dennoch versagt, das zu erobern, was mir am nächsten ist – mich selbst. Ich war unfähig, meine eigene Wut in den Griff zu bekommen. Das reicht nicht aus.»

Solche Selbstreflexion und solches Gewahrwerden der eigenen Unvollkommenheit ist Reue. Dies ist der Ursprung von Śākyamuni Buddhas Suche nach dem WEG. Ebendieses Gewahrwerden verleiht uns die Energie, mit Nachdruck und Eifer zu lernen und zu praktizieren.

Der Vers der Drei Schätze zeigt deutlich die Verknüpfung von Zuflucht und Gelübde auf. Als Sumedha, auf der schlammigen Straße liegend, Dīpaṃkara Buddha bat, über ihn hinweg zu laufen, nahm er Zuflucht zu Buddha, Dharma und Sangha. Dīpaṃkara nahm Sumedhas Geste und Gelübde wahr und sagte voraus, dass er ein Buddha sein würde. Zuflucht nehmend schlagen wir klar die Richtung ein, der wir beabsichtigen zu folgen. Indem wir Zuflucht zu Buddha nehmen, geloben wir, zusammen mit allen Wesen seinen Weg der Weisheit und des Mitgefühls zu gehen; Zuflucht zum Dharma nehmend, geloben wir, die Lehren und die Weisheit, so grenzenlos wie der Ozean, zu teilen; Zuflucht zum Sangha nehmend, geloben wir, für uneingeschränkte Harmonie Sorge zu tragen.

In der Mahāyāna-Tradition wurden Menschen Buddhisten, als sie das Bodhisattva-Gelübde ablegten, ihren vorherigen Lebensstil bereuten und Zuflucht zu den Drei Schätzen nahmen. Manche von ihnen entschieden sich dafür, ihre Heimstatt zu verlassen und in Klöstern zu praktizieren. In den traditionellen Sōtō-Zen-Klöstern leben die zu schulenden Mönche in der Halle der Mönche, wo sie ihre gesamte Zeit und ihren gesamten Raum mit anderen Praktizierenden teilen. Ihre Gelübde-Praxis beinhaltet nicht nur das Studium der Dharma-Lehren und die Meditationspraxis, sondern alle Aktivitäten des täglichen Lebens, einschließlich schlafen, essen, arbeiten, das Gesicht waschen und den Kopf rasieren. Über die Unterkunft hinaus sind Nahrung und Kleidung die wichtigsten Bestandteile des Lebens eines Mönches. Die Rezitation zum Anlegen des Kesas und die Rezitationen zu den Mahlzeiten haben ihren Ursprung in dieser Lebensweise, die dem Bodhisattva-Gelübde gewidmet ist.

Mit der Rezitation zum Anlegen des Kesas, der manchmal auch Kesa-Vers genannt wird, beteuern wir unsere Absicht, mit dem gleichen Gelübde zu praktizieren, das Śākyamuni Buddha und alle anderen Bodhisattvas einschließlich Dōgen-Zenji abgelegt haben – alle Wesen zu retten. Dōgen-Zenji selbst legte ein Gelübde ab, als er zum ersten Mal chinesische Mönche dabei beobachtete, wie sie das Gewand (*o-kesa / kesa*) verehrten, indem sie es auf ihre Köpfe legten und rezitierten. Sein Gelübde lautete, das *o-kesa* einzuführen und die Menschen in Japan zu anzuhalten, es als Teil der Bodhisattva-Praxis hoch zu achten.

Im *Shōbōgenzō Kesa kudoku* («Die Verdienste des Kesa») zitiert Dōgen-Zenji ein Mahāyāna-Sūtra, das *Sūtra der Blume des Mitgefühls* (*Hige-kyō*), in dem Śākyamuni Buddha als Bodhisattva in einem seiner vergangenen Leben fünf das *o-kesa* (skt. *kaṣāya*) betreffende Gelübde ablegte. Eines seiner Gelübde besagte, dass er den Schülern helfen würde, das *o-kesa* mit Respekt und Hochachtung anzulegen. Anschließend kommentiert Dōgen-Zenji diese Gelübde:

> Wahrlich, das *kaṣāya* ist das Buddha-Gewand aller Buddhas der Vergangenheit, Gegenwart und Zukunft. Obwohl die Verdienste des *kaṣāyas* [eines jeglichen Buddhas] grenzenlos sind, muss doch das *kaṣāya*, das innerhalb des Dharmas Śākyamuni Buddhas erlangt wird, höherstehend sein, als wenn es von anderen Buddhas empfangen wird. Dies ist so, weil Śākyamuni Buddha auf der ursächlichen Stufe [der Praxis] als der Bodhisattva des Großen Mitgefühls fünfhundert Gelübde vor dem Juwelenschatz-Buddha ablegte. Inbesondere legte er Gelübde ab, die die Verdienste des *kaṣāya* betreffen.

Sogar weltliche Alltagsaktivitäten wie essen sind mit dem Gelübde verknüpft. In der Zen-Tradition schlafen, meditieren und essen Mönche in einem Gebäude, das als *sōdō* (Halle der Mönche) bezeichnet wird. Wenn wir in dieser Halle formelle Mahlzeiten einnehmen, rezitieren wir Verse, um uns in Erinnerung zu rufen, dass auch essen eine Bodhisattva-Praxis ist. Wir rufen uns Śākyamuni Buddhas Leben in Erinnerung und drücken unseren Respekt und unsere Achtung aus. Danach geloben wir, die Nahrung zu empfangen, die durch ein Netzwerk wechselwirkenden Entstehens zu uns gelangt, sie mit allen Wesen zu teilen und das Bodhisattva-Gelübde zu erfüllen, die Buddhaschaft gemeinsam mit allen Wesen zu verwirklichen.

Das *Herzsūtra* erklärt die Praxis, die notwendig ist, um das Gelübde zu verwirklichen. Nachdem Sumedha Dīpaṃkara Buddhas Vorhersage erhalten hatte, entschied er sich, die zehn *pāramitās* zu praktizieren. Im Mahāyāna-Buddhismus wird die sechste *pāramitā*, Meditation (*dhyāna*), als Bodhisattva-Praxis betrachtet. Das *Herzsūtra*, eines der frühen *Prajñā-pāramitā-Sūtras* des Mahāyāna, betont die *pāramitā* der *prajñā*, der Weisheit, als das grundlegende der sechs. Ohne *prajñā* können die anderen fünf Praktiken keine *pāramitās* (Vollkommenheiten) sein. Obwohl es ein relativ junges Sūtra ist, wird das *Herzsūtra* doch als die Essenz einer umfassenden Sammlung von *Prajñā-pāramitā-Sūtras* betrachtet. Es weist auf die essenzielle Rolle von *prajñā* in unseren Bemühungen um die Erfüllung unserer Gelübde hin. Um dem Bodhisattva-Pfad zu folgen, studieren und praktizieren wir *prajñā-pāramitā,* die Weisheit, die die Vergänglichkeit, das Nicht-Selbst, die Leerheit und das wechselwirkende Entstehen erkennt. Wenn wir diese Realität klar sehen können, dass wir und andere Dinge zusammen existieren und nicht als starr fixierte, voneinander unabhängige Wesenheiten, erfährt unsere Praxis einen Kraftschub. Wir verstehen, dass geleitet durch Gelübde zu leben nicht bedeutet, ein besonderes, feststehendes Lehrgebäude anzunehmen, sondern dass es sich um den natürlichen Ausdruck unserer Lebenskraft handelt.

Der Zen-Buddhismus hat seinen Ursprung in China. Das *Sandōkai*, ein im neunten Jahrhundert verfasstes Gedicht von Zen-Meister Shítóu Xīqiān, ist ein chinesischer Ausdruck buddhistischer Weisheit, die die Leerheit erkennt und verwirklicht. Ganz am Anfang stellt der Autor deutlich klar, dass der Buddha-Geist in tief vertrauter, inniger Weise durch die Vorfahren in der Zen-Tradition übermittelt wurde. «In vertrauter, inniger Weise» bedeutet von Person zu Person, nicht durch geschriebene Worte und Gedankengebäude. Als der erste Vorfahre des chinesischen Zen, Bodhidharma, von Indien nach China reiste, praktizierte er sein Bodhisattva-Gelübde: den wahren Dharma, den Buddha-Geist, den Menschen in China zu übermitteln und ihn mit ihnen zu teilen. Dōgen-Zenji kommentiert Bodhidharmas Praxis im *Shōbōgenzō Gyōji* («Das Bewahren der reinen Praxis»): «Diese Weise, die Praxis [*gyō*] zu bewahren und aufrechtzuerhalten [*ji*], rührt von seinem großen Mitgefühl und seinem Gelübde her, den Dharma zu übermitteln und die durch Illusionen in die Irre geführten lebenden Wesen zu retten. Er war dazu fähig, weil er selbst das Dharma-Selbst der Übermittlung war und weil für ihn das gesamte Universum die Welt der Dharma-Übermittlung war.» Auf die gleiche Art und Weise ist die Übermittlung des Buddha-Dharmas von asiatischen buddhistischen Ländern in den Westen das Ergebnis vieler buddhistischer Mönche und Laienpraktizierenden, die die Gelübde leben. Shítóu, der Vorfahre der achten Generation seit Bodhidharma, drückt *prajñā* als das Verschmelzen zweier Wahrheiten aus, der höchsten (*ri*) und der gängigen (*ji*). Am Ende des *Sandōkai* ruft er uns dazu auf, aus ganzem Herzen zu praktizieren und keine Zeit zu verschwenden.

Der «Vers zum Öffnen des Sūtras» weist ausdrücklich auf die Wichtigkeit des Gelübdes hin. Wenn wir ihn vor einer Dharma-Unterweisung rezitieren (das Sūtra öffnen), geloben wir hinzuhören, zu verstehen, zu verarbeiten und die Unterweisung auf unsere Praxis anzuwenden. Dies ist ein anderer Ausdruck für das dritte Bodhisattva-Gelübde. Nicht nur geschriebene Texte und Dharma-Unterweisungen, sondern alles, was uns widerfährt und begegnet, ist ein Sūtra, das uns Tag für Tag und Moment für Moment die wahre Realität aller Wesen vor Augen hält und so ohne Unterlass unser Verständnis und unsere Praxis vertieft.

In der Soto-Zen-Tradition basiert unsere Praxis auf Dōgen-Zenjis Lehre von der Aufrechterhaltung ununterbrochener Praxis und der Übereinstimmung von Praxis und Verwirklichung. Der Bodhisattva-WEG ist nicht linear. Er ist kein Pfad, den wir von einem Anfangspunkt beginnend bis zu einem Endpunkt beschreiten wie bei einem Brettspiel. Im *Shōbōgenzō Gyōji* erklärt Dōgen, dass wir zusammen mit allen Buddhas, Bodhisattvas und Vorfahren praktizieren.

> Auf dem großen WEG der Buddhas und Vorfahren gab es immer die unübertreffliche, unaufhörliche Praxis, die der WEG wie ein Kreis ohne Unterbrechung ist. Zwischen dem Aufkeimen des Geistes des Erwachens, der Praxis, dem Erwachen und dem Nirvāṇa gibt es nicht die geringste Trennung. Ununterbrochene Praxis ist der Ring des WEGES. Deshalb besteht [diese ununterbrochene Praxis] nicht aus [Aktivitäten], zu denen wir uns selbst zwingen müs-

> sen oder durch andere [durch Buddhas und Vorfahren] gezwungen werden. Es ist die ununterbrochene Praxis, die niemals [durch unsere drei giftigen Geistesverfassungen] verunreinigt wurde. Die Tugend dieser unaufhörlichen Praxis erhält und nährt uns und andere. Das Wesentliche ist, dass auf der gesamten Erde und im gesamten Himmel aller zehn Richtungen alle Wesen das Verdienst unserer ununterbrochenen Praxis empfangen. Obwohl weder andere noch wir selbst darum wissen, ist es so. Deshalb wird durch die unaufhörliche Praxis der Buddhas und Vorfahren unsere ununterbrochene Praxis verwirklicht und unser eigener großer WEG durchdrungen. Aufgrund unserer eigenen unaufhörlichen Praxis wird die ununterbrochene Praxis aller Buddhas verwirklicht und der große WEG der Buddhas liegt offen da. Aufgrund unserer eigenen unaufhörlichen Praxis gibt es die Tugend des Kreises des WEGES. Aufgrund dessen verweilt ein jeglicher der Buddhas und Vorfahren als ein Buddha, überschreitet Buddha, erhält Buddha-Geist aufrecht und vervollständigt Buddhaschaft ohne Unterlass. Weil es ununterbrochene Praxis gibt, gibt es Sonne, Mond und Sterne; aufgrund unablässiger Praxis gibt es die große Erde und den leeren Raum. Aufgrund ununterbrochener Praxis gibt es uns selbst und die Welt um uns, gibt es Körper und Geist; aufgrund aufrechterhaltener Praxis gibt es die vier großen Elemente und die fünf Gruppen des Anhaftens. Obwohl ununterbrochene Praxis nichts ist, was weltlichen Dingen zugewandte Menschen lieben, ist sie nichtsdestotrotz die wahre Heimat, zu der alle Menschen zurückkehren. Aufgrund der unaufhörlichen Praxis aller Buddhas in der Vergangenheit, Gegenwart und Zukunft werden alle Buddhas der Vergangenheit, Gegenwart und Zukunft verwirklicht ... Deshalb ist die ununterbrochene Praxis eines Tages nichts anderes als der Samen aller Buddhas und [ist selbst] die ununterbrochene Praxis aller Buddhas.

Alle Aspekte unserer Praxis – das Zazen in der Halle der Mönche, das Rezitieren von Versen und Sūtras während der Zeremonien in der Dharma-Halle – und all unsere Aktivitäten im täglichen Leben sind die Ausübung des Bodhisattva-Gelübdes, aktualisiert von Moment zu Moment. Wir rezitieren diese Verse und Sūtras als Ausdruck dieser wechselwirkenden Wirklichkeit gemeinsam mit allen Wesen durch endlose Zeiten und grenzenlose Räume hindurch.

I

Durch Gelübde leben: Die vier Bodhisattva-Gelübde

Es gibt zahllose fühlende Wesen; ich gelobe, sie zu retten.
Die Verblendungen sind unerschöpflich; ich gelobe, ihnen ein Ende zu setzen.
Die *dharmas* sind grenzenlos; ich gelobe, sie zu meistern.
Des Buddhas WEG ist unübertrefflich; ich gelobe, ihn zu verwirklichen.

Dieser Vers, der die vier Bodhisattva-Gelübde (*shiguseigan-mon*) vorträgt, ist einer der kürzesten, die wir rezitieren. Er ist zugleich einer der wichtigsten und eine Herausforderung, was sein Verständnis betrifft. Er ist zum Teil schwierig, weil die Bedeutung von *Gelübde* in diesem Vers von der gewöhnlichen Bedeutung «feierliches Versprechen» oder «persönliche Verpflichtung» abweicht. Im Buddhismus hat *Gelübde* eine viel weiter reichende und komplexere Bedeutung. Um dies zu verstehen, müssen wir auf die Kultur des japanischen Buddhismus etwas näher eingehen.

Eine meiner Erfahrungen mit den Schwierigkeiten, in die man sich begibt, wenn man von einer kulturellen Tradition in eine andere übersetzt, machte ich in Kyōto, wo ich ein Jahr lang in einem katholischen Konvent lebte. Obwohl wir nicht Teil der Gemeinschaft waren, wurden meiner Familie und mir ein kleines Haus auf dem Klostergelände zur Verfügung gestellt. Eines Tages besuchte uns die Äbtissin des Konvents, Schwester Cleria, in unserem Haus. Sie war eine sehr elegante, alte Frau, eine Amerikanerin. Sie war seit mehr als dreißig Jahren als Missionarin in Japan und sprach fließend Japanisch. Sie bat mich, während einer Zusammenkunft der Nonnen im Konvent über die Rolle des Gebetes im Buddhismus zu sprechen. Da sie uns gegenüber so großzügig gewesen waren, konnte ich nicht ablehnen. Ich begann also über Gebete im Buddhismus nachzudenken und stellte fest, dass es im Buddhismus keine Gebete gibt.[8] Und auf diese Weise begann ich meinen Vortrag für die christlichen Nonnen. Wir haben keine Gebete im Buddhismus, aber Gelübde sind für Buddhisten von gleich wichtiger Bedeutung wie Gebete für Christen. So sprach ich über die vier Bodhisattva-Gelübde.

«Gebet» (jap. *inori*) ist ein christlicher Terminus, der Zwiesprache, Kommunikation oder Einssein mit Gott bedeutet. Heutzutage gibt es viele katholische Priester, die Zazen praktizieren. Ichirō Okumura (nicht verwandt mit mir) praktizierte, bevor er katholischer Priester wurde, mit dem berühmten Rinzai-Meister Sōen Nakagawa-Rōshi. Nakagawa-Rōshi ermutigte ihn, katholischer Priester zu werden, und er hat auch weiterhin Zazen praktiziert. Mit sechzig war er Oberhaupt eines Karmeliterordens in Japan. Er bereiste die Welt, gab in katholischen Gemeinden Unterricht in Meditation und schrieb ein Buch über Meditationspraxis innerhalb des katholischen Glaubens mit dem Titel *Inori* («Das Gebet»), von dem auch eine englische Übersetzung (*Awakening to Prayer*) erschien.[9]

Pater Okumura gebraucht einen Ausdruck aus dem Alten Testament, «Schweigen im Angesicht Gottes», um die Praxis des Sitzens in Stille zu beschreiben. Dieses wortlose Zwiegespräch mit Gott ist, so glaubt er, die reinste Form des Gebetes. Auf einen christlichen Kontext bezogen halte ich das für wahr, aber für mich ist Zazen keine Kommunikation mit Gott oder irgendjemandem anders. Ich sehe Zazen nicht als eine Art von Gebet. Das ist ein grundsätzlicher Unterschied zwischen Buddhismus und Christentum. Es gibt kein Objekt in unserem Zazen. Wir sitzen einfach nur.

Als ich in einem Wörterbuch für japanisch-buddhistische Ausdrücke nachschlug, fand ich keinen Eintrag für Gebet (*inori*). Es gibt das Wort *kitō,* das ins Englische zwar mit «Gebet» übersetzt werden kann, sich aber eigentlich ziemlich davon unterscheidet. *Kitō* ist eine buddhistische Praxis der Shingon-Schule, einer japanischen Form des Vajrayāna. In Indien übernahmen Vajrayāna-Buddhisten die *kitō*-Praxis, beeinflusst durch den Hinduismus. Hindu-Götter haben eine interessante Eigenschaft. Wenn Priester spezielle Mantras rezitieren und bestimmte Rituale vollziehen, sind die Götter verpflichtet, ihren Gesuchen stattzugeben. Im Vajrayāna, jap. Shingonshū, gibt es eine ähnliche Praxis. Die Gläubigen sitzen im Lotossitz, rezitieren Mantras und vollziehen Rituale. Der Praktizierende kann sich dann mit dem Buddha oder dem Bodhisattva vereinen, der sich vor ihm auf dem Altar befindet, und seinen Gesuchen wird entsprochen. Das ist die Shingon-Praxis des *kitō*. Viele japanische Tempel praktizieren *kitō*, um sich der Sicherheit im Straßenverkehr zu versichern, des Erfolgs bei Schuleintrittsprüfungen, leichter Geburten, Erholung von Krankheiten oder geschäftlicher Erfolge. Dies ist eine der Arten, wie japanisch-buddhistische Tempel zu Geld kommen. Sōtō-Tempel sind da keine Ausnahme.

Ursprünglich gab es im Buddhismus so etwas nicht. Seit den Anfängen jedoch war, besonders im Mahāyāna-Buddhismus, das Gelübde für alle Bodhisattvas von wesentlicher Bedeutung. In der Tat war es Teil der Definition eines Bodhisattvas, dass es sich um eine Person handelt, die durch Gelübde geleitet wird anstatt von Karma. Karma bedeutet Gewohnheiten, Vorlieben oder ein wohlfeiles, zupasskommendes Wertesystem. Wenn wir heranwachsen nehmen wir ein System von Werten aus der Kultur um uns herum auf, das wir einsetzen, um uns die Welt zu erschließen und Entscheidungen zu treffen. Das ist Karma und durch Karma geführt werden. Im Gegensatz dazu lebt ein Bodhisattva getragen durch Gelübde. Gelübde bedeutet so etwas wie ein Magnet oder Kompass, der uns die Richtung zu Buddha weist. Es gibt zwei Arten von Gelübden: allgemeine Gelübde, die von allen Bodhisattvas abgelegt werden, und spezielle Gelübde für jede einzelne Person. Jeder Bodhisattva legt spezifische Gelübde ab, die sich einzig und allein nach ihrer oder seiner Persönlichkeit und Fähigkeiten richten. Die vier Bodhisattva-Gelübde sind allgemeine Gelübde, die von allen mahāyāna-buddhistischen Praktizierenden abgelegt werden sollten. Wir müssen diese Gelübde leben. Das ist unsere Richtung. Ebenso sollte unsere Sitzpraxis auf diesen Gelübden beruhen.

Als ich den christlichen Nonnen die vier Bodhisattva-Gelübde erörterte, sagte ich ihnen, dass ich einen grundlegenden Widerspruch zwischen der ersten und der zweiten Hälfte jedes Satzes sähe. «Es gibt zahllose fühlende Wesen; ich gelobe, sie zu retten»: Aber wenn fühlende Wesen zahllos sind, können wir sie wohl kaum alle retten – das widerspricht sich. «Begierden sind unerschöpflich; ich gelobe, ihnen ein Ende zu setzenn»: Wenn sie unerschöpflich sind, wie kann ich ihnen dann ein Ende setzen? Das ist logisch unmöglich. «Die *dharmas* sind grenzenlos; ich gelobe, sie zu meistern»: Wenn sie grenzenlos sind, können wir sie nicht vollständig meistern. Der Widerspruch im vierten Gelübde ist subtiler: «Des Buddhas WEG ist unübertrefflich; ich gelobe ihn zu verwirklichen»: Wenn er so transzendent ist, können wir dann wirklich erwarten, ihn zu verwirklichen? Diese Widersprüche sind sehr wichtig und haben eine tiefgründige, praktische und auch religiöse Bedeutung. Aber bevor ich sie erörtere, werde ich zu jedem Satz des Verses eine Erklärung geben.

Ursprünglich waren diese vier Gelübde mit den Vier Edlen Wahrheiten verknüpft. Die ältere Version der Verse der vier Gelübde lautet folgendermaßen:

> Ich gelobe, es allen Menschen zu ermöglichen, von der Wahrheit des Leidens befreit zu werden.
> Ich gelobe, es allen Menschen zu ermöglichen, die Wahrheit über den Ursprung des Leidens zu verstehen.
> Ich gelobe, es allen Menschen zu ermöglichen, sich friedlich in der Wahrheit des Weges, der zur Beendigung allen Leidens führt, niederzulassen.
> Ich gelobe, es allen Menschen zu ermöglichen, in das Erlöschen des Leidens einzugehen, das bedeutet, ins Nirvāṇa.[10]

Die Vier Edlen Wahrheiten sind die Basislehren Śākyamuni Buddhas. Die erste ist die Wahrheit des Leidens oder der Unzufriedenheit (*duḥkha* in Sanskrit; *dukkha* in Pāli). Menschliches Leben ist voller *duḥkha*. Die zweite ist die Wahrheit über den Ursprung des Leidens: Durst oder trügerische Begierden. Die dritte ist die Wahrheit über das Erlöschen des Leidens: Nirvāṇa. Die vierte ist die Wahrheit über den Pfad, der uns zum Nirvāṇa führt.

Das erste Bodhisattva-Gelübde ist mit der ersten Edlen Wahrheit verknüpft: «Ich gelobe, es allen Menschen zu ermöglichen, von der Wahrheit des Leidens befreit zu werden.» Vielleicht ist «Wahrheit» nicht notwendig. «Ich gelobe, es allen Menschen zu ermöglichen, vom Leiden befreit zu werden.» «Leiden» bedeutet hier die spezifische Art des Leidens, die in den Vier Edlen Wahrheiten erwähnt wird. Der Buddha sagte, dass unser Leben voll des Leidens sei, und deshalb wird seine Lehre oft als sehr pessimistisch gedeutet. Das hier gemeinte Leiden ist nicht begrenzt auf Schmerz, Leiden,

Unglücklichsein oder Traurigkeit, die sich aus unseren Lebensumständen ergeben. Die tiefere Bedeutung von *duḥkha* oder Leiden ist verbunden mit der Vergänglichkeit und Ichlosigkeit. Alles ist vergänglich und verändert sich ohne Unterlass. Als Ergebnis gibt es nichts Substanzielles, woran wir uns halten könnten. Und dennoch versuchen wir es immer weiter. Aber da alles weiterhin der Veränderung unterliegt, leiden wir. Dieses Leiden taucht auf, weil wir nichts besitzen oder kontrollieren können. Solange wir dies jedoch versuchen, leiden wir und empfinden Unzufriedenheit. Die Tatsache, dass wir die Realität unseres Lebens nicht kontrollieren können, ist die Wurzel des Leidens, das der Buddha beschreibt, und die auf unseren Täuschungen bezüglich unseres Ichs beruht und unserem Haften an ihm. Dies ist die zweite der Vier Edlen Wahrheiten.

Das zweite Bodhisattva-Gelübde lautet: «Ich gelobe, es allen Menschen zu ermöglichen, die Wahrheit über den Ursprung des Leidens zu verstehen.» Der Ursprung des Leidens ist unser trügerisches Begehren, das in diesem Zusammenhang *bonnō* genannt wird. Dieses japanische Wort ist eine chinesische Übersetzung von *kleśa* aus dem Sanskrit, das hier gerne als «Verblendung» wiedergegeben wird, obwohl es sich eigentlich auf Hindernisse, Schwierigkeiten, Verunreinigungen oder Leidenschaften bezieht, die uns zu nicht heilsamen Handlungen treiben. Der Yogācāra-Schule zufolge gibt es vier fundamentale *bonnō* oder verblendete Ideen, die unseren Geist und unser Leben beflecken. Die erste, *gachi*, ist Unwissenheit in Bezug auf den Dharma, die Wirklichkeit der Vergänglichkeit und Ichlosigkeit. Die zweite ist *gaken* oder egozentrische Ansichten aufgrund von Unwissenheit. Wir klammern uns an etablierte Sichtweisen der Dinge um uns herum. Die dritte ist *gaman* oder Überheblichkeit. Wenn wir uns rechtfertigen oder rechthaberisch geben, werden wir überheblich. Wir stellen uns selbst über andere. Die vierte ist *ga-ai* oder Selbstverliebtheit. *Ai* wird im Japanischen oft als Übersetzung für «Liebe» verwendet, mit einer positiven Konnotation. Aber *ai* ist im Buddhismus eher eine Art von Anhaften und trägt einen negativen Beigeschmack. *Gachi*, *gaken*, *gaman*, *ga-ai* – Unwissenheit, egozentrische Sichtweise, Überheblichkeit und Haften am Ich – sind die vier grundlegenden Verblendungen (*kleśa*). Vielleicht ist «Verblendung/Begierde» nicht das beste Wort, um diese Dinge zu charakterisieren, aber sie sind die Ursache von Leiden und nicht heilsamem Karma. Das zweite Gelübde steht mit dieser Wahrheit in Verbindung. Bodhisattvas geloben, den Menschen zu helfen, die Wahrheit des Ursprungs allen Leidens zu verstehen. Dies ist es, was das zweite Gelübde bedeutet, wenn es sagt: «Verblendungen sind unerschöpflich; ich gelobe ihnen allen ein Ende zu setzen.»

Das dritte Gelübde im älteren Vers lautet: «Ich gelobe, es allen Menschen zu ermöglichen, sich friedlich in der Wahrheit des Weges, der zur Beendigung des Leidens führt, niederzulassen.» Dies handelt von der Vierten Edlen Wahrheit, der Wahrheit von *mārga*, dem Pfad, der zum Nirvāṇa führt. (Die Reihenfolge der Wahrheiten unterscheidet sich in den zwei Versionen.) Der genannte Weg bezieht sich auf unsere Praxis des Achtfachen Edlen Pfades: rechte Ansicht, rechtes Denken, rechte Rede, rechtes Handeln, rechter Lebenswandel, rechtes Bemühen, rechte Achtsamkeit und rechte Meditation. Das dritte Gelübde hat mit der Vierten Edlen Wahrheit zu tun, es allen Menschen zu ermöglichen, sich in den Weg der Praxis einzuleben. Es beginnt mit «Die *dharmas* sind grenzenlos». Das ursprüngliche Wort für «*dharmas*» lautet hier *hōmon* (Dharmator) – das sind die Lehren über die Wirklichkeit und über die Praxis basierend auf dieser Wirklichkeit. «Die *dharmas* sind grenzenlos; ich gelobe sie alle zu meistern» bedeutet, dass wir geloben, zu studieren und uns im Weg der Praxis zu verwurzeln. Das ist die Vierte Edle Wahrheit und das dritte Gelübde.

Eine ältere Version des vierten Gelübdes, «Der Weg des Buddha ist unübertrefflich; ich gelobe ihn zu verwirklichen», lautet: «Ich gelobe, es allen Menschen zu ermöglichen, Nirvāṇa zu erreichen.» Dieses Gelübde bezieht sich auf die Dritte Edle Wahrheit. In diesem Zusammenhang ist «Weg» eine Übersetzung von *bodhi* («Erwachen») und nicht von *mārga* («Pfad»). «Der Weg des Buddha» bezieht sich auf Buddhas Erwachen, Nirvāṇa. Somit besagt dieses Gelübde: «Das Erwachen Buddhas ist unübertrefflich, aber ich gelobe, es zu verwirklichen.»

Das ist die Bedeutung der vier Gelübde. Es ist wichtig, zu verstehen, dass sie unmittelbar mit den Vier Edlen Wahrheiten verknüpft sind, der grundlegenden Lehre Śākyamuni Buddhas.

Es ist interessant, die ältere Version der vier Gelübde mit der Version zu vergleichen, die wir für gewöhnlich rezitieren. Noch einmal, die ältere Version lautet:

> Ich gelobe, es allen Menschen zu ermöglichen, von der Wahrheit des Leidens befreit zu werden.
> Ich gelobe, es allen Menschen zu ermöglichen, die Wahrheit über den Ursprung des Leidens zu verstehen.
> Ich gelobe, es allen Menschen zu ermöglichen, sich friedlich in der Wahrheit des Weges, der zur Beendigung allen Leidens führt, niederzulassen.
> Ich gelobe, es allen Menschen zu ermöglichen, in Nirvāṇa einzugehen.

In dieser Version der vier Bodhisattva-Gelübde bezieht sich «Ich» auf einen Bodhisattva, der die Gelübde abgelegt hat, vom Leiden befreit wurde und die Wahrheit des Ursprungs allen Leidens verstanden hat. Dies ist jemand, der schon in der Praxis, in den Vier Edlen Wahrheiten, verankert ist: jemand, der bereits in Nirvāṇa weilt. Diese Gelübde sind für jemanden, der bereits erleuchtet ist. Der Vers jedoch, den wir für gewöhnlich rezitieren, ist, noch einmal:

> Es gibt zahllose fühlende Wesen; ich gelobe, sie zu retten.
> Die Verblendungen sind unerschöpflich; ich gelobe, ihnen ein Ende zu setzen.
> Die *dharmas* sind grenzenlos; ich gelobe, sie zu meistern.
> Des Buddhas Weg ist unübertrefflich; ich gelobe, ihn zu verwirklichen.

Diese Person hat noch unerschöpfliche Begierden oder Verblendungen und hat demnach noch einiges zu studieren und zu lernen. Diese Person hat noch nicht den Weg verwirklicht. Die Person selbst, er oder sie, hat immer noch unerschöpflich viele trügerische Begierden, und deshalb gelobt die Person, sie zu eliminieren. Das ist nicht ein Gelübde, um anderen zu helfen, von unerschöpflichen Begierden befreit zu werden. Die ältere Version ist das Gelübde eines bereits erleuchteten Bodhisattvas, von jemandem, der über allen verblendeten, fühlenden Wesen steht und gelobt, allen Menschen zu helfen.

In der neueren Version, der, die wir jetzt rezitieren, leiden wir noch, aber geloben, alle Wesen zu retten. Wir haben unerschöpfliche Begierden, aber geloben, sie zu beenden. «Die *dharmas* sind grenzenlos ...» Es gibt so viele Dinge zu erfahren, und ja, wir geloben, sie zu meistern. Wir müssen uns wirklich bemühen, die *dharmas* zu ergründen, die Lehren und die Praxis, aber es wird uns klar, dass Praxis endlos ist, und so beschließen wir, endlos zu praktizieren. «Der WEG des Buddha ist unübertrefflich.» Wir sind noch nicht erleuchtet, aber wir geloben, dies zu verwirklichen. Wir sind gewöhnliche menschliche Wesen, und dennoch, wenn wir diese vier Gelübde ablegen, sind wir Bodhisattvas. In der Realität sind wir gewöhnliche, menschliche Wesen mit unerschöpflichen Begierden. Wir müssen die Lehren studieren und endlos praktizieren, Tag für Tag, Moment für Moment, um Buddhas Erleuchtung zu verwirklichen. Das ist unser Gelübde. Diese vier Gelübde ablegend, sind wir Bodhisattvas.

Wie gesagt, gibt es einen diesen Gelübden innewohnenden Widerspruch: Wir geloben, Dinge zu tun, die unmöglich sind. Das bedeutet, dass unsere Praxis ohne Ende ist und dass wir die vier Gelübde nicht vollständig erfüllen können. Unsere Praxis und unser Studium sind wie der Versuch, den Ozean mit einem Löffel auszuschöpfen, Löffel für Löffel. Es ist sicherlich eine dumme Art zu leben, nicht sehr schlau. Eine schlaue Person kann kein Bodhisattva sein. Wir zielen auf etwas Ewiges, Unendliches und Absolutes ab. Egal, wie hart wir praktizieren, studieren und anderen Menschen helfen, es nimmt kein Ende. Wenn wir das, was wir erreichen, mit etwas Unendlichem, Absolutem und Ewigem vergleichen, ist es wie gar nichts.

Wir sollten unsere Praxis, unser Verständnis oder das, was wir erreicht haben, nicht mit dem anderer Menschen vergleichen. Wenn wir das tun, treten wir mit anderen in einen Wettbewerb. Wir denken: «Ich bin besser als die» oder «ich praktiziere härter». Unsere Praxis wird ein Wettbewerb, der auf Ich-Bezogenheit basiert, etwas, was als Praxis des Buddha-WEGES total bedeutungslos ist. Wir können uns in einer solchen von Konkurrenz geprägten Praxis nicht friedlich hinsetzen. Egal, wie hart oder lang wir praktizieren: Wenn unsere Praxis auf einem Ich basiert, sind wir komplett verblendet.

Solche Praxis führt zu einer selbstsüchtigen Sicht, Überheblichkeit und Haften am Ich. Auch wenn wir denken, wir würden den Dharma praktizieren, sind wir komplett gegen den Dharma. Wenn wir verstehen, dass unser Ziel ewig, unbegrenzt und absolut ist, egal, wie hart wir praktizieren, egal, wie viele Dinge wir meistern, egal, wie tief unser Verständnis von Buddhas Lehre ist: Verglichen mit dem Unendlichen sind wir null. Wir können es uns nicht leisten, überheblich zu sein.

Es gibt hierzu noch eine andere Seite. Auch wenn wir nicht so hart, so lang sitzen, so viel studieren oder so tief verstehen können wie andere: Wir brauchen uns nicht schuldig zu fühlen oder minderwertig. Verglichen mit dem Ewigen, dem Absoluten oder dem Unendlichen sind wir alle gleich null. Es liegt eine sehr tiefe Bedeutung in unserem Vergleich mit dem Absoluten. Wenn wir uns auf diese Weise verstehen, wird unsere Praxis von auf Selbstsucht beruhender Konkurrenz befreit. Das ist ein überaus wichtiger Punkt. Wir können auf unsere Praxis nicht stolz sein und wir brauchen auch nicht zu zerknirscht zu sein über unseren Mangel an Praxis oder Verständnis. Wir sind einfach, wie wir sind. Unser Praxis ist es, einen weiteren Schritt auf das Unendliche, das Absolute zuzugehen, Moment für Moment, Schritt für Schritt.

Dōgen-Zenji zufolge ist dieser eine oder sogar halbe Schritt in unserer Praxis die Manifestation der absoluten Erleuchtung. Das ist es, was er meinte, wenn er von «nur sitzen» oder *shikantaza* sprach. Wenn wir sitzen, sitzen wir einfach nur. Das bedeutet nicht, dass wir nicht auch noch etwas anderes tun müssten. Es bedeutet nicht, dass wir nur okay seien, wenn wir sitzen. Es bedeutet, dass wir ganz ohne Vergleichen sitzen. Wir sind genau jetzt genau hier, mit diesem Körper und Geist, erwachen und erkennen die Wirklichkeit. Das ist die vollkommene Manifestation der absoluten, unbegrenzten, ewigen Erleuchtung. Selbst eine kurzes Sitzen ist Bodhisattva-Praxis. Aber unsere Praxis besteht nicht nur aus Sitzen. Jede unserer sich wiederholenden Alltagsaktivitäten sollte auf den vier Gelübden fußen und auf den Vier Edlen Wahrheiten, die die Basislehre Śākyamuni Buddhas sind.

Als ich all dies den christlichen Nonnen darlegte, waren sie angetan! Sie fühlten, dass die katholischen Lehren die gleichen wie die des Buddhismus sind. Im Christentum steht Gott für das Absolute, das Unbegrenzte. Niemand kann im Angesicht Gottes stolz auf seine Erfolge sein. Deshalb müssen Gläubige im Angesicht Gottes schweigen. Die philosophische Basis oder Lehre ist verschieden, aber die Haltung unserem Alltagsleben gegenüber ist die gleiche. Wenn wir mit Menschen anderer Religionen sprechen, müssen wir nicht die theoretischen Unterschiede diskutieren. Natürlich ist es wichtig, die Unterschiede zu verstehen, aber wir müssen nicht darüber streiten, welche wahr sind.

Die vier Bodhisattva-Gelübde sind ein essenzieller Punkt, nicht nur für unsere Zazen-Praxis, sondern genauso für unser gewöhnliches Alltagsleben. Jeder von uns hat einen Job oder eine Familie, und in jeder Situation streben wir danach, die Vier Edlen Wahrheiten und die vier Bodhisattva-Gelübde in die Tat umzusetzen. Unsere Praxis ist die Gesamtheit unseres Lebens, nicht etwas Besonderes, das wir nur in einem Kloster, während eines Sesshins tun. Diese Dinge sind wichtige Anteile unserer Praxis, aber der Buddha lehrte uns, einfach zu erwachen, die Wirklichkeit unseres Lebens zu erkennen und auf der Basis dieser Wirklichkeit zu leben. Wir müssen genau jetzt, genau hier und mit diesem Körper und Geist leben, zusammen mit anderen. Die leitende Kraft, der Kompass, der uns darin führt, diese Wirklichkeit manifest werden zu lassen, sind die Bodhisattva-Gelübde.

Das Gelübde Śākyamuni Buddhas

Der Sanskrit-Literatur zufolge saß Śākyamuni allein unter dem Bodhibaum und war erleuchtet. Er erkannte, dass die Wesen im Saṃsāra leiden – in den sechs Bereichen der Welt: den Bereichen der Hölle, der hungrigen Geister, der Tiere, der dämonischen Wesen (*asuras*), der Menschen und der himmlischen Wesen. Dies ist die Bedeutung des Leidens als die Erste Edle Wahrheit. Der indische Volksglaube war davon überzeugt, dass wir in einen dieser sechs Bereiche hineingeboren werden und dass, wenn wir sterben, wir gemäß unseren Handlungen in diesem Leben in einem der anderen Bereich wiedergeboren werden. Dieses Durchwandern setzt sich endlos fort bis wir frei sind von allen verdrehten karmischen Knoten, die durch die drei Geistesgifte Ergreifen, Abneigung und Unwissenheit erzeugt werden.

Ich weiß nicht, ob diese Bereiche nach dem Tod wirklich existieren, aber ich sehe, dass sie in der menschlichen Gesellschaft und in jedem von uns existieren. *Hölle* ist, wenn Leute zusammenleben und sich gegenseitig Leid antun. Alles, was jemand tut, irritiert die anderen. Diese Art von Dingen geschieht sogar oft innerhalb von uns selbst: Zwei widerstreitende Anteile in uns streiten und kämpfen miteinander. Wir führen eine fortlaufende innere Auseinandersetzung. Das ist Hölle.

Hungrige Geister werden von ihren unbefriedigten Süchten aufgefressen. In diesem Bereich spüren wir andauernd, es würde uns an etwas mangeln. Wir konsumieren und wollen an die Objekte unserer Begierde herankommen, aber wir sind niemals befriedigt.

Tiere sind glücklich, wenn sie gefüttert werden; sie sind zufrieden und gehen schlafen. Manche Tiere, wie Kühe oder Elefanten, arbeiten von der Geburt bis zum Tod; sie arbeiten, arbeiten, arbeiten nur. Viele Menschen in Japan leben so. Einige meiner Freunde, die in Tōkyō arbeiten, verlassen ihr Zuhause um sieben Uhr morgens und beginnen um acht Uhr dreißig oder neun Uhr zu arbeiten. Es kann zwei Stunden dauern, bis sie ihren Arbeitsplatz erreichen. Sie arbeiten bis neun Uhr abends, dann kehren sie nach Hause zurück und gehen gegen elf oder zwölf Uhr ins Bett. Das ist ihr Leben. Als ich das hörte, war ich baff. Ihr Leben ist viel härter als die intensive Sitzpraxis während eines Sesshins! Ich kann mir nicht vorstellen wie jemand so ein Leben aushält. Es bedeutet, im Bereich der Tiere zu leben.

Asuras sind kämpfende Geister. Asura war ein mythischer indischer Gott der Gerechtigkeit. Wenn wir glauben, im Recht zu sein, kritisieren wir andere gemäß unserer eigenen Vorstellung von Recht und Gerechtigkeit. Wenn es notwendig erscheint, streiten wir mit anderen, bis wir gewinnen. Leute auszuschalten, die sich uns widersetzen, wird zum Zweck unseres Lebens. Solche Menschen sind ohne Feindbild unbefriedigt. Sie können nicht leben, ohne gegen etwas anzukämpfen. Wir alle haben manchmal diese Art von Haltung. Wenn wir jemanden kritisieren können, fühlen wir uns sicher, im Recht und als gute Menschen.

Menschliche Wesen suchen Ruhm und Profit. Tiere sind zufrieden, wenn ihr Magen gefüllt ist, aber wir mit unserem menschlichen Geist sind niemals voll, weil wir an die Zukunft denken. Ich will sichergehen, dass morgen alle meine Wünsche erfüllt sind und übermorgen und für den Rest meines Lebens, und dass meine Kinder lange und glücklich leben. Selbst in dem Moment, wo wir keinerlei Probleme haben, sind wir unbefriedigt, weil wir uns Sorgen um die Zukunft machen. Tiere machen sich keine Sorgen um zukünftige Sicherheit oder Absicherung. Nur menschliche Wesen sparen sich etwas ab für morgen.

Himmlische Wesen sind diejenigen, deren Wünsche vollständig erfüllt sind. Sie brauchen nichts; sie scheinen glücklich zu sein, und dennoch sind sie es nicht. Weil sie alles haben, brauchen sie nach nichts zu suchen und sind unfähig, Motivation zu entwickeln, um etwas zu tun. Diese Menschen werden faul und sorgen sich ebenfalls darum, zu verlieren, was sie bereits besitzen. Es kann schwierig für sie werden, echte wahre Freunde zu finden, weil sie denken, andere wollten nur mit ihnen Umgang haben, um ihnen etwas wegzunehmen. Sogar wenn sie ein erfolgreiches Leben führen, verlieren sie alles, wenn sie sterben. Wenn solche Menschen dem Tod ins Antlitz blicken, stellen sie möglicherweise den Sinn ihrer harten Arbeit und ihrer Errungenschaften infrage. Sogar jemand, der alles hat, kann nicht auf eine absolute Weise glücklich sein, solange das Lebensziel darin besteht, egozentrische Wünsche zu befriedigen. Das ist die Einsicht, die der Buddha unter dem Bodhibaum gewann.

Der Buddha dachte über die Ursachen dieser Formen des Leidens nach und suchte deren Wurzel zu finden. In der späteren Geschichte des Buddhismus nahmen die Menschen an, dass der Buddha über die zwölf miteinander verketteten Kausalitäten nachdachte – den Weg, wie unser Leben zu Leiden wird und wie wir vom Leiden befreit werden können. Er fand heraus, dass die letztendliche Ursache des Leidens Unwissenheit ist, zusammen mit trügerischen Wünschen, die auf dieser Unwissenheit basieren. Diese Unwissenheit ist auf Japanisch *mumyō*, in Sanskrit *avidyā*. *Myō* bedeutet «Intelligenz» oder «Weisheit» und *mu* bedeutet «nicht». *Mumyō* bedeutet, dass wir die Wirklichkeit des Lebens nicht erkennen können. Wenn wir versuchen, unsere Wünsche zu befriedigen, tun wir

Dinge, die schlecht oder gut sind. Als Ergebnis unserer Handlungen durchwandern wir die verschiedenen Bereiche von Saṃsāra und wir leiden. Das ist die Lehre von den Ursachen, die auf unseren karmischen Handlungen beruhen. Unsere Begierden und die Handlungen, die daraus erwachsen, basieren auf unserer Unwissenheit. Die Folgen unserer Handlungen verursachen Leiden. Wenn wir unsere Unwissenheit deutlich erkennen, verschwindet sie. Wenn wir mit dem Auge der Weisheit sehen, dass Unwissenheit unser Leiden verursacht, sind wir gleichermaßen frei von Unwissenheit und Leiden. Dies wird Nirvāṇa oder Erleuchtung genannt.

Mehrere Wochen lang verweilte Śākyamuni Buddha sitzend, um seine Erleuchtung auszukosten. Er war befreit von aller Unwissenheit und allem Leid, und er genoss es. Er fühlte, dass das, was er jetzt erkannte, nämlich die Ursachen allen Leidens, sehr schwer zu verstehen war. Er befürchtete, dass, wenn er versuchen würde, andere zu lehren, was er entdeckt hatte, ihn niemand verstünde. Er dachte: «Der Gehalt meiner Erleuchtung, der Begriff des wechselwirkend abhängigen Entstehens, ist außerordentlich schwer zu verstehen. Diejenigen, die Freude daran finden, an etwas festzuhalten, gefällt es, daran zu haften, und sie mögen die Bande ihrer Abhängigkeit; und sie werden niemals in der Lage sein, es zu verstehen.» Er drückte diesen Gedanken in Versform aus:

> Was unter Mühen ich erlangt – genug! Wozu verkündigen?
> Von Gier und Hass Befallene – nicht versteh'n sie diese Lehre.
> Führt gegenströmig, feinsinnig, subtil, tiefgründig, schwer zu sehn,
> unsichtbar für Begehrende, ist von Finsternismassen versperrt.[11]

So abwägend, neigte er nicht dazu, den Dharma zu lehren.

In diesem Fall bezieht sich «strömig» auf den Kreislauf von Geburt und Tod innerhalb Saṃsāras. Der Buddha dachte anfangs, dass die Menschen es zu schwierig finden würden zu verstehen, was er entdeckt hatte. In der Sanskrit-Erzählung erriet Brahmā Sahāmpati, ein Gott, was der Buddha gerade dachte. (Vielleicht ist dies nicht die Beschreibung realer Geschehnisse, sondern ein Bericht dessen, was in Buddhas Geist vor sich ging.) Als er erkannte, dass der Buddha sich dazu entschieden hatte, nicht zu lehren, bat er ihn, dies zu überdenken. «In dieser Welt gibt es einige Menschen, die nur geringfügig eingeschränkt sind und deren Weisheit hervorragend ist», sagte er. «Bitte verkünde ihnen den Dharma.» Immer noch zögerte der Buddha. Brahma wiederholte sein Ersuchen und wiederum stimmte der Buddha nicht zu. Nach dem dritten Mal nahm er das Ersuchen an. Dann sprach er: «Das Ambrosia-Tor (Todlosigkeit) ist aufgestoßen für diejenigen, die Ohren haben zu hören.»

Buddhas Zögern, zu lehren, ist nachvollziehbar. Bei meinen anfänglichen Studien der Lehre Buddhas war es schwierig für mich, diese anzunehmen. Es war nicht so schwer, sie intellektuell zu verstehen. Als abstrakte Theorie ist es einfach zu verstehen, dass die Wurzel des Leidens Unwissenheit und Begierden sind, oder in anderen Menschen Beispiele dafür zu finden. Aber dahingegen ist es schwierig, zu erkennen, wenn wir selbst leiden und unwissend sind. Es ist auch schwierig zu akzeptieren, dass wir uns von Illusionen täuschen lassen. Wir glauben, dass wir besonders, dass wir wichtig seien und wertvoll. Es ist wirklich keine Sache des intellektuellen Verstehens, kein Baukasten aus abstrakten Hypothesen. Wenn wir der Lehre Buddhas zustimmen, müssen wir sie praktizieren und uns bemühen, unser Leben von Grund auf umzugestalten.

Aufgrund des Ersuchens Brahmas ging der Buddha nach Benares und lehrte eine Gruppe asketischer Mönche, die zuvor mit ihm praktiziert hatte. Diese Mönche nahmen seine Lehre an. Buddhas Entschlossenheit, mit dem Lehren zu beginnen, war der Ursprung des Gelübdes im Buddhismus. Im Anschluss daran zog der Buddha zu Fuß durch ganz Indien und lehrte fünfundvierzig Jahre lang. Er lebte sein Gelübde von Beginn seiner Erleuchtung an bis zum seinem Tod im Alter von achtzig Jahren.

Buddhas Gelübde bestand darin, den Menschen dabei zu helfen, zu erwachen und die Wirklichkeit zu erkennen und sie vom Leiden zu erretten. Dies ist das Gelübde, das wir als Bodhisattva ablegen: «Es gibt zahllose Wesen, wir geloben sie zu befreien.» Ein Bodhisattva ist ein Schüler oder ein Kind Buddhas, jemand, der danach strebt, Buddhas Lehre zu erfahren und seinem Beispiel zu folgen. Das Gelübde ist essenziell für uns als buddhistische Praktizierende. Es ist eine konkrete und praktische Form von Weisheit und Mitgefühl. Das ist der wichtige Punkt, den wir verstehen müssen, wenn wir über Gelübde nachdenken.

Katagiri-Rōshis Gedicht über das Gelübde

Katagiri-Rōshi, der Gründungslehrer und Abt des Minnesota Zen Meditation Center bis zum seinem Tod im Jahr 1990, nannte das Zentrum Ganshōji, was bedeutet: «Aus dem Gelübde heraus geborener Tempel». Nachdem ich dort leitender Lehrer wurde, benutzte ich sein Büro. Es gab dort einen kleinen Schrank, in dem seine Schriften aufbewahrt wurden. Da ich seine Ziele, seine innere Haltung und seine Lehre verstehen wollte, las ich eine Menge seiner Arbeit. Ich fand ein Gedicht, das er im Jahr 1988 schrieb; es ist ganz wunderbar.

Friedliches Leben

Wenn es heißt, es sei unmöglich,
glaubt man verzweifelt: «Ist das so?»
Wenn es heißt, es sei möglich,
glaubt man begeistert: «Das ist richtig.»
Aber welche Wahl auch immer,
sie stimmt mit dem Herzen nicht nahtlos überein.

Gefragt: «Was genau stimmt nicht?»,
weiß ich nicht, woran es liegt.
Mein Herz ahnt es.
Ich spüre ein unwiderstehliches Sehnen, es zu wissen.
«Mensch» – welch ein Mysterium!

Was dieses Mysterium betrifft:
Klären,
wissen, wie leben,
wissen, wie mit Menschen Seite an Seite schreiten,
vorleben und lehren,
das ist Buddha.

Aus meiner menschlichen Sicht
spüre ich: Es ist in der Tat unmöglich, ein Buddha zu werden.
Doch dieses «Ich», betrachtend, was der Buddha tut,
gelobt zu praktizieren,

zu streben,
fest entschlossen zu sein,
und sagt mir: «Ja, ich werde.»
Einfach genau hier, jetzt, praktizieren
und Beständigkeit erlangen,
endlos,
auf ewig.
Das bedeutet im Gelübde leben.
Darin ist uns ein friedliches Leben begründet.[12]

Dies ist ein Gedicht über das Gelübde. Ich fand auch sein ursprüngliches Gedicht auf Japanisch. Als ich es genauer las, erkannte ich, dass es eine anschauliche Auslegung der Vier Edlen Wahrheiten ist. Die erste Strophe drückt die Wahrheit des Leidens aus. «Man glaubt verzweifelt ... man glaubt begeistert ... aber welche Wahl auch immer; sie stimmt mit dem Herzen nicht nahtlos überein.» Das ist die Wirklichkeit unseres Lebens. Auf Japanisch lautet diese Strophe: «*Hito ga dame da to ieba / gakkarishite so dana to omoi / Hito ga iinda to ieba hashaide so o nanda to omou.*» Die Ausdrücke, die er für «möglich» und «unmöglich» verwendet, sind *dame da* und *iinda. Dame da* bedeutet sowohl «unmöglich» als auch «nicht gut». *Iinda* kann als «gut» interpretiert werden. Uns begegnen viele solcher Beurteilungen in unserem Leben. Manchmal sagen die Leute, du bist gut, manchmal nicht gut. Jedes Mal, wenn wir beurteilt werden, fühlen wir entweder Verzweiflung oder Begeisterung. Unser Leben fußt auf Meinungen, nicht nur denjenigen anderer Menschen, sondern auch unserer eigenen. Wenn wir erfolgreich sind, denken wir: «Ja, großartig.» Wenn wir schwere Zeiten durchlebt haben, fühlen wir uns ganz klein. Wir können sogar auf die Idee kommen, das Leben sei nicht lebenswert. Dieses Hoch und Tief ist Saṃsāra, die Wirklichkeit unseres Lebens, die beschrieben wird als das Durchwandern der sechs Bereiche.

Das ist unser Leben als menschliche Wesen. Wir fühlen uns immer irgendwie unbefriedigt. «Aber welche Wahl auch immer; sie stimmt mit dem Herzen nicht nahtlos überein.» Glücklich oder traurig, es gibt irgendein Unbefriedigtsein. Wir spüren, dass da etwas in der Schwebe ist in uns selbst und in unserer Lebensweise.

Wir werden durch die Erwartungen anderer gesteuert, durch die Umstände oder sogar durch unser eigenes Selbstbild. Wir können keine friedliche, beständige, absolute Grundlage für unser Leben finden. Solange wir uns in Saṃsāra bewegen, fühlen wir uns immer irgendwie unsicher, irgendwie in der Schwebe. Irgendetwas fehlt, selbst wenn wir im himmlischen Bereich weilen und alle unsere Begehren erfüllt sind. Natürlich, wenn wir in der Hölle sind, leiden wir wirklich. Das ist unser Leben. So tritt die Frage auf: Was liegt da schief? Was ist das Problem? Was verursacht dieses Gefühl von Leere? Wir möchten dieses Gefühl verstehen. In der zweiten Strophe sagt Katagiri: «Gefragt, ‹Was genau stimmt nicht?›, weiß ich nicht, woran es liegt.» Unser Beweggrund, zu fragen und verstehen zu wollen, wird Bodhi-Geist genannt. Katagiri schreibt: «Mein Herz ahnt es. / Ich spüre ein unwiderstehliches Sehnen, es zu wissen.» Wir möchten die wahre Ursache des Problems kennen. Das trifft nur auf menschliche Wesen zu. Nur wir allein fragen, wer wir sind und wie wir leben sollten. Andere Tiere haben dieses Problem nicht.

Dōgen-Zenji sagt, dass «den Buddha-Weg zu ergründen bedeute, sich selbst zu ergründen.» Ich denke, ein Mensch ist ein Wesen, das sich selbst studieren muss. Andere lebende Wesen müssen das nicht tun; sie stellen keine Fragen. Aber für uns ist dieses «Selbst» eine riesige Frage. Wir Menschen sind schwierige, geheimnisvolle Geschöpfe. Wir müssen dieses Rätsel verstehen. Dieses Hinterfragen, dieses Verstehenmüssen, ist unser Bodhi-Geist – ein Geist, der die Wirklichkeit unseres Lebens erkennt.

Katagiri fährt fort: «Was dieses Rätsel betrifft: Klären / Wissen, wie leben / Wissen, wie mit Menschen Seite an Seite schreiten / vorleben und lehren, / Dies ist Buddha.» Der Buddha verstand und klärte dieses Rätsel. Er erkannte die Antwort auf die Fragen: Was sind menschliche Wesen? Was ist die Ursache menschlichen Leidens? Er erwachte und verstand, wie wir heilsam in Frieden leben können.

Die Wirklichkeit, die der Buddha in seiner Erleuchtung fand, ist wechselwirkend abhängiges Entstehen. Katagiris Ausdruck «Wissen, wie mit Menschen Seite an Seite schreiten» bezieht sich auf diese Wechselwirkung. Es bedeutet, dass wir nicht ohne andere Menschen und Dinge leben können. Für Buddhisten bedeutet das

Ergründen seiner selbst, zu ergründen, wie man Seite an Seite mit anderen voranschreitet. Deshalb betonte der Buddha die Bedeutung des Sanghas, eines Ortes, wo Menschen zusammen leben und praktizieren.

Katagiris Kommentar in der letzten Strophe, «Aus meiner menschlichen Sicht spüre ich: Es ist in der Tat unmöglich, ein Buddha zu werden», erinnert uns daran, dass wir, obwohl wir die Lehre Buddhas studieren, immer noch Menschen sind. Was der Buddha erlangt hat, ist so überragend, dass es für uns als Menschen fast unmöglich ist, seinem WEG zu folgen. Doch auch wenn dem so ist, man «gelobt zu praktizieren». In der japanischen Fassung lautet das Wort für «geloben» *negau*, was «wünschen» bedeutet. Wir wünschen zu praktizieren und streben an, Buddhas zu werden. Katagiri gebraucht das Wort «anstreben» als Übersetzung für *inori. Inori,* wie wir gesehen haben, wird für gewöhnlich mit «Gebet» übersetzt, aber in diesem Fall bedeutet es «inniger Wunsch nach etwas, was nicht möglich erscheint». Obwohl wir wissen, dass es unmöglich ist, Buddhas WEG zu folgen, wünschen wir von ganzem Herzen, es möglich zu machen. Anschließend sagt Katagiri, dass er gelobe, «fest entschlossen zu sein». Hier nimmt die japanische Fassung *kesshin*, was «sich dazu entschließen, fest und bestimmt zu sein» bedeutet. Als Nächstes bemerkt er, dass er zu sich selbst sagt: «Ja, ich werde.» Obwohl er fühlt, dass es unmöglich ist, kann er nicht anders, als dies zu sagen. Dieses Gelübde kommt aus dem tiefsten Innersten seiner selbst. Mit rationalem Verstand betrachtet scheint es unmöglich. Aber aus unserer tiefen Lebenskraft heraus können wir nicht anders, als zu sagen: «Ja, ich werde.» Das bedeutet Gelübde. Ein Gelübde sollte nicht von unserem Intellekt gesteuert sein oder aus einem emotionalen Impuls heraus abgelegt werden. Es sollte aus unseren tiefsten Anteilen kommen.

«Einfach genau hier und jetzt praktizieren» bedeutet, dass wir sofort damit beginnen. Wir können es nicht aufschieben, weil unser Wunsch derart tief ist. Irgendwie müssen wir uns aufmachen, nach uns selbst zu suchen. Da ist keine Zeit zu verlieren. «Und Beständigkeit erreichen» bedeutet, fortlaufend zu praktizieren. Weil es unmöglich ist, zu erreichen, was der Buddha erreicht hat, müssen wir für alle Ewigkeiten praktizieren. Es gibt kein Ende, kein Ziel, und doch machen wir einen kleinen Schritt nach dem anderen, Moment für Moment. In jedweder Situation versuchen wir, einen Schritt oder auch nur einen halben, auf Buddhas WEG zu wandeln. Manchmal sind wir glücklich, weil wir spüren, dass wir gute Praktizierende sind und das Richtige tun. Manchmal ist es langweilig und schmerzhaft, jeden Morgen in dieser Haltung zu sitzen, und doch tun wir es. In jedweder Situation sind wir bestrebt, die Geisteshaltung einzunehmen, die Katagiri beschreibt. «Wenn es heißt, es sei unmöglich, / glaubt man, verzweifelt: ‹Ist das so?› / Wenn es heißt, es sei möglich, / glaubt man, begeistert: ‹Das ist richtig.›» Sogar während unserer Praxis müssen wir mit dieser Geisteshaltung des Auf und Ab umgehen. Manchmal sitzen wir in unserem Zazen und fühlen uns großartig; wir spüren, dass wir erleuchtet sind. Manchmal spüren wir, dass wir in der Hölle sind. Egal, ob so oder so, wir stehen die Situation einfach durch, endlos, für immer und ewig.

Katagiri-Rōshi sagte: «Das bedeutet Gelübde leben.» Es bedeutet zu sitzen, bestrebt zu sein, anderen zu helfen und jeden Tag unseres Lebens mit anderen zu leben und zu arbeiten. Wenn wir Gelübde leben, gibt es im Bereich unserer Gefühle und Gedanken gute und schwierige Zeiten. Wie alle Menschen in Saṃsāra, befinden wir uns noch in den sechs Bereichen. Und doch können wir eine friedvolle Basis finden, eine Grundlage für unser Leben, die durch menschliches Gefühlserleben nicht erschüttert werden kann. Das ist Gelübde. Das ist die Wirklichkeit unseres Lebens.

Die letzte Zeile des Gedichtes lautet: «Darin ist uns ein friedliches Leben begründet.» Wenn wir etwas geloben, spüren wir eine Verpflichtung. Normalerweise ist das Ablegen eines Gelübdes damit zu vergleichen, dass man ein Versprechen gibt: Wenn wir es nicht einhalten, fühlen wir uns schlecht oder fürchten eine Bestrafung. Aber im Buddhismus ist Gelübde nicht so zu verstehen. Es ist nicht etwas, was wir mit dem Intellekt oder oberflächlichen Emotionen tun. Wir geloben Buddha gegenüber, in Bezug auf etwas Absolutes und Unendliches. Als ein Bodhisattva können wir niemals behaupten: «Ich habe alle Gelübde erfüllt.» Wir können auf unser Erreichtes nicht stolz sein, weil im Vergleich mit der Unendlichkeit alles, was wir erreichen, unbedeutend ist. Jeder von uns hat natürlich verschiedene Fähigkeiten. Wenn wir nicht sehr viel tun können, praktizieren wir eben nur ein bisschen. Es gibt keinen Grund, sich klein zu fühlen oder zu sagen, dass es uns leidtue. Wir trachten danach, einfach nur mit diesem Körper und Geist genau hier zu sein und einen Schritt oder auch nur einen halben vorwärts zu tun. Das ist unsere Praxis in einem ganz konkreten Sinn.

Katagiri-Rōshi gebrauchte den Ausdruck «im Gelübde leben», weil es auf Englisch natürlich klingt. Ich mag «Leben *durch* Gelübde» vielleicht, weil D. T. Suzuki diesen Ausdruck in seinem Buch *Leben aus Zen*[13] verwendet. In der japanischen Übersetzung dieses Buches sagt er so etwas wie: «Alle lebenden Wesen leben in Zen, aber nur menschliche Wesen können durch Zen leben.» Wenn man sagt, dass alle lebenden Wesen – Hunde, Katzen, Pflanzen, Blumen – in Zen leben, so bedeutet das nicht, dass sie in Meditation verweilen oder in *samādhi*, sondern, dass sie die Wirklichkeit des Lebens leben, so wie sie ist, oder *tathatā* in Sanskrit. Alles lebt in der Lebensrealität, in Zen; aber nur menschliche Wesen müssen eine bewusste Anstrengung unternehmen, um das zu tun. Wir widmen uns dem Studium und der Praxis des Zen und leben bewusst *durch* Zen. Wie Suzuki sagt, nur menschliche Wesen tun das, was aber keineswegs bedeutet, dass wir über anderen Wesen stünden. Aufgrund unserer Zweifel und unserer Verblendungen können wir nicht *einfach und unkompliziert* in der Realität leben. Wir müssen ganz bewusst zur Realität zurückkehren und uns wirklich anstrengen, um auf dieser Basis zu leben. Das, Suzuki zufolge, ist leben durch Zen.

Ein durch Gelübde geleitetes Leben wird durch Gelübde belebt und inspiriert, nicht beobachtet, getadelt oder durch Gelübde getröstet. Diese Verben erschaffen eine Trennung zwischen der Person und dem Gelübde. Der einfache Satz «Leben durch Gelübde» betont, dass die Person und das Gelübde eins sind. Unser Leben selbst ist ein Gelübde.

D. T. Suzukis Gelübde

Der japanische Übersetzer von *Leben aus Zen*, Sōhaku Kobori, schrieb über ein Gespräch, das er in jungen Jahren mit Suzuki führte. Kobori stellte eine Frage, die ihm durch den Kopf geschossen war: «Worin besteht dein *kenshō*?» Im Rinzai-Zen bedeutet *kenshō*

Erleuchtung. Suzuki antwortete: «Nun, mein *kenshō* lautet: *shujō mu hen sei gan do*[14] – Es gibt zahllose lebende Wesen; ich gelobe sie zu retten.» Das war seine Erleuchtung. Als ich zum ersten Mal dieses Gespräch las, war ich erstaunt, aber inzwischen glaube ich, dass Suzuki ein wirklicher Bodhisattva war. Seine vielen auf Englisch erschienenen Bücher haben Zen auf der ganzen Welt eingeführt. Er arbeitete ununterbrochen, bis er im Alter von sechsundneunzig Jahren starb. Die Grundlage seines Einsatzes war das Gelübde «Es gibt zahllose fühlende Wesen; ich gelobe sie zu retten.» In dieser Hinsicht gibt es keine Unterscheidung zwischen Rinzai und Sōtō. Wir sind alle Buddhisten oder Bodhisattvas. Mit D. T. Suzukis Bodhisattva-Gelübde nahm Zen im Westen seinen Anfang, genau so wie der Buddhismus mit Buddhas Gelübde.

In seinen Schriften sagt Suzuki zu dem Bodhisattva-Gelübde:

> Lasst mich anmerken ..., dass «Gelübde» nicht ein wirklich angemessenes Wort ist, um die Bedeutung des aus dem Sanskrit stammenden *pranidhāna* wiederzugeben. Pranidhāna ist ein heftiger Wunsch, ein Streben nach etwas, ein Gebet oder die unbeugsame Entschlossenheit, seine Absicht zu verfolgen, auch wenn es unendlicher Folgen von Wiedergeburten bedarf. Buddhisten haben solch ein hohes Vertrauen in die Kraft des Willens oder Geistes, dass – welche materiellen Einschränkungen auch immer vorliegen mögen – der Geist letztendlich darüber triumphiert und sein endgültiges Ziel erreicht. Deshalb wird von jedem Bodhisattva erwartet, dass er seinen eigenen Teil zu dem Werk der universellen Erlösung beiträgt.[15]

Suzukis *kenshō* war seine feste Entschlossenheit und sein Gelübde, zu helfen, alle lebenden Wesen aus einem Leben in Illusion zu befreien. Dieses Gelübde erfüllte er bis zu seinem Tod.

Uchiyama-Rōshi und seine Gelübde

Uchiyama-Rōshi betonte nachdrücklich ein Leben durch Gelübde. Obwohl wir im Antaiji nicht viel rezitierten, rezitierten wir vor und nach seinen Lehrvorträgen die vier Bodhisattva-Gelübde anstelle des «Verses zur Öffnung des Sūtras». Tatsächlich war der Vers der Bodhisattva-Gelübde der einzige Vers, den wir in unserer Praxis im Antaiji regelmäßig rezitierten. Uchiyama-Rōshi empfand, dass die Gelübde von wesentlicher Bedeutung für unsere Praxis sind. Er schreibt:

> Ein klassischer Mahāyāna-Text lautet: «Der wahre Geist eines jeden fühlenden Wesens selbst lehrt und leitet jedes fühlende Wesen. Dies ist das Gelübde Buddhas.» Ein Gelübde ist keine besondere, spekulative Annäherung an etwas außerhalb von uns. Der wahre Geist der fühlenden Wesen selbst – das bedeutet, universelles Selbst – ist Gelübde. Wenn wir demzufolge das universelle Selbst aus der Sicht eines persönlichen Selbst betrachten, gelangen wir zu der Erkenntnis, dass wir ohne Gelübde nicht leben können.[16]

Als menschliche Wesen, die im Zwischenbereich von universellem Selbst und ich-zentriertem Selbst leben, können wir nicht leben, ohne von Gelübden als Richtungsweiser unseres Lebens geleitet zu werden. Uchiyama-Rōshi legte zwei persönliche Gelübde ab, die auf den vier allgemeinen Bodhisattva-Gelübden beruhen. Das eine war, nicht nur die Wahrheit des Lebens aus der Sicht des Zen oder Buddhismus zu studieren, sondern auch aus der anderer spiritueller Traditionen, sie durch seine eigene Lebensführung zu verdauen und sie durch seine Schriften mit Japanern und Menschen des Westens gleichermaßen zu teilen. Sein anderes Gelübde war, entschlossen Zazen Praktizierende hervorzubringen, die fest und sicher in der Ausübung lebendiger Zazen-Praxis verankert sind.

Uchiyama-Rōshi gebrauchte oft den Ausdruck *ichiza nigyō sanshin*. Das erste Wort, *ichiza*, bedeutet «Ein Sitzen» und bezieht sich natürlich auf unsere Zazen-Praxis. *Nigyō* bedeutet «zwei Praktiken», Gelübde und Reue. *Sanshin*, «drei Geisteshaltungen», bezieht sich auf die drei mentalen Haltungen, die von Dōgen-Zenji beschrieben werden: freudvoller Geist, fürsorglicher/elterlicher Geist und großherziger Geist. «Ein Sitzen», so sagt Uchiyama-Rōshi, ist das Zentrum unserer Zazen-Praxis. Mit «Ein Sitzen» meint er nicht eines von vielen. In diesem Zusammenhang bedeutet «Ein» «absolut». Im *Shōbōgenzō Zanmai ō zanmai* schreibt Dōgen-Zenji:

> In der vollen Lotoshaltung (*kekkafuza*) zu sitzen bedeutet, sofort das ganze Universum zu überschreiten und ein großes und wertvolles Leben im Haus der Buddhas und Vorfahren zu führen. In der

vollen Lotoshaltung zu sitzen bedeutet, über die Gehirne der gewöhnlichen Menschen und Dämonen hinwegzuschreiten und ein wirklicher Mensch im inneren Heiligtum der Buddhas und Vorfahren zu werden. Um sogar über das Höchste des Höchsten der Buddhas und Vorfahren hinauszugehen, gibt es nur diese eine Methode. Daher verfolgten jene überhaupt keine andere Praxis.[17]

Das ist «Ein Sitzen».

Dōgen-Zenji zufolge ist unser Sitzen nicht Teil unserer Praxis, sondern andere Aktivitäten sind vielmehr Teil unseres Zazen. Das ist es, was mit dem Satz «Unser Zazen ist absolut» gemeint ist. Das ist ein sehr wichtiger Punkt. Im *Shōbōgenzō Bendōwa* sagt Dōgen-Zenji: «Selbst wenn nur eine Person für einen kurzen Zeitraum sitzt, vollzieht dies die immerwährende Ausrichtung an Buddha innerhalb der unerschöpflichen Dharma-Welt in Vergangenheit, Gegenwart und Zukunft, weil dieses Zazen eins ist mit allen Existenzen und komplett alle Zeiten durchdringt.»[18] In diesem Sinn ist Sitzen absolut. Es bedeutet, dass wir erwachen und die Wirklichkeit erfassen, dass wir eins sind mit allen Wesen, allen Zeiten und allem Raum. Auch das ist «Ein Sitzen».

Nach Uchiyama-Rōshi hat Zazen zwei Aspekte. Einer ist Gelübde und der andere Reue. In diesem Zusammenhang bedeutet «Aspekt» nicht, dass unser Zazen aus zwei Teilen bestünde. Es bedeutet, dass die Gesamtheit des Sitzens Gelübde-Praxis ist und, gleichzeitig, das Praktizieren von Reue. Ob wir uns dessen gegenwärtig sind oder nicht, wir vollziehen durch unser Leben die Wirklichkeit des Lebens. Unglücklicherweise verlieren wir die Sicht auf diese Wirklichkeit aus den Augen. Unser Leben ist wie eine Hand. Betrachten wir es als eine Hand, gibt es keine Unterscheidung zwischen einzelnen Fingern. Aber wenn wir sie als eine Ansammlung von Fingern betrachten, ist jeder Finger unabhängig und hat seine eigene Bezeichnung und seine eigenen Eigenschaften. Jeder hat seine einzigartige Form und Funktion. Sie können unabhängig voneinander agieren und sind nicht austauschbar.

Auf die gleiche Weise sind Menschen Individuen. Wenn wir einen Finger abschneiden, kann er nicht mehr als Finger fungieren. Ein Finger arbeitet immer mit anderen Fingern zusammen. Das ist ebenso die Realität menschlichen Lebens, aber wir vergessen das meist und denken von uns selbst nur als Individuen. Das ist eine fundamentale Illusion in uns. Wir müssen erwachen und die Realität erkennen, dass wir nur ein Finger in Zusammenhang mit anderen Fingern sein können, die als eine Hand zusammenarbeiten. Diese Hand kann eine Familie sein, ein Sangha, eine Gesellschaft oder das gesamte Universum. Halten wir jedoch diese Gemeinschaft für eine eigenständige Entität, kann sie wiederum zu einem bloßen weiteren, nur noch größeren Ich werden. Wir sollten weder die Hand noch die Finger für etwas Getrenntes, Unabhängiges halten. Beide sind wie eine Seifenblase. Die Seifenblase existiert nicht als eine getrennte Sache, sondern ausschließlich als eine Bedingtheit von Wasser und Luft: Sie ist Luft, gefangen in einem Film aus Seifenwasser. Aber wir können nicht leugnen, dass die Seifenblase existiert. Die Seifenblase ist da. «Seifenblase» ist nur die Bezeichnung für den Umstand von Luft, eingeschlossen in Wasser. Wir können also weder sagen, dass die Seifenblase nicht existiere, noch dass sie unabhängig existiere. Luft und Wasser selbst sind sich gleich, insofern sie beide einfach nur Ansammlungen von Atomen sind. In gleicher Weise sind Atome Zusammenschlüsse von sogar noch kleineren Teilchen.

Obwohl dies unsere Lebensrealität ist, sind wir uns dessen nahezu immer unbewusst. Wir halten diese Person, die wir selbst sind, für äußerst wichtig, für den Mittelpunkt des Universums. Wir müssen zu der Wirklichkeit zurückfinden, die existiert, bevor Ichzentriertheit auftaucht, vor der Abspaltung dieses Körpers und Geistes vom Rest der Welt. Genau das meint Uchiyama-Rōshi, wenn er sagt, dass wir am Schnittpunkt zwischen universellem Selbst und ich-zentriertem Selbst leben.

Zu geloben, alle Wesen zu retten, bedeutet nicht, dass wir glauben, wir besäßen die Macht, all denen zu helfen, die in Schwierigkeiten sind. Sich das einzubilden, wäre wahrlich ziemlich überheblich. Alle Wesen zu retten, bedeutet *eins zu sein mit* allen Wesen. Wir können zwar nicht durch individuelle Anstrengung eins mit anderen werden. Aber wir können als wahre Realität erkennen, dass wir von Beginn an mit allen Wesen eins sind. Deshalb untersuchen wir die Hindernisse, die uns davon abhalten, diese Realität zu sehen. Auf diese Weise befreien wir uns von Verblendung. Um von Verblendung frei zu werden, müssen wir die Lehre Buddhas studieren und ergründen. Auch die Wirklichkeit selbst ist eine Unterweisung. Alle Wesen in diesem Universum – Bäume, Blätter und Tiere – lehren uns, die Wirklichkeit zu erkennen, die vergänglich ist und ohne Ich. Ohne Anstrengung sind wir nicht empfindsam genug, diese Unterweisung zu hören, deshalb müssen wir aktiv hinhören und lernen. Wir geloben während unserer gemeinsamen Praxis, den WEG Buddhas zu erreichen, Buddhas Erleuchtung, und eins zu sein mit allen Wesen. Genau wie es der Buddha im *Lotossūtra* sagt: «Diese dreifache Welt nun ist meine Domäne, und die Lebewesen darauf sind alle meine Kinder.»[19] Das ist Buddhas Geisteshaltung, und wir geloben, genau solch eine Haltung zu erreichen. Wir sind uns bewusst, dass es nahezu unmöglich ist, aber wir geloben, es zu tun.

Jedes der vier Bodhisattva-Gelübde ist eine Art Paradox oder Widerspruch. Es ist unmöglich, die Gelübde zu vollenden oder komplett zu erfüllen. Da wir an etwas Unbegrenztem und Absoluten arbeiten, ist es wichtig, über die Tatsache nachzudenken, dass wir es niemals vollenden können. Wir können nicht vollkommen sein. Diese Erkenntnis unserer eigenen Unvollkommenheit ist Reue.

Im Buddhismus bedeutet Reue nicht, zu sagen: «Es tut mir leid», weil ich irgendeinen Fehler gemacht habe. Diese Art von Reue hat zwar ihre Relevanz, aber für uns Buddhisten bedeutet Reue, uns unserer Unvollkommenheit und unserer Grenzen bewusst zu sein. Gelübde und Reue sind zwei Arten von Energie, die uns in den Stand versetzen, mit unserer Praxis fortzufahren. Zazen selbst ist Gelübde-Praxis. Zazen selbst ist Reue-Praxis.

Wenn wir sitzen, schauen wir dem Absoluten, dem Unendlichen ins Antlitz und wir lassen das Denken los. Das bedeutet, dass wir die Dinge nicht mit unseren eigenen Maßstäben beurteilen, sondern dass vielmehr wir am Absoluten gemessen werden. Das ist unsere Praxis von Gelübde und Reue. Dem Unendlichen oder Absoluten von Angesicht zu Angesicht begegnend, sind wir wirklich nichts. Egal, wie lange wir Zazen praktizieren, wir können auf nichts stolz sein, was wir erreicht haben. Gleichzeitig müssen wir uns aber auch nicht schuldig oder unzulänglich fühlen, weil wir nicht genug praktizieren können oder wir anderen nicht so viel helfen können. Egal, wie groß oder klein unsere Errungenschaften sind, sie sind alle gleich verglichen mit der Unendlichkeit. Der wichtige Punkt ist, dass, selbst wenn es nur etwas Kleines ist, wir es einfach tun. Wir brauchen keinen besonders ausgefallenen Weg, um die perfekte Erleuchtung zu erlangen, oder ein besondere Maßnahme, um allen lebenden Wesen zu helfen. Wir sollten mit den Füßen auf dem Boden bleiben. Das ist unsere Praxis.

Die drei Geisteshaltungen

Wie wir gesehen haben, hat unsere Zazen-Praxis zwei Aspekte. Einer ist, zu geloben, mit Entschlossenheit einen weiteren Schritt vorwärts zu tun. Der andere ist Reue, das Bewusstsein unsrer Unvollkommenheit. Dieses Zazen muss auf unser alltägliches Leben angewendet werden. Dōgen-Zenji zufolge besteht die Einstellung, die wir den Dingen des Alltags gegenüber bewahren sollten, in den «Drei Geisteshaltungen». Er führt dies im *Tenzokyōkun* («Anweisungen für den Koch») aus. In diesem Text spricht er über die Geisteshaltung, die die Person, die die Verantwortung für das Zubereiten der Mahlzeiten in einem Kloster hat, haben muss. Selbstverständlich empfiehlt er dies allen Menschen, die als eine Gemeinschaft zusammenarbeiten. Drei Arten von Geisteshaltungen werden am Ende des *Tenzokyōkun* erwähnt:

Freudvoller Geist

> Während aller Gelegenheiten, bei denen die Tempel-Verwalter, die Leiter der klösterlichen Abteilungen und der Koch in ihren Arbeitsfeldern tätig sind, sollten sie einen freudvollen Geist bewahren, einen hegenden und pflegenden Geist, einen großherzigen Geist. Was ich freudvollen Geist nenne, ist das glückliche Herz. Ihr müsst bedenken, dass, wenn ihr im Himmel geboren worden wärt, ihr euch an endlosen Wonnegefühlen festklammern würdet und keinen WEG-suchenden Geist aufkommen ließet.[20]

Der Himmel ist der Bereich im Saṃsāra, in dem die Wünsche der Menschen vollkommen erfüllt sind; nur Wohlgefallen und Wonnegefühle herrschen. Es gibt kein Leiden. Aber wenn wir auf keinerlei Entbehrungen oder Schwierigkeiten stoßen, lassen wir keinen Bodhi-Geist aufkeimen. Wir werden nicht nach dem WEG suchen, solange unser Leben nur Glück und Freude ist. Der Himmel ist kein guter Platz, um zu praktizieren.

> Dies würde der Praxis nicht dienlich sein. Und mehr noch, wie könntet ihr Nahrung zubereiten, um sie den Drei Juwelen darzubieten? Unter den zehntausend *dharmas* sind die meistverehrten die Drei Juwelen. Die herausragendsten sind die Drei Juwelen. Weder der Herrscher des Himmels noch ein raddrehender König [perfekter, guter, universeller Herrscher] kann mit ihnen mithalten. Das Zen'en Shingi sagt: «Von der Gesellschaft geachtet, obwohl er sich friedlich im Abseits hält, ist der Sangha das Reinste und Natürlichste.»[21]

Das *Zen'en Shingi* ist eine Regelsammlung für klösterliches Leben in der chinesischen Zen-Tradition. Es empfiehlt, dass die Gemeinschaft der buddhistischen Praktizierenden rein und ungekünstelt sein sollte. In diesem Fall ist «ungekünstelt» eine Übersetzung von *mui*, das «nichts-tuend» oder «handlungsfrei» bedeuten kann. In diesem Zusammenhang bedeutet es «frei von Gekünsteltem». Der buddhistische Sangha, die Gemeinschaft, ist ein Ort, wo Menschen den gekünstelten Wegen des Denkens entkommen können und zur Realität zurückkehren. Dieser Abschnitt besagt, dass der Sangha rein und frei sein sollte von Anhaften, Verblendung und Ichzentriertheit.

Die große Bedeutung des buddhistischen Sangha beschränkt sich natürlich nicht nur auf das Zen-Zentrum als Institution. Wenn wir den Begriff Sangha auf eine spezielle Gruppe von Buddhisten beziehen, wird er zu einer Art Gruppen-Ich. Wir sollten «Sangha» umfassender sehen. Die Gemeinschaft der Menschen, die in dieser Region leben, ist ein Sangha. Dieses Land, die Gemeinschaft aller Länder und die Gesellschaft aller menschlichen Wesen sollten genauso als Sangha betrachtet werden. Jedweder Ort, zu dem wir gehen, um zur Realität zurückkehren oder gemäß der Realität zu leben, ist ein Sangha und deshalb äußerst kostbar.

Dōgen bemerkt weiterhin: «Genau jetzt habe ich das Glück, als menschliches Wesen geboren worden zu sein und Nahrung zuzubereiten, die von den Drei Juwelen empfangen wird. Ist das nicht ein großes karmisches Wohlwollen? Wir sollten darüber sehr glücklich sein.» Sein Ausdruck «großes karmisches Wohlwollen» ist eine Übersetzung von *dai in'nen*. Hier bedeutet *in'nen* die Ursachen und Umstände, die es uns ermöglichen, zu praktizieren und Teil eines Sanghas zu sein. Diese Umstände können nicht als selbstverständlich angesehen werden:

> Bedenkt, dass ihr, wenn ihr in den Bereichen der Hölle, der hungrigen Geister, der Tiere, der streitenden Götter oder einer der anderen acht schwierigen Geburten geboren worden wärt, ihr niemals wirklich in der Lage sein würdet, reine Nahrung zuzubereiten, um sie den Drei Schätzen darzubringen, selbst wenn ihr Zuflucht zur Kraft des Sanghas nehmen wolltet. Aufgrund des Erleidens dieser schmerzhaften Umstände wären euer Körper und Geist gefesselt. In diesem gegenwärtigen Leben jedoch habt ihr dieses [Zubereiten] schon getan, deshalb solltet ihr euch an diesem Leben und diesem Körper als dem Resultat ungezählter Zeitalter würdiger Betätigungen erfreuen. Dieses Verdienst kann niemals vergehen.[22]

Der Sangha besitzt Kraft, weil wir in Gemeinschaft einander anhalten, auf dem WEG Buddhas zu praktizieren. Wenn wir als Tenzo oder in irgendeiner anderen Position arbeiten können, um die Praxis anderer zu unterstützen, sollten wir dieses gute Geschick zu schätzen wissen.

Und weiter: «Ihr solltet euch für diese Arbeit einsetzen und sie ausführen, indem ihr gelobt, eintausend oder zehntausend Leben an einem Tag oder auf einmal mit einzubeziehen.» Hier spielt er auf das Einssein dieses Momentes, dieses Tages und aller Ewigkeit an. Soweit es unsere Haltung betrifft, sind dieser Moment und die Ewigkeit eins. Das bedeutet, dass das, was wir in diesem Moment tun, kein Schritt zu einer weiteren Stufe ist. Wir kochen nicht, um Menschen zu versorgen, sondern um zu kochen. Wenn wir kochen, sollte das Kochen selbst unsere Praxis sein. Es sollte nicht die Vorbereitung für etwas anderes sein. Kochen ist in sich selbst eine perfekte Handlung, wenn es Kochen einfach nur um des Kochens willen ist. Wenn das Essen fertig ist, bietet es einfach an. Anbieten ist nicht das Ergebnis des Kochens als Vorbereitung. Anbieten ist einfach nur Anbieten. Essen ist einfach nur Essen. Jeder Moment ist in sich selbst perfekt, nicht ein Schritt vor dem nächsten. Jeder Moment ist eins mit der Ewigkeit. Das ist die Einstellung, die wir beibehalten sollten.

Das Gleiche gilt für Zazen. Wenn wir in dieser Haltung sitzen, sind wir eins mit allen Wesen, allen Zeiten und allem Raum. Es ist alles sehr dynamisch und nicht begrenzt auf eine einzige Person oder einen Moment der Arbeit. Obwohl wir und unsere Arbeit unbedeutend sind, sind sie mit dem gesamten Universum verbunden. Wenn wir ohne eine einschränkende Einstellung oder Absicht sind, kennt unsere Arbeit keine Grenzen.

«Dies wird euch erlauben, euch mit diesen verdienstvollen karmischen Ursachen für zehn Millionen Leben zu vereinen», sagt Dōgen-Zenji. «Der Geist, der dieses Geschick in Gänze verinnerlicht hat, ist freudvoller Geist.» Diese positive Einstellung können wir sogar in schwierigen Zeiten aufrechterhalten. Als Tenzo arbeiten wir einfach mit dem, was vorhanden ist, auch wenn wir keine ausgefallenen Zutaten haben. Dōgen-Zenji gebraucht den Ausdruck «Nimm einen einzigen Grashalm und errichte ein Heiligtum für den Juwelenkönig; betritt ein einziges Atom und drehe das Große Rad der Lehre.»[23] Wir nehmen einfach nur ein kleines Stück Brot und erbauen den erhabensten aller Buddha-Tempel. Das ist unsere Praxis.

Was immer wir auch vollbringen, es kann nicht nur für uns selbst sein. «Wahrlich, selbst wenn ihr ein verdienstvoller raddrehender König werdet, aber keine Nahrung zubereitet, um sie den Drei Schätzen anzubieten, so gibt es dennoch keinerlei Nutzen. Es wäre einfach nur ein Wasserspritzer, eine Seifenblase oder eine flackernde Flamme.» Wenn wir Dinge für unseren privaten Profit, unseren persönlichen Nutzen tun, wird es, egal, wie hart wir arbeiten, und egal, wie viel wir auch erreichen, zu einem Ende kommen. Stattdessen widmen wir unsere Bemühungen allen Wesen. Das ist die Einstellung gegenüber Arbeit und anderen Menschen. Das ist freudvoller Geist.

Fürsorglicher Geist

Der zweite Aspekt von *sanshin* ist fürsorglicher oder elterlicher Geist. «Was fürsorglicher Geist genannt wird», fährt Dōgen fort, «ist der Geist von Müttern und Vätern. Zum Beispiel bedeutet es, die Drei Schätze in der Art und Weise zu betrachten wie Mutter und Vater ihr einziges Kind.» Wir trachten danach, für die Drei Schätze, Buddha, Dharma und Sangha, zu sorgen, als ob sie unser einziges Kind wären. Diese Einstellung ist besonders wichtig, wenn wir in einer Gemeinschaft praktizieren. Die Haltung von Eltern ist es, für andere zu sorgen. Wenn wir zusammenleben, ist es gleich, ob wir sorgen oder umsorgt werden. Die Realität dessen, was geschieht, ist die gleiche. Die innere Einstellung des Sorgenden jedoch ist sehr verschieden von der desjenigen, der erwartet, umsorgt zu werden. Dieser Unterschied entscheidet über die Qualität der Gemeinschaft. Ein Ort, wo Menschen umsorgt werden wollen, unterscheidet sich sehr von einem Ort, wo Menschen für andere sorgen. Wir sollten verstehen, dass dieser kleine Unterschied in unserer inneren Einstellung eine sehr umfassende Auswirkung auf die Welt um uns herum hat.

> Sogar verarmte, im Elend lebende Menschen lieben ein einziges Kind inniglich und ziehen es groß. Welche Art von Entschlossenheit ist das? Andere Menschen können das nicht nachvollziehen bis sie selbst Mütter und Väter geworden sind. Eltern kümmern sich nach Kräften um das Gedeihen ihres Kindes, ohne sich um ihre eigenes Vermögen oder ihre Armut zu sorgen. Es kümmert sie nicht, ob ihnen heiß oder kalt ist, sondern sie decken ihr Kind zu oder schaffen Schatten. In der Bedachtsamkeit von Eltern gibt es diese Intensität. Menschen, die diesen Geist hervorgebracht haben, verstehen das sehr gut. Nur Menschen, die vertraut mit diesem Geist sind, haben ihn tatsächlich verwirklicht.[24]

Wenn wir klein sind, sind wir zu nichts in der Lage. Wir können nicht überleben, ohne dass unsere Eltern oder die Gesellschaft für uns sorgen. Wir sollten für die Unterstützung und Hilfe dankbar sein, die wir von unseren Eltern und anderen erhalten. Wenn wir reif genug dafür sind, sollten wir uns um die Dinge um uns herum kümmern, und zwar so, wie Eltern sich um ihre Kinder kümmern. Wenn ihr diese Einstellung habt, versteht ihr, worum es geht.

Für Dōgen ist dies die Art des «Wachens über Wasser und über Getreide». Wenn der Tenzo kocht, muss er sich um Wasser, Getreide, Feuer und alles, was in der Küche passiert, kümmern. Wir müssen allem sorgfältig unsere Aufmerksamkeit schenken. Wenn wir Mahlzeiten zubereiten, finden viele Dinge zur gleichen Zeit statt. Während wir Reis kochen, müssen wir die Suppe zubereiten und andere Nebengerichte. Es ist sogar noch schwieriger, wenn ihr mit Feuerholz kocht. Das Feuer ist leicht vergessen, wenn ihr etwas anderes tut. Ihr müsst sehr sorgfältig sein, auf jede Kleinigkeit achten. Auch wenn unsere Aufmerksamkeit von vielen verschiedenen Dingen in Anspruch genommen wird, müssen wir das Feuer im Auge behalten.

Diese Haltung, sich auf ein einzelnes Detail zu konzentrieren, während wir uns alles anderen bewusst bleiben, ist die gleiche wie in unserem Zazen. Wir konzentrieren unseren Geist beim Zazen nicht auf ein bestimmtes Objekt. Unser Geist ist nirgendwo und gleichzeitig überall. Es ist das gleiche wie beim Autofahren. Wir richten unsere Aufmerksamkeit nicht auf ein bestimmtes Objekt wie das Lenkrad, sondern sind einfach hellwach. Unser Geist ist wirklich nirgendwo, was bedeutet, überall. Wenn unser Geist nirgendwo und überall ist, können wir ganz natürlich auf alles reagieren, was auch immer passiert. Das ist unser Zazen. Unser Geist sollte nicht auf einen Ort fixiert sein, sondern vielmehr nirgendwo und überall sein. Das ist unser Erwachen. Das ist fürsorglicher Geist. Dōgen-Zenji fährt fort:

> Deshalb, über Wasser und Getreide wachend, sollte nicht jeder die Liebe und Güte aufbringen, wie es sie braucht, um Kinder zu hegen und zu pflegen? Der Große Lehrer Śākyamuni gab sogar zwanzig Jahre der einem Buddha bestimmten Lebensspanne hin, um uns alle dergestalt in diesen späteren Zeiten zu beschützen. Was war seine Absicht? Es war ganz einfach der Ausdruck fürsorglichen Geistes. Tathāgatas könnten niemals auf Belohnungen oder Reichtümer aus sein.[25]

Buddhistischen Schriften zufolge hätte der Buddha einhundert Jahre leben können, und doch starb er, als er achtzig war, um zwanzig Jahre seiner Lebensspanne allen Wesen zu spenden. Auf diese Weise manifestiert der Buddha elterlichen Geist, die Haltung der Fürsorge für Dinge und andere Menschen.

Großherziger Geist

Der dritte Aspekt der von Dōgen-Zenji vertretenen Geisteshaltung ist großherziger Geist. «Was die großherzig genannte Geisteshaltung betrifft», sagt er, «dieser Geist ist wie die großen Berge oder wie der weite Ozean; es ist kein voreingenommener oder streitsüchtiger Geist.»

Wir müssen danach streben, Vorlieben und Abneigungen und einseitige Ansichten zu vermeiden, und stattdessen darauf aus sein, die Gesamtsituation im Blick zu haben. Wenn wir sagen: «Das bin ich und das sind sie», ist unsere Gemeinschaft gespalten und unser Geist wird parteiisch. Das führt zu internen Konflikten und Auseinandersetzungen, und unsere Gruppe kann nicht Gemeinschaft oder Sangha genannt werden. Ein Sangha ist eine friedliche Gemeinschaft von Menschen, eine Mischung von Wasser und Milch, nicht von Wasser und Öl. Die Haltung des großherzigen Geistes ist Nicht-getrennt-Sein.

«Trage ein halbes Pfund nicht als leicht; lass dir vierzig Pfund nicht als schwer erscheinen.» Dōgen spricht hier wieder über das Kochen. Manchmal kochen wir für ein oder zwei Menschen, manchmal müssen wir für einhundert oder zweihundert Menschen kochen. Wir sollten nicht denken, dass eine Mahlzeit für ein oder zwei Menschen einfach zu kochen sei und eine Mahlzeit für viele Menschen schwer oder kompliziert. Wir nehmen in beiden Fällen die gleiche sorgfältige und aufmerksame Haltung ein.

«Schweift nicht über Frühlingswiesen, auch wenn die Stimmen des Frühlings euch locken; lasst euren Mut nicht schwinden, auch wenn ihr die bunten Blätter im Herbst fallen seht.» Frühling und Herbst stehen hier für günstige Umstände und Widrigkeiten. Im Frühling sind wir glücklich und spazieren herum und vergessen die Wirklichkeit. Im Lauf des Herbstes werden wir bedrückt und vergessen wiederum die Wirklichkeit. Zu oft werden wir durch Gefühle, Umstände, durch gute und schlechte Zeiten aus der Fassung gebracht. Für Dōgen bedeutet großherziger Geist, dass «die vier Jahreszeiten als eine einzige Landschaft zusammenwirken». Frühling, Sommer, Herbst und Winter sind eine Jahreszeit. Wir sollten sie als eine Lebenswirklichkeit annehmen. Das ist großherziger Geist.

«Betrachtet leicht und schwer mit einem einzigen Auge», so fährt er fort. «Bei dieser einzigartigen Gelegenheit müsst ihr das Wort ‹groß› schreiben. Ihr müsst das Wort ‹groß› kennen. Ihr müsst das Wort ‹groß› erfahren.» Die Haltung des großherzigen

Geistes ist die gleiche wie die unseres Zazen. Lasst das Denken ziehen, gebt der Versuchung, zu unterscheiden, nicht nach und nehmt die Situation als ein Ganzes an.

Dies sind die drei Einstellungen Geisteshaltungen, mit denen wir als Gemeinschaft, als Sangha praktizieren wollen. Unser Gelübde übt die Funktion der drei Geisteshaltungen aus, den Dharma zu hegen und zu pflegen, gemeinsam mit anderen zu praktizieren, eine Situation oder einen Ort zu schaffen, um gemeinsam mit anderen zu praktizieren. Um das zu tun, müssen wir diese drei Geisteshaltungen bewahren, besonders den großmütigen, großherzigen Geist. Wir dürfen uns durch irgendwelche Umstände nicht fesseln lassen. Wir trachten danach, ruhig und beständig zu praktizieren. Das ist die Haltung, die wir aus unserer Sitz-Praxis lernen. Was immer auch passiert, wie auch immer die Situation sei, wir bleiben einfach sitzen. Manchmal haben wir viel zu tun, manchmal sind wir müde, manchmal sind wir in Dinge verwickelt. Aber wir kommen immer wieder ins Zendō zurück und setzen uns ruhig hin. Das ist unsere Praxis.

Gelübde als Sangha

Sangha, oder Gemeinschaft, ist eine wichtige Bekundung der Idee von Gelübde. Wir sehen das im Leben von Guīshān Língyòu, einem berühmten chinesischen Zen-Meister, der einen großen und einflussreichen Sangha in China gründete.[26] Wie er das schaffte, ist lehrreich.

Guīshān war wegweisend für die Gründung von Zen-Klöstern. Vor seiner Zeit gab es keine formellen zen-buddhistischen Orden. Die Menschen kamen einfach so zusammen, um zu praktizieren. Aber dann begannen Zen-Mönche, ihre ganz einzigartige Form von klösterlicher Praxis zu schaffen. Das war, in der traditionellen Sichtweise der Geschichte des chinesischen Zen, der Anfang von Zen als eine klar abgegrenzte Schule des chinesischen Buddhismus.

Guīshān war Tenzo, der Chefkoch des Klosters, in dem er mit seinem Lehrer Bǎizhàng Huáihǎi praktizierte. Eines Tages stand Guīshān in der Nähe des Abtzimmers, in dem Bǎizhàng sich aufhielt.

Bǎizhàng fragte Guīshān: «Wer ist da?», und Guīshān antwortete: «Ich bin's, Língyòu (Das war Guīshāns Dharma-Name).»

Bǎizhàng sagte: «Würdest du mal im Feuertopf rühren und schauen, ob das Feuer noch an ist?» Es war Winter und der Feuertopf war ihre Wärmequelle. Guīshān stocherte im Feuertopf und sagte «Kein Feuer.» Darauf erhob sich Bǎizhàng, kam herüber, grub tief in der Asche herum und fand ein winziges Klümpchen Glut. Er zeigte es Língyòu und sagte: «Und was ist das? Ist das kein Feuer?» Guīshān erfuhr Erleuchtung.

Das Feuer in dieser Geschichte bezieht sich auf die Buddha-Natur. Buddha-Natur ist nicht etwas Festes oder Starres, sondern vielmehr eine Energie, die uns anspornt zu praktizieren – und nicht nur Zazen oder Buddhismus. Buddha-Natur ist das Feuer der Lebensenergie, die uns in den Stand versetzt, bessere Menschen werden zu wollen, nützlicher für andere Menschen zu sein, uns eine gesunde Lebensführung anzugewöhnen und den WEG zu praktizieren. Es ist schwierig, in uns selbst das Feuer der Buddha-Natur zu entdecken, aber wir müssen. Es ist da. Wir sind lebendig, also haben wir diese Kraft, die uns antreibt zu praktizieren, zu erwachen und zur Wirklichkeit des Lebens zu finden. Es mag zwar nur ein Fünkchen sein, aber wir alle ohne Ausnahme haben es. Wenn wir zusammen mit anderen Menschen praktizieren, sammeln wir kleine Feuer. Wenn wir in einem *hibachi*, einem Feuertopf, versuchen, ein Feuer mit einem einzigen Stückchen Holzkohle zu entfachen, erlischt es bald. Aber selbst ein winziges Fünkchen wird, wenn es mit Holzkohle genährt wird, ein großes Feuer. Das ist Sangha. Wir praktizieren zusammen mit anderen Menschen in einem Sangha. Jeder von uns verfügt über ein kleines Feuer, das allein früher oder später erlischt. Zusammen wachsen wir über uns selbst hinaus. Darin bestand Guīshān Língyòus Erleuchtung.

Bǎizhàng schickte Guīshān zum Berg Guī, einem abgelegenen, steilen und ehrfurchtgebietenden Berg, der geeignet für ein großes Kloster war. Mehrere Jahre lang praktizierte er dort ganz allein. Dōgen-Zenji äußert sich zu Guīshāns Praxis, die er außerordentlich bewundert, im *Shōbōgenzō Gyōji*. *Gyōji* bedeutet kontinuierliche, unaufhörliche Praxis. Dōgen spricht hier über viele chinesische Zen-Meister und ihre Praxis, von denen einer Guīshān ist. Für Dōgen stellt Guīshāns Praxis ein wichtiges Beispiel dafür da, wie man ein Kloster oder einen Sangha gründet. Er bemerkt:

> Nach dem Übermitteln der Prophezeiung (der Dharma-Übertragung) begab sich Zen-Meister Dàyuān (Daien) vom Berg Guī [d. h., Guīshān Língyòu] direkt zum hoch aufragenden Guīshān. Dort freundete er sich mit Bären und Tieren an, lebte in einer strohgedeckten Einsiedelei und praktizierte. Er wich den Härten durch Wind und Schnee nicht aus. Er aß nur Walnüsse oder Rosskastanien. Es gab weder Tempelgebäude noch Tempelvorräte. Dennoch widmete er sich mehr als vierzig Jahre lang hingebungsvoll ununterbrochener Praxis. Später wurde sein Tempel im ganzen Land bekannt und zahlreiche, hervorragende Praktizierende kamen dort zusammen.[27]

Menschen kamen, um mit ihm zu praktizieren, und nach und nach wuchs sein Sangha an. Es heißt, er habe eintausendfünfhundert Schüler und einundvierzig Dharma-Nachfolger gehabt. Auch wenn er am Anfang ganz allein praktizierte, war die Praxis nicht für ihn allein. Er gelobte, ein Kloster, einen Sangha zu gründen, um zusammen mit anderen zu praktizieren.

Dōgen-Zenji erörtert die innere Haltung, die wir bewahren sollten, wenn wir geloben, einen Sangha oder einen Ort der Praxis zu schaffen. Er fährt fort: «Wenn wir das Gelübde ablegen, einen Tempel zu gründen (einen Sangha oder ein Kloster), sollten wir nicht durch menschliche Gefühlsäußerungen motiviert sein, sondern wir sollten unser Bestreben verstärken, den Buddha-Dharma unaufhörlich zu praktizieren. So sollte unser Gelübde nicht auf der menschlichen Neigung gründen, dass wir etwas unternehmen, was wir als gut, nützlich oder profitabel allein für uns selbst ansehen – Dinge, von denen wir Ruhm, Profit oder die Befriedigung des Ichs erwarten. Dieses menschliche Ansinnen ist nicht notwendigerweise schlecht, aber wenn wir zusammen mit anderen den Buddha-Dharma praktizieren, stellt es ein Hindernis dar. Wenn jeder Mensch sein eigenes Glück sucht und an seinen Ansichten, Meinungen, Werten und Denkgewohnheiten festhält, wird es zu Konflikten kommen. Wenn wir mit anderen auf der Grundlage menschlicher Gefühlswelten praktizieren, mag das für eine Weile funktionieren, aber irgendwann geht es schief. Darum sollte unsere Praxis nicht auf Gefühlswelten beruhen, sondern auf dem Bestreben, den Buddha-Dharma dauerhaft und konstant zu praktizieren.

Dōgen-Zenji fährt fort: «Auch wenn wir keine erhabenen Tempelgebäude haben, kann der Ort, an dem wir praktizieren, ein *dōjō* der uralten Buddhas genannt werden.» *Dōjō* bezeichnet einen Ort, an dem wir praktizieren. Heutzutage gebrauchen wir das Wort eher für Kampfkünste wie Karate oder Aikidō, aber ursprünglich bezog es sich auf den Platz, wo der Buddha unter dem Bodhibaum Erleuchtung erfuhr. *Dōjō* ist sowohl ein Ort der Praxis als auch ein Ort der Erleuchtung, weil Praxis und Erleuchtung eins sind.

«Wir hören, dass die Menschen lang vergangener Zeiten auf der Erde oder unter einem Baum praktizierten. Solche Orte sind für immer und ewig heilig. Die unausgesetzte Praxis eines einzigen Menschen begründet ein *dōjō* für viele Buddhas.» Das ist der grundlegende Standpunkt von Dōgen-Zenjis Praxis. Wir brauchen keine erhabenen Tempel für unsere Praxis. Wir brauchen keine formelle Zazen-Halle. Wenn wir geloben, ein *dōjō,* ein Kloster oder einen Sangha zu gründen, sollten wir das nicht vergessen. Die Anzahl der Gebäude oder Menschen ist nicht ausschlaggebend. Die kritischen Punkte sind die Praxis und das Bestreben. Dōgen sagt:

> Närrische Menschen in diesen degenerierten Zeiten sollten nicht törichterweise ihre Kräfte an die Konstruktion von Tempelgebäuden verschwenden. Die Buddhas und Vorfahren begehrten niemals irgendwelche Gebäude. Völlig sinnlos erbauen heutzutage viele Menschen eine Buddha-Halle oder andere Tempelgebäude, obwohl sie das Auge ihres eigenen Selbst überhaupt noch nicht geklärt haben. Solche Menschen bauen Tempel nicht, um die Gebäude den Buddhas darzubringen, sondern um sie zu ihren eigenen Heimstätten des Ruhms und des Profits zu machen.»

Den Buddha-Dharma verstehen sie nicht, aber sie bauen erhabene Gebäude. Deshalb gibt es in Japan heutzutage so viele Tempel. Sie sind die Gedenkstätten ihrer Gründer. Heutzutage ist Japan wohlhabend. Sogar buddhistische Priester haben Geld. Sie bauen umwerfende Gebäude, gewaltige Buddha-Hallen und wunderschöne Zendōs. Ich war erstaunt, als ich einen großen Tempel in Japan besuchte. Sie hatten gerade ein riesiges, zweistöckiges Gebäude gebaut. Der erste Stock hatte einen geräumigen Saal für Vorträge. Im zweiten Stock war das Zendō mit einer großen Mañjuśrī-Statue. Aber dort praktizierten keine Mönche. Sie nutzten das Gebäude nur einmal im Monat für ein *zazen-kai,* eintägige Angebote zur Meditation, und einige Male im Jahr Tage zur Einkehr für Laien. Für mich ist das Geldverschwendung. Es hat keine Bedeutung als Buddha-Dharma. Dōgen-Zenji übte die gleiche Kritik. Mein Lehrer, Uchiyama-Rōshi, war auch sehr kritisch gegenüber solchen Aktivitäten. Viele Menschen, ernsthafte Praktizierende, die genauso praktizieren möchten, wie Dōgen-Zenji es tat, trachten danach, ein formelles *sōdō* und eine Mañjuśrī-Statue zu erwerben und alles, was Dōgen-Zenji beschreibt. Diese Menschen bauen ein Zendō um menschlicher Gefühlswelten willen. Sie glauben, dass Gebäude wichtig seien und dass sie nicht ohne formelle Klostergebäude praktizieren könnten. Uchiyama-Rōshi betonte, dass alles, was brauchen, um Zazen zu praktizieren, ein Quadratmeter Platz sei für jeden, ein *zafu* (rundes Kissen), ein *zabuton* (quadratische Matte) als Unterlage, und unseren Willen, zu praktizieren. Das ist ein sehr wichtiger Punkt.

Weiter sagt Dōgen-Zenji:

> Wir müssen ruhig und gesammelt über Guīshāns unausgesetzte Praxis in alten Zeiten nachsinnen. Sich besinnen bedeutet, so daran zu denken, als ob wir gerade jetzt auf dem Berg Guī leben würden. Hört dem Geräusch des Regens um Mitternacht zu. Die Regentropfen haben die Kraft, nicht nur Moos, sondern auch Fels zu durchdringen. In einer verschneiten Nacht im Winter kommen sogar die Vögel und Tiere nicht zu uns. Ohne uns unausgesetzter Praxis zu widmen, den Dharma mehr wertschätzend als unser Leben, können wir so ein Leben nicht aushalten.

Guīshān praktizierte allein, aber ich glaube, das ist nicht lediglich eine Beschreibung seiner einsamen Lebensweise. Es ist eine Beschreibung unseres Zazen. Wenn wir in Zazen sitzen, sind wir vollständig allein, auch wenn wir mit anderen Leuten in einer geschäftigen Stadt sind. Der Klang tropfenden Regens und die Stimmen der Vögel und Tiere sind die Klänge unseres Lebens. Der Schnee ist die Szenerie unseres Lebens. Wir nehmen das einfach wahr. Wir brauchen uns keine Sorgen darum zu machen, was wir heute oder morgen tun sollten. Natürlich haben wir Zeitpläne, Ziele und Projekte. Aber wir sitzen einfach, genau jetzt, genau hier. Wir streben danach, zu erkennen, dass dies die einzige Wirklichkeit ist und alles andere die Szenerie unseres Lebens. Wir betrachten diese Praxis nicht als einen Schritt auf etwas anderes zu. Diese Praxis, genau jetzt, genau hier, führt den nächsten Schritt herbei. Wir brauchen uns um den nächsten Schritt nicht zu sorgen. Wir sollten in Gänze genau hier und genau jetzt sein, in dieser Situation, und die Wirklichkeit dieses Selbst erkennen und erfassen. Das ist ein wesentlicher Punkt.

> Deshalb beeilte Guīshān sich nicht, das Gras zu schneiden, um den Boden vorzubereiten, oder sich daran zu machen, Tempelgebäude zu erbauen. Er hörte nur nicht auf, zu praktizieren und seine gesamte Energie in die Bemühung um den Weg zu stecken. Wir können nicht anders, als Mitgefühl und Verständnis für diesen authentischen Vorfahren zu empfinden, der den wahren Dharma übermittelte und sich an einem abgeschiedenen, schroffen Berg solchen Entbehrungen unterziehen musste. Wie ich gehört habe, gab es am Berg Guī einen Teich und einen Bach, die wohl beide von Eis- und Nebelschichten bedeckt waren. Obwohl es dort zu abgeschieden war, um für menschliche Wesen erträglich zu sein, vereinten sich dort die Praxis des Buddha-Weges und die tiefstverborgene Wahrheit durch seine unaufhörliche Praxis auf kraftvoll energische Weise.

Das ist der wichtigste Punkt in diesem Kapitel. Praxis des Buddha-Weges ist nichts Abstraktes, sondern vielmehr unsere ganz konkrete Praxis der tiefstverborgenen Wahrheit des Buddha-Dharmas. Das ist die Lehre Buddhas über die Wirklichkeit unseres Lebens. Sogar wenn unsere Praxis nur sehr geringfügig ausfällt, verschmilzt sie mit der tiefinnersten Wahrheit – Buddhas Lehre über die Wirklichkeit dieses universellen Lebens. Das ist ein wichtiger Aspekt unserer Praxis. Dōgen-Zenji spricht häufig über unsere konkrete Praxis mit unserem Körper und Geist, und das unsere persönliche Praxis die grenzenlose, universelle Wahrheit verwirklicht. Ohne unsere geringfügige, individuelle Praxis mit diesem Körper und Geist ist die Lehre Buddhas, die universelle Wirklichkeit, nur eine abstrakte Idee, etwas, was in Schriften niedergeschrieben wurde und was wir lesen und uns vorzustellen versuchen. Die universelle Wahrheit oder Lebenskraft kann nur durch unsere Praxis offenbar werden. Wenn niemand praktiziert, bleiben die buddhistischen Texte nur Worte.

Wenn niemand die Lehre lebt, ist sie nur ein weiterer Teil unserer Bibliothek und ohne Leben. Selbst wenn unser Bodhi-Geist und unser Bestreben schwach sind, ist unsere Praxis die Offenbarung der vom Buddha gelehrten universellen Wahrheit.

Ohne die Praxis dieses begrenzten Körpers und Geistes sind Tempelgebäude und Zendōs bedeutungslos. Dōgen-Zenji zufolge ist die Bedeutung unserer Praxis die Praxis in diesem Moment, genau jetzt, genau hier, die Lehre Buddhas verwirklichend. Ohne unsere Praxis gibt es keine Lehre Buddhas.

Katagiri-Rōshis Gelübde

Katagiri-Rōshi hielt im Jahr 1988 einen Vortrag unter dem Titel «Fünfundzwanzig Jahre Dharma-Übermittlung in Nordamerika», in dem er über seine Erfahrungen in den Vereinigten Staaten, sein Gelübde und seine Zukunftsvisionen bezüglich seiner Unternehmungen sprach.[28] Eine seiner Erfahrungen in seiner Anfangszeit am San Francisco Zen Center ließ ihn die Haltung einiger amerikanischer Praktizierender der 1960erjahre hinterfragen. Zu dieser Zeit gab es sehr viele junge Hippies in der Region San Francisco. Katagiri-Rōshi lud sie ein, im Zentrum an der Praxis teilzunehmen. Einer von ihnen nahm an allen Praxisangeboten teil. Katagiri-Rōshi sagte zu ihm: «Du kommst oft. Was machst du sonst? Was für eine Arbeit hast du?» Er antwortete: «Ich bekomme Arbeitslosenunterstützung.» Nachdem er etwa sechs Monate gearbeitet hatte, konnte er Arbeitslosenunterstützung beziehen und währenddessen an den Aktivitäten des Zentrums teilnehmen. Wenn die Zahlungen ausliefen, suchte er sich einen neuen Job. Katagiri-Rōshi war sehr überrascht von dieser Antwort. Er hatte diesen Menschen für einen guten Zen-Schüler gehalten, aber in Wahrheit führte dieser junge Mann ein verantwortungsloses Leben, verantwortungslos gegenüber seiner Arbeit, seiner Gesellschaft und sich selbst gegenüber. Nach Katagiri-Rōshi hat es nichts mit dem Dharma zu und stimmt auch nicht mit der Gelübde-Praxis eines Bodhisattvas überein, wenn man aus dem sozialen Wohlfahrtssystem Vorteile zieht, um seine persönlichen Wünsche zu erfüllen, selbst wenn es der Wunsch ist, den Dharma zu studieren. Katagiri-Rōshi spürte, dass ein Gelübde Verantwortung für das eigene Leben, für andere Menschen und für die ganze Gesellschaft nach sich zieht. Der mit Abstand wichtigste Punkt war immer, Seite an Seite mit allen lebenden Wesen voranzuschreiten.

In dem Vortrag sprach Katagiri-Rōshi auch über seine Pläne für die Zen-Gemeinschaft des MZMC. Er erwähnte vier Projekte. Ich war erstaunt, dass er so ehrgeizig war. Als Erstes wollte er im Hokyōji[29] ein Kloster errichten, wo Menschen zusammen als Sangha in einem eng vertraulichen Rahmen praktizieren könnten. Für Katagiri-Rōshi bedeutete Dharma, jenseits unserer Ichzentriertheit, unserer Individualität und Unterscheidungen, die auf Nationalität und Kultur beruhen, zu leben. Es bedeutet, zusammen als Praktizierende zu leben. Das ist die Essenz des Buddhismus. Zweitens, um seine ordinierten Schüler zu erziehen und zu trainieren, plante er einen Ort zu schaffen, wo Menschen mit erfahrenen Lehrern praktizieren könnten. Und schließlich wollte Katagiri-Rōshi auf dem Gelände von Hokyōji eine getrennte Einrichtung als Zentrum der Einkehr errichten, nicht nur für Mönche, sondern für jeden, der die Erfahrung eines stillen Lebens in der Natur erfahren wollte. Viertens gab es das Ganshōji, das Zen-Zentrum in Minneapolis. Dieses Zentrum ist dazu bestimmt, eine Funktion für die weiter gefasste Gemeinschaft zu haben, nicht nur für die Mitglieder dieses Sanghas. Katagiri-Rōshi begründete ein buddhistisches Lernprogramm, das eine breite Gruppierung von Laien ansprechen sollte.

Die Kraft der Regentropfen

In seinen Kommentaren zu Guīshān Língyòus Praxis spricht Dōgen-Zenji über Regentropfen. Er fordert uns auf, über Guīshāns Praxis in den Bergen nachzudenken. Wir sollen versuchen, uns in Guīshān hineinzuversetzen. «Lauscht dem Klang der Regentropfen um Mitternacht. Die Regentropfen haben die Kraft, nicht nur Moos, sondern auch Felsgestein zu durchdringen.» Guīshān saß allein in dem tiefen Gebirge. Unsere Zazen-Praxis, wie seine, ähnelt einem Regentropfen. Wir sind unbedeutend und können nur eine kurze Zeit sitzen. Jeder Tropfen für sich allein hat wenig Kraft, aber dennoch fahren wir fort zu praktizieren. So wie Regentropfen nach und nach nicht nur Moos, sondern auch Felsgestein durchdringen, hat fortgesetzte Zazen-Praxis die Kraft, selbst in einen Fels ein Loch zu bohren. Das ist ein grundlegend wichtiger Punkt. Unsere Praxis verfügt über keine mystische, geheimnisvolle oder zauberische Kraft, um uns von allen Verblendungen zu befreien. Aber wie die Regentropfen sitzen wir Moment für Moment, Tag für Tag, Jahr für Jahr, und dieses Sitzen bringt die Kraft hervor, einen Felsen auszuhöhlen. Wenn wir an unsere Pläne, ein Kloster zu gründen, denken, ist das das Gleiche. Unser Bemühen ist wie die Regentropfen; es verändert nichts innerhalb eines Tages, in ein paar Tagen oder in ein paar Jahren. Aber wenn wir einfach damit fortfahren, tritt es ein, wenn die Umstände und Bedingungen reif sind.

Wir sollten uns Guīshān Língyòus Beispiel ins Gedächtnis rufen. Unsere konkrete Praxis ist von größter Bedeutung. Wir brauchen Zeit, um auf unsere Ziele hinzuarbeiten, aber um irgendein Projekt zu Ende zu bringen, sind die passende Ursache und die Umstände von ausschlaggebender Bedeutung. Die Ursache kann man mit dem Samen einer Pflanze vergleichen und die Bedingungen mit Temperatur, Feuchtigkeit und Sonnenlicht. Wenn wir einen Samen auf einen Schreibtisch legen, wird er nicht keimen. Er braucht die richtigen Bedingungen. Aber selbst wenn die Bedingungen perfekt sind, wird der Samen nicht keimen, wenn er nicht gesund ist. So müssen wir sorgfältig darauf achten, unsere Praxis gesund und tief verwurzelt zu bewahren. Wir sollten die Wurzel unserer Praxis in gesunder Verfassung bewahren.

Der Wechsel der Jahreszeiten ist ähnlich. Als ich im August nach Minneapolis kam, hatten alle Bäume grüne Blätter. Es war sehr schön. Nach ein paar Wochen wechselten die Bäume zu vielen verschiedenen Farben, und auch das war schön. Wollten wir jedes Blatt einzeln per Hand anmalen, würde es ewig dauern. Aber wenn der Herbst kommt, wechseln all die Blätter ganz plötzlich ihre Farbe, fast gleichzeitig, weil es im Baum eine Ursache dafür gibt. Auf diese Weise finden die Dinge statt. Wenn wir nicht die richtigen Bedingungen haben, wird nicht ein einziges Blatt die Farbe wechseln. Das ist wichtig zu bedenken im Zusammenhang mit dem Ablegen von Gelübden. Gelübde sind eine Art Projekt oder Plan auf lange Sicht. Wir müssen es nicht eilig haben. Einfach praktizieren und unsere Energie im Sangha wieder aufladen. Praktiziert, sitzt, erhaltet den

Samen am Leben, und wenn die Bedingungen reifen, wird er keimen.

Katagiri-Rōshis Gelübde war gewaltig. Das ist das gleiche wie Praxis. Buddha-Dharma ist etwas Universelles, Unbegrenztes und Absolutes. Als individuelle menschliche Wesen sind wir klein und begrenzt. Aber wenn wir in dieser Haltung sitzen und unsere Individualität loslassen, sind wir eins mit allem. Wir sind unbegrenzt, absolut, Teil des Universums. Wenn wir unsere begrenzten Einstellungen aufgeben, gibt es keine Trennung zwischen diesem kleinen, individuellen Selbst und dem grenzenlosen Universum. Die Winzigkeit der Individuen und die Universalität der Wirklichkeit sind der Schwerpunkt in Dōgen-Zenjis Lehre. Es kann auch als das Verschmelzen von Unterschied und Einheit beschrieben werden. Unterscheidung ist Individualität; jeder Mensch ist verschieden. Einheit bedeutet, dass alles eins ist; es gibt keine Abtrennung. Das ist unsere Wirklichkeit. Wir sind unabhängig, klein und begrenzt. Und doch, wenn wir in dieser Haltung sitzen und das Denken und unsere begrenzten Begierden loslassen, werden wir durch ein Gelübde angetrieben, das aus dem innersten Kern unseres Wesens stammt, und es existiert keine Trennung zwischen uns und dem gesamten Universum.

Dōgen-Zenji bezog sich häufig auf dieses Verschmelzen von Individualität und Universalität. Im *Eihei Kōroku* zum Beispiel zitiert er Hóngzhì Zhèngjué (Wanshi Shōkaku), einen berühmten chinesischen Zen-Meister und Dharma-Bruder von Chánglú Qīngliăo (Chōro Seiryō). Hóngzhì wurde gefragt: «Was ist das Selbst vor der Unterscheidung?» Er antwortete: «Eine Kröte in einem Brunnen schluckt den Mond.»[30] Ein winziges Wesen in einem kleinen Brunnen schluckt den Mond, ein Symbol für Universalität, die Wirklichkeit unseres Lebens.

Im *Eihei Kōroku* verändert Dōgen-Zenji die Äußerung in «Eine Kröte auf dem Grund des Ozeans isst Reisschleim». Das ist eine befremdende Vorstellung, da es keine Kröten im Ozean gibt. Hier ein Vorschlag, wie man es verstehen könnte. Die Kröte auf dem Grund des Ozeans symbolisiert einen Praktizierenden in einem Kloster; der Reisschleim ist das, was Praktizierende fast jeden Tag zum Frühstück essen, und der Ozean steht für den Sangha. Wir alle sind also Kröten im Ozean. Der Brunnen bezieht sich auf die enge Ichbezogenheit oder Individualität. Wenn wir in einem Sangha praktizieren, sind wir immer noch Kröten, obwohl wir nicht mehr in einem Brunnen wohnen, sondern im Ozean.

Dōgen fährt fort: «Ein Juwelenhase im Himmel wäscht die Schale.»[31] Als Kind in Japan brachte man mir bei, dass es auf dem Mond einen Hasen gebe, weil die Muster der Mondkrater einem Hasen ähnlich sehen, jedenfalls für Japaner. «Juwelenhase» bezieht sich also auf den Mond. Was meint Dōgen, wenn er sagt, dass eine Kröte im Ozean Reisschleim isst und ein Juwelenhase die Schale wäscht? Ich glaube, er meint, dass wir sehr begrenzte Wesen sind, aber dass, wenn wir mit dem Sangha praktizieren und Reisschleim zum Frühstück essen, der Hase, der den Mond bedeutet, zu diesem Menschen kommt und die Schale reinigt. Auf diese Weise ist der Praktizierende keine Kröte mehr, sondern der Juwelenhase auf dem Mond. Hier findet eine grundlegende Verwandlung statt. Hóngzhìs Äußerung ist poetisch, keine Aussage über alltägliches Handeln. Aber Dōgen-Zenji drückt sehr gelungen die Wirklichkeit unserer Praxis aus. Wir sind kleine, lebende Wesen, wie Kröten, und dennoch, wenn wir mit dem Sangha praktizieren, sind wir nicht nur Individuen, sondern Teil des Ozeans aller Wesen, aller Existenz. Reisschleim zum Frühstück essen ist eine sehr konkrete Handlung. Sogar eine geringfügige Handlung durch einen kleinen Menschen verwirklicht die universelle Realität, die die Realität unseres Lebens ist. Jede Bemühung, egal wie geringfügig, ist genug. Wir tun, was wir in diesem Moment können, und dann im nächsten Moment, und dann morgen; Moment für Moment. Es ist das gleiche wie unsere Zazen-Praxis und unsere Praxis in unseren Alltagshandlungen.

Bedeutungen eines Lebens durch Gelübde

Gelübde ist einer der wichtigsten Aspekte der Praxis als ein Bodhisattva. Gelübde kann aus drei verschiedenen Perspektiven heraus verstanden werden. Erstens ist ein Gelübde eine Richtungsansage für ein Individuum. Wir leben die Wirklichkeit des Lebens, ob wir verblendet sind oder erleuchtet. Diese Wirklichkeit wird Soheit genannt oder *tathatā*. Es ist auch wahr, dass wir oft von dieser Lebenswirklichkeit abkommen, weil wir von unserer Ichzentriertheit getäuscht werden. Die Wirklichkeit unseres Lebens ist nicht so einfach für uns menschliche Wesen. Erleuchtet oder verblendet, wir leben unsere Soheit aus, und dennoch sind wir stets blind für sie. Das ist unser Leben als menschliche Wesen. Als Erstes müssen wir erkennen, dass wir in die Irre geführt sind. Dann müssen wir zurück zur Lebenswirklichkeit finden, indem wir diese Wirklichkeit praktizieren. Soheit ist für menschliche Wesen dynamisch. Wir leben in der Wirklichkeit des Lebens, verlieren sie dennoch stets aus dem Blick, und darum müssen wir zu ihr zurückkehren. Diese drei Punkte sind die Bewegung, die konkrete Wirklichkeit unseres Lebens. Zurück zur Wirklichkeit des Lebens zu gehen inmitten dieser Wirklichkeit ist unsere Praxis. Diese Praxis basiert auf Gelübde. Dieses Gelübde ist kein besonderes Versprechen, das wir dem Buddha geben, sondern vielmehr eine Verwirklichung auf den Grundfesten unseres Seins. Das ist die fundamentale Bedeutung des Ablegens eines Gelübdes. Wir gehen zurück zur Wirklichkeit des Lebens innerhalb dieser Wirklichkeit.

Der zweite Aspekt des Lebens durch Gelübde ist es, in einem Sangha zu leben und mit anderen Menschen zu praktizieren, was bedeutet, Seite an Seite mit allen lebenden Wesen voranzuschreiten. Wir tun dies mit den drei Geisteshaltungen – dem freudvollen Geist, dem fürsorglichen Geist und dem großherzigen Geist. Unser Gelübde ist in unserem alltäglichen Leben durch diese drei Geisteshaltungen verwirklicht. Und schließlich praktizieren wir als Sangha: nicht einfach als ein Individuum, sondern wie ein ganzer Körper. Der Sangha braucht selbst einen Richtungsweiser, um zu wachsen. Das ist die Bedeutung, als Sangha durch Gelübde zu leben. Wenn wir als Sangha nach und nach an der Umsetzung des Gelübdes arbeiten, eins nach dem anderen, wie Regentropfen, nehmen wir die Herausforderungen an und eröffnen eine neue Phase in der Geschichte des Buddhismus im Westen.

2

Die Erkenntnis unserer Unvollkommenheit: Der Reue-Vers

All das Karma, das jemals von mir geschaffen wurde von alters her,
Durch Gier, Zorn und Selbsttäuschung,
Anfanglos, hervorgebracht durch meinen Körper, mein Reden und Denken,
Hier und jetzt bereue ich es aus tiefstem Herzen.[32]

In der Tradition des chinesischen und japanischen Buddhismus gibt es zwei Arten von Reue. Eine der beiden ist formelle und konkrete Reue, *ji-san'ge* genannt, in der wir konkrete Vergehen unter Einsatz von Ritualen und mithilfe eines bestimmten Buddhas, Lehrers oder Sanghamitglieds bereuen. Die andere Art von Reue wird *ri-san'ge* genannt. *Ji* und *ri* sind wichtige Begriffe im chinesischen Buddhismus. *Ji* bezieht sich auf die relative, konventionelle, die Erscheinungswelt betreffende und formelle Ebene, wohingegen *ri* sich auf die absolute, höchste, vollkommene und formlose Ebene bezieht. Für *ri-san'ge* wird ein anderer als der oben zitierte Vers benutzt.

In Zazen sitzen und die Gedanken loslassen ist formlose Reue. Auf diese Art von Reue ist in der Sōtō-Tradition seit der Edo-Periode (17.–19. Jh.) betont Wert gelegt worden. Aber soweit ich weiß, ist in den Schriften Dōgen-Zenjis nur der *ji-san'ge*-Vers niedergeschrieben worden. Ich denke, beide Formen sind wichtig. Formelle Reue ist für unser Fehlverhalten, das die Bodhisattva-Gelübde bricht, die wir empfangen, wenn wir Buddhas Schüler werden. Formlose Reue ist die vollkommene Erkenntnis und Verwirklichung der absoluten, sich wechselwirkend durchdringenden Wirklichkeit jenseits der Trennung von Subjekt und Objekt, uns selbst und anderen. Das ist Zazen.

Die ursprüngliche buddhistische Reue war *ji-san'ge*, das formelle Bereuen. In dem ursprünglichen buddhistischen Sangha in Indien ermahnte der Buddha diejenigen, die einen Fehler gemacht hatten, dies nicht zu wiederholen. Diese Zurechtweisungen wurden auswendig gelernt und in einer Kategorie von buddhistischen Schriften, Vinaya genannt, von Upāli, einem der zehn großen Jünger Buddhas, beim ersten Konzil nach Buddhas Tod zusammengetragen. Seit diesem Zeitpunkt nahmen Menschen, die die Ordination als Mönche und Nonnen empfangen, diese Gebote als Richtschnur und gelobten, sie zu wahren. Sanghamitglieder hielten zweimal im Monat, zu Neumond und Vollmond, Versammlungen zum Reuebekenntnis ab, die *uposatha* (jap. *fusatsu*) genannt wurden. Eine Führungsperson des Sanghas rezitierte den Text der Gebote, Prātimokṣa genannt, und diejenigen, die gegen die Gebote verstoßen hatten, legten Bekenntnisse des Eingeständnisses und der Reue ab. Sie erhielten Strafen je nach Schweregrad ihrer Verstöße. Laienbuddhisten empfingen fünf Gebote und konnten ebenfalls an den *uposatha*-Versammlungen teilnehmen.

Die ursprüngliche Bedeutung von Reue ist also, über die eigenen Fehltaten nachzudenken und sie dem Sangha zu bekennen. Das ist ein konkretes, formelles Bereuen. Um Reue bekennen zu können, müssen wir zuerst die Gebote empfangen. Die Gebote sind die Leitlinien für unser alltägliches Leben. Wenn wir uns unseres Abweichens von diesen Richtlinien bewusst werden, bereuen wir und kehren zu den Geboten zurück. Das ist die Bedeutung des Empfangens der Gebote als Maßstab für unser Leben und unser Bereuen.

Da der Mahāyāna-Buddhismus zu Anfang eine Laienbewegung war, verfügten die Praktizierenden über keinen eigenen Vinaya. Sie empfingen ausschließlich die Bodhisattva-Gelübde. Später lebten die Mahāyāna-Mönche in Klöstern und praktizierten gemäß den Vinayas.[33] In China empfingen die buddhistischen Mahāyāna-Mönche sowohl den Vinaya als auch die Mahāyāna-Gebote: die zehn Hauptgebote und die achtundvierzig kleineren Gebote. In fast allen Schulen des japanischen Buddhismus jedoch, außer der Ritsu-(Vinaya-)Schule, empfangen sowohl Mönche als auch Laien nur die Bodhisattva-Gebote. Der Ursprung dieser Tradition hängt mit dem Gründer der japanischen Tendai-Schule, Saichō (767–822) zusammen. In der von Dōgen-Zenji begründeten Sōtō-Zen-Tradition empfangen sowohl Mönche als auch Laien nur sechzehn Bodhisattva-Gebote: die drei Zufluchtnahmen, die dreifachen reinen Gebote und die zehn Hauptgebote.

In unserer *jukai*-Zeremonie («das Empfangen der Gebote»), rezitieren wir diesen Reue-Vers, bevor wir die Gebote annehmen. Reue ist wie das Waschen eines Kleidungsstückes, bevor es mit einer bestimmten Farbe eingefärbt wird. Durch das Bereuen unserer bisherigen Lebensführung läutern wir unseren Körper und unseren Geist. Das ist ein entscheidender, ausschlaggebender Wendepunkt in unserem Leben. Wir wechseln unsere Ausrichtung auf das Erlangen von Reichtum, Ruhm und Erfolg hin zum Bodhisattva-WEG des Lebens in Einheit mit allen Wesen.

Viele rezitieren diesen Vers nicht nur einmal im Leben bei der *jukai*-Zeremonie, sondern auch bei den zwei Mal im Monat stattfindenden *ryaku-fusatsu* genannten Reuezeremonien. Katagiri-Rōshis Praxis am MZMC bestand darin, ihn zu Beginn der Morgenzeremonie, zusammen mit den Versen der drei Zufluchtnahmen und der vier Bodhisattva-Gelübde zu rezitieren. Auch wenn wir die Gebote empfangen haben, vergessen wir sie doch häufig und verlieren unsere Ausrichtung als Bodhisattvas. So erinnern wir uns auf diese Weise daran, dass die Gebote die Richtlinien unseres Lebens sind, und erneuern unser Bestreben und unsere Verpflichtung. Das ist die Bedeutung des Rezitierens des Reue-Verses in unserer täglichen Praxis.

Es gibt eine weitere, tiefere Bedeutung von Reue. Wir leben in der Wirklichkeit unseres Lebens, ob wir die Gebote einhalten oder nicht. Niemand kann dieser Wirklichkeit entkommen. Sogar wenn wir von Illusionen verblendet sind, leben wir als verblendete menschliche Wesen in der Wirklichkeit. Letztendlich gibt es keine Trennung von Wirklichkeit und Illusion. Mit anderen Worten, Wirklichkeit schließt Verblendung mit ein. Auch wenn wir in der Realität leben, die jenseits von Unterscheidung ist, müssen wir im alltäglichen Leben Unterscheidungen vornehmen. Wir müssen entscheiden, was gut oder schlecht ist. Ohne zu unterscheiden können wir nichts machen. Auch wenn wir die Lehre Buddhas praktizieren, müssen wir jeweils unsere Wahl treffen. Das ist die unumgängliche Wirklichkeit unseres konkreten Lebens.

Zazen ist die einzige Ausnahme. Wenn wir in dieser Haltung sitzen und die Hand des Denkens öffnen, sind wir wahrhaftig frei von Unterscheidung. Wann immer auch Gedanken auftauchen, lassen wir sie einfach los. In unseren Alltagshandlungen jedoch müssen wir immer wieder eine Wahl treffen, die auf Unterscheidung beruht, auch wenn wir die Wirklichkeit praktizieren, die jenseits jeglicher Unterscheidung liegt. Zum Beispiel genau jetzt denke ich: «Wie kann ich die Lehre Buddhas am verständlichsten auf Englisch ausdrücken?» Das ist meine Absicht. Sogar wenn wir versuchen, die Wirklichkeit jenseits jeglicher Unterscheidung zum Ausdruck zu bringen, müssen wir Unterscheidungen vornehmen und eine Wahl bezüglich der besten Art und Weise, wie das zu tun ist. Bereuen bedeutet, dass man, obwohl man glaubt, das beste zu tun, was in einer bestimmten Situation möglich ist, sich bewusst ist, dass es ein Fehler sein könnte. Es könnte sogar anderen und auch mir Schaden zufügen – ich weiß es nicht.

Als ich im Pioneer Valley Zendō in Massachusetts war, musste ich viele Bäume fällen, um den Boden freizumachen und einen Garten anzulegen. Ich brachte viele kleine Tiere, Insekten und Würmer um. Einmal zum Beispiel, nachdem ich einen Brunnen gegraben hatte, füllte sich das Loch mit Regenwasser und ein Stinktier ertrank darin. Mein Vorhaben war, für den Buddha-Dharma zu arbeiten und einen Ort der Praxis zu schaffen. Um das umzusetzen, schadete ich anderen Lebewesen. Auch wenn wir danach trachten, zum Wohl aller Lebewesen zu arbeiten, können wir anderen Schaden zufügen. Wir können die Folgen unserer Handlungen nicht vorhersagen. Wir alle müssen essen, um zu leben. Auch wenn wir kein Fleisch essen, so müssen wir doch Gemüse essen. Das bedeutet, wir müssen Gemüse umbringen. Als menschliches Wesen zu leben heißt, durch das Leben und den Tod anderer unterstützt zu werden. Auch wenn wir uns dessen nicht bewusst sind, erzeugen wir möglicherweise schlechtes Karma, das uns selbst und andere verletzen kann. Als Bodhisattvas können wir nicht leben, ohne zu bereuen.

«All das Karma, das jemals von alters her von mir geschaffen wurde»: Diese Übersetzung benennt nicht speziell schlechtes Karma, aber die ursprüngliche tut es. *Shoakugō* bedeutet «schlechtes Karma». Einige andere Übersetzungen gebrauchen Wörter wie «unheilsam», «verdreht» oder «schädlich», um die Dualität von gut und schlecht zu vermeiden. Wir praktizieren Reue auf der Basis sich vollständig wechselwirkend durchdringender Wirklichkeit. Wir leben nur durch die Unterstützung aller Wesen und sind uns doch bewusst, dass wir manchen von ihnen Schaden zufügen. Sogar wenn wir so korrekt wie möglich leben, müssen wir dennoch bereuen, weil wir von unserem beschränkten Standpunkt aus nicht wissen können, welche Handlungen Schaden nach sich ziehen könnten.

«Durch Gier, Zorn und Selbsttäuschung»: Im Buddhismus sind dies «die drei Gifte». Selbsttäuschung oder Unwissenheit ist die Ursache der anderen beiden. In diesem Fall bezieht sie sich auf die Unwissenheit bezüglich der Wirklichkeit der Vergänglichkeit und des Ichs.[34] Das *Herzsūtra* sagt uns, dass alle fünf *skandhas* leer sind. Die fünf *skandhas* machen unseren Körper und Geist aus. Das bedeutet, dass wir leer sind, und doch erkennen wir selten die Leerheit unseres Körpers und Geistes. Es fühlt sich an, als ob wir einen Körper und Geist haben. Wir gehen davon aus, dass es etwas gibt, was «Ich» genannt wird und unseren Körper in der gleichen Weise besitzt und manövriert, wie jemand ein Auto besitzt und steuert. In Wirklichkeit gibt es keinen Fahrer, sondern nur diesen Körper und Geist. Es gibt keinen Fahrer, aber irgendwie läuft der Wagen. Es handelt sich in der Tat um ein «Auto-Mobil».

Wenn wir uns der Vergänglichkeit und der Ich-losigkeit nicht bewusst sind, scheint das Ich das Zentrum der Welt zu sein. Wut und Gier steigen auf, weil das Ich versucht, sich zu schützen. Gier stachelt uns an, mehr und mehr anzuhäufen, um unsere ich-bezogenen Wünsche zu befriedigen. Wut wird durch das Bedürfnis des Ichs verursacht, sich auf Dauer sicher und mächtig zu fühlen. Diese drei Gifte sind die grundlegenden Ursachen für unser schlechtes Karma.

Körper, Reden und Denken erzeugen sowohl unser gutes als auch schlechtes Karma. «Anfanglos» bedeutet, dass wir den Ursprung unseres Karmas nicht erkennen können. Unser Körper und Geist sind sogar von Dingen beeinflusst, die passiert sind, bevor wir geboren wurden. Alles, was im gesamten Universum seit dem Urknall passiert ist, nimmt Einfluss auf unsere Art und Weise zu denken und uns zu verhalten. Es ist alles wirklich anfanglos.

«Hier und jetzt bereue ich es aus tiefstem Herzen»: Das ursprüngliche Wort war *san'ge*, das, wie wir erfahren haben, «Reue» bedeutet. Reue schließt Bekenntnis mit ein, ist aber nicht notwendigerweise auf Bekenntnis beschränkt. Als Buddhas Schüler empfangen wir die Gebote und geloben, durch sie zu leben. Deshalb müssen wir Handlungen bereuen, die sich gegen unser Gelübde richten. In der ersten Zeile bedeutet das japanische Wort *issai* («alles») jedes Fehlverhalten, jeden Fehler, den wir gemacht haben, auch wenn wir uns ihrer nicht bewusst sind. Gelübde und Reue sind untrennbar. Wenn wir uns unsere vergangenen Handlungen näher anschauen, können wir nicht anders, als zu bereuen. Wenn wir die vollständig sich wechselseitig durchdringende Wirklichkeit unseres Seins erkennen und in die Zukunft schauen, können wir nicht anders, als das Gelübde abzulegen, mit allen Wesen gemeinsam zu leben und gemäß den Lehren Buddhas zu praktizieren. Gelübde und Reue sind die zwei Seiten der einen Zazen-Praxis.

Ein weiterer wichtiger Reue-Vers findet sich im *Samantabhadra-Sūtra*. Er bezieht sich sowohl auf die formlose Reue (*ri-san'ge*) als auch auf die Reue der wahren Realität (*jissō-san'ge*).

> Der Ozean aller karmischen Hindernisse
> entspringt einzig und allein irregeleiteten Gedanken.
> Wenn du wirklich bereuen möchtest,
> sitze in aufrechter Haltung und sei der wahren Wirklichkeit gewahr.
> Jegliches Fehlverhalten, Frost und Tau gleich,
> wird in der Sonne der Weisheit dahingeschmolzen.[35]

Diese Reue beruht nicht darauf, dass wir tatsächlich etwas aussprechen wie «Tut mir leid, dass ich diesen oder jenen bestimmten Fehler gemacht habe.» Vielmehr ist unser Zazen selbst Reue.

«Der Ozean aller karmischen Hindernisse / entspringt einzig und allein irregeleiteten Gedanken»: «Karma» bedeutet hier alle unsere Handlungen – nicht nur unsere Fehler und Fehlverhalten. Selbst wenn wir gute Dinge tun, schaffen wir möglicherweise karmische Hindernisse. Fast alle unserer Handlungen, gute wie schlechte, beruhen auf Ich-Zentriertheit. Deshalb sind sie nicht in Übereinstimmung mit der Wirklichkeit des Einsseins, der Vergänglichkeit und des wechselwirkend abhängigen Entstehens. Jedwede Handlungen (*karma*), die durch unsere Unwissenheit bezüglich der Lebenswirklichkeit verursacht werden, stellen ein Hindernis dar, weil sie uns davon abhalten, die Wirklichkeit zu leben und zu verwirklichen und uns vom An-uns-selbst-Haften zu befreien. Jedwede Handlung, die wir nur für uns selbst tun, für unsere Familie, Gemeinschaft oder Land – einschließlich buddhistischer Praktiken – können ein Hindernis dabei sein, die absolut wechselwirkend sich durchdringende Wirklichkeit zu verwirklichen.

Auch Mildtätigkeit unterliegt häufig einer egozentrischen Absicht. Wir suchen Befriedigung, indem wir danach streben, besser oder wichtiger zu sein. Um den Respekt anderer zu gewinnen, wollen wir als mitfühlend gesehen werden. Wenn die geringste Abweichung zwischen unseren Handlungen und unserem wahren Geist auftritt, schaffen wir karmische Hindernisse. Wenn wir etwas Schlimmes tun oder einen Fehler machen, finden wir es einfach, das zu bereuen. Wir haben keine Schwierigkeit, einzusehen, dass es unser eigener Fehler ist, und wenn wir unser Fehlverhalten nicht selbst erkennen, werden andere uns dabei helfen, indem sie uns ihren Zorn kundtun. Aber wenn wir gute Dinge tun, ist es wirklich schwierig, unsere karmischen Hindernisse zu bemerken, weil die Menschen uns loben und wir uns gut fühlen. Unsere guten Taten, die karmische Hindernisse hervorbringen, lassen uns überheblich und sorglos werden. Wir werden der Tatsache gegenüber blind, dass wir immer noch begrenzte, gewöhnliche, ich-bezogene menschliche Wesen sind.

«Wenn du bereuen möchtest, / sitze in aufrechter Haltung und sei der wahren Wirklichkeit gewahr»: Um Bodhisattvas zu sein, müssen wir frei sein von den Hindernissen, die wir durch unsere Handlungen, selbst den guten, schaffen. Um das zu tun, sitzen wir einfach und streben danach, der Realität unseres Lebens gewahr zu sein. Der wahren Wirklichkeit gewahr sein heißt nicht, über diese Wirklichkeit *nachzudenken*. Wenn wir in der Zazen-Haltung sitzen, halten wir unseren Körper gerade und atmen ruhig durch die Nase, sanft und tief, und fühlen, wie die Luft unseren Brustkorb ausfüllt. Wir lassen alle Gedanken los. Was auch immer in unserem Geist auftaucht, wir lassen es einfach los. Wir verstecken nichts, auch keine negativen Gefühle oder dummen Gedanken, halten nichts fest, nicht einmal Gedanken über die Lehre Buddhas. Wir lassen sie einfach aufkommen und fortziehen. Immer wieder aufs Neue kehren wir zu Zazen zurück, zu unserer Haltung und Atmung.

Während dieser Praxis werden wir der wahren Wirklichkeit, die unabhängig von unseren Gedanken existiert, gewahr. Gewahr werden bedeutet, sich genau jetzt und genau hier hinzusetzen, ohne nach etwas zu suchen oder vor irgendetwas zu fliehen. Wir unterlassen es, irgendetwas zu bejahen oder zu verneinen. Wir nehmen alles an, wie es ist, als die Wirklichkeit unseres eigenen Lebens. Innerhalb dieses Sitzens und Loslassens verwirklicht sich wahre Wirklichkeit selbst. Wir werden mit uns selbst als einem Ganzen innigst vertraut. Auf diese Weise können wir von der Ichzentriertheit, die uns «gute» Dinge tun lässt, frei sein. Mit anderen Worten, wir haften nicht an Dingen, die wir nach unserem eigenen Wertesystem für gut, bedeutsam oder wichtig halten.

«Jegliches Fehlverhalten, Frost und Tau gleich, wird in der Sonne der Weisheit dahingeschmolzen»: Das ist wahre, formlose Reue, in der wir uns sogar von buddhistischen Lehren befreien. Das ist es, was Linji (Rinzai) meint, wenn er sagt, dass ihr den Buddha töten solltet, wenn ihr den Buddha trefft. Auch Dōgen-Zenji sagte: «Buddha sitzen heißt Buddha töten.» Wir erleben die Wirklichkeit der Dinge mit immerzu frischen Augen, sogar entnebelt von unseren guten Absichten. Wir sind nicht an einen speziellen Ort gebunden. Wir verlassen uns nicht auf irgendetwas innerhalb oder außerhalb von uns selbst.

Wenn wir gestern etwas Gutes getan haben sollten, sollten wir es vergessen und uns dem zuwenden, was heute ansteht. Was wir gestern getan haben, existiert nicht mehr. Wir können nicht stolz sein auf etwas, was wir in der Vergangenheit getan haben, oder glauben, dass wir eine großartige Person seien, weil wir dies oder das getan haben. Wir sollten uns auch nicht an unseren Fehlern aufhängen. Wir lassen sie los und beginnen von vorn. Wir starten direkt aus dieser Haltung in Stille, aus der immerzu frischen Lebenskraft, die frei ist von jeglicher Verunreinigung. Augenblick für Augenblick beginnen wir wieder und wieder. Hier ist nicht unser menschliches Bewertungs- und Unterscheidungssystem am Werk. Das ist wahre Reue.

Ein japanischer Sōtō-Zen-Meister, Banjin Dōtan (1698–1775), kommentiert diesen Vers in seinem *Zenkai-shō* (Kommentar zu den Zen-Geboten):

> Die Essenz der Reue ist, dass Verblendung und Erleuchtung, lebende Wesen und Buddhas, eins sind. Deshalb ist jemand, der Reue

> praktiziert, mit jeglichen Verdiensten ausgestattet. Für gewöhnlich denken wir, dass verblendete Gedanken und wahre Wirklichkeit voneinander getrennt und verschieden sind, so wie jemand, der besitzt, und das, was er besitzt. Wenn wir vollständig befreit sind, erkennen wir, dass es weder jemanden gibt, der Illusionen besitzt, noch, dass es Illusionen gibt, die jemand besitzt. Das ist der wahre Pfad des Buddha-Dharmas. Wir sollten diesen Vers nicht so verstehen, dass wir meinen, wir müssten verblendete Gedanken loswerden, indem wir aufrecht sitzen und der wahren Wirklichkeit gewahr sind. Reue ist eine andere Bezeichnung für die Drei Schätze. Zu bereuen bedeutet, Zuflucht zu nehmen zu den Drei Schätzen. Wenn der Dharma der Reue ausgeführt wird, schließt er vollständig die Drei Zufluchtnahmen und die Dreifachen Reinen Gebote mit ein. Reue, die Drei Zufluchtnahmen und die Dreifachen Reinen Gebote sind nicht getrennt von Falschheit, verursacht durch Verblendung. Jedoch sind wir in der Lage, innerhalb von Verblendung Befreiung zu erlangen. Wir könnten es so ausdrücken, dass, bereits bevor Illusionen verschwinden, die wahre Wirklichkeit schon da ist. Das bedeutet der Ausdruck «Bevor der Esel geht, ist das Pferd eingetroffen». Wir sollten erkennen, dass Reue nichts anderes als der Dharma ist, die Praxis von Buddhas Erwachen.[36]

Banjin Dōtan sagt, dass Essenz der Reue darin bestehe, die Wirklichkeit zu erkennen und zu verwirklichen, die vor der Trennung in Illusion und Erwachen, vor der Trennung in lebende Wesen und Buddhas existiert. Durch sein Erwachen ist jemand, der Zazen, die Reue des Sitzens in aufrechter Haltung praktiziert, mit allen Tugenden des Buddha, der Wirklichkeit des Lebens ausgestattet.

Für gewöhnlich denken wir, verblendete Gedanken und Begierden seien mit der Erkenntnis und Verwirklichung der wahren Realität kompatibel. Wir glauben, dass wir, um Erleuchtung zu erlangen, die Illusionen eliminieren müssten. Banjin Dōtan sagt hingegen, dass wir, wenn wir vollständig befreit sind, erkennen, dass es weder jemanden gibt, der Illusionen hat, noch irgendwelche Illusionen, die jemand haben könnte. Wenn wir in Zazen sitzen und die Gedanken loslassen, sind wir vollkommen befreit. Wir erkennen, dass sowohl Menschen als auch Verblendungen ohne Substanz sind. Das ist die Leerheit der Realität, der wahre Pfad des Buddha-Dharmas.

Unsere Praxis ist kein Mittel, um illusionäre Gedanken loszuwerden. Der wahren Wirklichkeit gewahr zu sein ist keine Methode, Verblendungen zu eliminieren. Es ist vielmehr so, dass wir in Zazen sitzend genau und stabil mitten in der Wirklichkeit vor der Trennung in Illusion und Erwachen sitzen. Für gewöhnlich halten wir uns selbst für verblendete menschliche Wesen und Buddhas für erleuchtete Wesen. Wir stellen uns vor, dass unsere Praxis eine Methode sei, um ein verblendetes Wesen in ein erleuchtetes zu verwandeln, indem man die Illusionen entfernt. Diese Vorstellung selbst ist dualistisch und steht im Widerspruch zu der Wirklichkeit vor jeglicher Trennung.

Sollten wir also die Praxis aufgeben und unseren Illusionen nachgehen? Nein, was wir tun müssen, ist, zu sitzen und alle dualistischen Ideen ziehen zu lassen. In diesem Handeln verwirklicht sich die wahre Wirklichkeit selbst. Illusion und Erleuchtung sind beide anwesend. Wie verneinen oder bejahen keine von beiden, wir ergreifen keine von beiden. Unser Sitzen gründet sich auf dem Loslassen. Ganz wie Dōgen-Zenji sagt: «Praxis und Erleuchtung sind eins.» Es gibt keinen anderen Zustand, den wir erreichen müssten, als lediglich unsere Praxis des Loslassens. Wir praktizieren mitten in der Illusion und verwirklichen Erleuchtung durch unser Zazen wie auch durch alltägliches Handeln, das auf Zazen basiert. Dieses Praktizieren machte es uns möglich, unsere gesamte Existenz auf diesem Fundament zu gründen.

Banjin Dōtan sagt weiterhin, dass Reue selbst identisch sei mit den Drei Schätzen. Wenn wir beim Zazen aufrichtig bereuen und unsere Gedanken loslassen, nehmen wir Zuflucht zu Buddha, Dharma und Sangha. Im Buddhismus ist Reue nichts Negatives. Es handelt sich um eine sehr positive Aktivität, durch die wir wahre Buddhisten werden. Unsere Praxis macht uns nicht zu perfekten oder heiligen Menschen. In gewisser Hinsicht bedeutet Praxis, das Streben aufzugeben, perfekt zu werden; es bedeutet, unsere unvollkommene Natur zu verwirklichen. Wir akzeptieren sogar unsere Verblendungen und sorgen uns um sie, als ob sie uns so lieb und kostbar wären wie unsere Kinder. Wenn wir unsere Verblendungen (oder unsere Kinder) ignorieren, können sie großen Schaden anrichten. Wenn wir gut für sie sorgen, können sie zur Ruhe gebracht werden. Wir können innerhalb der Illusionen nur befreit werden, wenn wir uns ihnen zuwenden und für sie sorgen. Wenn wir das nicht tun, werden sie zu undurchdringlichen Hindernissen. Es gibt einen Pfad der Befreiung mitten in Verblendung und Leiden. Wenn wir die Wirklichkeit klar sehen können, sehen wir Illusionen einfach als Illusion.

Wir könnten es so ausdrücken, dass, bereits bevor Illusionen verschwinden, die wahre Wirklichkeit schon da ist. Das bedeutet der Ausdruck «Bevor der Esel geht, ist das Pferd eingetroffen», schreibt Banjin Dōtan. Esel rennen nicht schnell, und wir halten sie gewöhnlich für faul und närrisch. Wir halten ein Pferd für etwas besseres als einen Esel. Aber dieser Ausspruch besagt, dass, bevor der Esel (ein verblendetes, menschliches Wesen) geht, das Pferd (die wahre Wirklichkeit) bereits eingetroffen ist. Das bedeutet, dass genau inmitten dieses Augenblicks unsere Lebenskraft, dieser Körper und Geist, Esel und Pferd gleichermaßen, gegenwärtig sind und wir den Esel nicht schlagen müssen, um ihn zum Fortgehen zu zwingen. Wir sollten jedoch den Esel nicht mit dem Pferd verwechseln. Unsere Praxis ist es, sich gut um den Esel zu kümmern. Mitten in dieser Praxis steckt das Pferd. Wir können tief in unseren guten Taten Ichbezogenheit finden. Aber das heißt nicht, dass wir so lange gute Handlungen ausführen sollten, bis wir vollständig unsere Ichbezogenheit eliminiert haben. Wir bemühen uns, gut zu praktizieren und die allgegenwärtigen Verblendungen, sogar in unseren gutgemeinten Taten, zu erkennen. Wenn wir auf diese Weise praktizieren, ist Reue unumgänglich. Diese formlose, wahre Reue ist in der Tat unser Zazen.

Ich denke, dass dieses Bereuen für heutige Menschen wesentlich ist, gerade weil wir über so mächtige Technologien verfügen. Wir können alle lebenden Wesen auf der Erde umbringen. Die meisten der Hauptprobleme, mit denen wir heutzutage konfrontiert werden, sind das Ergebnis menschlicher Handlungen. Sie werden nicht durch schlechte, dumme oder grausame Menschen verursacht. Kriege, ökologische Zerstörung und so weiter sind durch ernsthafte, brillante Menschen unter der Fahne der Gerechtigkeit, Freiheit, menschlicher Wohlfahrt und nationalem Gedeihen ausgelöst worden. Diese Menschen werden häufig als große Anführer respektiert.

Viele Religionen verursachen Probleme, indem sie uns dazu anhalten, an feststehenden Lehren und Glaubenssätzen festzuhalten. Wir müssen uns unserer Ich-Verblendung und unseres Anhaftens bewusst werden, auch während wir danach trachten, Gutes zu bewirken. Nur auf diese Weise können wir von Verunreinigungen frei werden, die entstehen, wenn man Gutes aus unvollkommenen Beweggründen heraus tut. Das ist die wahre Bedeutung von Reue.

3

Letztendliche Geborgenheit: Die Drei Zufluchtnahmen

Die englische Übersetzung des Verses der Drei Schätze im Sūtra-Buch des MZMC lautet:

> Ich nehme Zuflucht zu Buddha, mit allen fühlenden Wesen das Gelübde ablegend, den Großen WEG annehmend, den unübertrefflichen Geist erwachen lassend.
>
> Ich nehme Zuflucht zum Dharma, mit allen fühlenden Wesen das Gelübde ablegend, tief in die Lehre eintauchend, in die Weisheit so tief wie der Ozean.
>
> Ich nehme Zuflucht zum Sangha, mit allen fühlenden Wesen das Gelübde ablegend, allen Harmonie bringend, vollständig und ohne Einschränkung.[37]

Wenn wir Buddhisten werden, bezeugen wir zuerst unsere Reue und nehmen Zuflucht zu den Drei Schätzen des Buddhismus: Buddha, Dharma und Sangha. Diese Zufluchtnahmen sind die ersten drei von sechzehn Geboten, die wir in der japanischen Sōtō-Zen-Tradition, die von Dōgen-Zenji begründet wurde, empfangen.

Ohne diese drei gibt es keinen Buddhismus. Śākyamuni Buddha, der vor rund zweitausendfünfhundert Jahren in Indien geboren wurde, ist unser ursprünglicher Lehrer. Er erwachte und erkannte die Wirklichkeit unseres Lebens. Sowohl seine Lehren über diese Wirklichkeit als auch die Wirklichkeit selbst werden Dharma genannt. Sangha ist die Gemeinschaft von Menschen, die Buddhas Lehre erforschen und seiner Lebensweise folgen. Seine ersten Schüler waren die fünf Mönche, die mit ihm vor seiner Erleuchtung praktiziert hatten. Sie verstanden, wurden seine Anhänger und begründeten den ersten Sangha. Das war die Geburt des Buddhismus. Vom allerersten Anfang an stellen der Buddha als der Lehrer, der Dharma als die Lehre und der Sangha als Gemeinschaft die grundlegenden Elemente des Buddhismus dar.

Wenn wir Buddhisten werden, geloben wir, Zuflucht zu Buddha, Dharma und Sangha zu nehmen. Wenn wir die Lehre Buddhas als Schüler Buddhas annehmen, legen wir das Gelübde zusammen mit allen fühlenden Wesen ab. Es wäre besser, es mit «allen lebenden Wesen» zu übersetzen. Das ursprüngliche Wort lautet auf Japanisch *shujō*. *Shu* bedeutet «viele» oder «verschiedene»; *jō* bedeutet «Leben» oder «lebende Wesen». Der nächste Satz, *taige taidō* oder «den Großen Weg annehmen», ist ein interessanter Ausdruck. *Tai* bedeutet «Körper» und *ge* bedeutet «zu verstehen», also kann man das durch «mit dem Körper verstehen» übersetzen. Wir müssen den Großen Weg mit unserem Körper verstehen. Die Lehre Buddhas ist nicht etwas, was wir lediglich mit unserem Verstand begreifen können; wir müssen sie in unserem alltäglichen Leben praktizieren. Seine Lehre zu verstehen und ihr zuzustimmen, ist nicht genug. Wenn wir seiner Lehre zustimmen, müssen wir sie praktizieren, sie leben. *Taige* bedeutet verkörpern, erforschen, erfahren, in unseren Alltag integrieren. *Taidō*, «Großer Weg», bedeutet «Erwachen». «Weg» ist hier eine Übersetzung des Sanskritwortes *bodhi*. Dieser Ausdruck besagt, dass wir das Große Erwachen Buddhas durch unser Alltagsleben verkörpern müssen.

Die erste Zufluchtnahme beinhaltet den Ausdruck «den unübertrefflichen Geist erwachen lassen». Unübertrefflicher Geist (*mujō-shin*) ist das gleiche wie *bodhi*-Geist (*bodai-shin*). Beides sind Kurzfassungen des Sanskrit-Ausdrucks *anuttarā-samyak-saṃbodhi-citta*. *Anuttarā* bedeutet «unübertrefflicher», «höchster», «erhabenster». *Bodhi* bedeutet «Erwachen». *Mujō* ist die Übersetzung von *anuttarā* und *bodai* ist die Transliteration von *bodhi*. Wenn wir das Große Erwachen verkörpern, erwachen und verwirklichen wir den erwachenden Geist. Das ist eine seltsame Ausdrucksweise, aber es ist die Realität. Wir erwachen und verwirklichen den erwachenden Geist, um zu erwachen. Gewöhnlich denken wir, wir seien wach, außer wenn wir nachts schlafen oder ein Nickerchen machen, aber eigentlich sind wir normalerweise im Schlafzustand und träumen. Wir erfantasieren uns diese Welt, unser Leben und uns selbst. Wir erschaffen uns Traumwelten und glauben dann, sie seien wahr.

Aber sie sind doch nur Konstrukte unseres Geistes. Wir konstruieren eine Geschichte, in der wir der Held oder die Heldin sind. Wir halten uns für das Zentrum der Welt, und alle anderen Menschen und Dinge sind Ressourcen, die für den glücklichen Ausgang unserer Geschichte sorgen. Auf diese Weise leben wir in einem Traum. Zu erwachen bedeutet, Körper und Geist fallen zu lassen, von der Träumerei frei zu werden und der Wirklichkeit zu begegnen. Wir trachten danach, gemäß der Wirklichkeit zu handeln, die existiert, bevor wir sie durch unseren Verstand verarbeiten. Unser intellektueller Geistesapparat basiert auf unserer Erziehung und all unseren Erfahrungen, die wir seit unserer Geburt gemacht haben. Aber dieses Erfahrungen sind eine eingeschränkte Art und Weise, die Welt zu sehen, und deshalb müssen wir erwachen und die Realität erkennen und verwirklichen.

Ein weiterer Aspekt von «unübertrefflicher Geist» ist das Mitfühlen mit allen Wesen. Wenn wir erwachen und die Wirklichkeit erkennen, die noch nicht durch unseren ich-bezogenen Geist verarbeitet wurde, können wir nicht anders, als mit allen Wesen mitzufühlen. Wir erkennen, dass wir mit allen Wesen zusammenleben, gestützt durch Netzwerke von Wechselwirkungen. Wir teilen uns Luft, Wasser und Leben, indem wir uns selbst gegenseitig zur Verfügung stellen. Wir leben gestützt durch alle Wesen. Im Gegenzug müssen wir alle anderen Wesen unterstützen. Das ist Mitgefühl. Wir müssen erkennen, dass wir als Knoten innerhalb Indras Netz zusammenleben. Als die eingeschränkten und konditionierten Individuen, die wir sind, leben wir weder unabhängig noch könnten wir es. Das ist die Bedeutung der Zufluchtnahme zu Buddha.

Zuflucht nehmen zum Dharma

Der nächste Abschnitt beginnt mit «Ich nehme Zuflucht zum Dharma». Das Sanskritwort *dharma* hat viele Bedeutungen, von denen hier zwei wichtig sind – die Lehre Buddhas und die Wirklichkeit aller Wesen. «Mit allen lebenden Wesen gelobend, tief in die Lehre eintauchend»: Das ursprüngliche Wort für «die Lehre» ist *kyōzō*. *Kyō* bedeutet «Sūtra» und *zō* bedeutet «Lagerhaus» oder «Schatzkammer». Gebäude in buddhistischen Tempeln, wo Sūtras oder Texte aufbewahrt wurden, wurden *kyōzō* genannt. *Jinnyū kyōzō* bedeutet «tief in die Schatzkammer der Sūtras eindringend». Eine weitere mögliche Interpretation des Wortes *kyōzō* ist «*sūtra piṭaka*», das ist einer der drei «Körbe» (*piṭaka)* der schriftlich fixierten Lehre Buddhas: Sūtras, Kommentare zu den Sūtras (*Abhidharma*) und Gebote (*Vinaya*). Wie auch immer, wir geloben die Sūtras eingehend zu studieren. In einem Kapitel des *Shōbōgenzō* mit dem Titel *Sansuikyō* («Das Sūtra der Berge und Flüsse») schreibt Dōgen-Zenji: «Diese Berge und Flüsse der Gegenwart sind die Verwirklichung des WEGES der Buddhas vergangener Zeiten.» Das impliziert, dass die Wirklichkeit aller Wesen selbst ein Sūtra ist. Nicht nur die Berge und Flüsse, sondern auch die singenden Vögel, die scheinende Sonne und alles, was rund um uns passiert, sind Sūtras, die uns die Wirklichkeit des Seins lehren. Sie lehren Vergänglichkeit und wechselwirkendes Bedingen. Nichts kann für immer andauern, alles verändert sich ständig, und es gibt kein feststehendes Ich, keine feststehende Substanz. Alle Existenzen im Universum lehren diese Wirklichkeit, aber wir hören nicht zu; wir sehen nicht wirklich hin. Wir denken: «Ich will dies machen», «Ich will das machen», und sind blind gegenüber der Wirklichkeit der Vergänglichkeit und der wechselwirkenden Bedingtheit.

Der Ausdruck «tief in die Lehre eindringend» erfordert nicht, dass wir sämtliche buddhistischen Texte lesen. Obwohl Lesen ein wichtiger Bestandteil des Eindringens in die Lehre ist, ist die tiefere Bedeutung, wirklich und tatsächlich die Realität vor unseren Augen zu erkennen, die Wirklichkeit, die wir tatsächlich gerade leben.

Der Ausdruck «Weisheit so tief wie der Ozean» bezeugt eine unbegrenzte und endlose Perspektive. Wir sind wie ein Frosch in einem Brunnen, der nur einen kleinen Fleck des Himmels sehen kann. Unsere Sicht ist begrenzt, und dennoch denken wir, wir seien der Mittelpunkt der Welt und wüssten alles. Wir gründen unsere Handlungen auf unser konditioniertes Verständnis, unsere Wahrnehmung und Meinungen. Der Anfang von Weisheit ist, zu erkennen, dass unsere Sichtweise begrenzt ist. Die Sicht, die wir am Meer haben, ist weiter als in einem Brunnen. Es gibt keine Begrenzungen von etwas so Weitem und Grenzenlosem. Durch das Studium der Lehre Buddhas werden wir frei von unseren begrenzten Sichtweisen und öffnen uns der grenzenlosen Wirklichkeit. Die Bedeutung der Zufluchtnahme zum Dharma ist, dass wir den Dharma für wertvoller erachten als unsere eigenen beschränkten Meinungen und Ansichten, die auf unserem persönlichen Karma beruhen.

Zuflucht nehmen zum Sangha

Das dritte Gelübde beginnt mit «Ich nehme Zuflucht zum Sangha». *Saṅgha* ist ein Wort aus dem Sanskrit und bedeutet einen Zusammenschluss, eine Vereinigung von Menschen. In Indien zur Zeit Buddhas bildeten sich Städte, und einige Menschen waren befreit von täglicher Landarbeit. Die Stände der Händler, Handwerker, Krieger und Adligen kamen auf. Menschen gründeten Vereinigungen, Zusammenschlüsse, die Sanghas oder *gaṅṇas* genannt wurden. Ein Sangha ist eine demokratische Gemeinschaft von Mitgliedern, die die gleichen Interessen und den gleichen Status teilen. Das Gelübde fährt fort mit «mit allen fühlenden Wesen gelobend, allen Harmonie bringend». «Harmonie bringend» ist eine Übersetzung des japanischen Wortes *tori,* das «einen» bedeutet. Buddhistische Sanghamitglieder werden durch den Dharma geeint. Um eine Gemeinschaft darzustellen anstelle einer Ansammlung von Individuen, um Harmonie herrschen zu lassen, brauchen wir etwas, was uns eint. Um Suppe zu machen, zerkleinern wir die Zutaten und geben sie in einen Topf, fügen Gewürze hinzu und kochen sie, bis sich die individuellen Geschmacksrichtungen zu einem einzigen Geschmack verbinden. In gleicher Weise kochen wir uns selbst und verwandeln diese Individuen in eine Gemeinschaft mit einem Geschmack – dem Geschmack des Dharmas. Harmonie eint eine Ansammlung von Individuen zu einer Gemeinschaft, zu der wir Zuflucht nehmen können.

Der nächste Ausdruck lautet «vollständig, ohne Einschränkung». Mit Harmonie und Eintracht gibt es keine Hindernisse. Wenn Individuen denken: «Ich zuerst», entstehen unendlich viele Probleme und Hindernisse. Aber wenn wir unsere Vergänglichkeit erkennen, Ich-losigkeit verwirklichen und das Leben genau diesen Momentes teilen, gibt es keine Einschränkungen. Natürlich sind da noch Schwierigkeiten zu überwinden, aber in Harmonie können wir daran arbeiten. Wenn Uneinigkeit herrscht, können wir das nicht. Das bedeutet der Sangha und die Zufluchtnahme zu den Drei Schätzen.

Warum Zuflucht nehmen

Das *Shōbōgenzō* ist eine Sammlung von ungefähr 95 voneinander unabhängigen Texten Dōgen-Zenjis. Eines der Kapitel heißt «Zuflucht nehmen zu Buddha, Dharma und Sangha» (*Ki-e-buppōsōbō* oder *Ki-e sanbō*). Er zitiert hier einen Abschnitt aus dem *Kusharon* (*Abhidharmakośa bhāṣya*), Kapitel 14, über den Grund, warum wir Zuflucht zu den Drei Schätzen nehmen. Dieser Text wurde ursprünglich in Indien geschrieben und ins Chinesische übersetzt. Der indische Text lautet: «Viele Menschen nehmen aus Angst Zuflucht zu den Gottheiten der Berge, Wälder, Bäume, Gärten, Schreine und so weiter.»[38] Wir nehmen aus Angst Zuflucht zu Göttern. Wir brauchen einen Schutzraum – in diesem Fall einen spirituellen Schutzraum –, weil wir schwach sind und Angst haben. Menschliche Wesen sind nicht notwendigerweise die stärksten Tiere. Wir sind nicht so groß wie Elefanten, nicht so schnell wie Geparden, nicht so stark wie Gorillas. Alle elementaren Gegebenheiten, wie ein bisschen zu viel oder zu wenig Regen, sorgen für Leid in unserem Leben. Voll der Angst und Unsicherheit brauchten die ersten Menschen etwas, was sie verehren konnten, auf was sie bauen konnten. Selbst in einer zivilisierten Gesellschaft ist es gefährlich, auf Dinge außerhalb unser selbst zu bauen. Alles außerhalb von uns selbst ist ungewiss, verändert sich ständig und ist unberechenbar. Wir verehren dieses Ding, von dem wir glauben, es sei ewig und unveränderlich, beten es an oder verlassen uns auf es. Das ist einer der Gründe, warum wir Religion brauchen. Natürlich ist auch der Buddhismus eine dieser Religionen. Aber der Buddha hat uns nicht gelehrt, Zuflucht zur einer Gottheit jenseits dieser Erscheinungswelt zu nehmen. Er lehrte uns Zuflucht mitten in dieser Welt, in uns selbst zu finden. Das ist die Basislehre Buddhas und ein Unterschied zwischen Buddhismus und anderen Religionen.

Weiter heißt es im indischen Text: «Zu solchen Gottheiten Zuflucht zu nehmen, ist jedoch nicht hervorragend und lobenswert.

Es ist nicht möglich, die verschiedenen Schmerzen oder Leiden loszuwerden, indem man Zuflucht zu solcher Art Gottheiten nimmt.» Also, wir können keine Sicherheit durch die Verehrung von Dingen in der Natur oder jenseits der Natur finden. «Wenn Menschen Zuflucht zu Buddha nehmen und Zuflucht nehmen zum Dharma und zum Sangha, werden sie, die Vier Edlen Wahrheiten beachtend, durchgängig mit Weisheit vorgehen: Sie wissen um das Leiden, sie wissen um den Ursprung des Leidens, sie wissen, wie man auf ewig das Leiden überschreitet, und sie wissen um den Achtfachen Edlen Pfad.» Śākyamuni Buddha lehrte: Wer Zuflucht zu Buddha, Dharma und Sangha nimmt, kann mit der Weisheit schauen, wie sie in den Vier Edlen Wahrheiten ausgedrückt wird. Weisheit ist im Buddhismus wichtig, zusammen mit Mitgefühl und Glauben. In anderen Religionen können wir nicht verstehen, also glauben wir. Aber im Buddhismus glauben wir, weil wir über die Weisheit verfügen, zu erkennen. Das ist ein wichtiger Punkt. Zuflucht nehmend zu Buddha, Dharma und Sangha lernen wir, Stabilität, Frieden und Befreiung von Angst zu finden, indem wir untersuchen, was gerade passiert. Wir erkennen, dass der Ursprung der Angst in uns selbst liegt.

Mit den Vier Edlen Wahrheiten lehrte der Buddha die Wirklichkeit des Leidens oder *duḥkha*. Im Buddhismus nennt vier Arten von Leiden: Geburt, Alter, Krankheit und Tod. Wir werden alle schreiend vor Schmerz geboren. Das Leben ist voll von Leiden, ebenso der Tod. Weitere vier Arten von Leid werden oft erwähnt: von geliebten Menschen getrennt sein, Menschen begegnen, die wir nicht mögen, nicht in der Lage sein, zu bekommen, was wir wollen, und nicht in der Lage sein, die fünf *skandhas* zu kontrollieren. Die ersten drei sind schmerzhafte Erfahrungen, die wir alle in unseren sozialen Zusammenhängen oft machen. Manchmal müssen wir uns von Menschen trennen, die wir lieben, und ein anderes Mal müssen wir mit Menschen eine Verbindung eingehen, die wir nicht mögen. Das ist die Wirklichkeit unseres Lebens. Häufig können wir etwas, was wir wirklich wollen, nicht erlangen, und so leiden wir. Die grundlegende Art zu leiden, die der menschlichen Natur innewohnt, ist jedoch die vierte. Wir sind Ansammlungen der fünf *skandhas* oder Daseinskomponenten: Form, Gefühl, Wahrnehmung,

Denkstrukturen und Bewusstsein. Diese Bestandteile, aus denen wir und alle anderen Wesen geformt sind, sind ohne Bestand und verändern sich dauernd. Sie können nicht beherrscht werden, weil es nichts gibt, um sie zu kontrollieren. Wir können unser Leben nicht kontrollieren. Dieser Körper und Geist ist kein Besitz, der beherrscht werden kann. Deshalb ist die menschliche Existenz selbst immer unbefriedigend und wir erfahren Leid. Darin liegt die Bedeutung von «Leiden» in den buddhistischen Lehren.

Die zweite der Vier Edlen Wahrheiten ist die Ursache des Leidens. Der Buddha lehrte: Auf grundlegender Unwissenheit beruhendes illusionäres Begehren und Anhaften ist der Ursprung allen Leidens. Wir sind immer hungrig und durstig und jagen Dingen nach, um unsere leeren Mägen zu füllen, und wenn wir nichts finden, leiden wir. Wenn wir erfolgreich sind, wollen wir mehr oder fürchten uns, das zu verlieren, was wir haben.

Das Dritte ist die Wahrheit vom Ende allen Leidens oder Nirvāṇa. Zu Anfang hören wir, der Buddhismus lehre, das Leben sei voll des Leidens. Also denken wir, er müsse sehr pessimistisch oder gar nihilistisch sein. Aber der Buddha lehrte: Es ist möglich, in Nirvāṇa zu sein, frei zu werden von Leid. Und dies, weil Leiden Ursachen und Bedingungen hat. Wenn wir daran arbeiten, diese Ursachen und Bedingungen zu verändern, können wir uns selbst vom Leiden befreien. Śākyamuni Buddhas Lehre ist also kein bisschen pessimistisch.

Die Vierte Edle Wahrheit, der Weg, alle Ursachen des Leidens auszurotten, ist der Achtfache Edle Pfad. Um diesem Pfad zu folgen, müssen wir die Dinge korrekt sehen, unser Denken auf die Wirklichkeit gründen anstelle unserer Ichbezogenheit, wahrhaftig sprechen, gemäß der richtigen Sichtweise handeln, eine heilsame Lebensweise verfolgen, uns mit großem Eifer bemühen und rechte Achtsamkeit und Meditation praktizieren. Der Buddha gab uns diese acht Richtlinien für unsere Praxis. Er lehrte: Wir können eine reale Grundlage für ein friedliches Leben in uns selbst finden, inmitten dieser Erscheinungswelt, ohne uns auf eine Gottheit zu stützen. Diese Lehre und Praxis des WEGES der MITTE, zu dem der Buddha durch sein Erwachen fand, sind die Heimstatt und Grundlage unseres Lebens.

Im *Abhidharmakośa* heißt es weiter: «Deshalb ist die Zufluchtnahme zu den Drei Schätzen das Höchste und Verehrungswürdigste.» Wir flüchten in die verschiedensten Dinge in dieser Welt. In finanziellen Zusammenhängen kann dieses Zufluchtnehmen bedeuten, dass man sich Geld oder Versicherungen anvertraut. Wir bauen auf Versicherungen, um Sicherheit für uns zu schaffen, falls wir nicht in der Lage sind zu arbeiten. Wir tun das, um frei von Angst zu sein, aber wenn die Lebensversicherung tatsächlich ausbezahlt wird, bist du nicht mehr da. So ist das wirklich kein bisschen zu deinem Vorteil. Wir bauen auf viele verschiedene Dinge, aber nichts davon ist wirklich sicher; nichts hat eine wahrhaft stabile Grundlage. Die einzig stabile Grundlage für unser Leben ist, Buddha zufolge, der Dharma und man selbst. Im *Dhammapada* sagt der Buddha:

> Du selbst bist dein eigener Beschützer,
> Wer sonst könnte dich wohl beschützen?
> Selbstbezähmt erlangst du den Schutz,
> die schwer zu erlangen ist.[39]

In einer weiteren alten Schrift, dem *Sutta-Nipāta*, sagt der Buddha:

> Der Unabhängige erzittert nicht. Wer abhängt aber,
> wer da anhängt,
> Das Dasein hier und anderwärts, die Wandelwelt
> kann er nicht überschreiten.[40]

Buddhas Rat an uns lautet, nicht auf andere zu zählen, sondern sich auf den Dharma zu verlassen und auf uns selbst zu bauen. Weder der Dharma noch man selbst ist ewig, und alles verändert sich. Wir können auf gar nichts bauen, dennoch ist diese Realität der Ichlosigkeit (des Nicht-Selbst) und Vergänglichkeit die Grundlage unseres Lebens. Wir können Frieden und Befreiung finden, indem wir tiefgründig die Vergänglichkeit und Ichlosigkeit des Lebens selbst erkennen. Das ist das für uns einzig mögliche stabile, friedliche Fundament, weil das die einzige Wirklichkeit ist, die hier und jetzt existiert. Nichts in der Vergangenheit, nichts in der Zukunft, nichts jenseits dieser Wirklichkeit ist verlässlich. Die Wirklichkeit verändert sich unablässig und ist deshalb stets frisch und neu. Mein Lehrer,

Uchiyama-Rōshi, ermahnte uns, die Hand des Denkens zu öffnen und die Wirklichkeit zu erkennen, die sich fortwährend verändert. Das ist das zuverlässigste Fundament unseres Lebens. Diese Zuflucht ist nicht zu übertreffen und höchst verehrungswürdig.

Im *Abhidharmakośa* wird als ultimativer Grund, Zuflucht zu den Drei Schätzen zu nehmen, genannt, dass «durch das Zufluchtnehmen die Menschen mit Sicherheit von verschiedenen Leiden befreit werden.» Deshalb ermutigen der Buddha und andere Meister uns, Zuflucht zu Buddha, Dharma und Sangha zu nehmen. Ich glaube, dass von diesen dreien heutzutage der Sangha der bedeutsamste ist. Natürlich sind Buddha und Dharma die Grundlage des Sanghas. Ohne Sangha jedoch, eine lebende Gemeinschaft von Menschen, ist der Buddha jemand, der in der Vergangenheit lebte, und seine Lehre ist etwas Gedrucktes in einem Lehrbuch. Weil es eine Gemeinschaft von Praktizierenden gibt, die seiner Lehre folgen und die Wirklichkeit in ihren alltäglichen Aktivitäten tatsächlich leben und verwirklichen, erwachen Buddha und Dharma genau jetzt, genau hier zum Leben. Seit ungefähr fünfundzwanzig Jahren bin ich Mönch und Lehrer. Ich glaube nicht, dass ich ganz auf mich selbst gestellt so lange Buddhas Lehre hätte leben und für mich praktizieren können. Mit der Hilfe meines Lehrers, meiner Dharma-Brüder und der Menschen, die zusammen mit mir praktizieren, kann ich praktizieren. Ein Sangha von Praktizierenden ist überaus wichtig. Wir müssen dort wirklich Zuflucht nehmen. Dieses Gelübde lässt den Sangha kraftvoll lebendig werden.

Drei Bedeutungen der Drei Schätze

Die grundlegende, ursprüngliche Bedeutung von Buddha, Dharma und Sangha ist direkt und ohne Umschweife. «Buddha» bezieht sich auf Śākyamuni Buddha, der in Indien vor ungefähr fünfundzwanzig Jahrhunderten geboren wurde. «Dharma» ist sowohl die Wirklichkeit, die er durch sein Erwachen erkannte, als auch seine Lehre über diese Wirklichkeit. «Sangha» ist die Gemeinschaft der Schüler Buddhas. Als der Buddhismus sich entwickelte, wurde das Verständnis der Drei Schätze immer komplexer. Der Tod Śākyamuni Buddhas war ein großer Verlust für seine Schüler. Er war nicht nur ihr Lehrer, er war der einzige Lehrer. Keiner seiner Jünger konnte ein zweiter Buddha werden und seine Position im Sangha übernehmen. Sie waren traurig und auch durcheinander in Bezug darauf, wer ihr Lehrer sein könnte. Dann erinnerten sie sich daran, dass Śākyamuni sagte, dass Menschen, die den Dharma sehen können, Buddha sehen. Für sie war Śākyamuni Buddha nicht nur eine Person, die einen physischen Körper besaß und gestorben war. Der Buddha war immer noch da in Gestalt der Lehre und der Wirklichkeit. Sie bezeichneten dies als Buddhas Dharma-Körper (*dharmakāya*), im Gegensatz zu dem materiellen Körper (*rūpakāya*), der mit Śākyamunis Ableben unterging. Sie waren der Überzeugung, dass der Dharma, dass die Lehre Buddhas, der Buddha selbst war.

Der Buddha sagte: «Mönche sollten sich nicht um den toten Körper Buddhas kümmern.» Von Mönchen wurde erwartet, dass sie sich auf die Praxis konzentrierten und nicht auf die Vergangenheit. Folglich wurde Śākyamuni Buddhas Begräbnis Laienschülern überlassen. Sie führten das Begräbnis durch und teilten seine Asche und Überreste in acht Anteile, die an acht verschiedenen Stellen in Indien aufbewahrt wurden. Laienpraktizierende errichteten *stūpas* und machten Pilgerreisen dorthin, um dem Buddha zu huldigen. Die Buddhastatue oder Reliquien, die in den *stūpas* aufbewahrt wurden, symbolisierten Buddha. So entstanden drei Bedeutungen von Buddha: der historische Buddha, Buddha als Dharma-Körper und Buddha als eine Statue, ein Bild oder eine Reliquie.

Die Leute begannen auch zu denken, dass es drei Arten der Dreifachen Schätze gebe. Aus historischer Sicht bedeutete «Dharma» die Lehren Buddhas, aber mit «Dharma-Körper» bezog es sich auf die Wirklichkeit selbst. Diese Wirklichkeit gab es bereits, bevor Śākyamuni erwachte. Er sagte: «Ich habe die Wahrheit, die Lehre, die Wirklichkeit nicht erfunden. Ich war nur wie jemand, der ein altes Schloss, versteckt in einem Wald, findet.» Diese Wirklichkeit ist die ursprüngliche Bedeutung von *dharma*. Alle Wesen und alle Dinge in diesem Universum sind die Verwirklichung dieser ursprünglichen Wirklichkeit. Da alle Existenzen diese Wirklichkeit verwirklichen, sind sie immer erwacht, weil sie die Wirklichkeit selbst sind. Alle Existenzen im Universum können Mitglieder des universalen Sanghas genannt werden. Auf den Punkt gebracht kann man sagen, dass der Dharma-Körper der Buddhaschatz ist; der Dharma, der wahre Weg der Dinge, wie sie sind, ist der Dharmaschatz; und alle Existenzen als ein Ausdruck von Dharma werden der Sanghaschatz genannt. Diese sehr idealistische Interpretation der Drei Schätze ist als *Ittai Sanbō* bekannt. *Sanbō* bedeutet «drei Schätze»; *ittai* bedeutet «ein Körper». In diesem Zusammenhang bedeutet *ein* «absolut». So sind die Drei Schätze ein Körper, eine Wirklichkeit. Buddha, Dharma und Sangha sind einfach eine einzige Wirklichkeit. Unter *Ittai Sanbō* versteht man die «Absoluten Drei Schätze» oder die «Vereinigten Drei Schätze».

Die historischen Drei Schätze – Śākyamuni Buddha, seine Lehre und seine Gemeinschaft von Schülern – werden *Genzen Sanbō* genannt («Drei Schätze verwirklichen«), weil sie historische Realweltverwirklichungen der Absoluten Drei Schätze sind. Nach Buddhas Ableben fuhren seine Anhänger fort, seine Lehre zu praktizieren. Mehrere Jahrhunderte lang wurden die Sūtras in mündlicher Tradition übermittelt. Nach und nach wurden sie in Sanskrit oder Pāli niedergeschrieben. In Indien wurden die Sūtras auf die Blätter der *tala*-Bäume geschrieben. Die Lehre Buddhas hielt man in einer Art Schriftensammlung fest und nannte diese «Dharmaschatz». Buddhas Bildnisse und Reliquien sah man als Symbole Buddhas, als «Buddhaschatz», und den Sangha nannte man «Sanghaschatz». Diese drei zusammen nannte man *jūji sanbō. Jūji* bedeutet «bewahren». Um Buddhas Lehre nach seinem Tod zu bewahren, wurden die Buddhabildnisse, die Sūtren und die Gemeinschaften der Praktizierenden als die Drei Schätze angesehen. Wenn wir Buddhist werden, nehmen wir Zuflucht zu Buddha, Dharma und Sangha. Es gibt drei Arten der Drei Schätze und wir nehmen zu ihnen allen Zuflucht. Es gibt Sanghas, Gemeinschaften von Buddhas Schülern, auf der ganzen Welt. Buddhas Lehrreden sind in viele verschiedene Sprachen übersetzt worden, und jede Übersetzung ist ein Dharmaschatz und sollte respektiert werden.

Der Dreifache Schatz: Lehrer, Heilmittel und Freund

In dem Kapitel des *Shōbōgenzō* mit dem Titel «Zuflucht nehmen zu Buddha, Dharma und Sangha», *Ki-e-buppōsōbō* oder *Ki-e sanbō*, erwähnt Dōgen-Zenji den Grund, warum wir zu diesen dreien Zuflucht nehmen sollen. Er sagt: «Wir nehmen Zuflucht zu Buddha, weil der Buddha unser großer Lehrer ist, wir nehmen Zuflucht zum Dharma, weil der Dharma ein gute Medizin für uns ist, und wir nehmen Zuflucht zum Sangha, weil die Menschen im Sangha ausgezeichnete Freunde für uns sind.»

Dōgens Wort für «ausgezeichnete Freunde» ist *shōyū*. *Shō* bedeutet «ausgezeichnet», «überragend» oder «gut». Wir haben drei Arten von guten Freunden im Buddhismus: Lehrer, Mitpraktizierende und Menschen, die unsere Praxis unterstützen. Nach Dōgen-Zenji ist der Buddha ein großer Lehrer, der Dharma eine heilsame Medizin und der Sangha eine Gemeinschaft von guten Freunden. Ein anderer Text besagt, dass der Buddha wie ein Arzt sei, der Dharma wie eine hilfreiche Medizin und die Menschen des Sanghas unsere Krankenschwestern. Der Arzt erstellt die Diagnose und verschreibt eine Medizin. Den Dharma zu ergründen und gemäß der Lehre zu praktizieren, ist die Einnahme der Medizin. Sangha ist die Gemeinschaft der miteinander Praktizierenden – Menschen, die sich füreinander wie Krankenschwestern um die Praxis sorgen. In der heutigen Gesellschaft sind Krankenschwestern professionelle Kräfte, aber in den alten Zeiten gab es die nicht. Die Familie oder Freunde kümmerten sich um die Kranken. So bezeichnet in diesem Fall «Krankenschwester» keinen professionell arbeitenden Menschen, sondern vielmehr ein Mitglied des Sanghas. Die Menschen in einem Sangha sollten füreinander sorgen.

Zu sagen, dass der Buddha ein Arzt sei, der Dharma ein Heilmittel und Sanghamitglieder Krankenschwestern, impliziert, dass wir krank sind. Buddhas Lehre zufolge sind alle Menschen in der Tat krank. Es mag sein, dass wir körperlich krank sind oder nicht, normalerweise sind wir es spirituell auf jeden Fall. Welche Art von Erkrankung haben wir? Bevor Śākyamuni Buddha sein Zuhause verließ und begann, den Weg zu suchen, war er ein Prinz. Er war gesund und wohlhabend und gewiss nicht im herkömmlichen Sinn krank. Aber er brauchte etwas, und so begann er zu praktizieren. Er kam nach und nach dazu, alle fühlenden Wesen als krank zu erkennen, und praktizierte, um einen Weg zu finden, wie er sie von der Krankheit befreien könnte. Schließlich fand er heraus, dass die Ursache für unsere Erkrankung die unwissende Ich-Bezogenheit ist und die Begierden, die daraus erwachsen.

Viele Religionen haben ihren Ursprung in unseren Schwächen und Ängsten. Vor der Zivilisierung waren die Lebensbedingungen sehr hart. Es gab viele Gefahren und die Menschen brauchten etwas, zu dem sie Beten konnten. In vielen ursprünglichen Religionen verehrten die Menschen Naturphänomene: das Meer, Berge, Donner oder sehr alte Bäume. Sie verehrten Dinge, die größer, mächtiger und langlebiger waren als sie selbst. Nach und nach entwickelte sich die Zivilisation und die Menschen wurden besser darin, zu überleben. Dann wurden wir uns gegenseitig zu Feinden. Wir begannen zu kämpfen, und zur Zeit Śākyamunis, so um das fünfte Jahrhundert v. u. Z. herum, waren die Menschen reich genug, um um Land zu kämpfen. Sie bekämpften einander, um Länder und Königreiche zu gründen. Stärkere Völker eroberten schwächere. Grundregeln, um in Eintracht zusammenzuleben, wurden nötig. Das ist der zweite Grund für Religion: uns zu lehren, wie wir mit anderen Menschen zusammenleben können. Ich denke, das ist der Kerngedanke aller Religionen und Philosophien in der Geschichte der Menschheit. Wir leben in Zivilisationen, die sich in Amerika, Japan und Europa über mehr als zwanzig Jahrhunderte entwickelt haben, und wir sind immer noch spirituell krank. Wir wissen immer noch nicht, wie wir in Frieden mit Menschen verschiedener Nationalität, Rasse, Religion oder verschiedenem kulturellen Hintergrund leben können. Die Lehre Buddhas ist ein Rezept, um diese Krankheit zu kurieren.

Letztendliche Heimkehr

Dōgen-Zenji zitiert noch einen weiteren Satz aus einer alten buddhistischen Schrift mit dem Titel *Daijō-gi-shō,* die davon handelt, warum wir Zuflucht zu den Drei Schätzen nehmen. Dort heißt es: «Wir nehmen Zuflucht zu diesen Drei Schätzen, weil sie der letztendliche Fluchtpunkt sind.»[41]

Dōgens Wort für «letztendlicher Fluchtpunkt» ist *hikkyō-kisho. Sho* bedeutet «Ort», *ki* bedeutet «zurückgehen» oder «wiederkehren» und *hikkyō* bedeutet «letztendlich», «letztendlicher Ort» und «zurückgehen». Unser Leben ist eine Reise. Die Kindheit ist wie unser Zuhause, wo wir geboren sind. Wir müssen nirgendwohin gehen. Wir sind glücklich, einfach dort zu sein. Wenn wir aufwachsen, werden wir zu Reisenden. Wir suchen hier und dort nach Schätzen – etwas Wertvollem oder etwas von Bedeutung. Es verlangt uns nach etwas Besserem. Wir suchen Glück und Befriedigung. Manchmal sind wir glücklich, manchmal traurig. Am Ende unseres Lebens schließlich begegnen wir dem Tod. Unabhängig von Erfolg oder Versagen muss jeder von uns ihm begegnen. Wenn das passiert, haben wir Angst. Reichtum, Ruhm und soziale Stellung helfen uns dann nicht weiter. Wir treten dem Tod ganz allein gegenüber.

Wo ist dann der letztendliche Ort, zu dem wir zurückkehren? Das ist, so denke ich, die grundlegende Frage, die wir im Auge behalten sollten. In der heutigen Gesellschaft ist es einfach, zu vergessen. In der Vergangenheit wurden Menschen geboren, lebten, wurden krank und starben, alles zu Hause. Leben und Tod waren jedermann direkt vor Augen. Aber heutzutage werden die Menschen im Krankenhaus geboren. Wenn sie krank sind, gehen sie ins Krankenhaus, und wenn sie sterben, ist das normalerweise auch im Krankenhaus. Leben und Tod sind vor uns verborgen. Wenn wir jung und gesund sind, können wir Leben und Tod vergessen. Plötzlich altern wir oder sind krank; die Angelegenheit von Leben und Tod steht uns direkt vor Augen und wir fürchten uns. Das ist die Wirklichkeit unseres Lebens. Bevor wir dem Tod gegenübertreten müssen, sollten wir über Leben und Tod nachdenken, aus dem Traum des Jagens nach Erfolg aufwachen, selbst während wir ihn träumen. Wir müssen die Wirklichkeit der Vergänglichkeit unseres Lebens erkennen. Wegen der Vergänglichkeit ist unser Tod unvermeidlich. Wir müssen den besten und friedvollsten Weg zu leben finden. Erfolg, Reichtum und Ruhm sind im Endstadium unseres Lebens nicht von Bedeutung. Der wichtige Punkt ist, zu der Sache von Leben und Tod zurückzukehren, die Wirklichkeit dieses Körpers und Geistes zu erkennen und auf dieser Grundlage die Art und Weise zu gestalten, wie wir unser Leben leben. Das, denke ich, ist die Bedeutung des Zufluchtnehmens zu Buddha, Dharma und Sangha.

Ihr müsst nicht Buddhist werden und Zuflucht nehmen. Buddhismus ist nur einer von vielen Pfaden, einer der Wege, um zu erwachen und die Wirklichkeit unseres Lebens zu erkennen. Aufgrund welcher Ursachen und Bedingungen wir auch Buddhisten werden, wir folgen dem Pfad des Buddha. Wir suchen die universale Lebenskraft, die uns gegeben wurde, zu verwirklichen. Wir leben auf dieser Erde mit allem, was wir brauchen, durch ein Geschenk der Natur. Es sieht so aus, dass unsere Gesellschaft nicht mehr in Übereinstimmung mit der Natur lebt. Sie verhält sich wie ein Krebsgeschwür, unabhängig, eigensinnig. Wenn das Geschwür übermächtig wird, stirbt der Körper. Und wenn der Körper stirbt, muss auch das Geschwür sterben. Krebs ist paradox. Aber die moderne Zivilisation ist dem sehr ähnlich. Wir haben keine Richtung, keine Linie. Wir trachten immer nur danach, in immer vorteilhafterer Weise zu leben. Wir jagen dem Wohlstand nach. Wir leben getrennt von der Natur und erbauen eine künstliche Welt um uns herum. Je stärker und stärker wir werden, desto mehr zerstören wir die Welt um uns herum. Wenn die Natur stirbt, sterben wir.

Wir können wir zur Natur, zur vitalen Lebenskraft zurückfinden? Das ist das essenzielle Kōan für uns, die Frage, an der wir arbeiten müssen. In gewissem Sinn ist dieses ganze Universum wie ein Krankenhaus. Wir sind alle krank. Wie können wir von dieser menschlichen Krankheit genesen? Buddhas Lehre und der buddhistische Weg können einer der Pfade zur Genesung sein. Der Buddha ist der Arzt, der den Heilungsprozess leitet; Dharma-Praxis ist das Heilmittel, das er verschreibt; der Sangha und alle lebenden Wesen in diesem Universum sind Krankenschwestern, die unsere Genesung fördern. Das ist es, was der Satz «diese Drei Schätze sind der letztendliche Fluchtpunkt» bedeutet. Sie befreien uns vom Leid eines auf Ich-Bezogenheit gegründeten Lebens und lassen uns zu einer ursprünglichen, heilsamen Lebensweise zurückkehren.

4

Das Feld des Glücks bestellen: Der Kesa-Vers

Wie großartig das prachtvolle Gewand der Befreiung.
Feld des Glücks weit jenseits von Form und Leerheit.
Gekleidet mit der Lehre des Vollendeten
gelobe ich, alle Wesen zu retten.[42]

Dai sai gedappuku
Musō fukuden e
Hibu nyorai kyō
Kōdo shoshu jō

Als Dōgen-Zenji nach China reiste und im Jahr 1223 im Tiāntóng-Kloster zu praktizieren begann, konnte er sehen, wie die Mönche im *sōdō* (der Mönchshalle) ihr gefaltetes *o-kesa* (das ist die formelle Bezeichnung für das *kesa* bzw. das Mönchsgewand) ehrfurchtsvoll auf ihren Kopf legten und diese Verse jeden Tag nach dem Morgen-Zazen rezitierten. Er hatte von dieser Praxis im *Āgama-Sūtra* gelesen, es aber noch nie selbst gesehen. Als er das traditionelle Rezitieren dieses Verses erlebte und sah, wie die Mönche ihr *o-kesa* anlegten, war er tief beeindruckt. Er schrieb über diese Erfahrung im Kapitel *Kesa kudoku* des *Shōbōgenzō* («Die Verdienste des Kesa»): «Damals fühlte ich, dass ich nie zuvor etwas derart Würdevolles gesehen hatte. Mein Körper war voller Entzücken, und Tränen der Freude fielen still herab und tränkten das Revers meiner Robe.»[43] Der junge Dōgen gelobte, diese Praxis nach Japan zu bringen. Das Ergebnis ist, dass wir die letzten achthundert Jahre in Dōgen-Zenjis Übertragungslinie diesen Vers jeden Morgen nach dem Zazen rezitieren, bevor wir unser *o-kesa* oder *rakusu* anlegen.

Der Buddha selbst entschied über die Form des *o-kesa*. Ein König, ein Laienschüler Śākyamuni Buddhas, machte sich eines Tages auf, den Buddha zu besuchen. Unterwegs sah er einen religiös Praktizierenden über die Straße gehen. Er hielt den Mann für einen Jünger Buddhas und stieg von seinem Wagen, um ihn zu grüßen. Als er herausfand, dass dieser kein buddhistischer Mönch war, war ihm das ein wenig peinlich, und so bat er Śākyamuni Buddha, ein spezielles Gewand für seine Anhänger zu entwerfen, sodass man diese gleich als buddhistische Mönche würde erkennen können.

Eines Tages bemerkte der Buddha, während er mit seinem Begleiter Ānanda durch die Felder ging, die wunderschönen Muster der Reisfeldflächen, die mit grünen Setzlingen neu bepflanzt und von Fußpfaden umgeben waren. Sie sind besonders schön in der Regenzeit, wenn die Reispflanzen noch frisch sind. Der Buddha sagte zu Ānanda: «Ānanda, siehst du, wie in Magadha die Felder in Streifen angelegt, aneinandergereiht, umrandet und mit Kreuzungen versehen sind?» – «Ja, Ehrwürdiger.» – «Ānanda, bist du imstande, den Mönchen gleichartige Roben herzustellen?» – «Dazu bin ich imstande, Erhabener.» Der Buddha hatte die Idee zu dem Muster und Ānanda entwarf das Design. Und seit jener Zeit tragen die Buddhisten aller Traditionen und in allen Ländern das *o-kesa.*[44]

In der japanischen Fassung lautet das erste Wort des Kesa-Verses «*dai sai*». *Dai* bedeutet «groß» oder «prachtvoll». *Sai* hat keine eigenständige Bedeutung, sondern dient als Ausrufezeichen: «Wie großartig!» Der nächste Teil des Verses nennt drei verschiedene Bezeichnungen für das *o-kesa*. Im *Shōbōgenzō Kesa kudoku* («Die Verdienste des Kesa») führte Dōgen-Zenji viele Namen für das *o-kesa* auf. Er sagte: «Wir sollten verstehen, dass das Kesa das ist, was alle Buddhas respektiert haben und zu dem sie Zuflucht nahmen. Das Kesa ist Buddhas Körper und Buddhas Geist. Das Kesa wird das Gewand der Befreiung genannt, das Gewand des verdienstvollen Feldes und das Gewand der Formlosigkeit. Es wird auch das Gewand des Höchsten, das Gewand der Geduld, das Gewand des Tathāgata, das Gewand des großen Mitgefühls, das Gewand des Siegesbanners (gegen Verblendung) und das Gewand der unübertrefflichen Erleuchtung genannt. Wahrlich, wir sollten es dankbar und respektvoll empfangen und bewahren.»[45] Das sind alles unterschiedliche Namen für das *o-kesa*, die in verschiedenen buddhistischen Schriften gebraucht werden. In diesem Vers werden die ersten drei Namen erwähnt: das Gewand der Befreiung, das Gewand der Formlosigkeit und das Gewand des verdienstvollen Feldes.

Der erste Name für das *o-kesa* ist «das Gewand der Befreiung». Das Sanskritwort *kaṣāya* bezieht sich auf eine gedämpfte, «gebrochene» Farbe (*ejiki*). Um ein *o-kesa* anzufertigen, sammelten indische Mönche weggeworfene Lumpen von Friedhöfen und Müllhaufen, sodass sie in keiner Weise an diesem Material haften konnten. Sie schnitten die Lumpen in Stücke, wuschen und färbten sie und nähten sie zusammen. Sie färbten sie nicht in den reinen Grundfarben – blau, gelb, rot, schwarz oder weiß –, sondern mischten stattdessen verschiedene Farben zusammen, um den Stoff dunkler und so, nach herkömmlichen Maßstäben, wertlos zu machen. Das *o-kesa* wurde also aus Materialien gemacht, die wertlos waren und auf keinen Menschen anziehend wirkten. Auch heute noch schneiden wir, wenn wir neues Material haben, um ein *o-kesa* anzufertigen, dieses in Stücke, sodass der Stoff seinen ursprünglichen Wert verliert. Niemand würde es stehlen wollen. Deshalb ist das *o-kesa* frei von Anhaftung. Im Buddhismus gelten Dinge, die frei von Anhaftung sind, als makellos. Wenn wir Buddhisten werden, empfangen wir das *o-kesa* als ein Symbol unseres Vertrauens in die Lehre Buddhas. Das bedeutet, dass wir auch frei werden vom Haften an einem Ich.

Die Struktur des *o-kesa* symbolisiert die Leerheit der fünf *Skandhas*. Die Stücke kommen von überall her, werden zusammengenäht und bleiben eine Weile in der Gestalt eines Gewandes. Das *o-kesa* ist ein Beispiel für Leerheit und Ichlosigkeit (*anātman*), Vergänglichkeit und wechselseitig voneinander abhängiges Entstehen. So ist das Gewand viel mehr als eine Uniform; es verkörpert die Basis der Lehre Buddhas.

Als ich zum ersten Mal das *Kesa kudoku* studierte, war ich verwirrt, weil Dōgen das Verdienst des *o-kesa* auf verschiedene Weisen erörterte. Er schrieb, dass das *o-kesa* von Vipaśyin Buddha, dem ersten der sieben Buddhas, übermittelt wurde. Es heißt, die Lebensspanne eines jeden Buddhas wäre kürzer als die jeweils vorhergehende. Auch wurden ihre Körper immer kleiner. Und doch passte das *o-kesa*, das vom vorhergehenden Buddha weitergegeben wurde, perfekt allen folgenden Buddhas. Ich fragte mich, wie Dōgen so etwas sagen konnte, da er doch wusste, dass das *o-kesa* von Śākyamuni Buddha und seinem Jünger Ānanda entworfen worden war. Wie konnten alle Buddhas vor Śākyamuni es getragen und weitergegeben haben?

Dōgen erörtert auch die Tatsache, dass Śākyamunis *o-kesa* an Mahākāśyapa weitergegeben wurde und anschließend von Mahākāśyapa an den nächsten Vorfahren. Dann wurde es über jeden darauf folgenden Vorfahren schließlich an Bodhidharma weitergegeben. Bodhidharma brachte es von Indien nach China, und dann wurde das *o-kesa* über sechs Generationen hinweg schließlich dem sechsten Vorfahren Huìnéng übergeben. Das *o-kesa* wurde zum Symbol für den Dharma und auch für die Authentizität der Dharma-Übermittlung.

Dōgen-Zenji hält uns an, unser eigenes *o-kesa* zu nähen und es als Symbol für Buddhas Gelübde, alle lebenden Wesen zu retten, als Symbol für den Dharma selbst und als Symbol für die Authentizität der Weitergabe in seiner Linie zu verehren.

Später wurde mir klar, dass dies mit den Drei Schätzen korrespondiert, die er im *Kyōjukaimon* («Begleittexte zum Lehren und Übertragen der Gebote») erwähnt. Er kommentiert dort die Gebote des Zufluchtnehmens zu Buddha, Dharma und Sangha und die Absoluten Drei Schätze, die Verwirklichten Drei Schätze und die Bewahrenden Drei Schätze.[46]

Das *o-kesa*, das von allen Buddhas der Vergangenheit, Gegenwart und Zukunft verwendet wird – und das allen perfekt passt trotz ihrer Größendifferenzen –, korrespondiert mit den Absoluten Drei Schätzen. Das *o-kesa*, entworfen von Śākyamuni und Ānanda, korrespondiert mit den Verwirklichten Drei Schätzen. Und das *o-kesa*, verwendet als Symbol für die Weitergabe, und das *o-kesa*, das uns Dōgen auffordert zu nähen, zu tragen und zu verehren, korrespondiert mit den Bewahrenden Drei Schätzen. Wenn Dōgen das Verdienst des *o-kesa* erörtert, wechselt er frei zwischen den drei Bedeutungen des Wortes hin und her. Deshalb war ich verwirrt. Das *o-kesa* ist das Symbol für den Dharma an und für sich in all seinen verschiedenen Facetten.

Die zweite Bezeichnung für das *o-kesa* ist «Gewand der Formlosigkeit (*musō*)». In unserem Sūtrabuch wird *musō* mit «weit jenseits von Form und Leerheit» übersetzt. Das ist jedoch eine fragwürdige Übersetzung. Es scheint mir, als ob sich «weit jenseits von

Form und Leerheit» auf eine Zeile aus dem *Herzsūtra* bezieht: «Form ist Leerheit und Leerheit ist Form.» In diesem Fall ist «Form» eine Übersetzung des Sanskrit-Wortes *rūpa*, eine der fünf Daseinskomponenten, nämlich Materialien, die eine physische Form und Farbe haben. Die chinesische Übersetzung von *rūpa* ist *sè* oder *shǎi* und die japanische Aussprache ist *shiki*. Das *Herzsūtra* sagt, dass materielle Seinsformen Leerheit sind und Leerheit materielle Seinsfom ist. Aber hier ist das verwendete Wort nicht *shiki*, sondern *sō*, eine Übersetzung des Sanskrit-Wortes *nimitta*, das «Erscheinung», «Manifestation», als Gegensatz zu *shō*, «Wesen» oder «Essenz», bedeutet. Weitere mögliche Übersetzungen von *nimitta* sind «Markierung» oder «Eigenschaft». *Musō* ist *animitta* im Sanskrit. Diese Verwendung von «Form» weist auf keine materiellen Seinsformen hin. Es bedeutet stattdessen vorübergehende Gestalt oder Erscheinung. Die Wirklichkeit der Leerheit hat keine feststehende Gestalt. Das Gewand der Formlosigkeit (*musō-e*) bedeutet, dass dieses Gewand keine Form hat (*animitta*), und nicht, dass es jenseits von Form und Leerheit ist.

Zudem: In dieser Übersetzung modifiziert der Ausdruck «weit jenseits von Form und Leerheit» den Ausdruck «verdienstvolles Feld» (*fukuden*). Das ist jedoch keine korrekte Interpretation der Zeile, weil *musō-e* und *fukuden-e* die zwei verschiedenen Namen für ein *o-kesa* sind.

Das *Diamantsūtra* sagt: «Alle Formen als Nicht-Form zu erkennen, heißt die wahre Form zu erkennen.» Was ist jenseits von Form und Leerheit? Form ist Leerheit und Leerheit ist Form. Es gibt nichts jenseits von Form und Leerheit. Und in diesem Vers gibt es kein Wort, das sich auf Leerheit bezieht. Hier bedeutet «formlos», dass das *o-kesa* eine Form hat und doch die Form selbst formlos ist oder leer. Leerheit bedeutet unaufhörliche Bewegung und Veränderung von Moment zu Moment. In diesem Augenblick existiert das Gewand in der Gestalt des *o-kesa*, hat aber keine feststehende, dauerhafte Form. *Musō* bedeutet auch frei von Anhaftung. Weil es formlos ist, können wir nicht daran haften; wir können es nicht ergreifen. Nehmen wir das als Buddhas Lehre, als etwas Wichtiges, und halten daran fest, verpassen wir den Kern der Lehre Buddhas. Stattdessen öffnen wir unsere Hände. Das ist Formlosigkeit.

Das Gleiche gilt für unser Leben. Unser Körper und Geist ist eine Ansammlung vieler verschiedener Bestandteile, die in diesem Moment existieren. Weil sie sich ständig verändern, können wir sie nicht als «meinen» Körper, «meinen» Geist oder «meinen» Besitz ergreifen. Und doch klammern wir uns an diese gegenwärtige Übergangsform. Aber da nichts Substanz hat, können wir sie tatsächlich nicht festhalten. Wenn wir versuchen, sie zu kontrollieren, verringern wir unsere Lebenskraft. Stattdessen öffnen wir unsere Hände. Das ist es, was wir in unserem Zazen praktizieren. Das *o-kesa* und unser Körper und Geist sind dasselbe. Dieser feine Unterschied in unserer Einstellung kann unser Leben komplett verändern. Wenn wir etwas in den Griff bekommen wollen, verlieren wir es. Wenn wir unsere Hände öffnen, erkennen wir, dass alles, was wir brauchen, eine Gabe der Natur ist. Wenn wir etwas übrig haben, schenken wir es anderen. Das ist die Lebenseinstellung eines Bodhisattvas. Einfach unsere Hände öffnen. Das *o-kesa* ist ein Symbol für diese Einstellung.

Wie gerade bemerkt, lautet die dritte Bezeichnung für das *o-kesa* in diesem Vers «Gewand des Feldes des Glücks» (*fukuden-e*). *Fuku* bedeutet «Glück», «Segen», «Reichtum» oder «Verdienst», während *den* «Reisfeld» bedeutet. In asiatischen Ländern betrachten die Menschen Reisfelder als die Grundlage alles Guten. Reis ist das wichtigste Erzeugnis und die Basis der gesamten Wirtschaft. Wenn Reis wächst, sind wir von der Natur gesegnet. Buddha-Lehre, Buddha-Geist und Dharma-Praxis werden darum oft mit einem Reisfeld verglichen.

Das *Suttanipāta* ist eine der ältesten Sammlungen kurzer Suttas in Pāli. Darin finden wir das *Kasībhāradvāja-Sutta* («Der Bauer Bharadvāja»), in dem das Gespräch des Buddha mit einen indischen Bauern niedergeschrieben ist. Als sich der Buddha in einem Bauerndorf aufhielt, wachte er eines Morgens auf, legte sein *o-kesa* an und zog hinaus ins Dorf zum *takuhatsu* (dem Bettelgang um Nahrung). Er kam am Haus eines reichen Bauern vorbei. Der Bauer teilte gerade an seine Arbeiter Essen aus. Der Buddha stellte sich vor dem Bauern an, um ebenfalls Essen in Empfang zu nehmen.

Der Bauer sprach: «Ich esse, nachdem ich Felder beackert und Samen gesetzt habe. Ich esse nach dem Arbeiten. Warum arbeitest du nicht? Warum bettelst du um Essen?» Der Buddha antwortete: «Ich bin auch ein Bauer. Ich arbeite auch.» Der Bauer fragte nach: «Du sagst, du bist auch ein Bauer. Aber ich sehe dich nicht das Land beackern. Ich frage dich, was meinst du damit, wenn du sagst, dass du auch ein Bauer seist? Erkläre mir das, damit ich es verstehe.» Der Buddha antwortete daraufhin: «Glaube ist ein Same. Praxis ist der Regen. Weisheit ist mein Joch und mein Pflug. Reue (Schamgefühl besitzen) ist mein Pflugholz. Tiefes Bestreben ist ein Strick, um das Joch am Ochsen festzubinden. Achtsamkeit ist eine Pflugschar und ein Grabstock. Ich verhalte mich umsichtig. Ich spreche mit Zurückhaltung. Ich esse in bescheidenem Maß. Wahrheit ist meine Sichel, um Gras zu schneiden. Sanftmut löst das Joch vom Ochsen nach getaner Arbeit. Beharrlichkeit ist mein Ochse, der mich in die Gefilde des Friedens bringt (*nirvāṇa*). Ich gehe voran, ohne zurückzufallen. Habe ich die Gefilde des Friedens erst einmal erreicht, bin ich frei von Furcht. Das ist meine Art, das Land zu bestellen. Das Ergebnis ist süßer Tau. Wenn du dich auf diese Art der Landbestellung einlässt, wirst du befreit von allen Arten des Leidens.»[47] Der Bauer verließ sein Zuhause und wurde ein Jünger Buddhas.

In Buddhas Gleichnis ist Landbestellung eine Praxis, die auf die Freiheit vom Haften an einem Ich und auf ein friedvolles Leben abzielt. Wenn wir das *o-kesa* tragen, bestellen wir auch Land. Das ist das «Gewand des Feldes des Glücks» (*fukuden-e*). Dieser Körper und Geist ist das Feld, das wir bearbeiten. Es ist kein Feld des Reichtums, von dem wir erwarten können, Segnungen zu empfangen, ohne dass wir praktizieren. Wir müssen unser Leben beackern.

Die dritte Zeile des Verses lautet «Gekleidet mit der Lehre des Vollendeten» (*hibu nyorai kyō*). *Hi* bedeutet «öffnen», «entfalten» oder «aufdecken», also übersetze ich diese Zeile mit «Ich entfalte und trage die Lehre des Vollendeten». Zuerst müssen wir die Lehre Buddhas auffalten und uns dann damit bedecken. *Bu* bedeutet «bescheiden», «dankbar» oder «respektvoll». Was ist also mit «die Lehre des Vollendeten» (*nyorai kyō*) gemeint? Der Buddha lehrte das wechselseitig bedingte Entstehen aller Wesen. Da nichts, was existiert, über eine Eigensubstanz verfügt, sollten wir an rein gar nichts haften. Wir sollten frei vom Haften an einem Ich sein, unsere

Lebensweise umgestalten und einen Pfad zur Friedfertigkeit wählen. Wir entfalten diese Lehre durch Praxis. Wir empfangen die Lehre des Tathāgata, entfalten sie, tragen sie und werden von ihr bedeckt. Das bedeutet das Tragen des *o-kesa* und das Praktizieren von Zazen.

Formlosigkeit bedeutet das gleiche wie Leerheit, Ichlosigkeit und wechselseitig bedingtes Entstehen. Da wir über keine Eigensubstanz verfügen, können wir nicht leben, ohne von anderen Wesen unterstützt zu werden. Wir müssen zusammen mit anderen leben. Das ist ein weiterer essenzieller Punkt der Lehre Buddhas. Wir können keinen vollständigen Frieden finden, solange nicht alle Existenzen in Frieden existieren. Wir können nicht vollständig glücklich sein, wenn uns das Unglück eines anderen bewusst ist. Wenn wir diese Wirklichkeit erkennen, taucht das Bodhisattva-Gelübde auf ganz natürliche Weise auf. Das Gelübde, alle Wesen zu retten, ist keine Pflicht oder ein dem Buddha gegebenes Versprechen. Das Gelübde bedeutet nicht, dass wir großartige Menschen wären und alle anderen retten müssten, so wie Millionäre, die den Armen Geld geben. Wenn wir unsere Augen für die Wirklichkeit unseres Lebens öffnen, können wir ganz einfach nicht anders, als Glück und Trauer, Vergnügen und Schmerz mit allen Wesen zu teilen. Um Frieden zu finden, müssen wir etwas für andere Wesen tun. Wir leben inmitten von Buddhas Gelübde, alle Wesen zu retten.

Zen-Meister Dòngshān Liángjiè (Tōzan Ryōkai, 802–869) war der Gründer der chinesischen Cáodòng-(Sōtō-)Schule. Dòngshān fragte einen Mönch: «Was ist am schmerzhaftesten?» Der Mönch erwiderte: «In der Hölle zu sein, ist am schmerzhaftesten.» Dòngshān sagte: «Nein, ist es nicht.» Darauf fragte der Mönch: «Was ist denn dann für dich am schmerzhaftesten?» Dòngshān erwiderte: «Das *o-kesa* tragen und dennoch nicht die große Sache geklärt zu haben, das ist am schmerzhaftesten.» Hölle ist der schlimmste Teil von Saṃsāra und wird für die größte Qual gehalten. Aber Dòngshān sagt, dass es einen schmerzhafteren Umstand gebe. Wenn wir das *o-kesa* tragen, sind wir in Nirvāṇa. Wir sind jenseits von Saṃsāra, und dennoch, wenn wir etwas hinterherjagen, selbst wenn es Erleuchtung ist, wird unsere Praxis eine Aktivität innerhalb von Saṃsāra. Wenn wir mithilfe von Zazen nach etwas Besserem suchen, dann ist dieses Streben schmerzhafter als die Hölle. Wenn du in

Saṃsāra leidest, weil du die Lehren Buddhas nicht kennst, kannst du gerettet werden, indem du den Buddha-Dharma studierst und Zazen praktizierst. Aber wenn du den Buddha-Dharma schon kennst, die Gebote empfängst, das *o-kesa* trägst, Zazen praktizierst und *immer noch* etwas nachjagst, gibt es keine Möglichkeit der Rettung mehr. Einer der berühmtesten Aussprüche Kōdō Sawaki-Rōshis ist: «Trag das *o-kesa* und sitz in Zazen: Das ist alles.» Das ist es. Es gibt nichts weiter zu suchen und nirgendwo hinzugehen. Und doch suchen wir immer noch nach etwas Wertvollerem. Selbst wenn wir im Zendō sitzen, sind wir häufig hungrige Geister in Saṃsāra.

Wann immer wir abkommen von dem, wo wir gerade jetzt sind, kehren wir sofort zurück zu dem, was genau hier und genau jetzt ist, indem wir loslassen. Das ist unser Zazen. Das ist es, was das Anlegen des *o-kesa*, nachdem wir diesen Vers rezitiert haben, bedeutet.

5

Beständiger Kreislauf der Hingabe: Verse zu den Mahlzeiten

Dōgens Kommentare zur Bedeutsamkeit der Nahrungsaufnahme

Die Rezitationen zu den Mahlzeiten sind die Verse, die wir während der formellen *ōryōki*-Mahlzeiten in Sōtō-Zen-Klöstern und -Zentren während eines Sesshins rezitieren. Dōgen-Zenjis Begleittexte am Anfang des *Fushuku hanpō* («Der Dharma zum Einnehmen der Mahlzeiten») sind eine gute Einführung zu diesen Versen. Er beschreibt, wie man isst, die Schalen verwendet und sich während einer *ōryōki*-Mahlzeit verhält. «Der Dharma zum Einnehmen der Mahlzeiten» ist ein Abschnitt des *Eihei Shingi.* Das Wort *shingi* bedeutet Regeln, Maßstäbe, und Eihei ist der Name des Klosters, das Dōgen-Zenji gründete. «Der Dharma zum Einnehmen der Mahlzeiten» ist eines der sechs Kapitel des *Eihei Shingi;* ein weiteres ist *Tenzokyōkun* («Anleitungen für den Koch»). Dōgen-Zenji lehrt, dass das Kochen und Empfangen von Essen gleichermaßen wichtige Teile unserer Praxis sind. Essen ist ein essenzieller Bestandteil unserer Praxis, weil es ein notwendiger Teil unseres Lebens ist. Wir essen drei Mal an jedem Tag unseres Lebens, aber denken selten über die Bedeutsamkeit des Essens nach. Sowohl das *Tenzokyōkun* als auch das *Fushuku hanpō* zeigen uns, wie alltägliche Handlungen spirituelle Praxis werden können.

Im *Tenzokyōkun* beschreibt Dōgen-Zenji die Haltung, die wir gegenüber Nahrungsmitteln, Feuer, Wasser und Küchengeräten einnehmen sollten, wenn wir kochen. «Wenn ihr Reis kocht, dann betrachtet den Topf als euren eigenen Kopf; wenn ihr Reis wascht, dann erkennt, dass das Wasser euer eigenes Leben ist.»[48] Alles ist Teil unseres Lebens. Als Tenzo sollten wir an die Menschen denken, die essen, die Nahrung empfangen und die praktizieren. Nach Dōgen-Zenji ist Praxis selbst Erleuchtung, also sind Menschen, die praktizieren, erleuchtet, und deshalb bereiten wir als Tenzo Mahlzeiten zu, um sie dem Buddha darzubringen. Durch die Arbeit mit Lebensmitteln in der Küche wird die Energie des Tenzos Teil von Buddha, also sollte der Tenzo ernsthaft und sorgfältig handeln. Das ist ein wichtiger Punkt. Da der Tenzo nicht die ganze Zeit im Zendō sitzt, ist die Küche der Praxisort des Tenzo. Wenn der Tenzo kocht, sind die Nahrungsmittel Buddha und das Kochen ist das Zazen des Tenzos. Wir sollten die Nahrung dankbar empfangen und mit der gleichen Einstellung, mit der sie zubereitet wurde. Das ist die Bedeutung dieses Rituals.

Anfangs ist es schwierig für uns, die *ōryōki*-Rituale zu studieren und uns die Rezitationen einzuprägen, weil viele von uns Förmlichkeiten nicht mögen. Ich selbst mag sie auch nicht besonders, aber ich versuche ihnen zu folgen, weil sie Teil unserer Praxis sind. Und wenn wir an die Bedeutung und die Tragweite dieser Praxis denken, können wir diese Förmlichkeiten auf einer tieferen Ebene wertschätzen. Das ist der Punkt dieses Abschnitts des *Fushuku hanpō*, des Dharmas zum Einnehmen der Mahlzeiten.

> Ein Sūtra sagt: «Wer in Bezug auf das Essen eine unparteiische Haltung bewahren kann, der kann dies auch in Bezug auf alle Dinge; wer aber in Bezug auf alle Dinge eine unparteiische Haltung bewahren kann, der kann dies auch in Bezug auf das Essen.» Lasst einfach den Dharma das gleiche wie das Essen sein und lasst das Essen einfach das gleiche sein wie der Dharma. Aus diesem Grund, da Dharmas die Dharma-Natur sind, ist Nahrung auch die Dharma-Natur. Wenn der Dharma Soheit ist, ist Nahrung auch Soheit. Wenn der Dharma der Eine Geist ist, ist die Nahrung auch der Eine Geist. Wenn Dharma Bodhi ist, ist Nahrung auch Bodhi. Sie tragen die gleiche Bezeichnung und ihre Bedeutung ist die gleiche, also heißt es, dass sie das Gleiche sind. Ein Sūtra sagt: «Gleiche Bezeichnung und gleiche Bedeutung, jedes und jeder ist gleich, bestehend aus nichts darüber hinaus.» Măzŭ sagte: «Wenn das Dharma-Reich errichtet ist, ist alles vollständig Dharma-Reich. Wenn Soheit besteht, ist alles vollständig Soheit. Wenn der Grundsatz aufgestellt ist, ist alles vollständig der Grundsatz. Wenn Erscheinungsformen auftauchen, sind alle Dharmas vollständig Erscheinungsformen.» Deshalb ist «das Gleiche» nicht das Gleichsein im Sinn von Übereinstimmung oder Entsprechung, sondern das Gleichsein der Erkenntnis des Wahren Gleichseins [*anuttarā-sam-*

> *yak-saṃbodhi*]. Die Erkenntnis des Wahren Gleichseins ist die ultimative Übereinstimmung [aller Soheit] von Anfang bis Ende. Die Soheit der ultimativen Übereinstimmung von Anfang bis Ende ist die ursprüngliche Form aller Dharmas [der Wirklichkeit aller Wesen], die nur ein Buddha gemeinsam mit einem Buddha erschöpfend durchdringen kann. Deshalb ist Nahrung der Dharma aller Dharmas, den nur ein Buddha gemeinsam mit einem Buddha erschöpfend durchdringen kann. Genau zu einem solchen Zeitpunkt gibt es die ursprünglichen Merkmale: Natur, Substanz, Energie, Funktionen, Ursachen und Bedingungen. Aus diesem Grund ist der Dharma selbst Nahrung; Nahrung selbst ist der Dharma. Dieser Dharma ist es, was wir empfangen und was alle Buddhas in der Vergangenheit und Zukunft benutzen. Diese Nahrung ist die Erfüllung, die heitere Freude des Dharmas und die tiefe Freude der Meditation.[49]

«Wer in Bezug auf das Essen eine unparteiische Haltung bewahren kann, der kann dies auch in Bezug auf alle Dinge; wer aber in Bezug auf alle Dinge eine unparteiische Haltung bewahren kann, der kann dies auch in Bezug auf das Essen.» Dieses Zitat stammt aus dem *Vimalakīrti-Sūtra*.[50] Dōgen-Zenji schreibt hierzu: «Lasst einfach den Dharma das gleiche wie Nahrung sein und lasst Nahrung das gleiche sein wie der Dharma.» Dieses Sūtra sagt, dass wir als Praktizierende des Mahāyāna-Buddhismus die gleiche Haltung gegenüber allem, was uns begegnet, bewahren sollten. Wir sollten nicht gemäß irgendwelchen Konventionen Dinge als wertvoll oder wertlos voneinander unterscheiden. Wir sollten keine Unterscheidung treffen zwischen guten und schlechten Zeiten, Illusion und Erleuchtung, Saṃsāra und Nirvāṇa, verblendeten menschlichen Wesen und Buddhas. Das ist die Grundlage der Mahāyāna-Lehre über *śūnyatā*. Wir müssen das Unterscheiden überschreiten und die gleiche Einstellung gegenüber allen Dingen einnehmen, weil alles, dem wir begegnen, Buddhas Leben ist. Das *Vimalakīrti-Sūtra* sagt, dass wir als Praktizierende des Mahāyāna-Buddhismus die gleiche Einstellung gegenüber allen Lebensmitteln haben sollten und nicht gemäß eigenen Vorlieben oder gesellschaftlichen Bewertungen zwischen etwas Teurem oder Köstlichem und etwas Billigem und nicht so Geschmackvollem unterscheiden sollten.

Subhūti, einer der zehn bedeutendsten Jünger Śākyamuni Buddhas, erbat Nahrung beim *takuhatsu*. Vimalakīrti bot ihm etwas Köstliches zu essen an und sagte, dass er es essen könne, wenn er keine Unterscheidung zwischen Delikatessen und dem Essen der Armen treffen würde. In seinem Kommentar dreht Dōgen-Zenji die Bedeutung ein wenig um. Er sagt: «Lass den Dharma das gleiche sein wie Essen und lass das Essen das gleiche sein wie der Dharma.» Dōgen-Zenji betont, dass der Dharma und Essen das Gleiche sind. Er unterscheidet nicht zwischen gutem und schlechtem Essen. Er sagt ganz einfach, dass der Dharma und die Nahrung das Gleiche sind.

Wir müssen hier sehr sorgfältig mit der Bedeutung des Wortes *dharma* umgehen. Es bedeutet zum einen die Lehre Buddhas, zum anderen bezieht es sich auf die Wahrheit, die der Buddha lehrt, die Wirklichkeit unseres Lebens. Eine dritte Bedeutung von *dharma* bezeichnet alle Wesen oder Dinge, wie in dem oft verwendeten Ausdruck «Myriaden von *dharmas*», der «alle Wesen» oder «alles» bezeichnet. In diesem Sinn verwendet es Dōgen hier und sagt, dass das Essen als eines von «Myriaden von *dharmas*» die Wirklichkeit aller Wesen offenbare und es deshalb selbst die Lehre (der Dharma) des Buddha sei. Der Buddha erkannte die Wirklichkeit und lehrte sie, und deshalb wird seine Lehre Dharma genannt. Seine Lehre wurde zu einer Art Gesetz, Prinzip oder Grundlage von Moral. Im *Fushuku hanpō* ist «Dharma» eine Art Verhaltensstandard, dem wir folgen sollten, wenn wir Mahlzeiten einnehmen. In seinem Kommentar spielt Dōgen mit Worten. Er verwendet «Dharma» nicht, um eine Art Ritual festzulegen, sondern im Sinn der Wirklichkeit selbst wie auch die Lehre über diese Wirklichkeit. Unsere Praxis und das Essen, das wir zu uns nehmen, sagt er, ist der Dharma, die Wirklichkeit oder die Wahrheit selbst. Wir sollten unser Essen genauso annehmen, wie wir die Lehre Buddhas und die Wirklichkeit selbst annehmen.

«Aus diesem Grund», sagt er weiter, «da *dharmas* die Dharma-Natur sind, ist Nahrung auch die Dharma-Natur.» Dharma-Natur ist fast gleichbedeutend mit Buddha-Natur. Für menschliche Wesen wird der Ausdruck «Buddha-Natur» verwendet. Für andere Wesen oder unbelebte Objekte, alles, was zur Wirklichkeit gehört, verwendet man «Dharma-Natur». Unser Essen ist Dharma-Natur. Dharma-Natur und Essen sind tatsächlich eins, sodass, «wenn der Dharma Soheit (Wirklichkeit oder Wahrheit) ist, Essen auch Soheit ist». Soheit bedeutet die Art und Weise, in der alle Wesen, alle *dharmas* existieren. Deshalb ist Essen nichts anderes als die Soheit selbst. Auf die gleiche Weise, «wenn der Dharma der Eine Geist ist (ein weiterer Name für Buddha-Geist), ist Essen ebenso der Eine Geist» oder Buddha-Geist. So sollten wir das Essen mit der gleichen Haltung empfangen, wie wir Buddha und seine Lehre empfangen. Dōgen sagt: «Wenn der Dharma *bodhi* ist, ist Essen auch *bodhi.*» Bodhi bedeutet Erwachen oder Erkenntnis der Wirklichkeit aller Wesen. Also ist Dharma Erwachen. Für gewöhnlich denken wir an «Erwachen» als etwas Subjektives, was innerhalb einer Person geschieht, und über «Dharma» als das Objekt des Erkennens. In den Lehren des Mahāyāna-Buddhismus gibt es keine Trennung zwischen Objekt und Subjekt, zwischen der Person, die die Wirklichkeit sieht und der Wirklichkeit, die gesehen wird. Wenn wir die beiden trennen, wird Weisheit zu Illusion. Erwachen, Wesen und Wirklichkeit sind eins. Der Dharma ist *bodhi*, das Erwachen selbst. Erwachen ist kein besonderer psychologischer Zustand oder ein Entwicklungsstadium. Wenn wir eins sind mit allen Wesen, sind wir erwacht. Wenn wir achtsam sind, genau jetzt, genau hier, mit unserem Körper und Geist vollständig in diesem Moment gegenwärtig und absorbiert in dem, was wir gerade tun, dann sind wir erwacht und erleuchtet. Der Dharma ist *bodhi* und Essen ist genauso *bodhi.* Essen und Dharma sind beide Dharma-Natur, Buddha-Natur und Soheit.

Weiter bei Dōgen: «Sie [Dharma und Essen] tragen die gleiche Bezeichnung und ihre Bedeutung ist die gleiche, also heißt es, dass sie gleich sind. Ein Sūtra sagt: ‹Als das Gleiche bezeichnet und von gleicher Bedeutung, ist jeder und jedes das Gleiche, aus nichts darüber hinaus bestehend.›» Das bedeutet, dass, wenn wir als persönliches Ich diesen Körper und Geist empfangen sowie die Dinge, mit denen wir in unserem täglichen Leben zusammentreffen, sind wir mit allen Wesen im ganzen Universum verbunden. Dieses ganze Universum ist eine einzige Wirklichkeit. Wir sollten die Rituale zu den Mahlzeiten und das Universum mit der gleichen Haltung empfangen. Dōgen zitiert Măzŭ (Baso): «Wenn das Dharma-Reich errichtet ist, ist alles und jedes gänzlich das Dharma-Reich.» «Dharma-Reich» ist eine Übersetzung von *dharmadhātu*, dieses Dharma-Universum. Das ganze Universum ist Dharma-Universum; nichts existiert außerhalb von ihm. Weiter sagt er: «Wenn Soheit besteht, ist alles und jedes vollständig Soheit.» Wenn wir diese gesamte Wirklichkeit als Soheit sehen, ist alles und jedes gänzlich Soheit. Es gibt nichts, was nicht Soheit ist. Innerhalb der Illusion gibt es Soheit als Illusion und Verblendung. Die Tatsache, dass wir verblendet sind, ist Wirklichkeit. Wenn wir Verblendung als Verblendung sehen, ist Verblendung Teil der Wirklichkeit, und es gibt nichts zu entfernen, nichts zu negieren. Wir sollten alles als Buddhas Leben annehmen. Măzŭ fährt fort: «Wenn das Prinzip begründet ist, ist alles und jedes vollständig das Prinzip.» Und: «Wenn Erscheinungsformen auftauchen, sind alle *dharmas* vollständig Erscheinungsformen.» Diese beiden Begriffe, das Grundlegende oder Essenz und Erscheinungsformen, *ri* und *ji*, sind Thema eines Textes von Shítóu, *Sandōkai* («Das Verschmelzen von Unterscheidung und Einheit»), den ich später noch erörtern werde. *Ri* bedeutet die Wirklichkeit als ein Ganzes, unabhängig von den Unterschieden zwischen Individuen. Eine Hand hat fünf Finger. Wenn wir sie als eine Hand sehen, ist sie in der Tat eins. Wir können sie nicht in Teile trennen. Aber wir können sie genauso als fünf Finger sehen, jeder mit einer eigenen Gestalt, Funktion und einem Namen. Auf diese Weise bezieht sich *ri* auf die Gesamtheit eines Wesens, und genauso tut dies *ji*. Es gibt nichts, was halb und halb ist. *Ri* bedeutet die ganze Hand und *ji* genauso die fünf Finger. Wenn wir es als eine Hand sehen, gibt es getrennt davon keine Finger. Wenn wir es als fünf Finger betrachten, gibt es keine Hand. Auf diese Weise erfahren wir die Wirklichkeit. Wir bezeichnen Grundsätze als «absolut» und Erscheinungsformen als «relativ». Die absoluten und relativen Weisen, die Dinge zu sehen, sind die wirkliche Wirklichkeit.

Dōgen-Zenji fährt fort: «Deshalb ist ‹das Gleiche› nicht das Gleichsein im Sinn von Übereinstimmung oder Entsprechung, sondern das Gleichsein der Erkenntnis des Wahren Gleichseins.» «Erkenntnis des Wahren Gleichseins» ist eine Übersetzung des Ausdrucks *anuttarā-samyak-saṃbodhi*. Eine geläufige japanische Übersetzung dieses Ausdrucks ist *shōtōgaku*. *Shō* bedeutet «wahr», «richtig», «absolut»; *tō* ist «das Gleiche» oder «Gleichheit»; und *gaku* ist «Erkenntnis». Dieses «das Gleiche» ist ein schwieriger Begriff. Wir können hier das Wort «Gleichheit» nicht verwenden, weil Dōgen-Zenji sagt: «Deshalb ist dieses ‹gleich› nicht die Gleichheit von Übereinstimmung oder Entsprechung.» Es handelt sich nicht darum, zwei Dinge miteinander zu vergleichen und sie als gleich oder sich entsprechend zu erkennen wie in einer Hand und fünf Finger. Hier handelt es sich um eine Sache mit zwei Namen. Essen und Dharma sind in jeglicher Hinsicht wirklich die gleiche Sache. Diese Gleichheit, sagt Dōgen, ist Gleichheit innerhalb *anuttarā-samyak-saṃbodhi. Samyak* bedeutet «Gleichheit», «das Gleiche» oder «das Identische». Diese Gleichheit ist keine Angelegenheit des Vergleichens: gutes im Gegensatz zu schlechtem Essen oder Mögen im Gegensatz zu Abneigung. Dieses Gleichsein bedeutet, dass wir jedem Ding als einer absoluten Realität, als einem Ganzen, als Buddha begegnen sollen. Wenn ich Wasser trinke, ist Wasser Buddha. Das bedeutet, dass dieses Wasser mit allen Wesen verbunden ist. Jemand bringt ein Glas Wasser für mich. Das Wasser kam aus einem Fluss oder See und davor aus den Wolken am Himmel. Das Wasser aus den Wolken kam aus dem Meer. Alles ist tatsächlich miteinander verbunden. Diese sich wechselseitig durchdringende Wirklichkeit ist Buddha, und wir sind Teil von ihr. Es gibt keine Trennung zwischen mir selbst und dem Wasser. Das Wasser wird Teil von mir, wenn ich es trinke. Dieses Glas, dieser Körper und Geist und das Wasser sind allesamt Buddha. Wenn wir sie als Buddha sehen, sind wir Teil des gesamten Universums. Wenn wir sie als getrennte Einheiten sehen, ist jede einzelne von ihnen und jeder Einzelne von uns ein kleines, individuelles Ding oder Ich.

Weiter sagt Dōgen-Zenji: «Die Erkenntnis des Wahren Gleichseins ist die ultimative Übereinstimmung [aller Soheit] von Anfang bis Ende.» Die Wahre Gleichheit zu erkennen bedeutet, alle Wesen als unser eigenes Leben anzunehmen, als Buddhas Leben. Ein Zitat aus dem *Lotossūtra* hilft die Bedeutung des Folgenden zu erklären: «Die Soheit der ultimativen Übereinstimmung von Anfang bis Ende ist die ursprüngliche Form aller Dharmas [der Wirklichkeit aller Wesen], die nur ein Buddha zusammen mit einem Buddha erschöpfend durchdringen kann.» Im zweiten Kapitel des *Lotossūtras* sagt der Buddha: «Das Gesetz [Dharma], das Buddha vollendet hat, ist das höchste Gesetz, das noch nie dagewesen und das schwierig zu verstehen ist. Nur ein Buddha mit einem Buddha zusammen kann diese erschöpfen: die wahre Natur aller Gesetze (Dharmas) ...»[51] «Die wahre Natur aller *dharmas*» im *Lotossūtra* und «die ursprüngliche Form aller *dharmas*» im *Fushuku hanpō* sind das gleiche Wort. Die Wirklichkeit aller Wesen kann nur von Buddhas verstanden und erkannt werden.

Das Sūtra listet dann die zehn Soheiten auf: «... d.h. aller Dharmas Erscheinung wie sie ist [Soheit], Natur wie sie ist, Substanz wie sie ist, Kraft wie sie ist, Funktion wie sie ist, Ursache wie sie ist, Bedingungen wie sie sind, [Wirkungen] wie sie sind, [Rückwirkungen] wie sie sind, Folgerichtigkeit vom Anfang bis zum Ende wie sie ist.»[52] «Absolute Übereinstimmung vom Anfang bis zum Ende» ist eine weitere Übersetzung für den Abschluss dieses Zitats. Auf Japanisch lautet der Satz *nyoze honmatsu kukyō tō*. *Hon* (Anfang) und *matsu* (Ende) beziehen sich auf die neun Punkte der Wirklichkeit: Form, Natur, Körper, Energie, Funktion, Ursache, Bedingungen (Ursache zweiter Ordnung), Wirkung und Rückwirkung. Jedes Wesen hat seine eigene einzigartige Form, Natur, Körper, Energie und Funktion. Dieses Glas zum Beispiel hat eine Form, rund und transparent. Dieses Wesen hat eine Natur als Glas und als ein Körper, der sich von anderen Gläsern unterscheidet. Das japanische Wort, das hier mit «Körper» übersetzt wird, wird manchmal mit «Substanz» oder «Verkörperung» übersetzt, aber «Körper» ist besser. Jedes Wesen hat seine eigene Kraft und Energie. Sogar dieses Glas hat chemische, potenzielle, kinetische und nukleare Energie. Im Grunde genommen gibt es keinen Unterschied zwischen Energie und Wesen. «Wesen» ist nichts anderes als verschiedene Formen von Energie unter bestimmten Bedingungen. Die Funktion dieses Glases ist es, Flüssigkeit zu beinhalten. Jedes Wesen hat eine verschiedene Kombination dieser fünf Charakteristika: eine verschiedene Form, Natur, Körper, Energie und Funktion. Jedes Wesen hat eine Ursache und eine Ursache zweiter Ordnung als seine Bedingungen. «Ursache zweiter Ordnung» bezieht sich auf die Weise, wie das Glas hergestellt wurde. Jemand arbeitet mit Materialien, um Glas zu dieser Gestalt zu formen. Diese Person ist die Ursache zweiter Ordnung. Zusätzlich zu dieser Person, die das Glas herstellt, gibt es Elektrizität, Wasser und die Rohstoffe. Die Person, die das Glas herstellt, nimmt Nahrung zu sich, die auch eine Ursache zweiter Ordnung für das Glas ist. Alles ist mit allem anderen verbunden. Jedes Wesen hat Ursachen, Ursachen zweiter Ordnung und Wirkungen. Dieses Wesen hat Wirkungen aufgrund seiner Funktion. Weil dieses Glas zum Beinhalten von Wasser funktioniert, kann ich das Wasser trinken. Das ist eine Wirkung dieses Wesens, das wir Glas nennen. Der letzte der neun Punkte ist «Rückwirkung». Dies könnte auch mit «Wirkung zweiter Ordnung» übersetzt werden. Weil dieses Glas Wasser beinhalten kann, kann ich das Wasser trinken und es kann Teil meines Körpers werden, was mir erlaubt, weiterzusprechen. Das ist eine Wirkung zweiter Ordnung. Die fünf ersten Soheiten beschreiben die einzigartigen Merkmale eines jedes Wesens, jedes *dharmas*; und die nächsten vier sind die wechselwirkenden Verbindungen zwischen den Dingen durch Zeit und Raum hindurch. Eine Ursache zweiter Wirkung ist die Verbindung zwischen diesem Wesen und seiner Funktion und anderen Wesen innerhalb des Raums im gegenwärtigen Moment. Wirkung zweiter Ordnung ist die Verbundenheit mit anderen Wesen in der Zukunft innerhalb der Zeit.

Jedes Ding besitzt auch seine eigenen einzigartigen Charakteristika. In diesem Sinn ist es unabhängig. Dieses Glas ist verschieden von allen anderen Gläsern. Alle Wesen, einschließlich dieses Körpers und Geistes, haben einzigartige Merkmale, und dennoch sind wir miteinander verbunden. Wir leben mit jedem zusammen. Alle Wesen haben zwei Aspekte: Unabhängigkeit und Verbundenheit. Das ist der gleiche Gedankengang wie eine ganze Hand sehen oder fünf Finger. Die zehnte Soheit, «absolute Übereinstimmung ihres Anfangs und ihres Endes», bedeutet, dass die anderen neun – vom ersten, Form, bis zum neunten, Rückwirkung – eins sind. Innerhalb dieses einen Seins ist alles eingeschlossen. Die universelle Verbundenheit innerhalb von Indras Netz wird in diesem einen Sein verwirklicht und in jedem, aber auch jedem einzelnen Sein. Es ist wirklich schwer, die Wirklichkeit unseres Lebens zu verstehen, die Weise, wie wir sowohl Individualität (Unabhängigkeit) als auch Verbundenheit (wechselwirkende Abhängigkeit) leben. Ich muss Verantwortung für alles, was auch immer ich tue, übernehmen, weil ich ich bin und nicht du oder eine andere Person. Und doch beeinflusst mein persönliches Handeln die gesamte Welt.

Ohne dieses Sein gibt es keine anderen Wesen. Das nennt man den wundervollen oder wahren Dharma. Wir können es mit unseren Begriffen nicht erfassen, und doch liegt es als Wirklichkeit genau vor uns. Das bedeutet: Dies ist einer, dies ist Shōhaku Okumura; und doch, gleichzeitig: Dies ist nicht Shōhaku Okumura, dies ist kein Individuum. Wenn wir die Regeln der Logik benutzen, vermeiden wir Widersprüche, und so können wir die Wirklichkeit als Ganzes nicht sehen. Wir sehen nur eine Seite der Wirklichkeit, entweder die Individualität aller Wesen oder ihre Gleichheit. Wenn wir über uns selbst und die Wirklichkeit unseres Lebens nachdenken, können wir nicht beide Aspekte gleichzeitig sehen. Manchmal sehen wir fünf Finger: Ich bin nicht du und du bist nicht ich. Aber zur gleichen Zeit ist dies eine Hand und es gibt keine Trennung. Wenn wir logisch denken, ist es widersprüchlich. Wenn wir die Logik beiseitelassen können, können wir die Wirklichkeit sehen, wie sie ist, fünf Finger und gleichzeitig eine Hand. Das ist die Wirklichkeit des Netzwerkes wechselwirkend abhängigen Entstehens. Und darum, um zu Dōgens Text zurückzukommen, sollten wir Essen als einen Teil dieser Wirklichkeit annehmen. Es gibt keine Trennung zwischen der essenden Person und den gegessenen Nahrungsmitteln. Beide sind Teil dieses wundervollen Dharmas.

Weiter bei Dōgen-Zenji: «Deshalb ist Nahrung der Dharma aller Dharmas, den nur ein Buddha gemeinsam mit einem Buddha erschöpfend durchdringen kann.» Der Ausdruck «nur ein Buddha gemeinsam mit einem Buddha» bedeutet, dass kein menschliches Wesen diesen Dharma durchdringen kann. Mit menschlichen Wesen meint Dōgen Individuen. Wenn wir diese totale Wirklichkeit sehen, sind wir Buddha. Die Worte «ich sehe» sind aber nicht wirklich adäquat, weil sie eine Trennung zwischen der Person, die sieht, und der Wirklichkeit, die gesehen wird, implizieren. Weil wir innerhalb des Netzwerkes geboren werden, leben und sterben, können wir das Netzwerk nur von innen sehen. Wir können kein objektiver Beobachter von außerhalb sein. «Annehmen» ist ein besseres Wort als «sehen». Wir sollten diese Wirklichkeit annehmen und sie durch unsere Praxis verwirklichen. Wenn wir Nahrung und Dharma auf diese Weise annehmen, sagt Dōgen-Zenji: «Genau zu einem solchen Zeitpunkt gibt es die ursprünglichen Merkmale: Natur, Substanz, Energie, Funktionen, Ursachen und Bedingungen.» Er listet dann sieben der zehn Soheiten auf, die im *Lotossūtra* beschrieben werden. Ich denke, dass die anderen drei – Wirkungen, Rückwirkungen und absolutes Übereinstimmen – mit eingeschlossen werden sollten. Sie alle werden in der einen Handlung des Essens verwirklicht.

Er zieht den Schluss: «Aus diesem Grund ist der Dharma selbst Nahrung; Nahrung selbst ist der Dharma. Dieser Dharma ist es, was wir empfangen und was alle Buddhas in der Vergangenheit und Zukunft benutzen.» In diesem Zusammenhang bedeutet «Dharma» Wirklichkeit selbst. Diese Wirklichkeit wird angenommen und benutzt von allen Buddhas in der Vergangenheit und Zukunft. Er sagt: «Diese Nahrung ist die Erfüllung, die heitere Freude des Dharmas und die tiefe Freude der Meditation.» Diese heitere Freude des Dharmas und die tiefe Freude der Meditation ist Teil des Verses, den wir vor informellen Mahlzeiten rezitieren. Wir sagen: «Während wir essen und trinken, geloben wir, uns mit allen Wesen beim Zazen zu erfreuen, erfüllt mit tiefem Entzücken am Dharma (*Nyaku onjiki ji tōgan shujō, zennetsu ijiki, hōki jūman*).» Wenn wir essen, sollten wir glücklich sein. Dieses Glück ist das tiefgründige Genießen des Dharmas. Wir betrachten den Geschmack der Nahrung als den Geschmack des Dharmas. Wenn wir eine Mahlzeit empfangen oder essen, sollten wir den Geschmack nicht ergreifen wollen. Normalerweise begegnen wir, wenn wir essen, unserer Nahrung mit unseren Begierden. Diese Begierden sind die Ursachen der Verblendung oder Saṃsāra. Der Buddha und Dōgen-Zenji lehren uns, uns von Begierden zu befreien, die durch Objekte hervorgerufen werden. Das ist Dōgens Unterweisung: *shinjin datsuraku* – Körper und Geist fallen lassen. Unsere Freude beim Empfangen von Nahrung ist nicht die Erfüllung unserer Begierde. Es ist die Freude am Dharma und am Zazen. Ich denke, das ist die essenzielle Unterweisung zu Nahrung und Essen. Wenn wir die Wirklichkeit erkennen und erfassen können, die Dōgen-Zenji im *Fushuku hanpō* beschreibt, wird alles, was wir tun, nicht nur Essen, unsere spirituelle Praxis.

Ludwig Feuerbach, ein deutscher Philosoph des neunzehnten Jahrhunderts, sagte einmal: «Wir sind, was wir essen.» In Wirklichkeit sind wir nicht nur, was wir essen, sondern auch, was wir sehen, hören, denken und tun. Wenn wir alles annehmen, was uns begegnet, so wie es ist, und alle Dinge und Wesen als «wir selbst» akzeptieren, so ist das *jijuyū zanmai* – der *samādhi*, in dem man sich selbst empfängt und benutzt. Das Wichtigste, was von Dōgen-Zenji gelehrt wurde, ist, diesen Körper und Geist und alles, dem wir begegnen, als unser Leben zu akzeptieren und anzunehmen. Dann werden wir und der gesamte Dharma zu einer nahtlosen Wirklichkeit. Wir sollten alles, dem wir begegnen, als *samādhi* annehmen und benutzen, und nicht als eine Art von gewöhnlicher Angelegenheit. Unser Leben als Ganzes ist *samādhi*. Das bedeutet, dass alles und jedes, was wir in unserem täglichen Leben tun, zu einer Verwirklichung unseres Zazen wird.

Formelle Verse zu den Mahlzeiten

Der Vers zum Beginn der Mahlzeit

> Der Buddha wurde in Kapilavastu geboren,
> in Magadha erleuchtet,
> er lehrte in Vārāṇasī,
> und trat in Kuśinagara ins Nirvāṇa ein.

Zu Beginn jeder *ōryōki*-Mahlzeit rezitieren wir diesen Vers und erinnern uns an die allerwichtigsten Stationen im Leben des Buddha Śākyamuni.[53] Der Buddha wurde im Lumbinī-Park geboren, nicht weit vom Palast seines Vaters, des Königs Śuddhodana, in Kapilavastu. Der Buddha erlangte höchstes Erwachen unter einem Bodhibaum in Uruvelā, später Bodhgayā genannt, im Königreich Magadha. Zum ersten Mal lehrte der Buddha den Dharma den fünf Mönchen im Hirschpark (Mṛgadāva) in Sārnāth in der Nähe von Vārāṇasī (Benares). Danach lehrte er mehr als vierzig Jahre lang, bis er ungefähr achtzig Jahre alt war, als er unter Zwillings-(*Sāla*-)Bäumen in Kuśinagara in das große Nirvāṇa eintrat. Diese Plätze werden seitdem als die vier heiligsten Orte im Buddhismus betrachtet. Nach dem Tod des Buddha errichteten Buddhisten Stūpas an diesen Orten, um seine Reliquien dort aufzubewahren, und Pilgerfahrten dorthin wurden zu einer selbstverständlichen buddhistischen Praxis. Menschen aus der ganzen Welt besuchen sogar bis zum heutigen Tag immer noch diese vier Orte.

Im *Mahāparinibbāna-Sutta* sagt des Buddhas Begleiter Ānanda: «Herr, Mönche früherer Zeiten, die die Regenzeit an verschiedenen Plätzen verbracht hatten, kamen normalerweise, um den Tathāgata zu sehen, und wir hießen sie normalerweise willkommen, sodass solche gut ausgebildeten Mönche dich sehen und dir ihren Respekt erweisen konnten. Aber mit dem Ableben des Herrn werden wir keine Gelegenheit mehr haben, das zu tun.» Der Buddha antwortete: «Ānanda, es gibt vier Plätze, deren Anblick im Gläubigen Gefühle erwecken sollten. Welche sind das? ‹Hier wurde der Tathāgata geboren› ist der erste. ‹Hier erlangte der Tathāgata höchste Erleuchtung› ist der zweite. ‹Hier setzte der Tathāgata das Dharma-Rad in Bewegung› ist der dritte. ‹Hier erlangte der Tathāgata vollständig das *nibbāna*-Element› ist der vierte. Und, Ānanda, die gläubigen Mönche und Nonnen [und] männliche und weibliche Laien-Anhänger werden diese Plätze besuchen. Und jeder, der stirbt, während er die Pilgerfahrt zu diesen Schreinen frommen Herzens unternimmt, wird nach der Auflösung seines Körpers nach dem Tod in einer himmlischen Welt wiedergeboren.»[54]

Ich kann mir nur schwer vorstellen, dass der Buddha sich selbst Tathāgata genannt haben soll, dass er Menschen angehalten haben soll, seine Überreste zu verehren, und versprochen haben soll, dass sie im Himmel wiedergeboren würden, wenn sie Pilgerfahrten unternähmen. Aber es scheint sicher zu sein, dass es solch einen Glauben und eine solche Praxis gab, als die Nikāyas in der Pāli-Sprache einige hundert Jahre nach Buddhas Tod niedergeschrieben wurden.

Eines der vier Bodhisattva-Gelübde lautet: «Buddhas WEG ist unübertrefflich; wir geloben, ihn zu verwirklichen.» Auch wenn wir in einem sehr unreifen Stadium auf dem Bodhisattva-Pfad sind, ist die Richtung unserer Praxis, zu leben wie der Buddha, weil ein Bodhisattva ein Kind Buddhas ist. Wenn wir Nahrung empfangen, werden wir daran erinnert, warum wir hier sind und warum wir essen.

Wir essen nicht, um unsere Gier nach Essen zu befriedigen, sondern um mit der Praxis fortzufahren und den Pfad zu beschreiten, der vom Buddha gelehrt wurde. In unserem Geist unternehmen wir eine Pilgerfahrt zu jenen vier heiligen Orten.

Der Vers beim Aufstellen der Schalen

Zu Beginn der Mahlzeit wickeln wir unsere Schalen aus und ordnen sie auf dem Tisch vor uns an. Wen wir die *ōryōki*-Schalen öffnen, rezitieren wir diesen Vers:

> Jetzt stellen wir Buddhas Schalen auf;
> mögen wir, zusammen mit allen lebenden Wesen,
> die Leerheit der drei Räder verwirklichen:
> Gebender, Empfangender und Gabe.

Der Anfangsbuchstabe *ō* in *ōryōki* bedeutet «im Verhältnis zu», *ryō* bedeutet «Menge» oder «Qualität» und *ki* «Behältnis». *Ōryōki* ist also ein Behältnis, mit dem wir eine Nahrungsspende empfangen, gemäß dem, was wir brauchen, um unser Leben für die Praxis aufrechtzuerhalten. Wir empfangen nur die Menge an Nahrung, die wir brauchen. Deshalb müssen wir alles essen, was wir empfangen, ohne auch nur ein Körnchen Reis zu verschwenden. Um das zu tun, müssen wir wissen, wie viel genug ist.

In der zen-buddhistischen Tradition, so um das achte Jahrhundert herum, laut der Geschichte, in der der sechste Vorfahre Huìnéng das Gewand und die *ōryōki* als Beweis seiner Dharma-Übertragung vom fünften Vorfahren erhielt, gilt die Schale als das Symbol der ununterbrochenen Weitergabe des Dharmas vom Lehrer zum Schüler. Wir empfangen einen Satz *ōryōki* von unserem Lehrer, wenn wir an der *shukke-tokudo*-Zeremonie teilnehmen, um Mönch zu werden. Unsere *ōryōki* ist die Schale Buddhas.

Der Vers sagt: «Mögen wir ... die Leerheit der drei Räder verwirklichen.» Die Leerheit der drei Räder ist eine entscheidende Unterweisung des *Prajñā-pāramitā-Sūtras*. Die drei Räder sind der Gebende, der Nehmende und das Geschenk; diese Räder drehen die *dāna-pāramitā*, die Vollkommenheit der Großzügigkeit. Um *dāna-pāramitā* zu praktizieren, sollte es kein Haften an einem der Räder mehr geben.

Das *Diamantsūtra,* eines der frühesten Mahāyāna-Sūtren, sagt: «Wenn Bodhisattvas ein Geschenk geben, sollten sie an (...) rein gar nichts haften. Sie sollten nicht am Anblick haften, wenn sie ein Geschenk geben. Auch sollten sie nicht an einem Klang, einem Duft, einem Geschmack, einer Berührung oder irgendeinem *dharma* haften, wenn sie etwas verschenken.»[55]

Die berühmte Geschichte von Bodhidharmas Treffen mit Kaiser Wǔ geht in die gleiche Richtung. Der Kaiser hatte das Gewand eines Mönchs angelegt und gab Unterweisungen zu einer der Sammlungen des *Prajñā-pāramitā-Sūtras.* Man sagt, wenn er lehrte, hätten die Menschen gesehen, wie himmlische Blüten fallen und die Erde golden wird. Er studierte intensivst und unterstützte den Buddhismus großzügig. Er erließ im ganzen Land Anweisungen, Tempel zu bauen und Mönche zu ordinieren. Das Volk nannte ihn den Buddhaherz-Kaiser. Als Bodhidharma ihn zum ersten Mal traf, fragte der Kaiser: «Ich habe viele Tempel gebaut und vielen Mönchen erlaubt, ordiniert zu werden; welches Verdienst liegt darin?»

Bodhidharma antwortete: «Es gibt kein Verdienst.»[56] «Verdienst» ist eine positive Wirkung bestimmter Handlungen. Selbst wenn wir gute Handlungen ausführen, aber erwarten, darüber Verdienste zu erwerben, bedeutet es vom höchsten Gesichtspunkt aus, komplett am Ziel vorbeizuschießen, weil die guten Handlungen durch unser selbstsüchtiges Begehren verunreinigt werden.

Zehn Namen Buddhas

Nach dem Öffnen der Schalen rezitiert der *inō* (der Leiter des *zendō*):

> Inmitten der Drei Schätze,
> die unser Verständnis bezeugen,
> uns dem Sangha anvertrauend,
> wenden wir uns an: ...

Dann rezitieren alle die zehn Namen Buddhas. Das ist eine Einladung an alle Buddhas und Bodhisattvas, diese Gabe mit uns zu teilen. Und es ist auch ein Ausdruck dafür, dass wir uns bewusst sind, dass wir zusammen mit allen Buddhas und Bodhisattvas der Vergangenheit, Gegenwart und Zukunft in allen zehn Richtungen praktizieren.

… Vairocana Buddha, reiner Dharmakāya;
Locana Buddha, vollständiger Sambhogakāya;
Śākyamuni Buddha, myriadenhafter Nirmāṇakāya;
Maitreya Buddha, von zukünftiger Geburt;
Alle Buddhas durch Raum und Zeit;
Lotos des Wunderbaren Dharmas, Mahāyāna-Sūtra.
Mañjuśrī Bodhisattva, große Weisheit;
Samantabhadra Bodhisattva, große Aktivität;
Avalokiteśvara Bodhisattva, großes Mitgefühl;
Alle Verehrten, Bodhisattvas, Mahāsattvas;
Weisheit jenseits von Weisheit, *mahā prajñā-pāramitā.*

Diese nennt man die zehn Buddhanamen, aber eigentlich gibt es elf. Dōgen-Zenji fügte «Lotos des Wunderbaren Dharmas, Mahāyāna-Sūtra» hinzu.

Die ersten drei Namen beziehen sich auf die drei Körper des Buddha. Verschiedene Meister benutzen Vairocana, um sich je nach Zusammenhang entweder auf Dharmakāya oder Sambhogakāya zu beziehen. Hier bedeutet Vairocana den Dharmakāya, Buddhas Körper, der mit der Gesamtheit des Dharmas und allem Existierenden identisch ist. Vairocana als Dharmakāya erscheint als der Hauptbuddha im *Mahāvairocana-Sūtra* («Sūtra des Großen Strahlenden»; jap. *Dainichikyō*). Dies ist eines der wichtigsten Sūtras im Vajrayāna-(Shingon-)Buddhismus. Vairocana bedeutet wörtlich «die universelle Erhellung des strahlenden Lichts» und bezieht sich auf das Licht der Sonne, das die ganze Welt erhellt.

Vairocana erscheint auch als der Hauptbuddha im *Avataṃsaka-Sūtra* («Blumenornament-Sūtra») und dem Brahmanetzsūtra (*Bonmōkyō*). Hier wird er manchmal als Sambhogakāya gesehen, als der Rückwirkungskörper, der während des Eintritts in die Buddhaschaft entstand als ein Ergebnis der Gelübde und der Praxis, die ausgeführt wurden, als der Buddha noch ein Bodhisattva war. Die chinesische Transliteration von Vairocana ist Pilushena. Locana ist eine andere Schreibung der Kurzform Lushena. Im *Brahmanetz-Sūtra* wird die Kurzform Locana Buddha verwendet.

In seinem Kommentar zum *Lotossūtra* sagt Tiāntāi Zhìyǐ, dass Vairocana der Dharmakāya sei, Locana (Lushena) der Sambhogakāya und Śākyamuni der Nirmāṇakāya.[57] «Myriadenhafter Nirmāṇakāya» bezieht sich auf Buddha Śākyamuni, die Manifestation des Dharmakāya in einem menschlichen Körper zu einer bestimmten Zeit und in einem bestimmten Raum. Dieser Ausdruck stammt auch aus dem Brahmanetz-Sūtra:

> Ich habe dieses geistbasierte Dharma-Tor hunderte von Äonen lang gepflegt und gehütet. Mein Name ist Locana. Ich ersuche alle Buddhas, meine Worte allen fühlenden Wesen zu übermitteln, um so den Pfad dieser Praxis für alle zu öffnen.» An dieser Stelle sandte Locana Buddha vom Löwenthron in der Lotosschatzwelt Strahlen von Licht aus. Eine Stimme aus den Strahlen heraus tönend richtete sich an die Buddhas, die auf Tausenden von Lotosblütenblättern thronten: «Ihr sollt das geistbasierte Dharma-Tor praktizieren und bewahren und sowohl den ungezählten Śākyamuni Buddhas, einem nach dem anderen, als auch allen fühlenden Wesen übermitteln. Jeder sollte dessen Unterweisungen bewahren, lesen, rezitieren und unbeirrbar in die Praxis umsetzen.[58]

Heutige buddhistische Gelehrte glauben, dass das *Brahmanetz-Sūtra* nicht aus einem indischen Text übersetzt, sondern bereits in chinesischer Sprache verfasst wurde. Im ursprünglichen chinesischen Text, wird das *Vai* in *Vairocana* fallen gelassen und *Vairocana* wird *Locana* geschrieben. Im Text heißt es, dass unzählige Śākyamuni Buddhas auf den Lotosblüten sitzen. Es scheint so, dass diese zehn Buddhanamen innerhalb der Tradition geschaffen wurden, die auf den Lehrtexten des *Avataṃsaka-*(«Blumenornament»-)*Sūtras* und des *Brahmanetz-Sūtras* beruht.

Maitreya Buddha wird als der zukünftige Buddha betrachtet. Er verweilt derzeit im Tuṣita-Himmel so wie Śākyamuni Buddha, bevor er in dieser Welt geboren wurde. Man glaubt, Maitreya Buddha werde 5,6 Milliarden Jahre nach Śākyamunis Tod geboren.

Dōgen-Zenji fügte das *Lotossūtra* der Liste der zehn Buddhanamen hinzu, weil er dieses Sūtra für sehr wichtig hielt. Im *Shōbōgenzō Ki'e buppōsōbō* («Zuflucht nehmen zu Buddha, Dharma und Sangha») schreibt er: «Das Dharmablumen-Sūtra ist gleich den Ursachen und Wirkungen der einen großen Angelegenheit des Buddha Tathāgata. Von allen Sūtren, die vom großen Lehrer Śākyamuni dargelegt wurden, ist das Dharmablumensūtra der große König und der große Lehrer. Weitere Sūtras und weitere Lehrtexte sind die Bediensteten und das Volk oder die Familienangehörigen des Dharmablumensūtras.»[59]

Die nächsten drei Namen sind die bekanntesten Bodhisattvas. Mañjuśrī ist das Symbol für Buddhas Weisheit, die Wirklichkeit aller Wesen zu erkennen. Samantabhadra ist das Symbol für Buddhas Gelübde und die Praxis der geschickten Mittel, um allen Wesen zu helfen. Avalokiteśvara ist das Symbol von Buddhas grenzenlosem Mitgefühl für alle Wesen. Zusätzlich zu diesen drei großen Bodhisattvas sind alle lebenden Wesen durch Raum und Zeit hindurch, die *bodhicitta* (den Geist, der den WEG sucht) aufkommen ließen, ebenfalls Bodhisattvas. Wir sind mit allen von ihnen verbunden und wir praktizieren mit allen von ihnen gemeinsam.

Der letzte Name ist *mahā prajñā-pāramitā,* Buddhas Weisheit, die die Leerheit aller Wesen erkennt. *Prajñā-pāramitā* wird die Mutter aller Buddhas genannt.

Die Verse beim Reichen des Essens

Nach dem Rezitieren der zehn Namen Buddhas rezitiert der leitende Mönch (*shuso*) die folgenden Verse, um die Verdienste des Reichens der Mahlzeit zu preisen. Der Vers zum Frühstück:

> Diese Morgenmahlzeit der zehn Wohltaten
> nährt uns in unserer Praxis.
> Ihre Vorzüge sind grenzenlos,
> uns mit Behagen und Freude erfüllend.

Die zehn Wohltaten der Reisgrütze, der traditionellen Morgenmahlzeit in zen-buddhistischen Klöstern, werden im Vinaya des Mahāsāṃghika erwähnt. Diese sind: die Gesichtsfarbe gesund und lebendig werden lassen, die Kraft bewahren, die Lebenszeit verlängern, es sich gutgehen lassen zu können, seine Zunge sauber zu halten, seinen Magen nicht zu beunruhigen, Erkältungen vorzubeugen, den Hunger zu befriedigen, seinen Mund vor Durst zu bewahren und eine regelmäßige Darmtätigkeit. Der Vers zum Mittagessen:

> Die drei Tugenden und sechs Geschmacksrichtungen dieses Mahls
> werden Buddha und Sangha dargebracht.

> Mögen alle fühlenden Wesen im Universum
> gleichermaßen genährt werden.

Die drei Tugenden der Mahlzeit sind Bekömmlichkeit, Sauberkeit und Übereinstimmung mit dem Dharma (ordnungsgemäße Zubereitung). Die sechs Geschmacksrichtungen sind: süß, würzig, salzig, bitter, sauer und einfach. Der vorherige Text handelt von den Wohltaten für denjenigen, der das Essen zu sich nimmt. Dieser Vers handelt von den Wohltaten für andere: Buddhas, Sanghamitglieder und alle lebenden Wesen.

Vers der fünf Kontemplationen
Nach der Rezitation der vorausgehenden Texte wird das Essen serviert. Vor dem Beginn des Essens selbst werden die folgenden Verse der fünf Betrachtungen rezitiert:

> Wir denken nach über die Mühe, die nötig war, um uns diese Nahrung zukommen zu lassen, und rufen uns ins Bewusstsein, wie sie uns erreicht hat.
> Wir denken nach über unsere Verdienste und unsere Praxis und ob wir dieser Gabe wert sind.
> Wir betrachten Gier als Hindernis zur Freiheit des Geistes.
> Wir betrachten diese Mahlzeit als Medizin zur Aufrechterhaltung unseres Lebens.
> Um der Erleuchtung willen empfangen wir nun diese Nahrung.[60]

Wir rezitieren diese Verse, um uns daran zu erinnern, dass Essen eine spirituelle Praxis ist und nicht einfach nur eine Art und Weise unsere Mägen zu füllen und unsere Begierden zu befriedigen. Wir erkennen an, dass wir essen, «um unser Leben zu erhalten», aber bejahen genauso die wichtige, spirituelle Bedeutung der Mahlzeit. Wir essen, um diesen Körper in guter Verfassung zu bewahren und auch um unseren Bodhi-Geist zu erneuern, unser Bestreben, der Lehre Buddhas gemäß zu praktizieren.

«Wir denken nach über die Mühe, die nötig war, um uns diese Nahrung zukommen zu lassen, und rufen uns ins Bewusstsein, wie sie uns erreicht hat.» Die erste der fünf Kontemplationen dient der Wertschätzung der unermesslichen Arbeit derer, die die Nahrung produzierten und die Mahlzeit zubereiteten. Grundsätzlich handelt

die Rezitation zur Mahlzeit von der Praxis der *dāna-pāramitā*. In Indien produzierten buddhistische Mönche weder Lebensmittel noch bereiteten sie Mahlzeiten zu. Jeden Tag nach der Morgenmeditation zogen sie in die Stadt, um Essen zu erbitten. Die Arbeit auf dem Acker war Mönchen verboten, weil Bauern lebende Wesen töten müssen, während sie den Boden bearbeiten. Mönche empfingen nur solches Essen, das von Laien gespendet wurde.

In China, so heißt es, begannen die Zen-Mönche Getreide und Gemüse anzubauen, um die Fortführung ihrer Praxis zu ermöglichen. Es gibt in der Zen-Tradition viele Kōan-Geschichten über Meister und Mönche bei der Arbeit auf dem Feld. Eine dieser Geschichten handelt von Guīshān Língyòu (Isan Reiyū, 771–853) und seinem Schüler Yǎngshān Huìjì (Gyōsan Ejaku, 807–883), den Begründern der Guīyǎng- oder Igyō-Schule. Eines Tages war Yǎngshān gerade dabei, an einer Hügelseite ein Reisfeld anzulegen. Yǎngshān sagte: «Dieser Ort ist so niedrig, jener Ort ist so hoch.» Guīshān sagte: «Wasser macht Dinge gleich. Warum gleichst du es nicht mit Wasser aus?» Yǎngshān sagte: «Wasser ist nicht verlässlich, Lehrer. Ein hoher Platz ist auf hohem Niveau. Ein niedriger Platz ist auf niedrigem Niveau.» Guīshān stimmte zu.

Guīshāns Lehrer Bǎizhàng Huáihǎi (Hyakujō Ekai, 749–814) war auch berühmt für seine fleißiges Praktizieren von Gemeinschaftsarbeit. Sein Ausspruch «Ein Tag ohne Arbeit ist ein Tag ohne Essen» wurde eines der beliebtesten Zen-Mottos. Im traditionellen Zen-Kloster waren diejenigen Mönche, die Getreide und Gemüse anbauten und die Mahlzeiten zubereiteten, die Gebenden, und der Rest der Mönche empfing ihre Gaben. Natürlich konnte sich keiner dieser Mönche nur durch seine eigene Arbeit erhalten. Zen-Klöster wurden große Institutionen, die vom Kaiser, der Regierung und der Aristokratie unterstützt wurden, und die Laienbevölkerung spendete Lebensmittel. Viele Klöster besaßen darüber hinaus auch Landgüter, die von Laien-Bauern bearbeitet wurden.

In den heutigen Zen-Zentren bezahlen die Praktizierenden, um an Sesshins und Retreats teilzunehmen. Lebensmittel, die für ein Sesshin vorgesehen sind, werden von diesem Geld eingekauft, sodass die Teilnehmenden das Essen, das sie zu sich nehmen, vielleicht nicht als ein Geschenk oder sich selbst als Empfangende betrachten.

Eher denken sie, sie würden einen Service einkaufen. Und dennoch, wenn wir sorgfältig über diese Angelegenheit nachdenken, bemerken wir, dass wir kein Essen kaufen können, wenn Bauern dafür nicht arbeiten. Und wenn das Wetter das Wachstum der Pflanzen nicht unterstützt, können Bauern keine Ernte einfahren. Pflanzen brauchen Wasser, Luft, Dünger, Regenwürmer, Mikroorganismen etc. Alle Elemente im Netzwerk des wechselwirkenden Entstehens unterstützen die Arbeit der Bauern. Alle Nahrung, die wir empfangen, ist ein Geschenk der Natur.

Nachdem die Lebensmittel gewachsen sind, brauchen wir Menschen, die sie zum Marktplatz transportieren und dann zu den Fabriken, die sie verarbeiten, und zu den verschiedenen Plätzen, wo die Verbraucher einkaufen. Auf den Autobahnen sehen wir zahllose Lastwagen mit allen möglichen Waren. Ohne die Arbeit all dieser Menschen könnten wir nicht einmal ein einziges Körnchen Reis essen.

Es gibt darüber hinaus Faktoren jenseits derjenigen, die wir auf der Erde sehen können. Aufgrund der Entfernung zwischen der Sonne und der Erde erhalten wir genau die richtige Menge an Wärme. Wenn wir mehr oder weniger hätten, könnten wir nicht so leben, wie wir es gerade tun. Diese Entfernung ist das Ergebnis der Balance zwischen den interagierenden Planeten des Sonnensystems.

Wenn wir diese Zusammenhänge bedenken, erkennen wir, dass unsere Existenz selbst ein Geschenk der Vernetzung aller Wesen ist. Die umfassende Gesamtheit dieses Netzwerks, das allem und jedem ermöglicht zu existieren, wird der Dharma-Körper Buddhas genannt, Buddhas Leben oder Buddhas Mitgefühl. Wenn wir die Wirklichkeit der wechselwirkenden Verbundenheit erkennen, können wir nicht anders, als unsere Wertschätzung und unsere Dankbarkeit auszudrücken.

«Wir denken nach über unsere Verdienste und unsere Praxis und ob wir dieser Gabe wert sind.» Wenn wir erkennen, dass wir durch dieses Netzwerk wechselwirkend abhängigen Entstehens erhalten werden, müssen wir darüber nachdenken, ob wir dieses Geschenkes würdig sind. Da unser Leben von allen Wesen unterstützt wird, müssen wir sie wertschätzen und unterstützen, anstatt ihnen Schaden zuzufügen. Das erste der vier Bodhisattva-Gelübde, «Es

gibt zahllose Wesen, ich gelobe sie alle zu retten», erwächst aus dieser Erkenntnis der Verbundenheit.

«Wir betrachten Gier als Hindernis zur Freiheit des Geistes.» Auf Japanisch lautet diese Zeile des ursprünglich chinesischen Verses *«Shin wo fusegi, toga wo hanaruru koto wa, ton tō wo shū tosu.» Shin wo fusegi* bedeutet «unseren Geist beschützen». *Toga wo hanaruru* bedeutet «sich von Fehlverhalten fern halten». *Ton tō* ist «Gier», aber hier bedeutet es auch die drei Geistesgifte – neben Gier auch Wut/Hass und Unwissenheit. *Shū tosu* bedeutet «es ist essenziell». Also besagt diese Zeile: Unseren Geist zu beschützen, nicht heilsame Handlungen zu vermeiden und uns selbst in gesunder Verfassung zu bewahren, ist grundlegend, um von den drei Geistesgiften frei zu sein.

Śākyamuni Buddha lehrte: Unsere sechs Sinnesorgane (Augen, Ohren, Nase, Zunge, Körper und Geist), die sechs korrespondierenden Sinnesobjekte (Formen, Geräusche, Gerüche, Geschmäcke, taktile Objekte und Geistesobjekte) und die sechs Arten des Bewusstseins, die verursacht werden durch den Kontakt zwischen diesen Sinnesorganen und ihren Objekten (Bewusstheit des Auges, des Ohres, der Nase, der Zunge, des Körpers und des Geistes) sind die Elemente unseres Lebens, und diese achtzehn Elemente unseres Lebens brennen mit den Flammen der Gier, der Wut / des Hasses und der Unwissenheit.

Der Buddha lehrte uns, die Flammen der drei Geistesgifte mit dem Feuer der Weisheit zu löschen. Nach der Lehre der Vier Edlen Wahrheiten sind die drei Geistesgifte der Grund für das Leiden in Saṃsāra. Buddhistische Praxis ist der Pfad, der zum Erlöschen des Leidens führt. Unsere Praxis beschützt uns vor den Flammen der Gier, der Wut / des Hasses und der Unwissenheit und nährt so unsere Tugendhaftigkeit.

Weil wir Nahrung als Teil unserer buddhistischen Praxis empfangen, müssen wir uns von den drei Geistesgiften befreien. Und doch kann Essen sehr leicht zum Objekt unserer Gier, unserer Wut oder Hasses werden.

Als ich im Tempel Antaiji praktizierte, waren die meisten der Mönche und Laien dort junge Leute in den Zwanzigern. Wir waren immer hungrig. Besonders während der Sesshins aß ich oft eine

Menge, da es nicht die geringste Unterhaltung gab außer den drei Mahlzeiten am Tag, und die waren nicht einmal besonders schmackhaft.

Wenn wir schmackhaftes Essen haben, essen wir oft mehr, als wir brauchen, und leiden später. Wenn das Essen nicht so schmeckt, wie wir es erwarten, mögen wir es nicht und wir werden möglicherweise wütend auf die Person, die es zubereitet hat. Während einer einzigen Mahlzeit können wir so alle sechs Bereiche von Saṃsāra durchschreiten. Wenn ich etwas essen muss, was ich nicht mag, fühle ich mich wie ein Höllenbewohner. Wenn ich hungrig bin, fühle ich mich wie ein hungriger Geist. Manchmal, wenn ich esse und schläfrig werde, bin ich wie ein Tier. Manchmal bin ich wütend wie ein *asura* (kampfsüchtiger Geist) auf die Person, die das Essen zubereitet hat. Manchmal, wenn ich leckeres Essen zu mir nehme, fühle ich mich wie ein himmlisches Wesen. Dieses Mögen und Nicht-Mögen und Durchwandern innerhalb meines Geistes wird durch Unwissenheit verursacht. Der Geschmack von Essen existiert nur, während das Essen in meinem Mund ist. Nachdem ich es heruntergeschluckt habe, ist alles das Gleiche, ob ich es nun liebe oder hasse. Alles wird zu Lebensmitteln, die unseren Körper und Geist für die Praxis erhalten.

Das Empfangen von Essen im Zendō während einer *ōryōki*-Mahlzeit ist eine sehr kraftvolle Praxis. Wir können uns nicht über den Geschmack beschweren und wir empfangen nur die Menge an Essen, die wir auch verwenden können. Es besteht keine Gelegenheit für uns, von den drei Geistesgiften herumgezerrt zu werden. Wir empfangen einfach, was uns gegeben wird. Diese Haltung sollten wir während unseres gesamten Lebens aufrechterhalten.

In Śākyamuni Buddhas letzter Lehrrede, der im *Butsuyuikyōgyō* aufzeichnet ist, lehrte der Buddha die acht Arten des Erwachens des Großen Wesens (*hachidainin'gaku*). Diese sind die acht wichtigen Punkte unserer Praxis. Die ersten zwei sind, bescheidene Wünsche (*shōyoku*) zu haben und zu wissen, wie viel genug ist (*chisoku*). Dōgen-Zenji schreibt:

> Das erste ist, wenige Wünsche zu haben. (Nicht zu intensiv den Dingen nachzulaufen, die wir aus der Menge von Objekten der

fünf Sinne noch nicht erreicht haben, wird «wenige Wünsche haben» genannt.) Der Buddha sagte: «Mönche, ihr solltet wissen, dass Menschen, die viele Wünsche haben, habgierig nach Ruhm und Reichtum suchen; deshalb erfahren sie großes Leid und Pein. Diejenigen, die wenige Wünsche haben, weil sie nichts hinterherrennen und begehren, sind frei von solchen Ärgernissen. Wenige Wünsche haben ist für sich selbst wert, gelernt und zu praktiziert zu werden. Dies umso mehr, als es verschiedenen Tugenden zur Geburt verhilft. Diejenigen, die wenige Wünsche haben, schmeicheln sich nicht ein, um die Gunst anderer zu gewinnen. Zudem werden sie nicht durch ihren Wunsch, etwas zu gewinnen, hin und her gerissen. Der Geist derjenigen, die es praktizieren, wenige Wünsche zu haben, ist friedfertig und ohne jegliche Sorgen oder Ängste. Sie sind immer reich, egal, was sie haben, und erleben nie das Gefühl des Mangels. Diejenigen, die wenige Wünsche haben, erfahren Nirvāṇa. Das nennt man ‹wenige Wünsche›.»
Das zweite ist, Befriedigung zu kennen. Sogar bezogen auf Dinge, die bereits gegeben worden sind, setzt du eine Grenze in Bezug auf das, was du dir nimmst. Das wird «Befriedigung kennen» genannt. Der Buddha sagte: «Mönche, wenn ihr frei von Leid und Pein sein wollt, solltet ihr darüber nachsinnen, wie viel genug ist. Den Dharma der Zufriedenheit zu kennen, ist der Ort von Reichtum, Freude, Frieden und Gelassenheit. Diejenigen, die Zufriedenheit kennen, finden es sogar dann noch bequem und freudvoll, wenn sie sich auf den bloßen Boden niederlegen. Diejenigen, die keine Befriedigung kennen, sind unzufrieden, selbst wenn sie in einem himmlischen Palast leben. Diejenigen, die keine Zufriedenheit kennen, sind arm, auch wenn sie großen Reichtum besitzen. Diejenigen, die Zufriedenheit kennen, sind reich, auch wenn sie arm sind. Diejenigen, die keine Befriedigung kennen, werden ständig von den fünf Sinnesbegierden herumgezerrt und werden bemitleidet von denen, die Zufriedenheit kennen. Das wird ‹um Befriedigung wissen› genannt.»[61]

Eine Mahlzeit ist eine Gelegenheit, die Lehre Buddhas – in Bezug darauf, wenige Wünsche zu haben und zu wissen, wie viel genug ist – in die Tat umzusetzen.

«Wir betrachten diese Mahlzeit als Medizin zur Aufrechterhaltung unseres Lebens.» Buddhismus ist keine asketische Praxis. Bevor

der Buddha das letztendliche Erwachen erlangte, praktizierte er sechs Jahre lang Entbehrungen, indem er rigide Praktiken anwandte wie, den Atem anzuhalten, bis er fast starb, oder nur ein einziges Sesam- oder Reiskorn pro Tag essen. Man sagt, er habe, als er beinahe gestorben wäre, erkannt, dass diese Art von Praxis nicht heilsam oder für das Erwachen von Bedeutung ist. Er empfing etwas Milchhaferbrei von einer jungen Frau namens Sujātā und er badete sich im Fluss. Er gab die asketische Praxis auf und setzte sich unter den Bodhibaum. Und schließlich war das erste, was er den fünf Mönchen anlässlich seiner ersten Unterweisung im Wildpark mitteilte, dass er den Mittleren Weg gefunden habe.

Der Buddha sagte: «Zwei Extreme sind, ihr Mönche, von Hauslosen nicht zu pflegen. Welche zwei? Bei den Sinnendingen sich dem Anhaften am Sinnenwohl hingeben, dem niederen, gemeinen, gewöhnlichen, unedlen, heillosen; und sich der Selbstqual hingeben, der schmerzlichen, unedlen, heillosen. Diese beiden Extreme vermeidend, ist der Vollendete zum mittleren Vorgehen erwacht, das sehend und wissend macht, das zur Beruhigung, zum Überblick, zur Erwachung, zum Nirvāṇa führt.»[62]

Eine *ōryōki*-Mahlzeit ist eine Praxis des Mittleren Weges. Wir werden frei von den drei Geistesgiften, die zum Schwelgen in sinnlichen Vergnügungen führen. Und doch empfangen wir Nahrung, um unseren Körper und Geist gesund und funktionierend zu erhalten.

«Um der Erleuchtung willen empfangen wir nun diese Nahrung.» Die letzte Betrachtung ist die Bekräftigung unserer Entschlossenheit, die Nahrung zu empfangen und zu essen, um den WEG zu erlangen. Dies ist die gleiche Entschlossenheit, die der Buddha an den Tag legte, als er den Milchhaferbrei von Sujātā entgegennahm.

Vers der Nahrung für Geister

O ihr Geister, wir bringen euch jetzt eine Gabe dar.
Diese Nahrung ist für euch alle in allen zehn Richtungen.

Nachdem wir die fünf Betrachtungen zur Mittagsmahlzeit rezitiert haben, bringen wir ein kleines Stückchen Essen auf dem *setsu* dar, dem hölzernen Schaber, den wir für die Reinigung von *ōryōki*-Schalen benutzen. Diese Praxis wird auf Japanisch *saba* genannt. Wir überlassen diese kleine Menge Essen allen lebenden Wesen. Wenn wir Essen annehmen, sind wir Empfangende. Bevor der Tenzo die Lebensmittel erhält, die er zubereiten wird, arbeiten viele Menschen, um sie herzustellen. Der Tenzo stellt die Zutaten zusammen, kocht sie und bereitet aus ihnen eine Mahlzeit. Für einen Praktizierenden, der sie empfängt, der im Zendō isst, ist das Essen eine Gabe des Tenzo und vieler anderer Menschen und lebender Dinge, die in seinen Produktionsprozess involviert sind. Der Gedanke von *saba* ist, dass wir sowohl Gebende als auch Empfangende zugleich sind. Wir geben ein kleines Stück von dem, was wir empfangen haben. Vorübergehend ist dies unsere Nahrung, aber von dieser Nahrung nehmen wir ein kleines Stück und bringen es allen Wesen dar.

Der ursprüngliche japanische Ausdruck für «O ihr Geister» ist *jiten ki jin shū*. Das bedeutet «Ihr vielen Dämonen und Götter». *Ji* ist «Ihr» und *ki jin* bezeichnet unsichtbare Wesen wie Dämonen und Götter. *Ki* ist ein Dämon und *shin* (hier *jin*) ist ein Gott. Dieser Satz bezieht sich auf zwei Arten unsichtbarer Wesen, schädliche und hilfreiche. *Shū* bedeutet «Gruppe» oder «Versammlung».

Diese unsichtbaren Wesen sind aus unserer heutigen Gesellschaft verschwunden. Vielleicht leben sie an Halloween oder in Comics oder Horrorfilmen für einen Tag auf. Ich wuchs in einer kleinen Stadt namens Ibaraki zwischen Kyōto und Ōsaka auf. Ich war überrascht, als ich erfuhr, dass Ibaraki eine Partnerstadt von Minneapolis ist. Ich lebte dort von 1952 an bis 1968. Ich ging dort zur Grund-, Mittel- und Oberschule. Als ich noch ein Kind war, war es eine kleine Stadt von vielleicht dreißigtausend Menschen. Heute ist sie mit mehr als dreihunderttausend Einwohnern zehnmal so groß und Teil der Metropolregion Ōsaka. Als ich in Ibaraki lebte, gab es dort viele Shintō-Schreine. Jeder Block hatte seinen eigenen kleinen Schrein, der sich wie ein heiliger Platz anfühlte, abgetrennt von der äußeren Welt. Wenn wir im Umfeld der Schreine spielten, hatten wir ein anderes Gefühl als außerhalb. Wir fühlten etwas Heiliges. Wir fühlten, dass wir beschützt waren. 1970, kurz nachdem ich wegging, fand in der Nähe von Ibaraki eine Weltausstellung statt. Zu ihrer Vorbereitung wurde die Stadt vollständig umgewandelt. Man nannte es Entwicklung, aber in gewisser Weise war es die Zerstörung eines lebendigen Umfelds. Die Shintō-Schreine wurden umzingelt von Häusern, Läden und großen Wohnblöcken anstelle von Wäldern. Ich bin mehrere Male nach Ibaraki zurückgekehrt, um die Schreine aufzusuchen, aber ich fühlte keinerlei Geister oder irgendetwas spirituell Lebendiges mehr dort. Es gibt einfach nur noch Gebäude. Heutzutage nennt man den Glauben an Geister Animismus und betrachtet ihn als Überbleibsel primitiver Religionen. Wir wertschätzen ihn nicht mehr. Aber dieser Glaube ist uns immer noch ein psychologisches Bedürfnis. Naturereignisse beeinflussen immer noch unsere Mentalität und Spiritualität. Ohne Dämonen, Götter und natürliche Kräfte wird unser Leben materialistisch, und es geht etwas verloren. Die Lehre Buddhas baut nicht auf animistische Glaubensinhalte; sie ist rational. Der Buddha lehrte: Unser Leben ist voll von Leid aufgrund unserer Begehren und unserer Gier. Die Essenz des Buddhismus baut zwar nicht auf Dämonen oder Götter, aber dennoch stellte sich der Buddhismus niemals gegen die Volksreligionen. Tatsache ist, dass der Buddhismus sie in vielen Ländern akzeptierte und assimilierte. In Japan zum Beispiel existieren Buddhismus und Shintōismus seit Jahrhunderten nebeneinander. Shintō ist eine animistische Volksreligion, die die Natur verehrt, und doch ist die Natur aus der modernen Gesellschaft nahezu eliminiert worden. Das macht mich traurig. Ich verehre zwar keine Dämonen und Götter des Shintō und ich glaube auch nicht einmal an sie als Wesen. Aber ich denke, dass diese Geister als Natursymbole – Symbole für die Kräfte, die sehr furchteinflößend sein oder Schaden anrichten können – auch eine Art von Segen sein können. Natur kann sehr angstauslösend und gefährlich sein, sicher, aber sie gibt uns auch alles, was wir brauchen: Nahrung, Wasser und Luft. Alles, was wir haben, wird uns von der Natur gegeben, und doch kann die Natur uns umbringen. Viele Menschen glauben, dass Wesen, die mächtiger sind als Menschen, diese Naturereignisse kontrollieren. Sie beten zu diesen Göttern oder Dämonen um Schutz; sie bringen Opfer dar, um sich einer guten Ernte zu versichern und Katastrophen zu verhindern. Obwohl ursprünglich nicht Teil des Buddhismus, wurden diese Götter und Dämonen Teil des Alltags der Menschen.

Frühe buddhistische Schriften fließen über von Geschichten, Legenden und Mythen, die Nahrungsopfer für unsichtbare Wesen erwähnen. Drei davon sind besonders gut bekannt. Die erste handelt von der Ehefrau eines Dämonenkönigs, Hārītī (Kishimojin auf Japanisch, was «Mutter von Dämonen» bedeutet) genannt. Angeblich hatte sie zehntausend Abkömmlinge, die sie mit Menschenkindern fütterte. Der Buddha sah, was Hārītī da tat, und versteckte ihr jüngstes Kind in der *ōryōki*-Schale. Hārītī war sehr aufgebracht und suchte auf der ganzen Welt, aber sie konnte ihr Baby nicht finden. Endlich kam sie zum Buddha und fragte ihn, wo ihr Kind sei. Er sprach zu ihr: «Du hast zehntausend Kinder, und doch bist du traurig und leidest, wenn du auch nur eines von ihnen verlierst. Es schmerzt dich. Menschliche Wesen haben nur ein einziges Kind oder zwei. Du solltest die Trauer dieser Eltern bedenken, wenn sie ihre Kinder verlieren.» Nachdem sie auf diese Weise belehrt wurde, nahm Hārītī die Lehre Buddhas an und empfing die Gebote. Sie erklärte, dass sie niemals mehr Menschenkinder umbringen würde, aber dann fragte sie, wie sie ihre eigenen Kinder ernähren könnte. Der Buddha sprach: «Von jetzt an werde ich meine Schüler anweisen, eine kleine Menge Essen für dich bei jeder Mahlzeit zu opfern, sodass deine Kinder niemals Hunger leiden werden.» Das ist der Ursprung der Opfergabe, die wir unsichtbaren Wesen machen. Nach dieser Geschichte wurde Hārītī die Beschützerin von Kindern und Müttern.

Die zweite Geschichte, sie steht im *Mahāyāna-Parinirvāṇa-Sūtra*, handelt von einem Dämon, der einen Menschen pro Tag aß. Der Buddha lehrte den Dämon und unterwies ihn bezüglich des Gebotes, nicht zu töten. Der Dämon stellte die gleiche Frage wie Hārītī und der Buddha gab nahezu die gleiche Antwort.

Die dritte Geschichte in dem Vinaya ist vielleicht realistischer. Als der Buddha noch lebte, zogen Mönche in die Stadt zum Takuhatsu – das heißt, um Essen zu bitten – und kehrten vor der Mittagszeit zurück, um ihre Mahlzeit einzunehmen. Hunde liefen herbei in der Hoffnung, etwas zum Fressen zu finden, aber einige Schüler gaben ihnen nichts. Der Buddha lehrte sie, dass Mönche immer etwas von der Almosennahrung, die sie empfangen haben, an Tiere abgeben sollten.

Diese Geschichten übermitteln den ursprünglichen Geist der Nahrungsopfer für Vögel, Tiere und unsichtbare Wesen. Wenn wir eine Gabe von allen Wesen empfangen, sollten wir nicht das Ende dieses Gabenkreislaufs sein. Wir können nicht ohne die Opfergaben, die wir empfangen, leben, aber wir sollten sie nicht alle für uns selbst behalten. Wir sollten einen kleinen Teil davon anderen Wesen weitergeben. Diese Praxis lässt die Gabe zu einem Kreislauf werden. Wir nehmen von der Natur und wir geben auch zurück.

Eine andere Geschichte handelt von dem chinesischen Zen-Meister Tiānhuáng Dàowú (Ten'no Dōgo, 748–807) und seinem Dharma-Nachfolger, Lóngtán Chóngxìn (Ryūtan Sōshin, 9. Jh.). Bevor er Mönch wurde, war Chóngxìn Kuchenverkäufer. Jeden Tag brachte er dem Meister zehn Kuchen dar. Jedes Mal gab der Meister ihm einen Kuchen mit den Worten zurück: «Ich schenke dir diesen. Dieser ist zum Wohl deiner Nachkommen.» Eines Tages fragte Chóngxìn den Meister: «Ich brachte diese Kuchen, um sie dir zu schenken. Warum gibst du mir einen von diesen Kuchen zurück? Hat das eine besondere Bedeutung?» Der Meister sagte: «Du bringst die Kuchen, also welchen Schaden sollte es anrichten, dir einen zurückzugeben?» Bei diesen Worten erfasste Chóngxìn die tiefere Bedeutung. Daraufhin verließ er seine Heimstatt und wurde Mönch.

Vers beim Erheben der Schale

Nach dem Rezitieren des Verses der fünf Kontemplationen und des Verses der Nahrung für Geister legen wir unseren Löffel in die *ōryōki*-Schale und die Essstäbchen quer über die zweite Schale, legen die Hände in Gasshō und rezitieren den folgenden Vers:

> Zum Ersten ist dies bestimmt für die Drei Schätze;
> als Nächstes für die vier Wohltäter;
> und schließlich für die Wesen der sechs Bereiche.
> Mögen alle gleichermaßen genährt werden.

Dann nehmen wir die *ōryōki*-Schale, halten sie mit beiden Händen auf Augenhöhe und rezitieren das Folgende:

> Die erste Portion, um alles Übel zu beenden;
> die zweite, um alles Gute zu fördern;
> die dritte, um alle Wesen zu befreien.
> Mögen alle den WEG Buddhas verwirklichen.

Die japanische Lesart des ersten Verses lautet: «*Jōbun sanbō / Chūbun shi on / Gekyū roku dō / Kai dō kuyō.*» *Jōbun sanbō* bedeutet, dass die «obere» Portion für die Drei Schätze bestimmt ist. *Chūbun shi on* bedeutet, dass die «mittlere» Portion für die vier Wohltäter bestimmt ist. *Gekyū roku dō* bedeutet, dass die «untere» Portion für alle lebenden Wesen in den sechs Bereichen bestimmt ist. *Kai dō kuyō* bedeutet, dass diese Nahrung dargebracht wird, um alle von ihnen gleichermaßen zu nähren.

Die Ausdrücke *jō* (obere), *chū* (mittlere) und *ge* (untere) spiegeln die vertikale soziale Struktur im alten China und anderen ostasiatischen Ländern wider, die von der chinesischen Kultur beeinflusst waren. Eine Übereinstimmung wird angedeutet zwischen dem oberen Teil des Essens und den Drei Schätzen, dem mittleren Teil des Essens und den vier Wohltätern und dem unteren Teil der Nahrung und allen lebenden Wesen in den sechs Bereichen. Weil diese vertikale Vorstellung nicht mehr in die heutige Gesellschaft passt, vermeiden alle englischen Übersetzungen dieses Verses den Gebrauch von «oberer», «mittlerer» und «unterer». Eine Übersetzung schreibt «zuerst», «als Nächstes» und «am Ende». Eine andere schreibt «erstens», «zweitens» und «drittens». Es gibt auch eine Übersetzung, die es sogar vermeidet, überhaupt eine Ordnung zu spezifizieren: «Dieses Essen ist für die Drei Schätze, / Für unsere Eltern, Lehrer, Führer und Heimatland / Und für alle Wesen in den sechs Welten.»

Ich denke, es ist kein Problem, die Formulierung «das Essen den Drei Schätzen und allen lebenden Wesen in den sechs Bereichen darbringen» zu verwenden Aber «darbringen» für *kuyō* in Verbindung mit den vier Wohltätern erfordert einige Erklärung.

«Vier Wohltäter» ist eine Übersetzung von *shi on* (chin. *si en*). *Shi* bedeutet «vier», aber *on* (*en*) ist recht schwer zu übersetzen. In einem chinesisch-englischen Wörterbuch wird es mit Freundlichkeit, Gefallen, Anmut übersetzt. Ein anderes Wörterbuch bietet: Freundlichkeit, Güte, Gefallen, Mitleid, Segen, Vorteil. In chinesischen und japanischen Moralvorstellungen ist dieses Wort auch unterlegt mit «Güte schulden». Wenn wir eine Gefälligkeit von jemandem erfahren, wenn wir in Not sind, haben wir eine Gefälligkeitsschuld gegenüber dieser Person. Es ist sehr wichtig, diese Gefälligkeitsschuld mit unserer Wertschätzung und Dankbarkeit zurückzuzahlen. Wir sind verschuldet gegenüber Menschen, die uns Gefälligkeiten erwiesen haben, und wir sind verpflichtet, diese Schuld zu begleichen. Das nennt man *hōon* oder *on-gaeshi* (zurückzahlen der Gefälligkeitsschuld). Wenn wir es versäumen, diese zurückzuzahlen, werden wir *on-shirazu* (undankbar, danklos) genannt, das ist jemand, der nicht um die Wichtigkeit des Zurückzahlens einer Gefälligkeitsschuld weiß.

Einem buddhistischen Wörterbuch zufolge wird der *on*-Gedanke als Gefälligkeitsschuld im indischen Buddhismus nicht ausdrücklich betont. Aber im chinesischen Buddhismus war diese Idee sehr wichtig. In den buddhistischen Lehren haben alle von uns vier Wohltäter, denen gegenüber wir eine Gefälligkeitsschuld haben. Es gibt verschiedene Zusammensetzungen dieser vier. Einem Sūtra mit dem Titel *Daijōhonshō shinchi kankyō* (etwa: Mahāyāna-Sūtra der Kontemplation des Ursprünglichen Geist-basierten Lebens) zufolge beziehen sich «vier Wohltäter» auf die eigenen Eltern, alle fühlenden Wesen, die Führer des Landes und die Drei Schätze. Einem anderen Sūtra, *Shōbō Nenjo kyō* (Sūtra der Grundfesten des Wahren Dharma-Bewusstseins), zufolge sind die vier Wohltäter die eigene Mutter, der eigene Vater, der Tathāgata und der eigene Dharma-Lehrer. Die erste Zusammenstellung ist allgemeiner gehalten und passt zu jeglichem menschlichen Wesen in jeglicher Gesellschaft, während die zweite auf einen buddhistischen Kontext begrenzt ist.

In beiden Fällen werden die Eltern mit eingeschlossen. Alle lebenden Wesen haben Eltern. Wir haben eine einzigartige, tief vertraute Verbindung mit ihnen. Eltern bringen uns auf die Welt und sorgen für uns, bis wir unabhängig werden. In alten Zeiten lehrten Eltern ihre Kinder alle notwendigen Fertigkeiten, die man zum Leben braucht. Bauern lernten von ihren Eltern, wie man Getreide und Gemüse anbaut. So schulden wir unseren Eltern viel. Wir sollten ihre Liebe und Güte wertschätzen. In ostasiatischen Ländern obliegt Kindern die sehr wichtige Verantwortung, die Arbeit der Familie weiterzuführen, das Vermögen der Familie zu bewahren und für die alternden Eltern zu sorgen.

Als menschliche Wesen werden wir nicht nur von unseren Eltern unterstützt, sondern von vielen anderen Menschen der Gesellschaft – Lehrern, Freunden und Kollegen. Wir werden auch von vielen anderen Dingen unterstützt – Luft, Wasser, Nahrung, Kleidung und Behausung. Wir haben eine Freundlichkeitsschuld gegenüber allen Wesen. Dies ist der zweite Wohltäter in der ersten Zusammenstellung der vier.

Der dritte Wohltäter sind Herrscher, Könige oder Kaiser. In heutiger Zeit denken wir nicht, dass Präsidenten oder Premierminister uns viel geholfen haben, so haben wir ihnen gegenüber keine Gefälligkeitsschuld. In alten Zeiten jedoch dachten die Menschen, dem König oder Kaiser gehöre das ganze Land. Der König regierte die Menschen, beschützte das Land vor Feinden und bewahrte den Frieden.

Die dritte Zeile des Verses beim Erheben der Schale lautet *gekyū roku dō*, «für alle Wesen in den sechs Bereichen». Das bezieht sich auf alle lebenden Wesen, die die sechs Bereiche von Saṃsāra durchwandern: die Bereiche der Hölle, der hungrigen Geister, der Tiere, der *asuras* oder kämpfenden Geister, der menschlichen Wesen und der himmlischen Wesen.

Wir drücken den Drei Schätzen und allen Wesen, die unser Leben unterstützen, unsere Dankbarkeit aus. Dieses Verzehren von Nahrung ist keine individuelle Handlung, sondern eher etwas, was wir zusammen mit allen Wesen tun. Wir können leben, weil wir Nahrung zu uns nehmen. Nachdem wir sie gegessen haben, wird die Nahrung zu unserer Energie und Teil unseres Körpers. Dieser Körper und Geist wird von allen Wesen unterstützt. Wir sollten im Gegenzug unsererseits alle Wesen hegen und pflegen. Das ist die Idee von *on*, das Zurückzahlen der Güteschuld.

Das Wort *kuyō* ist in der buddhistischen Praxis wichtig. Unglücklicherweise wird die letzte Zeile der Mahlzeitenrezitation in dieser Übersetzung wiedergegeben mit «Mögen alle gleichermaßen genährt werden.» *Kuyō* ist verschwunden. Dieses Wort wird normalerweise mit «etwas darbringen» übersetzt. *Ku* bedeutet «anbieten, opfern, darbringen» und *yō* bedeutet «ernähren» oder «erhalten». Dieses Darbringen ist hier nicht darauf beschränkt, Mönchen etwas Materielles anzubieten wie Essen, Trinken, Medizin, Kleidung, Obdach und so weiter. Das zweite Kapitel des *Lotossūtras* stellt eine breitere Auswahl an Gaben dar:

Wenn Menschen einem Stūpa oder einem Schrein,
Einem Juwelenbild oder Gemälde
Mit Blumen, Duft, Fahnen und Baldachinen
In verehrungsvollem Herzen Ehrerbietung erwiesen,
Wenn sie Menschen veranlassten, Musik zu machen,
Die Trommel zu schlagen oder das Horn oder Muscheln zu blasen,
Pfeifen und Flöten, Laute und Harfe zu spielen
Und Biwas, Zimbeln und Gongs,
Und wenn sie mit verschiedenen wunderbaren Tönen wie diesen
Verehrung erwiesen
Oder mit freudigem Herzen
Lieder sangen und Buddhas Tugend priesen,
Selbst wenn es mit nur einem schwachen Ton war:
Sie alle haben bereits den Buddha-Weg erlangt.
Wenn ein Mensch mit zerstreutem, verworrenem Sinn,
Auch nur mit einer Blume,
Einem Bild Verehrung darbringt,
So wird er allmählich die unzähligen Buddhas sehen.
Oder, ein Mensch macht eine Verbeugung,
Oder auch er legt die Handflächen zusammen,
Oder auch er hebt nur eine Hand,
Oder er beugt auch nur ein wenig den Kopf,
Und er gibt so dem Bildnis die Ehre:
Der wird nach und nach die unzähligen Buddhas sehen.
Er wird selbst den Weg, über dem es nichts gibt, vollenden,
Weithin unzählige Wesen befreien,
Und in das vollkommene Nirvāṇa eingehen.
Es ist so, wie wenn, sobald das Brennholz vollständig verbraucht ist, das Feuer erlischt.
Wenn Menschen mit zerstreutem und verworrenem Sinn
In einen Stūpa oder Schrein hineingehen
Und nur ein Mal «Preis dem Buddha» rufen:
Sie alle haben bereits den Buddha-Weg erlangt.[63]

Im *Shōbōgenzō Kuyō shobutsu* («Buddhas eine Opfergabe darbringen»), stellt Dōgen-Zenji zehn Arten von Opfergaben dar und sagt:

> Ihr solltet eure Gaben unbedingt mit einem aufrichtigen Geist darbringen. Alle Buddhas haben dies ausnahmslos geübt und praktiziert. In den Sūtren und Ordensregeln wird überall von solchem

> Handeln berichtet, und außerdem haben die Buddhas und Vorfahren diese selbst authentisch von Angesicht zu Angesicht weitergegeben. [Den Buddhas] tage- und monatelang zu dienen und für sie zu arbeiten, ist nichts anderes als die Zeit des Darbringens von Gaben.[64]

Es gibt viele Wege, Gaben darzubringen. Unsere Zazen-Praxis ist eine Darbringung. Zugunsten der Drei Schätze zu handeln anstatt seine Begierden zu befriedigen, ist eine Opfergabe. Weil wir innerhalb eines Unterstützungsnetzwerkes existieren, müssen wir andere unterstützen. Das bedeutet «die Schuld der Güte und Freundlichkeit zurückzahlen» und «Opfergaben darbringen und Unterstützung gewähren» (*kuyō*). Wie praktizieren wir dies? Wie können wir unsere Schulden gegenüber allen Wesen begleichen? Der nächste, bereits früher zitierte Vers erklärt:

> Die erste Portion, um alles Übel zu beenden;
> die zweite, um alles Gute zu fördern;
> die dritte, um alle Wesen zu befreien.
> Mögen alle den WEG Buddhas verwirklichen.

Am Ende dieses Verses verbeugen wir uns mit unseren *ōryōki*-Schalen und beginnen zu essen.

Die japanische Interpretation des chinesischen Originals lautet «*Ikku i dan issai aku / Niku i shu issai zen / Sanku i do sho shu jō / Kaigu jō butsudō.*» *Ikku*, *niku* und *sanku* bedeuten erster, zweiter und dritter Bissen. Der erste Bissen dient dazu, alles Übel zu beenden, nicht-heilsame Taten zu stoppen. Der zweite Bissen dient dem Praktizieren aller guten Dinge und der dritte ist gedacht für *do sho shu jō*. Für gewöhnlich wird dies mit «um alle fühlenden Wesen zu retten» übersetzt, aber die wörtliche Bedeutung von *do* ist «hinübergehen». Also bedeutet die Zeile: allen Wesen zu helfen, den Fluss zu überqueren, von diesem Ufer zum anderen. Dieses Ufer ist Saṃsāra, in dem alle Wesen die sechs Bereiche durchwandern. Der Buddha lehrte, dass wir den Fluss zum anderen Ufer, Nirvāṇa, überqueren sollen. «Menschen zu helfen» bedeutet in diesem Fall, allen Wesen zu helfen, ins Nirvāṇa hinüberzuwechseln. Das ist das erste der vier Bodhisattva-Gelübde. Diese drei Punkte sind die gleichen wie die dreifachen reinen Gebote, eine Kategorie der sechzehn Gebote, die wir während der *jukai*-Zeremonie empfangen. Das erste ist das Gebot des umfassenden Annehmens moralischer Regeln, das zweite ist das umfassende Annehmen aller guten Handlungen, und das dritte ist das umfassende Annehmen aller lebenden Wesen. Wir empfangen die dreifachen reinen Gebote, um Buddhas Kinder, Bodhisattvas zu werden. Diese Gebote werden unser Gelübde. Wir geloben, mit diesem Geleit zu leben, von nicht heilsamen Taten Abstand zu nehmen durch die tiefe Annahme moralischer Richtlinien, ausschließlich heilsame Handlungen zu praktizieren und mit allen lebenden Dingen zusammenzuleben, ohne einem einzigen Schaden zuzufügen.

Eine Frage, die wir nun stellen sollten, ist: Was ist gut oder heilsam und was ist schlecht oder nicht heilsam? Die Definition von gut und schlecht im Buddhismus ist klar. Jede Handlung, die wir ausführen (oder Karma, das wir bewirken), die einem selbst oder anderen Leid verursacht, ist schlecht (nicht heilsam). Handlungen, die Leid verringern oder Freude und Glück für einen selbst und andere bringen, sind gut (heilsam). Das ursprüngliche Sanskritwort für Schmerz oder Leid ist *duḥkha*, während Freude oder Glück *sukha* ist. Also hat die Definition von gut oder schlecht im Buddhismus mit dem Verhältnis zwischen Ursache und Wirkung zu tun. Es ist schwer zu sagen, ob eine Handlung gut oder schlecht ist, wenn man sie isoliert betrachtet. Wir müssen uns die Konsequenzen vieler miteinander zusammenhängender Handlungen anschauen. Abhängig von ihren Ergebnissen kann eine Handlung gut oder schlecht sein. Wir können niemals vollständig sicher sein, ob eine Handlung gut oder schlecht ist. Eine Handlung mit guten Absichten kann sowohl hilfreiche als auch schädliche Ergebnisse bewirken. Das beste, was wir tun können, ist, danach zu streben, Gutes zu tun. Dieses Ziel, Gutes zu tun, ist unser Gelübde. Wenn unsere auf guten Absichten beruhende Handlung einen nicht heilsamen Effekt verursacht, müssen wir bereuen und danach trachten, eine Wiederholung des Fehlers zu vermeiden. Das ist unsere Praxis von Gelübde und Reue. Gelübde und Reue zusammen mit den Geboten sind sehr wichtige Aspekte der Bodhisattva-Praxis. Die Gebote, die wir empfangen, sind die Richtlinien für unser Leben als Buddhas Kinder.

Die letzte Zeile lautet: «Mögen alle des Buddhas WEG verwirklichen» (*Kai gu jō butsu dō*).» *Kai gu* bedeutet «zusammen mit allen Wesen». Wir sollen Buddhas WEG nicht allein erlangen oder vollenden, sondern zusammen mit allen Wesen. Es ist für einen allein nicht möglich, die Buddhaschaft zu erlangen. Wenn wir diese Verse während der Mahlzeiten rezitieren, erneuern wir unsere Gelübde und denken über unsere Handlungen nach, unsere Unvollkommenheit, und streben danach, besser zu werden. Unsere Praxis ist es, die Wirklichkeit als *prajña* zu sehen, als die Weisheit, die die Vergänglichkeit und Ichlosigkeit aller Wesen sieht. Im Mahāyāna-Buddhismus wird dies Leerheit genannt. Wir mögen Zazen praktizieren, um friedlicher zu werden und zur Ruhe zu kommen, aber das ist nicht genug. Wir müssen uns in die Aktivität unseres tagtäglichen Lebens einbringen. Gebote versehen uns mit der Richtschnur für diese Aktivitäten außerhalb der Meditationshalle. Gebote, Meditation und Weisheit sind die drei grundlegenden Studienbereiche des Buddhismus. Alle unsere Aktivitäten, alle Bereiche unseres Lebens sollten darum unsere Praxis werden, um Buddhas WEG mit allen Wesen zu vollenden.

Der Spülwasser-Vers

Nach der Rezitation der vorangegangenen Verse beginnen wir zu essen. Danach waschen wir unsere Schalen. Nach dem Waschen bringen wir Wasser dar und rezitieren den folgenden Vers:

> Das Wasser, mit dem wir unsere Schalen waschen,
> schmeckt wie Ambrosia.
> Wir bringen es den vielen Geistern dar;
> mögen sie befriedigt sein.
> On ma ku ra sai so wa ka.

Nach dem Essen der Nahrung, reinigen wir die *ōryōki*-Schale und die anderen kleinen Schalen mit einem *setsu* (Schaber). Um jegliche Verschwendung von Nahrung zu vermeiden, reinigen wir die Schalen mit Wasser, das wir dann den verschiedenen Geistern darbringen. Dieser Vers hat fast die gleiche Bedeutung wie der oben dargelegte Vers zur Darbringung der Nahrung vor dem Essen: «O Geister, wir geben euch nun eine Opfergabe. Dieses Essen ist für euch alle in allen zehn Richtungen.» Hier heißt es: «Das Wasser, mit dem wir unsere Schalen waschen, schmeckt wie Ambrosia.» Ich weiß nicht, wie Ambrosia schmeckt. Das ursprüngliche Wort jedenfalls ist *kanro* und bedeutet «süßer Tau». Dieses Wort wird oft als Symbol für Buddhas Lehre, den Dharma, verwendet. Nahrung ist Dharma und Dharma ist Nahrung. Wenn wir Nahrung opfern, opfern wir Dharma; und dieses Wasser, das wie süßer Tau schmeckt, ist ebenfalls Dharma.

«Wir bringen es den vielen Geistern dar. Mögen sie befriedigt sein.» Das ursprüngliche Wort für Geister ist *ki jin*, das gleiche Wort, das wir im Vers zur Darbringung der Nahrung sahen. Obwohl die buddhistische Philosophie davon ausgeht, dass es keine Seele gibt, verneint der Buddhismus niemals unsichtbare Wesen oder «Geister». Der Buddha stritt niemals Reinkarnation oder Seelenwanderung ab, dergemäß es etwas gibt, was niemals stirbt und weiterwandert, wenn dieser Körper stirbt. Philosophisch betrachtet scheinen Reinkarnation und Buddhas Lehre von der Nichtexistenz von Seele und Ich oder *anātman* im Widerspruch zueinander zu stehen. Dieser Widerspruch war und ist ein wichtiges Thema in vielen philosophischen Streitgesprächen innerhalb des Buddhismus und zwischen Buddhismus und anderen Philosophien in Indien wie auch in China.

Aber da die Mehrheit der gewöhnlichen Menschen an Geister, Geistwesen, Dämonen und Götter glaubte, versuchte der Buddhismus nicht, diese Überzeugungen auszurotten, sondern akzeptierte sie eher als Teil von Buddhas Lehre. Viele indische Götter, wie Indra, werden im Buddhismus als Wächter oder Beschützer des Dharmas akzeptiert. Wenn man logisch denkt, mag einem dies seltsam vorkommen. Wenn traditionelle Völker jedoch die Existenz von Seelen und Göttern annehmen, ist dies kein philosophisches Gedankengebäude für sie, sondern eher ein Gefühl, das wir teilen, dass wir mit allen Wesen in der Natur zusammenleben. Wir fühlen eine tiefe Vertrautheit mit der Natur und wir können mit ihr kommunizieren. Wenn wir diese Wesen verneinen, wird die gesamte Natur zur bloßen Ansammlung von Materie, und es gibt keine Art und Weise, mit immateriellen Dingen zu kommunizieren oder zusammenzuleben. Und wenn materielle Dinge für uns nicht mehr sind als Objekte unserer Begierde, dann werden wir sie in jeglicher Art und Weise verwenden und missbrauchen, um uns selbst zu befriedigen.

Die nächste Zeile ist ein Mantra. Auf Japanisch sprechen wir dies als *On, makurasai, sowaka.* Auf Sanskrit lautet es *Om mahorase svāhā.* Wir wissen nicht viel über dieses Mantra. *Om* und *svāhā* erscheinen in fast allen Mantras. *Om* ist ein Wort, das den Anfang eines Mantras bildet. Es ist in Indien ein heiliges Wort. Besonders der Vajrayāna-Buddhismus nahm viele Praktiken dieser Art aus dem Hinduismus an. Laut einem Kommentar zum *Chányuàn Qīngguī* (*Zen'en Shingi*) ist *mahorase* eine Zusammensetzung von *mahā* (groß) und *urase* (Unterleib). Möglicherweise bezieht sich dies auf hungrige Geister.

Vers der Reinheit während des Verweilens in der Welt

> In dieser flüchtigen Welt verweilend
> wie ein Lotos in schlammigem Wasser,
> ist der Geist rein und schreitet darüber hinaus.
> So verneigen wir uns vor dem Buddha.

Im «Dharma zum Einnehmen von Mahlzeiten» (*Fushuku hanpō*) schreibt Dōgen-Zenji, dass im Eiheiji, «während er das das *tsui chin* hört, der *ino* die Verse über ‹Das Verweilen in der Welt› rezitiert. Dies ist das traditionelle Ritual des Sōjō (Hauptmönchs) Yōjō [Eisai], also folgen wir diesem jetzt.»[65] Dōgen-Zenji folgte im großen Ganzen der Prozedur der formalen *ōryōki*-Mahlzeit, wie es im *Chányuàn Qīngguī* (*Zen'en Shingi*) beschrieben wird, fügte jedoch diesen Vers hinzu, der am Ende der Mahlzeit rezitiert wird und von Eisai (der als erster japanische Meister das Zen in Japan einführte) herrührt. Eisai war Rinzai-Zen-Meister. Dōgen-Zenji praktizierte in Japan zuerst mit Eisais Schüler Myōzen im Ken'ninji, dem Tempel, der von Eisai gegründet wurde. Der Vers selbst jedoch ist viel älter als Eisai und findet sich in der Zeremonie des Gebote-Empfangen im Sammelabschnitt 9 des *Chányuàn Qīngguī* .

Die Bedeutung dieses Verses ist wichtig für uns als Buddhas Kinder. Die englische Übersetzung unterscheidet sich ein bisschen vom Original. Es ist ein Vers, der Buddhas Tugendhaftigkeit preist. Meine wörtliche Übersetzung lautet: «In dieser Welt wohnend gleich leerem Raum, gleich einer Lotosblüte, vom schlammigen Wasser unbefleckt, geht die Reinheit des Geistes darüber hinaus. Deshalb werfen wir uns vor dem höchst Verehrungswürdigen nieder.» In der gängigen englischen Übersetzung ist *kokū* (leerer Raum) ein Adjektiv und modifiziert «Welt», wodurch sich die Bedeutung «diese flüchtige Welt» ergibt. Im Original hingegen modifiziert «leerer Raum» das Verb «verweilen»: Die Art und Weise, wie der Buddha in der Welt verweilt, ist wie leerer Raum und wie eine Lotosblüte.

Wie leerer Raum wohnt der Buddha in dieser Welt. Leerer Raum oder *kokū* ist ein Symbol für die vollkommene wechselseitige Durchdringung. Im Buddhismus hat es drei Bedeutungen. In einer Tasse gibt es eine bestimmte Menge Wasser, und oberhalb des Wassers ist leerer Raum als ein bedingtes Phänomen. Dies ist eine sehr geläufige Bedeutung von «leerem Raum» – der Raum, in dem nichts existiert. Und doch ist dieser Raum nicht wirklich leer. Er ist mit Luft angefüllt. Der leere Raum des allgemeinen Alltagsverständnisses ist nicht wirklich leer.

Eine weitere Bedeutung von «leerer Raum» ist im Buddhismus der Raum, der nicht verschwindet, auch wenn er von etwas eingenommen wird. Dieser wird als unkonditioniert betrachtet; er entsteht und vergeht niemals. Wenn ein Glas hier steht, verschwindet der Raum, den das Glas einnimmt, nicht wirklich. Dieser Raum erlaubt es allen Wesen, zu existieren, und er verschwindet nicht, auch wenn die Wesen verschwinden. Dieser Raum ändert sich niemals, erscheint niemals und verschwindet niemals. Es gibt ihn immer. Und dieser leere Raum ist niemals beschmutzt oder rein. Wenn der Raum durch schmutzige Dinge eingenommen wird, wird er nicht verunreinigt.

Die dritte Bedeutung des Wortes *kokū* ist leerer Raum als eine Metapher für *prajñā* oder Weisheit, die Leerheit aller Wesen. Leerheit bedeutet die Weise, wie der Buddha alle Wesen sieht – ohne Eigenwesen oder Eigensubstanz, vergänglich und sich ständig verändernd. Diese Art von Sein ist verschieden von dem leeren Raum in der Tasse, der ein Fehlen von Sein ist. Es unterscheidet sich auch von dem Raum, der es allen Dingen ermöglicht, zu existieren. Diese dritte Art von Leerheit ist die Art und Weise, wie alle Wesen ohne Eigensubstanz existieren. Da alles mit allem anderen verbunden ist, durchwandert und durchdringt die Wirklichkeit aller Wesen, die Leerheit ist, das gesamte Universum. Es gibt keine Unterscheidung, kein Anhaften und nichts zu ergreifen. Diese Bedeutung von *kokū* wird als Metapher für die Leerheit eingesetzt, die die Wirklichkeit unseres Lebens ist. In diesem Vers bedeutet *kokū* die Leerheit aller Wesen. Der Buddha weilt in dieser Welt der fünf *skandhas* als Leerheit.

Der Ausdruck *kokū* findet sich auch in dem Vers über die Windglocke von Dōgen-Zenjis Lehrer, Tiāntóng Rújìng:

> Der gesamte Körper ist wie ein Mund, der im leeren Raum hängt.
> Die Winde von Ost, West, Süd und Nord nicht befragend,
> mit allen von ihnen in gleicher Weise von *prajñā* kündend:
> Ding-dong-e-ling ding-dong.

Dōgens Lehrer schrieb dieses Gedicht über eine Windglocke, die unter dem Tempeldach hing. Im *Hōkyōki* berichtet Dōgen sein Gespräch über dieses Gedicht mit Rújìng:

> Dōgen warf sich einhundert Mal nieder und sprach: «In deinem Gedicht über die Windglocke lese ich in der ersten Zeile: ‹Der ganze Körper [der Windglocke] ist wie ein Mund, der im leeren Raum hängt›, und in der dritten: ‹Zusammen mit allen von ihnen in gleicher Weise Weisheit verkündend›. Bezieht sich der leere Raum auf die Form-[*rūpa-*]Elemente? Skeptische Menschen könnten denken, dass leerer Raum eines der Form-Elemente sei. Heutige Studierende verstehen den Buddha-Dharma nicht klar und betrachten den blauen Himmel als den leeren Raum. Sie tun mir leid.»
> Rújìng antwortete mitfühlend: «Dieser leere Raum ist *prajñā*. Er ist nicht eines der Form-Elemente. Weder begrenzt der leere Raum noch nicht-begrenzt er. Deshalb ist dies weder einfache Leerheit noch Wahrheit relativ zu Falschheit. Verschiedene Meister haben nicht einmal verstanden, was die Form ist, und noch viel weniger Leerheit. Das ist dem Niedergang des Buddha-Dharmas in diesem Land geschuldet.» Dōgen erwiderte: «Dieses Gedicht ist das höchste an Vortrefflichkeit. Selbst wenn sie auf ewig praktizierten, würden die Meister in allen Ecken der Welt nicht fähig sein, dem gleichzukommen. Jeder einzelne Mönch weiß es zu schätzen. Als ich, aus einem weit abgelegenen Land kommend und unerfahren,

die Niederschriften anderer Meister in verschiedenen Texten entrollte, bin ich bis jetzt auf nichts wie dieses Gedicht gestoßen. Wie glücklich bin ich, dass ich imstande bin, es kennenzulernen! Wenn ich es lese, erfüllt es mich mit Freude, und Tränen durchnässen mein Gewand, und es veranlasst mich, mich niederzuwerfen, weil dieses Gedicht direkt und auch so lyrisch ist.»

Als mein Lehrer dabei war, einen Tragestuhl zu besteigen, sagte er mit einem Lächeln: «Was du sagst, ist tiefgründig und hat das Zeichen von Größe. Ich verfasste dieses Gedicht, während ich im Chingliang-Kloster war. Obwohl die Menschen es priesen, hat es niemand jemals so durchdrungen, wie du es tust. Ich gestehe dir zu, dass du das AUGE hast. Auf diese Weise musst du Gedichte verfassen.»[66]

Rújìng sagte, dass dieses *kokū* nicht der leere Raum sei, der verschwindet, wenn er von etwas ausgefüllt wird, was eines der *rūpa*-Elemente ist. Genauso wenig handelt es sich um die zweite Bedeutung. Er sagt deutlich: Dies ist *prajñā* selbst. Deshalb bin ich sicher, dass Dōgen-Zenji dieses *kokū* in der Mahlzeitenrezitation in der Bedeutung von *prajñā* auslegt.

Der Buddha weilt in dieser Welt mit *prajñā*, die die wahre Leerheit aller Dinge erkennt, als weder eine Form besitzend, noch ohne Form seiend. Dies erinnert an den Vers für das Aufstellen der Schalen:

Nun stellen wir Buddhas Schalen auf;
mögen wir, zusammen mit allen lebenden Wesen,
die Leerheit der drei Räder verwirklichen:
Geber, Empfänger und Gabe.

Der Buddha weilt in dieser Welt wie eine Lotosblume. Die Lotosblume wächst im schlammigem Wasser. Es ist eine wunderschöne Blume, die jedoch durch den Schlamm nicht beschmutzt wird. Sie symbolisiert Buddhas Tugendhaftigkeit, Mitgefühl und Weisheit. Es ist eine heilige Blume und ein wichtiges Symbol in Buddhismus und im Hinduismus.

Nach einem hinduistischen Schöpfungsmythos wuchs dem im Wasser schlafenden Gott Viṣṇu eine Lotosblüte aus dem Bauchnabel. Ein weiterer Gott, Brahma, schlief auf diesem Lotos. Brahma erschuf diese Welt, während Viṣṇu schlief. Die yogische Haltung mit gekreuzten Beinen wird aufgrund dieses Mythos Lotoshaltung genannt.

Im Buddhismus sitzen oder stehen viele Buddha-Statuen auf Lotosblütenblättern. Das hat einen Grund. Nachdem der Buddha das Erwachen erlangt hatte, zögerte er noch, zu lehren, weil er dachte, dass die Wahrheit, die er gefunden hatte, für alle anderen zu tiefgründig und zu subtil sei, als dass sie sie verstehen könnten. Dann bat Brahma den Buddha, zu lehren. Daraufhin, aus Mitgefühl mit den lebenden Wesen, richtete Buddha seinen Blick forschend auf die Welt. Er erkannte, dass es viele verschiedene Arten von Menschen gibt:

> Denn wie in einem Teich mit blauen, roten und weißen Lotosblumen etliche blaue, rote und weiße Lotosblumen, die im Wasser entstanden, im Wasser gewachsen sind, über das Wasser nicht herausgekommen sind, sondern unter die Wasseroberfläche gesunken fortwachsen; etliche rote, blaue und weiße Lotosblumen aber, die im Wasser entstanden, im Wasser gewachsen sind, auf gleicher Höhe mit dem Wasser stehen; etliche rote, blaue und weiße Lotosblumen endlich, die im Wasser entstanden, im Wasser gewachsen sind, über das Wasser herausragend dastehen, unbenetzt vom Wasser: ganz ebenso sah der Erhabene, mit seinem Buddha-Auge die Welt überschauend, Wesen, die wenig von Verunreinigung befleckt waren und die viel von Verunreinigung befleckt waren, solche mit scharfen Sinnen und solche mit stumpfen Sinnen, solche von guter Art und solche von übler Art, leicht zu belehrende und schwer zu belehrende, und solche die da lebten, die Furcht vor der Sünde und vor der jenseitigen Welt vor Augen.[67]

Nach dieser Erforschung entschloss der Buddha sich, die fünf Mönche im Wildpark zu unterweisen. In diesem Beispiel stehen die Lotospflanzen für die verschiedenen Aufnahmefähigkeiten der lebenden Wesen. In einem anderen Sūtra jedoch repräsentieren sie auch den Buddha selbst. In diesem Sūtra erhellt der Buddha die Natur der Dharma-Unterweisungen. Er sagt: «Ich streite nicht mit der Welt; eher ist es so, dass es die Welt ist, die mit mir streitet. Ein Vertreter des Dharmas streitet mit niemandem in der Welt. Dasjenige, was der Vernünftige in dieser Welt als nicht existierend betrachtet, vom dem sage auch ich, dass es nicht existiere. Und dasjenige, was der Vernünftige in dieser Welt für existent hält, von dem sage auch ich, dass es existiere.»

Der Buddha lehrte nicht irgendeine fabrizierte, dogmatische Theorie, der vernünftige Menschen nicht zustimmen konnten. Er lehrte die Wahrheit, die alle sehen können, wenn ihre Augen offen sind. In einem anderen Sūtra sagt der Buddha:

> Wobei nun, ihr Mönche, stimmt man unter den Weisen in der Welt überein, und wovon sage auch ich: ‹Das gibt es nicht›? Eine unvergängliche, beständige, ewige, unveränderliche Körperlichkeit, die gibt es nicht! Darin stimmt man unter den Weisen in der Welt überein, und davon sage auch ich: ‹Das gibt es nicht!› Gefühl, Wahrnehmung, Gestaltungen, Bewußtsein, die unvergänglich sind, beständig, ewig, unveränderlich, die gibt es nicht! Darin stimmt man unter den Weisen in der Welt überein, und davon sage auch ich: ‹Das gibt es nicht!› Dieses ist es, wobei man unter den Weisen in der Welt übereinstimmt, und wovon auch ich sage: ‹Das gibt es nicht›.
>
> Wobei nun, ihr Mönche, stimmt man unter den Weisen in der Welt überein, und wovon sage auch ich: ‹Das gibt es›? Eine vergängliche, unbeständige, nicht ewige, veränderliche Körperlichkeit, die gibt es. Darin stimmt man unter den Weisen in der Welt überein, und davon sage auch ich: ‹Das gibt es›. Gefühl, Wahrnehmung, Gestaltungen, Bewußtsein, die vergänglich sind, unbeständig, nicht ewig, veränderlich, die gibt es. Darin stimmt man unter den Weisen in der Welt überein, und davon sage auch ich: ‹Das gibt es›. Dieses ist es, wobei man unter den Weisen in der Welt übereinstimmt, und wovon auch ich sage: ‹Das gibt es›.

Der Buddha spricht hier über die Realität der Leerheit aller Erscheinungsformen, wie sie in den Lehren des Mahāyāna betont wird. Nichts besitzt Substanz oder ist beständig; deshalb ist alles der Veränderung unterworfen. Wenn wir denken, dass dieser Körper von Dauer sei, hängen wir an ihm, und aus diesem Anhaften entspringt unsere Begierde. Diese fehlgeleitete Idee entstammt der Unwissenheit, und aus Unwissenheit entstehen Gier, Zorn und Hass. Der Buddha sagt: Dies ist die Quelle des Leidens in Saṃsāra. Nicht nur der Körper, sondern ebenso Gefühle, Wahrnehmungen, Wollen und Bewusstsein – alle fünf *Skandhas* – sind vergänglich und ohne irgendein feststehendes Eigenwesen. Die fünf *Skandhas* (unseren Körper und Geist) als vergänglich und instabil, als Gegenstand von Veränderung und Verfall zu sehen, ist der Weg, uns von den Anhaftungen und den drei Geistesgiften zu befreien.

Dem Buddha zufolge ist es die Illusion, alle Wesen als unveränderlich zu sehen, die Leiden verursacht. Über diesen Punkt gibt es keine Meinungsverschiedenheit zwischen dem frühen Buddhismus und dem Mahāyāna-Buddhismus. So sollten wir die Wirklichkeit aller Wesen als Vergänglichkeit erkennen, auf die Art und Weise, wie der Buddha alle Wesen sieht. Dann der Buddha weiter:

> Wie, ihr Mönche, eine blaue, rote oder weiße Lotusblüte, im Wasser entstanden, im Wasser gewachsen, über das Wasser sich erhebend dasteht, unbefleckt vom Wasser: Ebenso, ihr Mönche, ist der Vollendete in der Welt erwachsen; die Welt überwunden habend, weilt er unbefleckt von der Welt.[68]

Der Buddha wurde in dieser Welt geboren, wie der Lotos im schlammigen Wasser geboren wurde, und wuchs in der Welt auf, so wie der Lotos im Wasser wächst. Aber der Buddha «erhebt sich über das Wasser» – eine Metapher für Buddhas Lehre und seine Weise zu leben. Der Buddha war niemals getrennt von dem schlammigen Wasser, von dieser Welt, und doch wurde er durch die weltliche Art und Weise, Dinge zu tun, oder irdische, selbstsüchtige Begierden nicht verunreinigt.

Der Vers, den wir erörtern, besagt: «Der Geist ist rein und geht darüber hinaus.» Der Geist geht über das schlammige Wasser der staubigen Welt hinaus. Der Buddha entflieht nicht der Welt, aber die Reinheit seines Geistes geht über die Welt hinaus. Es heißt: Der Buddha und die Bodhisattvas bleiben aufgrund ihrer Weisheit nicht in dieser Welt, und sie verlassen diese Welt nicht aufgrund ihres Mitgefühls. Der Buddha ist aufgrund von Weisheit und Mitgefühl hier und zur gleichen Zeit nicht hier. Deshalb verehren wir den höchst Verehrungswürdigen.

Eine der grundlegenden Lehren des *Avataṃsaka-Sūtras* ist, dass es keine Unterschiede zwischen Buddha, dem Geist und lebenden

Wesen gibt. Diese drei sind eins und man kann zwischen ihnen nicht unterscheiden. Dies ist ein Vers der Lobpreisung Buddhas. In diesem Vers bezieht sich «der Geist» auch auf die Natur der Bodhisattvas. Auf den noch-nicht-reifen Stufen sind Bodhisattvas, wie wir, gewöhnliche menschliche Wesen. Obwohl wir *bodhicitta* aufkommen ließen, die Bodhisattva-Gebote empfangen und die vier Bodhisattva-Gelübde abgelegt haben, leben wir in dem schlammigen Wasser. Wir hegen viele Illusionen und grundlegende Unwissenheit, und wir sind noch nicht gänzlich frei von Gier, Zorn und Hass. Wir sind in vieler Hinsicht noch verunreinigt. Unsere Wahrnehmung ist verunreinigt und konditioniert. Jeder von uns denkt für gewöhnlich: «Ich bin am wichtigsten.» Wir beurteilen Dinge als gut, nützlich oder wertvoll in dem Maß, wie wir sie für uns als wichtig, nützlich oder anziehend erachten. Dies ist die weltliche, konditionierte Sichtweise der Dinge, die im Widerspruch zu Buddhas Lehre steht. Unsere individuelle Perspektive ist leer, deshalb können wir sie nicht als Messlatte gebrauchen, um den Wert oder die Bedeutung von Dingen zu ermessen. Aber wir tun es. Dies ist unsere grundlegende Illusion, und wir können ohne sie nicht leben.

Weil wir alle die Dinge mit unserer eigenen Messlatte messen, geraten wir in Streit. Wenn ich denke, dass etwas wichtig sei, und du denkst das nicht, müssen wir darüber streiten, wer Recht hat. Wenn beide von uns denken, eine Sache sei wichtig, kämpfen wir vielleicht um ihren Besitz. Wenn wir unser Leben an unserer eigenen Messlatte ausrichten, wird dies eine Welt des Wettbewerbs und des Streits.

Wenn wir uns auf nichts von Menschen Gemachtes oder Konditioniertes verlassen können, wie können wir dann in dieser Gesellschaft mit anderen Menschen und ihren Messlatten zusammenleben? Ein Möglichkeit besteht darin, zu erkennen, dass meine eigene Messlatte begrenzt ist. Wenn ich meine Begrenztheiten erkenne, schaffe ich Raum für die Überlegung, dass andere Menschen andere Messlatten haben und die Dinge unterschiedlich messen. Ich kann ihnen mein Herz öffnen. Auf diese Weise können wir im schlammigen Wasser mit anderen Menschen in Frieden und Harmonie leben. Das ist unsere Praxis des Loslassens ichzentrierter Gedanken. Wenn wir auf diese Weise ohne Anhaftung an Dinge oder an unsere konditionierte Sichtweise und Beurteilung von Dingen leben, kann die Lotosblume in unserem Leben erblühen.

Für mich ist dies die Bedeutung unserer Zazen-Praxis: Loslassen der Gedanken. Loslassen der Gedanken bedeutet Loslassen meiner Messlatte. Aber das heißt nicht, dass ich diese Messlatte ausrangieren sollte, weil sie das Einzige darstellt, was mir zur Verfügung bleibt. Loslassen bedeutet nicht, dass es verschwindet; es ist noch da, aber wir wissen, dass es relativ und begrenzt ist. Das ist die Art und Weise, wie wir die Dinge in einem erweiterten Blickwinkel sehen können. Unser Geist wird flexibler. Der Buddha ist das Modell für uns Bodhisattvas, Kinder des Buddha, und wir werfen uns vor diesem Buddha nieder. Das bedeutet, dass wir es aufgeben, an unserer eigenen, persönlichen Messlatte zu kleben. Sich vor dem Buddha niederzuwerfen, heißt, unser Wertesystem loszulassen und der Wirklichkeit aller Wesen zu vertrauen.

Der Vers endet mit «So verneigen wir uns vor dem Buddha». Der ursprüngliche Ausdruck ist *«Ki shu rin bujōson»*. *Ki shu rin* ist die tiefste Verneigung oder Niederwerfung, *gotai-tōchi* (*gotai* bedeutet «die fünf Teile des Körpers», *tōchi* «auf den Boden werfen»). Wir legen unsere Stirn, beide Knie und Ellbogen auf den Boden. Wir halten unsere Hände mit der Handfläche nach oben in Höhe unserer Ohren. Das bedeutet, dass wir Buddhas Füße auf unseren Händen empfangen. Das ist eine äußerst demütige Art, Buddha Respekt zu erweisen. Unser Kopf ist unser höchster Punkt und Buddhas Fuß ist der niedrigste Punkt von Buddha, *bujōson*, dem höchst Verehrungswürdigen. Wir werfen uns vor dem Buddha nieder, um von unserer Ichzentriertheit, unserem Anhaften und unserem Ich frei zu werden. Wir öffnen unsere Hände und verehren die Wirklichkeit aller Wesen, die der Dharmakāya-Buddha ist.

Wenn wir die Bedeutung dieser Verse in den Rezitationen zu den Mahlzeiten verstehen und aus ganzem Herzen praktizieren, werden unsere Mahlzeiten zu einer wesentlichen Praxis der Lehre Buddhas.

6

Klang der Leerheit: Das Herzsūtra

Mahāprajñāpāramita Hṛdaya Sūtra

Als der Bodhisattva Avalokiteśvara
Prajñā-pāramitā tiefgründig praktizierte,
erkannte er, dass alle fünf *skandhas* leer sind,
und wurde erlöst von allem Leid und aller Sorge.

«O Śāriputra, Form unterscheidet sich nicht von Leerheit,
Leerheit unterscheidet sich nicht von Form.
Das, was Form ist, ist Leerheit,
das, was Leerheit ist, Form.
Das Gleiche gilt für Gefühle, Wahrnehmungen, Wollen, Bewusstsein.

O Śāriputra, Leerheit ist das Merkmal aller *dharmas*;
sie erscheinen nicht, noch verschwinden sie,
sind weder befleckt noch rein,
nehmen weder zu noch ab.

Daher gibt es in der Leerheit keine Form, kein Fühlen, kein Wahrnehmen, kein Wollen, kein Bewusstsein,
keine Augen, keine Ohren, keine Nase, keine Zunge, keinen Körper, kein Denken,
keine Farbe, keinen Ton, keinen Geruch, keinen Geschmack, keine Berührung, kein Gedachtes,
keinen Bereich des Sichtbaren, und so weiter bis zu keinen Bereich des Denkens,
keine Unwissenheit und auch nicht deren Auslöschung, und so weiter bis zu kein Alter und Tod und auch nicht deren Auslöschung,
kein Leiden, kein Entstehen, kein Beenden, keinen Pfad,
keine Erkenntnis, kein Erlangen.

Da es nichts zu erlangen gibt,
baut der Bodhisattva auf *prajñā-pāramitā*,
und der Geist ist kein Hemmnis.
Ohne jegliches Hemmnis existieren keine Ängste.

Weit entfernt von jeglichen verzerrten Sichtweisen weilt der Bodhisattva in *nirvāṇa*.

In den drei Welten bauen alle Buddhas auf *prajñā-pāramitā* und erlangen unübertreffliche, vollständige und vollkommene Erleuchtung.

Deshalb ist *prajñā-pāramitā* zu erkennen
das große, überragende Mantra,
das große, strahlende Mantra,
das allerwichtigste Mantra,
das allerhöchste Mantra,
das in der Lage ist, von allem Leiden zu befreien
und das wahr ist und ohne Fehl.
So verkündet das *prajñā-pāramitā*-Mantra,
verkündet das Mantra, das da lautet:
Gate, gate, pāragate, pārasamgate! Bodhi, svāhā!»

Das *Mahāprajñā-pāramitā-hṛdaya-Sūtra*, eines der bekanntesten Sūtras überhaupt, wird gemeinhin *Herzsūtra* genannt. Die meisten Menschen, die sich für Buddhismus interessieren, haben von ihm gehört, und viele rezitieren es regelmäßig. Mehr als hundert Kommentare sind dazu veröffentlicht worden und viele von ihnen sind in jedem japanischen Buchladen erhältlich. Trotz seiner Popularität denke ich, dass das *Herzsutra* sehr schwer zu verstehen ist.

Ich las dieses Sūtra zum ersten Mal, als ich sechzehn Jahre alt war. Ich interessierte mich für alles, was mit Religion, Philosophie und Literatur zu tun hatte und war deshalb auch an Buddhismus interessiert. Einer meiner Onkel, ein Shingon-Priester, lieh mir aus seiner Bibliothek einen Kommentar zum *Herzsūtra*. Ich las es, aber konnte es nicht verstehen. Dennoch fand ich es überaus anziehend und lernte es deshalb auswendig und prägte mir dabei alle 268 chinesischen Schriftzeichen ein. Schule interessierte mich nicht, und so schrieb ich während der Unterrichtszeiten den Sūtratext, obwohl ich nicht wirklich verstand, was er bedeutete. Wenn ich spazieren ging, machte es mir Freude, das Sūtra zu rezitieren, ohne über die Bedeutung nachzudenken. Das war meine erste Begegnung mit dem *Herzsūtra*.

Als ich dann die Lehren des frühen Buddhismus an der Komazawa-Universität studierte, war ich überrascht von dem, was ich über das Sūtra lernte. Es besagt, dass Avalokiteśvara erkannte, dass die fünf *skandhas* – die fünf geistigen und materiellen Elemente, aus denen wir zusammengesetzt sind – leer sind und nicht existieren. Es besagt auch, dass die achtzehn Elemente unseres Bewusstseins nicht existieren. Dies bezieht sich auf die sechs Sinnesorgane, ihre sechs Objekte (Farbe und Gestalt, Geruch, Klang, Geschmack, Berührung und Gegenstände des Geistes) und die sechs Wahrnehmungen, die sich entfalten, wenn die sechs Sinnesorgane mit ihren Objekten interagieren.

Dann heißt es: «Keine Unwissenheit und auch kein Auslöschen derselben, und so weiter bis zu kein Alter und Tod.» Unwissenheit ist die erste der zwölf Ursachen des Leidens und Alter und Tod die letzte. Das Sūtra verneint die Existenz aller zwölf, und dann: «Kein Leiden, kein Entstehen, kein Beenden, kein Pfad.» Es behauptet, dass diese Vier Edlen Wahrheiten, die Basislehren Buddhas, nicht existieren. Das *Herzsūtra* verneint die Existenz der fünf *skandhas*, der achtzehn Elemente unserer Erfahrung, die zwölf Verbindungen des abhängigen Entstehens und die Vier Edlen Weisheiten. Und doch behauptet es, die wahre Lehre des Buddha zu sein. Ich war verblüfft und verwirrt. Wie konnte der Autor dieses Sūtras die Lehren Buddhas verneinen und sich selbst immer noch als einen Schüler Buddhas bezeichnen? Durch das Studium des Mahāyāna-Buddhismus als einer Philosophie verstand ich danach die Bedeutung des Sūtras in einem abstrakten Sinn. Aber erst in den letzten Jahren habe ich seine Wichtigkeit für meine eigene Praxis verstanden. Diese Frage nach dem Warum der Verneinung der Lehren Buddhas durch das *Herzsūtra* ist essenziell für sein Verständnis.

In Japan hatte ich die Gelegenheit, einer Gruppe von japanischen katholischen Laien eine Reihe von Vorträgen zu Dōgens *Shōbōgenzō* zu halten. Ich hatte vor, zuerst über das Kapitel *Genjōkōan* («Die Verwirklichung der Wirklichkeit»), das erste und beliebteste Kapitel der 75-Kapitel-Version des *Shōbōgenzō*, zu sprechen. Das zweite Kapitel darin ist das *Makahannya haramitsu* (*Mahāprajñā-pāramitā*), ein Kommentar Dōgen-Zenjis zum *Herzsūtra*. Da meine Zuhörerschaft nichts über Buddhismus wusste, musste ich zunächst über das *Herzsūtra* sprechen, bevor ich Dōgens Kommentar darlegen konnte. Während ich diese Vorträge vorbereitete, studierte ich das *Genjōkōan*, das *Makahannya haramitsu* und das *Herzsūtra* gemeinsam. Zu diesem Zeitpunkt wurde mir zum ersten Mal klar, dass das *Herzsūtra* sehr wichtig ist für das Verständnis von Dōgen-Zenjis *Makahannya haramitsu* und *Genjōkōan*. Wenn wir das *Herzsūtra* und das *Makahannya haramitsu* tiefgründig verstehen, können wir erkennen, welch deutlicher und praxisnaher Ausdruck von *prajñā-pāramitā* das *Shōbōgenzō Genjōkōan* ist.

Der vollständige Titel des Sūtras lautet *Mahāprajñā-pāramitā Hṛdaya-sūtra*. *Mahā* bedeutet «groß» oder «weit». Es bedeutet auch «absolut» im Sinn von jenseits von Vergleich oder Unterscheidung. *Mahāyāna* bedeutet «großes Fahrzeug», das nicht nur eine Person, sondern viele transportieren kann. *Mahāyāna* wird auch als Synonym für «Ein Fahrzeug» (*eka yāna*) verwendet, das die drei Fahrzeuge (*śrāvaka-yāna, pratyekabuddha-yāna* und *bodhisattva-yāna*) enthält.[69]

Prajñā bedeutet «Weisheit». Weisheit und Mitgefühl sind die zwei Hauptaspekte des Buddhismus und müssen immer zusammen genannt werden. Ohne Weisheit funktioniert Mitgefühl nicht und ohne Mitgefühl hat Weisheit keine Bedeutung; sie lebt nicht. Dieses Sūtra handelt von der Weisheit, die die Leerheit erkennt.

Hṛdaya bedeutet «Herz». In diesem Zusammenhang bedeutet es einen Teil unseres Körpers und auch die Essenz oder den allerwichtigsten Punkt. Das Herz ist der allerwichtigste Teil unseres Körpers. Wenn es anhält, hält alles an, und der gesamte Körper stirbt. Heutzutage halten viele das Gehirn für wichtiger. Sie glauben, dass, wenn das Gehirn aufhört zu arbeiten, der Mensch tot ist und seine Organe transplantiert werden können. Aber historisch betrachtet ist für Buddhisten das Herz die Grundlage dafür, zu beurteilen, ob ein Mensch lebt oder nicht. In Japan wird der Hirntod nicht anerkannt und deshalb sind Herztransplantationen noch sehr unüblich. Ein Herz zu entnehmen, bevor es aufgehört hat zu schlagen, wird als Mord betrachtet. Es gibt eine ernsthafte Kontroverse unter japanischen Ärzten über die korrekte Art und Weise, den Tod festzustellen.[70] Da «Herz» den allerwichtigsten, wesentlichsten Punkt bedeutet, ist das *Herzsūtra* sehr kurz. Der *Prajñā-pāramitā*-Sūtrazyklus ist eine Sammlung von 600 Sūtra-Bänden und das *Herzsūtra* gilt als die Essenz dieser sechshundert Bände.

Sūtra bedeutet Schrift oder geschriebener Ausdruck der Lehren Buddhas. *Pāramitā*, gewöhnlich als «Vollkommenheit» übersetzt, ist ein Wort, das von vitaler Bedeutung für das Verständnis des Mahāyāna-Buddhismus ist. Der Titel dieses Sūtras wird normalerweise mit «Vollkommenheit der Großen Weisheit» übersetzt. Chinesischen buddhistischen Philosophen zufolge bedeutet Vollkommenheit oder *pāramitā*, den Fluss zum anderen Ufer zu überqueren. Es impliziert, dass wir an diesem Ufer von Saṃsāra leben und dass es einen Fluss gibt, den wir überqueren müssen, um Nirvāṇa zu erreichen. An diesem Ufer durchwandern wir die sechs Bereiche von Saṃsāra: die Bereiche der Hölle, der hungrigen Geister, der Tiere, der *asuras* (der kämpfenden Geister), der menschlichen Wesen und der himmlischen Wesen. Die Art dieses Durchwanderns wird bestimmt von unseren Handlungen. Nirvāṇa ist jenseits dieser Bereiche. *Pāramitā*, das Erreichen des anderen Ufers, ist eine Verwandlung unserer Art und Weise zu leben. Die sechs *pāramitās* werden für gewöhnlich als das Mittel, die Methode zur Verwandlung angesehen, aber manchmal auch als die verwandelte Lebensweise selbst.

In *Saṃsāra* gründet sich unser Leben auf Begierden. Wir jagen dem Glück hinterher. Wir suchen Befriedigung, deshalb folgen wir unseren Begierden. Wir rennen Dingen hinterher, die wir uns wünschen, und wir laufen vor Dingen weg, die wir nicht mögen. Manchmal gelingt es uns, und wir sind glücklich. Manchmal sind wir nicht erfolgreich, und wir sind unglücklich. Dieses konstante Auf und Ab ist Saṃsāra.

Viele Menschen glauben an Seelenwanderung von einer Lebenszeit in eine weitere. Ich glaube nicht daran, aber ich weiß, dass wir innerhalb dieses Lebens herumwandern. Manchmal fühlen wir uns wie himmlische Wesen, manchmal wie Höllenbewohner. Häufig sind wir wie hungrige Geister, die sich nach Befriedigung sehnen, ständig auf der Suche nach mehr. Wenn unser Magen voll ist und wir nichts zu tun haben, werden wir schläfrig und faul wie Tiere. Manchmal sind wir wie *asuras* oder kämpfende Geister. Als menschliche Wesen arbeiten wir, um zu Ruhm und Profit zu gelangen. Selbst wenn unser Magen voll ist, sind wir nicht zufrieden. Wir brauchen mehr, so etwas wie Ruhm oder Reichtum. Himmlische Wesen sind wie Millionäre, deren Begierden vollständig erfüllt sind. Sie sehen glücklich aus, aber ich glaube, dass solche Menschen ziemlich gelangweilt sind. Es gibt keine Herausforderung für sie, weil alle ihre Wünsche erfüllt sind.

Wegen dieses dauernden Herumwanderns gibt es keine friedliche Basis für unser Leben. Diese Art und Weise zu leben ist ein vergeblicher Versuch, unser Ich zu befriedigen. Ein Leben, das auf der andauernden Suche nach Befriedigung basiert, ist voll mit bedeutungslosem Leiden. Leiden bedeutet hier nicht nur physischen oder geistigen Schmerz, sondern auch bedeutungslose Anstrengung. Das ist es, was der Buddha meint, wenn er sagt: «Alles leidet.» Das ist die erste der vier edlen Wahrheiten.

Der Buddha lehrte: Die Wirklichkeit unseres Lebens ist Vergänglichkeit und Ichlosigkeit. Nichts ist fest, und es gibt nichts, was sich nicht verändert. Im Buddhismus bezieht sich «Ich» auf die Idee, dass es etwas gebe, was sich nicht verändert. Körper und Geist verändern sich kontinuierlich von Geburt an, und doch glauben wir, dass es etwas gebe, was sich nicht verändert. Als ich 1948 geboren wurde, war ich ein kleines Baby; seitdem bin ich durch viele verschiedene Stadien menschlichen Lebens gegangen: als Junge, als Teenager, junger Erwachsener, Mann im mittleren Alter und jetzt als Senior. Die Verfassung meines Körpers und Geistes haben sich in jedem Stadium verändert, und doch denke ich: «Das war ich und das bin ich. Es gibt etwas, was sich nicht ändert.» Für Buddhisten jedoch ist das Ich als unveränderliche Einheit, als der Besitzer und Lenker von Körper und Geist, eine Illusion. Der Buddha lehrte: So etwas gibt es nicht, die Idee eines Ichs ist eine abstrakte Erfindung.

Buddhismus ist aber kein pessimistischer Nihilismus, denn der Buddha lehrte auch: Es gibt einen Weg, sich von dieser Art und Weise zu leben zu befreien. Es gibt einen Pfad, der zur Befreiung vom ständigen Herumwandern durch Saṃsāra führt. Wir können ein friedliches, stabiles Fundament für unser Leben errichten. Das nennt man Nirvāṇa. Das ist kein besonderer Zustand, keine besondere Verfassung unseres Geistes, sondern eher eine Art und Weise zu leben, die auf Vergänglichkeit und Ichlosigkeit basiert. In jedem Moment müssen wir uns erneut der vergänglichen Wirklichkeit unseres Lebens bewusst werden. Alles und jedes verändert sich ständig und es gibt keine feste Substanz. Im Mahāyāna-Buddhismus nennt man das «Leerheit». Der Buddha lehrte: Es gibt zwei verschiedene Arten zu leben. Wenn wir für die Wirklichkeit der Vergänglichkeit und Ichlosigkeit blind sind, wird unser Leben zu Leiden. Wenn wir erwachen, die Wirklichkeit erfassen und dementsprechend leben, wird unser Leben zu Nirvāṇa. Dieses Erwachen wird Bodhi oder Erleuchtung genannt. Der Weg der Verwandlung vom Leben im Leiden in Saṃsāra zum Leben in Nirvāṇa ist der Achtfache Edle Pfad. Dieser Pfad ist unsere Praxis. Es ist dies ein Wechsel im Fundament unseres Lebens von Ichbezogenheit zu Ichlosigkeit. Diese Verwandlung heißt *pāramitā* oder «Erreichen des anderen Ufers». Dieser Achtfache Pfad, der von Śākyamuni Buddha gelehrt wurde, besteht aus rechtem Verständnis, rechtem Denken, rechter Rede, rechtem Handeln, rechter Lebensweise, rechtem Bemühen (Beharrlichkeit), Achtsamkeit und *samādhi* (Meditation). Anstelle des Achtfachen Pfades betont die Mahāyāna-Praxis für Bodhisattvas die sechs *pāramitās* oder Vollkommenheiten. Die erste der sechs ist Großzügigkeit (*dāna*). Wir sind großzügig, weil wir verstehen, dass es niemanden gibt, der etwas besitzen könnte, und nichts, was zu besitzen wäre. Großzügigkeit sollte auf der Erkenntnis von Leerheit, Ichlosigkeit und Vergänglichkeit beruhen. Die zweite *pāramitā,* die Gebote (*śīla*), ist das gleiche wie die rechte Lebensweise beim Achtfachen Pfad. Wir gründen unser tägliches Leben auf Buddhas Gebote oder Lehren. Wenn wir Buddhist werden, akzeptieren wir die Gebote als Richtschnur für unser Leben. Wir steuern unsere Handlungen mit den Geboten Buddhas: nicht töten, nicht lügen, nicht stehlen, und so weiter. Die dritte, Geduld (*kṣānti*), wird im Mahāyāna-Buddhismus herausgehoben, weil es eine Praxis ist, die für Laien entworfen wurde. In einem Kloster wird Geduld für nicht so wichtig gehalten, weil man davon ausgeht, dass Mönche allesamt ähnliche Werte und Bestrebungen verfolgen. Laien sind intensiver in Kontakt mit Menschen, die unterschiedliche Philosophien und Denkweisen vertreten. Dafür brauchen sie Geduld. Für einen Bodhisattva ist Geduld eine der allerwichtigsten Praktiken.[71] Die letzten drei *pāramitās* sind Beharrlichkeit (*vīrya*), Meditation (*samādhi*) und Weisheit (*prajñā*). Das *Herzsūtra* und all die anderen *Prajñā-*

pāramitā-Sūtras sagen, dass *prajñā* die allerwichtigste der sechs *pāramitās* für die Praxis von Bodhisattvas sei.

Ohne *prajñā* funktionieren die fünf anderen *pāramitās* nicht. Großzügigkeit etwa, die nicht mit Weisheit gepaart ist, kann Schaden anrichten. Wir müssen verstehen, was wirklich vonnöten ist, bevor wir jemandem helfen können. Wenn wir ohne Weisheit Geld geben oder Hilfestellung leisten, kann die betroffene Person abhängig werden und als Ergebnis in noch größere Schwierigkeiten geraten. Das Gleiche gilt für das Aufziehen von Kindern. Übermäßiges Behüten wird ein Kind verderben. Wir brauchen *prajñā* oder Weisheit, um Menschen wirklich dabei zu unterstützen, heranzuwachsen. Ohne *prajñā* werden die Gebote zu nicht mehr als einer leblosen Liste von Regeln. Wir könnten sogar damit beginnen, Menschen aufgrund spezieller Auflistungen von Geboten und Gebräuchen zu unterscheiden. Jede Nation oder Religion hat ihre eigenen Listen von Geboten und Tabus. Es ist also ganz einfach, Menschen, die unseren Geboten folgen, als Freunde zu betrachten und zu glauben, dass all die anderen zur Hölle fahren werden. Das ist ein Beispiel für Gebote ohne Weisheit, bei dem lediglich Gruppen-Ichzentriertheit an die Stelle individueller Ichzentriertheit tritt.

Wir müssen eine Situation tiefgründig verstehen, um zu erkennen, was für alle Beteiligten am hilfreichsten ist. Dōgen-Zenji sagt im *Shōbōgenzō Bodaisatta shishobo* («Die vier Arten des sozialen Handelns eines Bodhisattvas»), dass wir als Bodhisattvas auf Handlungen abzielen sollten, die sowohl für andere als auch uns selbst hilfreich sind. Wir sollten versuchen, die Gesamtsituation zu sehen und das zu tun, was das beste für jeden ist. Wenn wir nur auf Geduld aus sind, könnten wir uns oder anderen schaden. Geduld allein kann eine Art Gift sein. Sie kann eine Situation verschlimmern.

Das Gleiche ist wahr für Beharrlichkeit. Wenn Beharrlichkeit in die falsche Richtung geht, weichen wir, je härter wir arbeiten, um so weiter vom korrekten Pfad ab. Ohne mit Weisheit zu erkennen, wohin es gehen soll, ist unsere Beharrlichkeit eine bedeutungslose Anstrengung.

Weisheit ist auch für die Meditation grundlegend. Wenn wir die Wichtigkeit und Bedeutung von Meditation nicht verstehen, wird unsere Zazen-Praxis nicht mehr als eine Flucht vor der lärmigen Gesellschaft. Sie wird zu einer bedeutungslosen Methode, um einfach unseren Geist zu beruhigen und unseren Stress zu reduzieren. Wenn unser Leben anderen schadet und wir Meditation praktizieren, um uns zu entspannen und mehr Energie für ichbezogenes Handeln zu erzielen, hat unsere Praxis nichts mit buddhistischen Lehren zu tun. Also ist Weisheit, wirkliche Weisheit, grundlegend wichtig. Das ist *pāramitā*. Dem *Herzsūtra* zufolge ist *prajñā-pāramitā* die Essenz der buddhistischen Lehre. Sie ist notwendig für die Verwandlung unseres Lebens von Saṃsāra zu Nirvāṇa.

Die Situation, in der das Herzsūtra dargelegt wird

Einer der Gründe, warum das *Herzsūtra* schwierig zu verstehen ist, ist, dass nicht klar ist, wer da spricht. Es gibt zwei Versionen des Sūtras. Die, die wir für gewöhnlich rezitieren und die oben abgedruckt ist, ist die kürzere der beiden. Die längere Version beschreibt die Situation vollständiger. Die aus dem Sanskrit von Edward Conze übersetzten Zeilen zu Anfang dieser Version lauten:

> So habe ich es gehört: Der edle Herr weilte in Rājagṛha auf dem Geiergipfel, zusammen mit einer großen Versammlung sowohl von Mönchen als auch Bodhisatttvas. Zu dieser Zeit war der edle Herr, nachdem er die Rede zum Dharma «Tiefgründige Pracht» gehalten hatte, in Konzentration versunken. Zu dieser Zeit praktizierte auch der heilige edle Herr Avalokita, der Bodhisattva, das große Wesen, die tiefgründige Vollkommenheit der Weisheit; er sah von hoch oben herab und er sah die fünf *skandhas*, und er erkannte, dass sie in ihrem ureigenen Sein leer sind.
> Daraufhin sagte der Hochverehrte Śāriputra durch Buddhas Macht zu dem heiligen edlen Herrn Avalokita, dem Bodhisatttva, dem großen Wesen: «Wie sollten ein Sohn oder eine Tochter einer guten Familie sich selbst schulen, wenn sie diese tiefgründige Vollkommenheit der Weisheit praktizieren wollen?»[72]

Mit «So habe ich es gehört» beginnen für gewöhnlich buddhistische Sūtras im Original. «Ich» ist Ānanda, ein langjähriger Begleiter von Śākyamuni Buddha, der alle seine Sūtras auswendig in Erinnerung bewahrte.

> Der edle Herr weilte in Rājagṛha auf dem Geiergipfel, zusammen mit einer großen Versammlung sowohl von Mönchen als auch Bodhisatttvas. Zu dieser Zeit war der edle Herr, nachdem er die Rede zum Dharma «Tiefgründige Pracht» gehalten hatte, in Konzentration versunken.

«Edler Herr» bezieht sich auf den Buddha, allerdings halte ich dieses Wort für fragwürdig. Der Buddha nannte sich niemals selbst edler Herr. Tatsächlich sagte er, dass er nichts besäße. Das ursprüngliche Wort, das in dem Sūtra verwendet wird, ist «Bhagavat», das für gewöhnlich mit «von der Welt Verehrter» übersetzt wird. «Konzentration» bedeutet Zazen oder Samādhi. Nachdem er eine Unterweisung zu «Tiefgründige Pracht» gegeben hatte, hörte er auf zu sprechen und begann in Zazen zu sitzen. Dieses Sūtra findet also während Buddhas Zazen statt. Das ist ein sehr wichtiger Punkt.

> Zu dieser Zeit praktizierte auch der heilige edle Herr Avalokita, der Bodhisattva, das große Wesen, die tiefgründige Vollkommenheit der Weisheit; er sah von hoch oben herab und er sah die fünf *skandhas*, und er überblickte, dass sie in ihrem ureigenen Sein leer sind.

In dieser Übersetzung wird der Name Avalokiteśvara in zwei Teile geteilt, «Avalokita» und «iśvara». *Avalokita* bedeutet «sehen». *Īśvara* wird für gewöhnlich mit «frei» übersetzt. Das ist es, was die chinesische Übersetzung *Kanjizai* bedeutet. Hier wird *iśvara* mit «edler Herr» übersetzt, einer freien Person, die niemandem zugehört. «Großes Wesen» ist eine Übersetzung von Mahāsattva, ein anderes Wort für Bodhisattva. Avalokiteśvara praktizierte intensiv *prajñā-pāramitā.* Und aus seiner Praxis tiefgründiger Weisheit heraus schaute er herab auf diese Welt, in der alle fühlenden Wesen leben.

«Schaute herab» ist die Übersetzung aus dem Sanskrit. Auf Japanisch heißt es *shōken. Shō* bedeutet «erhellen» und *ken* «sehen» oder «überblicken». Also bedeutet *shōken* «sehr deutlich sehen», wie wenn ein Schauplatz mit strahlendem Licht ausgeleuchtet wird. Der Sanskritausdruck lautet «er schaute von hoch oben herab». Wenn wir auf der gleichen Ebene wie alle anderen menschlichen Wesen sind, haben wir keinen Überblick, aber von einem hohen Ort, beispielsweise einem Berg, kann man das Gesamte deutlich erkennen.

«Und er sah die fünf *skandhas*»: Durch seine Praxis tiefgründiger Weisheit – d. h., Zazen – sah er, dass alle Wesen Ansammlungen der fünf *Skandhas* sind und nichts über diese fünf *skandhas* hinaus. Die *skandhas* sind die Bestandteile, aus denen alle Wesen bestehen. Das erste, Form oder *rūpa*, bezieht sich auf alles Materielle. Auf menschliche Wesen bezogen sind das unsere Körper. Die anderen vier sind die Funktionen unseres Geistes. Also sah Avalokiteśvara, dass alles in dieser Welt eine Ansammlung der fünf *skandhas* ist.

«Und er erkannte, dass sie in ihrem ureigenen Sein leer sind»: Der Bodhisattva erkannte also weiter, dass diese *skandhas* leer sind.

«Daraufhin sprach der Hochverehrte Śāriputra durch Buddhas Macht zu dem heiligen edlen Herrn Avalokita, dem Bodhisattva, dem großen Wesen»: Śāriputra war einer der zehn größten Jünger Buddhas und, wie es heißt, äußerst scharfsinnig. «Śāriputra fragte Avalokiteśvara durch die Macht Buddhas», also ist es in Wirklichkeit Buddha, nicht Śāriputra, der spricht. Śāriputras Frage war: «Wie sollten ein Sohn oder eine Tochter aus guter Familie sich selbst schulen, wenn sie diese tiefgründige Vollkommenheit der Weisheit praktizieren wollen?» Seine Frage war, wie Menschen praktizieren sollten, wenn sie *prajñā-pāramitā* anstreben. Avalokiteśvara beantwortet Śāriputras Frage mit der Unterweisung im *Herzsūtra.* Die Person, die die Rede hält, ist Avalokiteśvara, aber die Frage und die Antwort finden beide innerhalb von Buddhas *samādhi* statt, also in Zazen. Es ist eine Beschreibung von Buddhas Zazen und damit auch eine Beschreibung unseres Zazen. Die Lehrrede im *Herzsūtra* ist keine philosophische Diskussion zwischen Buddhas Jünger Śāriputra und einem Bodhisattva über die Philosophie der Leerheit im Mahāyāna-Buddhismus. Es dreht sich um unsere Zazen-Praxis.

Diese Beschreibung der Art und Weise, wie die Unterhaltung ihren Anfang nimmt, hilft uns zu verstehen, was Avalokiteśvara in diesem Sūtra sagt.

Wer ist Avalokiteśvara?

Als ich das MZMC zum ersten Mal im Jahr 1989 besuchte, nahm ich an der Morgenzeremonie teil und wir rezitierten die Übersetzung der kürzeren Version des *Herzsūtra*. Die Übersetzung der letzten Zeile des ersten Abschnitts überraschte mich:

> Als der Bodhisattva Avalokiteśvara
> *Prajñā-pāramitā* tiefgründig praktizierte,
> erkannte er, dass alle fünf *skandhas* leer sind,
> und wurde erlöst von allem Leid und aller Sorge.

Diese Zeile unterschied sich vollkommen von meinem Verständnis. Diese Übersetzung impliziert, dass Avalokiteśvara litt und gepeinigt war, aber durch die Praxis von *prajñā-pāramitā* gerettet und befreit worden sei.

Es ist wichtig, zu verstehen, um wen es sich bei Avalokiteśvara handelt. Dem Mahāyāna-Buddhismus zufolge gibt es zwei Arten von Bodhisattvas. Wir gewöhnlichen Menschen, die danach streben, die Lehre des Buddha zu ergründen, zu praktizieren und ihr zu folgen, sind eine Art. Wir werden alle Bodhisattvas genannt. Die andere Art von Bodhisattvas sind keine gewöhnlichen menschlichen Wesen. Große Bodhisattvas wie Avalokiteśvara, Samantabhadra oder Mañjuśrī sind das Symbol für gewisse Anteile an Buddhas Tugendhaftigkeit. Sie trafen die Wahl, nicht in Nirvāṇa einzutreten oder dort zu verbleiben, damit sie anderen Wesen helfen könnten, an das weit entfernte Ufer überzusetzen.

Im *Shōbōgenzō Kannon* sagt Dōgen-Zenji, Avalokiteśvara sei der Vater und die Mutter von Buddhas. In einem vergangenen Leben war Avalokiteśvara ein Buddha namens Shōbōmyō Nyorai («Tathāgata Wahre Dharmaweisheit»). *Shōbō* bedeutet «Wahres Dharma». *Myō* ist «Licht», das Symbol für Weisheit. Also war er ein Buddha mit Namen «Das Licht des Wahren Dharmas». Aber aufgrund seines Gelübdes, alle Wesen zu retten, wurde er ein Bodhisattva und erschien in dieser Welt. Er hatte keine Probleme. Ich denke deshalb nicht, dass die oben zitierte Übersetzung korrekt ist. In einer Zeitschrift fand ich dagegen Katagiri-Rōshis Übersetzung des *Herzsūtras*. Er übersetzt diesen Abschnitt so: «Als der Bodhisattva Avalokiteśvara durch die Tugendhaftigkeit erleuchteter Sichtweise die tiefgründige Prajñā-pāramitā praktizierte, erkannte er die fünf *skandhas* als leer und schritt über alles Leiden hinaus.»[73] Er wurde nicht von Leiden errettet, sondern ging darüber hinaus. Die chinesischen Schriftzeichen hier sind *do issai ku yaku*. *Do* ist ein Verb und wird zwar manchmal mit «retten» übersetzt, bedeutet aber auch «von diesem Ufer übersetzen». Dieses *do* ist allerdings nicht passiv. Also wurde er nicht gerettet, sondern er rettete (andere), setzte sie über zum anderen Ufer. Er rettete alle Wesen in Not, alle, die leiden und gepeinigt sind. Das ist ein vollkommen anderer Sinn. Überhaupt, in der Sanskrit-Version, die wir heute haben, fehlt dieser letzte Teil des Satzes. In dieser Version ist der Punkt einfach der, dass Avalokiteśvara zur Erkenntnis der Leerheit gelangte, und das war's. Es gibt keine Aussage darüber, ob diese Erkenntnis sein Leid oder das anderer aufhob. Möglicherweise hat der chinesische Übersetzer, Xuánzàng (jap. Genjō), der im siebenten Jahrhundert lebte, diesen Satz erst hinzugefügt. Vielleicht ist er auch von einer anderen Sanskritversion ausgegangen als von der, die uns heute vorliegt. Jedenfalls scheint mir der Text ohne den letzten Satz deutlicher und einfacher zu sein. Avalokiteśvara erkannte, dass die fünf *skandhas* leer sind. Das ist *prajñā-pāramitā*, die Vollkommenheit der Weisheit.

Wie oben bemerkt, wird in der chinesischen Übersetzung des *Herzsūtras* «Avalokiteśvara» mit «Kanjizai Bosatsu» übersetzt. Avalokiteśvara wird auf Chinesisch auch Guānyīn, jap. Kanzeon, genannt. Kanjizai und Kanzeon haben aber unterschiedliche Bedeutungen. *Kan* bedeutet «sehen» oder «beobachten». *Jizai* ist die Übersetzung des Sanskrit-Wortes *iśvara* für jemanden, der frei und ohne Einschränkung sehen kann, jemanden, der frei ist von Ichbezogenheit und Unwissenheit, jemanden, der die Dinge ohne Verdrehung durch den Intellekt, durch Begierden oder Erwartungen sieht. Darin liegt die Bedeutung von Avalokiteśvara.

«Kanzeon Bosatsu» finden wir im fünfundzwanzigsten Kapitel des *Lotossūtras*, «Das universale Tor des Bodhisattva Avalokiteśvara (Der die Rufe der Welt beachtet)» in der Übersetzung von Kumārajīva. Hier wird der Name «Avalokiteśvara» mit «Avalokita» (sehen) und «svara» (Rufe oder Laute) übersetzt. Der Name Kanzeon bedeutet also «Jemand, der die Rufe oder Laute der Welt hört». Menschliche Wesen machen Geräusche, wenn sie leiden. Avalokiteśvara hört diese Laute des Leidens, und er erscheint auf verschiedene Weisen und versucht zu helfen. Kanzeon Bosatsu repräsentiert den Aspekt des Mitgefühls und des aktiven Einsatzes, anderen zu helfen. Kanjizai Bosatsu hingegen betont den Aspekt der Weisheit oder *prajñā* – die Dinge genau so sehen, wie sie sind, frei von Verdrehung. Im *Herzsūtra* wird der Bodhisattva «Kanjizai Bosatsu» genannt. Als ein Symbol der Weisheit, die Wirklichkeit unseres Lebens klar zu erkennen, ist er (oder sie) natürlich eine Schöpfung der Fantasie von Mahāyāna-Buddhisten und kein historisches Wesen.

Dieser Bodhisattva, obwohl er ein Buddha ist, kommt doch zurück in diese Welt der Illusion und des Leidens, um Menschen zu helfen, mit dem Gelöbnis, nicht eher ein Buddha zu werden, bis alle fühlenden Wesen gerettet und alle zusammen Buddha geworden sind. So wird Avalokiteśvara in dieser Welt bleiben, an diesem Ufer, genau so lange, wie es noch verblendete menschliche Wesen gibt. In dem Ausmaß, wie wir verblendet sind, ist Avalokiteśvara genau jetzt hier. Das ist ein sehr wichtiger Punkt. Avalokiteśvara ist keine Person, sondern vielmehr eine Kraft, die uns gemahnt, zu erwachen.

Heute seid ihr ins Zen-Zentrum gekommen, um zu sitzen und mir zuzuhören. Das ist nicht unbedingt spaßig. Aber ihr seid hier. Ihr hättet ja sonst wohin gehen können. Es ist ein wunderschöner Morgen und ihr könntet Spaß haben, aber ihr habt euch dazu entschieden, hierher zu kommen und in dieser Haltung zu sitzen. Es ist nicht unbedingt eine bequeme Haltung, und das, was ich euch erzähle, ist nicht unbedingt interessant. Aber ihr habt die Entscheidung getroffen, hierher zu kommen. Was hat euch dazu veranlasst, hierher zu kommen und zu sitzen? Avalokiteśvara. Das ist die Kraft, die uns praktizieren lässt und uns aufruft, zu erwachen. Avalokiteśvara ist nicht nur eine Kraft in uns, sondern auch rund um uns herum, die uns zum Erwachen und zur Erkenntnis der Vergänglichkeit und Ichlosigkeit führt, der Wirklichkeit unseres Lebens.

Neue Blätter sprießen an den Bäumen. Sie zeigen uns, dass die Zeit vergeht und sich alles verändert; jetzt Winter zu Frühling und bald Frühling zu Sommer. Das Leben verändert sich ständig, ist immer neu und immer frisch. Wir sehen, wie sich alles um uns herum verändert, und doch glauben wir, dass ausgerechnet wir es nicht tun. Wir glauben: «Ich bin – ich bin die gleiche Person, die ich vor vierzig Jahren war, vor zwanzig Jahren, gestern, und ich werde morgen die gleiche Person sein.» Aber die Wirklichkeit ist die, dass wir uns ständig verändern. Unser Körper und Geist verändert sich ständig. So sprießen im Frühling die Blätter und die Vögel singen, um uns zu sagen: «Wacht auf, wacht auf und erkennt die Wirklichkeit. Alles bewegt sich und verändert sich.» Alles ist stets und immer in jedem Moment frisch. Das ist Avalokiteśvara, der uns hilft, die Dinge so klar zu sehen, wie sie sind.

Jeder, dem wir begegnen, ist Avalokiteśvara. Unsere Eltern, die für uns sorgten, unsere Freunde, Menschen, mit denen wir im Wettbewerb stehen; und sogar unsere Feinde können Avalokiteśvara sein. Sie sind hier, um uns die Wirklichkeit des Lebens zu zeigen. Wir sollten dankbar sein. Wir sollten uns selbst zu schätzen wissen, alle Menschen, denen wir begegnen, und alle Dinge in diesem Universum. All dies ist Avalokiteśvara, der uns mahnt, zu erwachen und nicht in ichbezogenen Illusionen gefangen zu bleiben, der uns ermutigt, frei zu werden von Illusion und unsere Lebenskraft unmittelbar zu erkennen. Das ist Avalokiteśvara. Dieses Sūtra spricht von unserer Lebenskraft.

Im *Shōbōgenzō Kannon* schrieb Dōgen-Zenji über Avalokiteśvara.[74] Er zitiert ein sehr interessantes *kōan*-Gespräch zwischen zwei chinesischen Zen-Meistern, Yúnyán (Un'gan) und Dàowú (Dōgo).[75] Die beiden praktizierten vierzig Jahre lang mit verschiedenen Meistern in unterschiedlichen Klöstern, und viele ihrer Gespräche sind aufgezeichnet worden. Das *kōan* beginnt mit Yúnyán, der Dàowú fragt: «Was tut der Bodhisattva des großen Mitgefühls, wenn er seine unendlich vielen Hände und Augen gebraucht?» (Er bezieht sich auf Avalokiteśvara oder Kanzeon Bosatsu. Angeblich hat Avalokiteśvara tausende Augen und tausende Hände. Augen symbolisieren Weisheit und die Händen wirken mit Mitgefühl, um anderen zu helfen.) Als Antwort auf Yúnyáns Frage erwidert Dàowú: «Er ist wie jemand, der nachts die Hand nach hinten ausstreckt und nach seinem Kissen greift.»

Wir alle drehen uns während der Nacht, wenn wir schlafen, herum. Manchmal verlieren wir unser Kopfkissen. Dàowú beschreibt, wie er sein Kopfkissen im Dunkeln mit seinen Händen hinter dem Rücken sucht. Vollständige Dunkelheit ist selten heutzutage. Selbst wenn wir alle Lichter ausschalten, scheint normalerweise künstliches Licht von draußen herein. Aber in alten Zeiten war es nachts vollständig dunkel. Einmal habe ich erfahren, wie es ist, in vollständiger Dunkelheit zu laufen. Es gibt einen berühmten Berg namens Hi'ei in der Nähe von Kyōto, wo Dōgen-Zenji ordiniert wurde. Dort steht ein riesiges Tendai-Kloster. Ich war im Antaiji im nordwestlichen Teil von Kyōto. Nach einem Fünf-Tage-Sesshin feierten wir ausgiebig und tranken eine Menge Reiswein und Bier. Nach dem Fest hatte ich eine Menge Energie und beschloss, den Berg hinaufzuwandern, um vom Gipfel aus den Sonnenaufgang zu sehen. Ich brauchte drei oder vier Stunden, um den Gipfel zu erreichen. Da er in der Nähe der Stadt Kyōto liegt, war der größte Teil des Pfades durch die Lichter der Stadt schwach beleuchtet. Aber es gab eine Strecke von mehreren hundert Metern, die von Immergrün überdacht und komplett dunkel war. Ich konnte nicht einmal meine Hand sehen. Es war sehr furchteinflößend. Meine Füße und Hände wurden zu meinen Augen. Ich machte jeden Schritt sehr langsam und sorgfältig, weil der Weg seitlich steil abfiel.

Vielleicht ist so etwas für blinde Menschen alltäglich. Es verblüfft mich, zu sehen, wie blinde Menschen mit einem Blindenstock gehen. Ihre Füße, Hände und sogar ihr Stock sind ihre Augen. Ihr ganzer Körper wird zu ihren Augen. In der Nacht dient unser ganzer Körper als unsere Augen. Wenn wir versuchen, im Dunkeln unser Kopfkissen zu finden, wird unser ganzes Wesen, unser ganzer Körper und Geist zu unseren Augen und Händen. Dunkelheit hat eine besondere Bedeutung im Buddhismus. Es bedeutet Nicht-Unterscheidung. Im Dunkeln können wir nichts sehen, und so können wir zwischen den Dingen nicht unterscheiden. Wir sehen nichts als eine einzige Dunkelheit.

Dies ist eine Metapher für unser Zazen. In kompletter Dunkelheit gibt es keine Unterscheidung. Unser Körper und Geist wirken gemeinsam als eins. Das *Herzsūtra* sagt: Es gibt keine Augen, keine Ohren, keine Nase, keine Zunge, kein gar nichts. Weil sie nicht unabhängig sind, funktionieren sie als ein gemeinsames Ganzes, und es gibt keinen Unterschied zwischen Auge oder Nase oder Zunge. Der ganze Körper wird zu einem Auge in der Dunkelheit. Der ganze Körper wird zu einer Zunge, wenn wir essen. Wir essen und schmecken nicht allein mit unserem Mund und unserer Zunge. Wir sehen das Essen mit unseren Augen, wir riechen es mit unserer Nase, wir berühren es mit unseren Händen. Der gesamte Körper funktioniert zusammen als Einheit, während all unserer Handlungen. Deshalb gibt es keine Augen oder Ohren unabhängig von anderen Organen – alle arbeiten zusammen. Das ist die Wirklichkeit des Lebens. Unser Leben funktioniert wie jemand, der in der Nacht nach seinem Kopfkissen tastet.

Yúnyán sagte: «Ich verstehe, ich verstehe.»

Dàowú fragte: «Wie versteht du es?»

Yúnyán antwortete: «Der universelle Körper sind seine Hände und Augen.» Da Augen in der Dunkelheit der Nicht-Unterscheidung nicht funktionieren, wird der gesamte Körper zu Augen und Händen.

Dàowú antwortete: «Sehr gut, aber du kannst es nicht vollkommen, sondern nur zu achtzig oder neunzig Prozent ausdrücken.»

Yúnyán sagte: «Ich bin eben so. Was würdest du sagen, Bruder?»

Dàowú erwiderte: «Seine Hände und Augen durchdringen seinen ganzen Körper.»

Yúnyán verwendete den Ausdruck *hen shin*. *Hen* bedeutet «ganz», «universell». Dàowú sagte *tsū shin*. *Tsū* bedeutet «völlig, uneingeschränkt ganz». «Universeller Körper» und «ganzer Körper» bedeuten dasselbe. Ihre Antworten waren genau die gleichen. Das ist Avalokiteśvara. Wir haben viele Hände und Augen neben unseren eigenen. Unsere Hände und Augen sind universell. Unsere Hände und Augen, unser ganzer Körper, ist Teil des ganzen Universums. Das ganze Universum funktioniert als eins, genau wie unser ganzer Körper. Es gibt unzählige Hände und Augen. Was tut dies ganze Universum für uns? Es ruft uns dazu auf, aus unserem Traum der Ichbezogenheit zu erwachen und unsere Augen zu öffnen. Ob Yúnyáns und Dàowús Ausdrucksweisen die gleichen sind oder nicht und warum Dàowú sagte, Yúnyáns Antwort sei nur zu 80 oder 90 Prozent vollständig, sind die Punkte diese Kōans.[76]

Avalokiteśvara ist wie jemand, der in der Dunkelheit nach seinem Kopfkissen tastet, mit Körper und Geist als eins zusammenwirkend. Es gibt kein Unterscheiden zwischen Augen, Händen, Zunge, Ohr oder Nase. Das Universum funktioniert als ein Ganzes. Darin liegt die Bedeutung von Ichlosigkeit und Vergänglichkeit. Alles verändert sich ständig, aber wir sind blind für all dies. Wir träumen, dass «ich» hier bin, und solange meine Begierden nicht erfüllt sind, ist mein Leben bedeutungslos. Wir wollen erfolgreich sein. Wir ziehen einen Zaun zwischen unserem Körper und Geist und anderen Wesen in diesem Universum. Wir sagen: «Das bin ich. Das ist mein Territorium. Das ist mein Haus.» Wir wollen die Dinge, die wir als wertvoll erachten, innerhalb unseres Territoriums behalten, und Dinge, die wir nicht mögen, außerhalb lassen. Wenn wir eine Menge wertvoller Dinge besitzen, halten wir unser Leben für erfolgreich. Unser Leben ist ein konstanter Kampf, unser Einkommen zu erhöhen und unsere Ausgaben zu senken. Das ist unsere Art zu leben. Es funktioniert, weil die menschliche Gesellschaft auf künstlichen Übereinkommen beruht, denen wir alle zustimmen, um unser Leben vorteilhafter zu gestalten.

Aber außerhalb sozialer Konventionen passt dieses Rahmenwerk nicht. Wenn wir unserem Tod begegnen, funktionieren die Strategien des Ansammelns und Vermeidens nicht mehr. Egal, wie erfolgreich euer Leben ist, wenn ihr dem Tod ins Antlitz schaut, müsst ihr alles zurücklassen. Euer Eigentum, euer Ruhm und all eure Fertigkeiten verschwinden. Avalokiteśvara hilft uns, zu erwachen. Solange wir nicht erwachen und die Wirklichkeit erkennen, ist unser Leben wie ein Gebäude ohne Fundament. Das *Herzsūtra* handelt von der Umwandlung unserer Art und Weise zu leben. Es handelt vom Erkennen und Erfassen der Wirklichkeit und dem Erschaffen eines Lebens, das auf der Wirklichkeit basiert, die vor den gesellschaftlichen Konventionen existiert. Für uns ist die Zazen-Praxis der Wendepunkt dieser Umwandlung. Dōgen-Zenji zufolge ist Zazen selbst Erleuchtung oder Erwachen. Natürlich haben wir sogar beim Zazen illusionäre Gedanken, Begierden und Gefühle. Aber wir lassen sie los. Dieses Loslassen ist Umwandlung. Unser Leben ist nicht mehr persönlich, sondern wir leben aus der universalen Lebenskraft heraus. Das ist Zazen.

Beide Seiten

Als der Bodhisattva Avalokiteśvara
Prajñā-pāramitā tiefgründig praktizierte,
erkannte er, dass alle fünf *skandhas* leer sind,
und wurde erlöst von allem Leid und aller Sorge.

Avalokiteśvara praktizierte *prajñā-pāramitā*. Wir müssen uns sorgsam daran erinnern, dass *prajñā-pāramitā* etwas ist, was man praktizieren muss. *Prajñā* (Weisheit) betrifft nicht einfach die Art und Weise, wie unser Hirn funktioniert. Im *Shōbōgenzō Makahannya haramitsu* bezieht sich Dōgen-Zenji auf «des ganzen Körpers klares Sehen».[77] Er erinnert uns daran, dass wir diese Weisheit mit unserem ganzen Körper und Geist praktizieren sollten. Mit dem ganzen Körper und Geist sehen bedeutet, dass wir eins werden mit der Leerheit der fünf *skandhas*. Diese fünf *skandhas* sind nichts anderes als unser Körper und Geist. Wenn wir in Zazen sitzen, wird unser ganzer Körper und Geist zu nichts anderem als dem ganzen Körper und Geist, der leer ist. Die fünf *skandhas* werden fünf *skandhas*, die vollkommen leer sind. Zazen selbst ist *prajñā*. Die fünf *skandhas* (der ganze Körper und Geist) sehen deutlich die fünf *skandhas* (den ganzen Körper und Geist). Es gibt keine Trennung zwischen Subjekt und Objekt.

Im frühen Buddhismus wurden Körper und Geist beschrieben als bestehend aus den fünf *skandhas* oder Ansammlungen, um zu betonen, dass es kein feststehendes Ich gibt. Die fünf *skandhas* sind Form (skt. *rūpa;* jap. *shiki*), Empfindung (*vedanā, ju*), Wahrnehmung (*samjñā, sō*), Wille oder Gestaltung (*samskāra, gyō*) und Bewusstsein (*vijñāna, shiki*). Das erste, Form, bezieht sich auf materielle Dinge, die Gestalt und Farbe haben. Im Fall von menschlichen Wesen ist Form der Körper. Die anderen vier *skandhas* sind mentale Funktionen. Wenn wir einem Objekt begegnen, empfangen wir sensorische Stimulation, die angenehm, unangenehm oder neutral sein kann. Diese durch Objekte verursachte Stimulation nennen wir Empfindung. Das chinesische Schriftzeichen für *ju* bedeutet «Empfangen». Diese empfangene Empfindung erschafft Bilder oder Repräsentationen in unserem Geist. Wir nennen dies Wahrnehmung. Wille oder Willenskraft (*saṃskāra*) ist die Energie der geistigen Gestaltung. Auf Empfindung, Wahrnehmung und Wollen basierend wird das Objekt erkannt und werden Beurteilungen geformt. Das ist die Funktion des fünften *skandhas*, Bewusstsein.

Der Buddha lehrte: Aufgrund unserer Verfasstheit aus diesen sich ständig verändernden fünf *skandhas* gibt es kein feststehendes Ich, und wir sind vergänglich. Zu einem späteren Zeitpunkt, in der

Abhidharma-Philosophie, glaubten buddhistische Gelehrte, dass wir zwar ichlos seien, aber diese fünf *skandhas* auf eine unabhängige, feststehende Weise existieren würden. Mahāyāna-Buddhisten kritisierten diese Theorie. Die *Prajñā-pāramitā-Sūtras* sagen, dass diese fünf *skandhas* ebenfalls leer seien. Diese Leerheit ist eine weitere Art und Weise, Vergänglichkeit und Ichlosigkeit zu beschreiben.

Wir können vom Leiden errettet werden, weil der Grund des Leidens unsere selbstsüchtige Begierde ist, die auf einer Unwissenheit bezüglich der Vergänglichkeit und Ichlosigkeit beruht. Wir halten an unserem Körper und Geist fest und wollen alles kontrollieren, aber wir können es nicht. Wenn wir die Leerheit der fünf *skandhas* unseres Körpers und Geistes wahrhaftig erkennen, die Vergänglichkeit und Ichlosigkeit, sehen wir, dass es nichts festzuhalten gibt. So öffnen wir unsere Hände. Dies ist Befreiung vom Haften an einem Ich, das Leid verursacht.

Das Sūtra fährt fort:

> O Śāriputra, Form unterscheidet sich nicht von Leerheit,
> Leerheit unterscheidet sich nicht von Form.
> Das, was Form ist, ist Leerheit,
> das, was Leerheit ist, Form.
> Das Gleiche gilt für Gefühle, Wahrnehmungen, Wollen, Bewusstsein.

Die fünf Elemente unseres Lebens sind alle leer, und Leerheit ist gleich diesen fünf *skandhas*. Die Sätze «Form ist Leerheit» und «Leerheit ist Form» besagen, dass «A nicht verschieden ist von B und B nicht verschieden von A, also A gleich B ist und B gleich A.» Das ist sehr einfach. Aber dieses Sūtra hat eine noch komplexere Bedeutung. Die längere Version des *Herzsūtra* lautet:

> Es gibt fünf *skandhas*, und diese erkennt er jede in ihrem ureigenen Sein als leer. Höre, o Śāriputra, Form ist Leerheit und ebendiese Leerheit ist Form; Leerheit ist nichts anderes als Form, Form ist nichts anderes als Leerheit; was immer auch Form ist, das ist Leerheit, und was immer auch Leerheit ist, das ist Form.[78]

Der erste Satz sagt aus, dass es fünf *skandhas* gibt; und sie sind leer. Dieser Satz ist sehr wichtig für unser Verständnis des *Herzsūtras*. In den *Āgama-Sūtras,* einer Sammlung frühbuddhistischer Lehrreden ähnlich den *Pāli-Nikāyas,* heißt es, dass alle Erscheinungsformen Ansammlungen von Ursachen und Wirkungen seien, ohne jegliches festgelegtes Eigenwesen. Den *Āgama-Sūtras* zufolge erklärte der Buddha, dass es kein beständiges Ich (im Sanskrit: *ātman)* gibt und wir eine bloße Ansammlung der fünf *skandhas* sind. Dieses «Ich» bedeutet etwas Unververänderliches und Einzigartiges, das diesen Körper und Geist besitzt und steuert. Der Buddha lehrte, dass es so etwas nicht gebe, und um die Wirklichkeit dieses «kein-*ātman*» (*anātman*) auszudrücken, erklärte er, dass nur die fünf *skandhas* existieren und diese verschiedenen Elemente das zeitlich begrenzte Wesen formen, das eine Person darstellt. Später waren Abhidharma-Philosophen davon überzeugt, dass zwar dieses Ich oder *ātman* nicht existiere, es aber die fünf *skandhas* als Substanz gebe. Sie zerlegten diese fünf *skandhas* analysierend in fünfundsiebzig Elemente. Eine spezielle Kombination der Elemente ermögliche einem Wesen, als eine einzigartige Person zu existieren, und wenn eines der Elemente sich verändere, verändere sich Körper und Geist oder verschwinde sogar. Das ist wie die Theorie von den Atomen. Die Wissenschaft sagt, dass dieser Körper, der Schreibtisch oder das Notebook in immer kleinere und kleinere Teile zerlegt werden könne, bis wir allmählich zu etwas gelangten, was nicht mehr geteilt werden kann. Griechische Philosophen nannten dies das Atom. Die konventionelle Vorstellung vom Individuum ist dieser Vorstellung vom Atom recht ähnlich. Aber im letzten Jahrhundert lernten wir, dass das Atom geteilt werden kann. Es ist nicht mehr das kleinste Teilchen, und das *Herzsūtra* sagt das Gleiche über den Menschen: dass jedes Wesen aus fünf *Skandhas* zusammengesetzt ist, fünf Kategorien von Elementen, und dass diese leer sind. Diese Zeile in dem Sūtra ist somit eine Kritik an der Abhidharma-Philosophie, die behauptete, die fünf *skandhas* würden als festgelegte Substanz existieren.

Mahāyāna-Buddhisten kritisierten die Abhidharma-Idee des Selbst-Wesens der *skandhas.* Sie waren überzeugt, dass die fünf *skandhas* oder Elemente leer seien, dass sie nicht wirklich existieren. Die *skandhas* sind abhängig von Ursachen und Bedingungen und existieren nicht unabhängig von anderen Dingen. Tatsache ist, dass nichts existiert, außer in Verbindung mit allen anderen Wesen. Diese grundlegende Lehre Buddhas nennt man wechselseitig abhängiges Entstehen.

Nāgārjuna war einer der größten Philosophen des Mahāyāna. Seine «Untersuchung der Vierfachen Edlen Wahrheit» im *Mūlamadhyamakakārikā* ist hilfreich für das Verständnis dieser Zeilen. Er unterscheidet zwei Ebenen von Wahrheit. Der Dharma, so wie er vom Buddha gelehrt wird, ist keine Art von objektiver Wirklichkeit. Es ist die Wirklichkeit unseres eigenen Lebens, die auf zwei Wahrheiten beruht, der relativen und der absoluten. Er sagte: «Wer den Unterschied zwischen den beiden Wahrheiten nicht kennt, kann das tiefgründige Wesen der Lehre Buddhas nicht verstehen» (24:9).[79] Dieses tiefgründige Wesen der Lehre Buddhas ist *prajñā*, Buddhas Weisheit. Um Buddhas Weisheit zu verstehen, müssen wir klar und deutlich diese Unterscheidung zwischen absoluter und relativer Weisheit verstehen.

«Ohne auf gewöhnliche alltägliche Handlungen (d. h., relative Wahrheiten) zurückzugreifen, kann man die absolute Wahrheit nicht ausdrücken, und ohne sich der absoluten Wahrheit anzunähern, kann man Nirvāṇa nicht erlangen» (24:10). «Alltägliche Handlungen» bedeutet hier relative Wahrheit, die Art und Weise, wie wir für gewöhnlich in unserem täglichen Leben denken. Zum Beispiel: «Ich bin ein Mann. Mein Name ist Shōhaku Okumura. Ich bin buddhistischer Mönch. Ich wurde in Japan geboren und kam nach Amerika. Ich habe zwei Kinder.» Dies ist unsere alltägliche Art und Weise zu erklären, wer wir sind. Als Lehrer habe ich Verpflichtungen, und jetzt gebe ich eine Unterweisung. Das ist gewöhnliches Handeln, relative Wahrheit. Wenn ich sage, ich bin Japaner, so bedeutet das, dass ich kein Amerikaner bin. «Mein Name ist Shōhaku Okumura» bedeutet, dass ich nicht jemand anderes bin. «Ich bin ein Mann» bedeutet, dass ich keine Frau bin. Diese Definitionen sind relativ.

Nāgārjuna sagt, dass man die absolute Wahrheit nicht ausdrücken könne, ohne sich auf die relative Wahrheit zu stützen. Die absolute Wahrheit ist jenseits von Worten, die relativ sind. Das ist *śūnyatā* oder Leerheit. Das ist *prajñā*. Ohne Annäherung an die absolute Wahrheit kann man Nirvāṇa nicht erlangen. Solange wir nur in der relativen Wahrheit verbleiben, in den konventionellen Weisen zu denken, können wir uns nicht auf Nirvāṇa zubewegen. Nirvāṇa ist das allerfriedlichste Fundament in unserem Leben. Im Bereich des relativen Denkens verändern sich Körper und Geist mit jeder neuen Begegnung oder Situation. Wir denken ständig darüber nach, wie wir uns in dieser Situation verhalten sollen, rücken uns ständig selbst zurecht. Oft steht eine Situation auch unter Wettbewerbsdruck, und wir müssen gut aufpassen, sei es, um uns selbst zu verteidigen, sei es, um anzugreifen. Es ist eine ruhelose Art zu leben. Nirvāṇa ist jenseits der Relativität von Subjekt und Objekt, Lehrer und Schüler, Kunde und Verkäufer.

Weiter bei Nāgārjuna: «Wir stellen fest: Was auch immer beziehungshaften Ursprungs ist, ist *śūnyatā*. Das ist eine provisorische Bezeichnung [d. h., Denkkonstruktion] für die Wechselseitigkeit [des Seins] und ist tatsächlich der mittlere Pfad» (24:18). «Beziehungshaften Ursprungs» ist gleichbedeutend mit wechselseitig abhängigem Entstehen. Alles ist miteinander verbunden, und aufgrund bestimmter vernetzter Ursachen und Bedingungen existiert diese Person oder diese Sache für eine Weile. Dies ist jedoch keine Substanz; man nennt es *śūnyatā* oder Leerheit. Wegen des beziehungshaften Entstehens existiert nichts als unabhängig. Die Elemente dieser provisorischen Existenz nennt man die fünf *skandhas*. Die Vorstellung der fünf *skandhas* als etwas Festes, Substanzhaftes, und und die Vorstellung der Leerheit widersprechen einander. Wenn die fünf *skandhas* unabhängig und dauerhaft existieren, gibt es keine Leerheit; wenn alles wirklich Leerheit ist, gibt es keine substanzhaft existierenden fünf *skandhas*. Es ist sehr wichtig, diesen schlichten Satz im *Herzsūtra* zu verstehen.

Form ist, wie wir gesehen haben, eines der fünf *skandhas*. Bezogen auf menschliche Wesen bedeutet das unseren Körper. Zu sagen, dieser Körper sei leer, bedeutet, dass er nicht wirklich existiert. In gewisser Hinsicht bedeutet «Form ist Leerheit», dass Form nicht Form sei. «Leerheit» bedeutet, es gibt keine Form, und «Form» bedeutet, es gibt Form. Somit ist dies nicht im Geringsten eine einfache Logik. Nāgārjuna sagt, dass, was auch immer beziehungshaften Ursprungs ist, *śūnyatā* sei. Leerheit, wie alle Wörter, ist eine provisorische Bezeichnung ohne Substanz, die nur in Beziehung mit anderen Wörtern existieren und Gültigkeit besitzen kann.

Form, Gefühle, Wahrnehmungen, Wollen und Bewusstsein – alle fünf *skandhas* – sind provisorische Bezeichnungen: Bezeichnungen ohne Substanz. Sie sind durch unseren Geist geschaffene Denkkonstruktionen. Alles ist einfach eine provisorische Bezeichnung. «Shōhaku» ist eine provisorische Bezeichnung. «Mönch» ist eine provisorische Bezeichnung. «Japaner» ist eine provisorische Bezeichnung. Alle diese sind einfach nur provisorische Namen für «die Wechselseitigkeit aller Wesen». Diese Wechselseitigkeit aller Wesen bedeutet, dass nichts aus sich selbst heraus existieren kann, sondern nur in Beziehung mit anderen Elementen. Es bedeutet: Alles ist leer; alles ist nur eine provisorische Bezeichnung, die vorübergehend existiert als eine Ansammlung der fünf *skandhas*. Diese Weise, die Dinge zu sehen, jenseits der Dualität von «unabhängiges Sein» und «Nicht-Sein», sie ist der mittlere Pfad.

Nāgārjuna erklärt, dass es zwei Ebenen von Wahrheit gibt: absolute Wahrheit (*śūnyatā*) und konventionelle Wahrheit (provisorisches Sein). Er sagte, dass wir die Wirklichkeit beider Seiten sehen müssen. Wir müssen sie als *śūnyatā* sehen und als eine provisorische Benennung. Das ist der mittlere Pfad. Wenn wir die Wirklichkeit beider Seiten sehen, können wir sehen, ohne uns in einer der beiden Seiten zu verfangen. Das *Herzsūtra* sagt: «Form unterscheidet sich nicht von Leerheit.» Das bedeutet, dass Form eine provisorische Bezeichnung ist. Diese Person Shōhaku Okumura ist einfach nur eine provisorische Bezeichnung und existiert eigentlich nicht. Das bedeutet Leerheit. Also unterscheidet sich Form nicht von Leerheit. Das ist eine Art zu sehen. Das ist die Verneinung von Form, die Verneinung dieses Wesens. Dieses Wesen sieht nach existieren aus, tut es aber nicht.

Durch das Negieren unabhängigen Seins werden wir frei vom Haften an diesem Körper und Geist. Das ist ein höchst wichtiger Punkt. Wenn wir die Wirklichkeit der Leerheit nicht erkennen, können wir nicht frei werden vom Haften an diesem provisorischen Sein, das durch relative Gedankengebäude definiert wird. Durch die Weisheit des Erkennens, dass dieses Wesen leer und vergänglich ist, können wir uns selbst vom Festhalten daran befreien. Das ist die Bedeutung des Satzes «Form ist Leerheit». Zu erkennen, dass Form Leerheit ist, bedeutet das Verneinen des Haftens an dieser Ansammlung von fünf *skandhas*. Obwohl wir an diesem Körper und Geist hängen, wird er früher oder später in alle Winde zerstreut. Wenn wir die Wirklichkeit der Leerheit wirklich erkennen, sind wir frei vom Haften an einem Ich. Das ist die Bedeutung des Satzes «Form unterscheidet sich nicht von Leerheit». Das ist der Weg, unsere relativen Wahrnehmungen abzulegen und unsere Augen für die absolute Wirklichkeit zu öffnen.

Freiheit vom Haften an diesem Körper und Geist reicht jedoch nicht aus. Wenn wir die absolute Wirklichkeit, das heißt, die Leerheit, erst einmal sehen, müssen wir in die provisorische Wirklichkeit zurückkehren. Darin liegt die Bedeutung von «Leerheit ist nicht verschieden von Form». Wenn wir die Leerheit wirklich erkennen, werden wir frei von diesem Körper und Geist. Das ist in Ordnung, aber wie sollen wir dann leben? Wir können nicht in der absoluten Wahrheit leben, weil es ohne Unterscheidungen keine Möglichkeit gibt zu wählen. Ohne eine Wahl treffen zu können, können wir nicht leben. Um einen Pfad zu wählen, müssen wir definieren, wer wir sind und was wir tun wollen. Um Dinge zu erledigen, irgendwohin zu gehen, müssen wir Unterscheidungen treffen. Wenn wir keine Richtung haben, gibt es auch keinen Weg zu gehen. Um also unser tägliches Leben zu führen, müssen wir zur relativen Wahrheit zurückkehren.

Nāgārjuna sagt auch: «Eine falsch aufgefasste *śūnyatā* kann jemanden, der schwer von Begriff ist, ruinieren. Es ist wie eine unglücklich ergriffene Schlange oder ein falsch ausgeführter Zauberspruch» (24:11). Wenn wir Leerheit nicht als den mittleren Weg verstehen, können wir verantwortungslos werden. Freiheit und Verantwortungslosigkeit können ein und dasselbe sein. Aber Buddhas Mitgefühl bedeutet, frei und doch gleichzeitig für alles verantwortlich zu sein. Es ist Mitgefühl ohne Anhaften. Durch Weisheit sehen wir, dass alles leer ist. Durch Mitgefühl kehren wir zurück zur relativen Wahrheit. Wir müssen denken: «Wie kann ich für diesen Körper und diesen Geist sorgen, um beides gesund zu erhalten, damit ich anderen helfen kann?» Das ist es, was der Buddha lehrte. Um sich verantwortlich zu verhalten, egal, in welcher Situation wir uns befinden, müssen wir von der Leerheit frei werden. Wir müssen zu der relativen Wahrheit der Alltagsaktivitäten zurückkehren und uns um die Dinge kümmern. Also ist dies nicht einfach eine formale, schlichte Logik der Form A gleich B und B gleich A. Wenn wir sagen: Form ist Leerheit, dann verneinen wir diesen Körper und Geist. Wenn wir verstehen, dass Leerheit Form ist, verneinen wir die Leerheit. Negieren bedeutet loslassen. Loslassen des Denkens bedeutet, frei zu werden von beiden Seiten. Dann können wir die Wirklichkeit aus beiden Blickwinkeln sehen, ohne an einem der beiden zu haften. Die Weisheit von Avalokiteśvara ist der Mittlere Weg, der beide Seiten einschließt. Das ist aber nicht etwas zwischen dieser Seite und jener. Auf dem Mittleren Pfad sehen wir die Wirklichkeit von beiden Seiten, der relativen und der absoluten. Wir verneinen und bejahen gleichzeitig beide Seiten. Das Denken loszulassen bedeutet, frei zu werden von beiden Perspektiven und einfach in der Mitte, das heißt, in der Wirklichkeit zu sein.

Dōgen-Zenji zufolge ist das Sitzen in der Zazen-Haltung und das Loslassen des Denkens selbst Buddhas Weisheit, *prajñā*. *Prajñā* ist also kein besonderer Geisteszustand oder eine besondere Art zu denken. Um den Mittleren Weg auszudrücken, umschreibt Dōgen-Zenji das *Herzsūtra* im *Shōbōgenzō Makahannya haramitsu*. Er sagt: «Form ist Leerheit, Leerheit ist Form. Form ist Form, Leerheit ist Leerheit.» Wenn er sagt: «Form ist Leerheit», gibt es noch eine Trennung zwischen Form und Leerheit, zwischen relativ und absolut. Wenn wir den mittleren Pfad wirklich erkennen, brauchen wir weder «Form ist Leerheit» noch «Leerheit ist Form». Wenn wir Form sehen, ist die Leerheit schon da. Wir brauchen nicht zu sagen: «Form und Leerheit sind das Gleiche.» Wenn wir das so ausdrücken, vergleichen wir immer noch Form und Leerheit und denken uns diese zwei als eins. Dies ist aber immer noch eine relative Art und Weise zu denken. Also sagt Dōgen-Zenji: «Form ist Form und Leerheit ist Leerheit.» Das ist unsere auf der Mahāyāna-Philosophie beruhende Zazen-Praxis.

Uns Praktizierenden genügt es aber nicht, diese Philosophie einfach nur zu verstehen. Wir müssen dieses Verständnis in unsere täglichen Handlungen einbringen. Wir erkennen, dass wir nichts ausschließlich auf uns selbst gestellt tun können. Wir können nicht für uns allein leben; wir leben stets mit anderen Menschen und anderen Wesen. Um mit anderen Leuten und Wesen zusammen zu arbeiten und zusammen zu leben, müssen wir uns selbst verneinen. Wir müssen diese Person negieren, um zu erkennen, was andere Menschen tun oder denken. Das bedeutet, dass wir die fünf *skandhas* negieren und *śūnyatā* sehen, wie sie ist. Wenn wir mit unserer Umgebung interagieren, müssen wir die Dinge, die in uns passieren, durch unser Leben zum Ausdruck bringen. Wir müssen etwas tun. Wir müssen auf Situationen reagieren und eine Wahl treffen. Wie Dōgen-Zenji im *Shōbōgenzō Genjōkōan* sagt: «Den Buddha-Weg ergründen heißt sich selbst ergründen. Sich selbst ergründen heißt sich selbst vergessen.» Sich selbst zu vergessen bedeutet, sich selbst zu verneinen. Durch diese Verneinung sehen wir andere deutlicher. Wenn wir unsere Ichbezogenheit, unseren persönlichen Standpunkt verneinen, können wir die Dinge objektiver sehen. Wir können die Gegebenheit als Teil unser selbst sehen, und gleichzeitig sehen wir uns selbst als Teil der Gegebenheit. Wir können wählen, was genau jetzt zu tun ist, genau hier, von uns als dieser Mensch, der ein Teil des Ganzen ist. Das ist die Art und Weise, wie wir einer Gegebenheit gegenüber verantwortlich handeln können.

Diese Haltung betrifft mehr als unser tägliches Leben. Dōgen-Zenji sagt im *Shōbōgenzō Shōji* («Leben und Tod»): «Ein Mensch, der sich von Leben und Tod befreien will, sollte daher unbedingt Klarheit über ihren Sinn erlangen.» Wir sehen unser Leben und unseren Tod von beiden Seiten und erkennen die Wirklichkeit als den Mittleren Weg. Unser Körper und Geist ist nur eine Ansammlung von fünf *skandhas*, die leer sind und eines Tages verschwinden werden. Früher oder später werden wir sterben. Die fünf *skandhas* zu verneinen heißt, die Leerheit, die Ichlosigkeit und Vergänglichkeit zu sehen. Wenn wir jedoch nur auf diese Weise hinschauen, könnten wir nihilistisch, pessimistisch oder verantwortungslos werden. Wir würden nicht mit einem mitfühlenden Herzen leben. Wir könnten überlegen, warum wir uns überhaupt um etwas bemühen sollten, wenn früher oder später sowieso alles verschwindet. Das nennt man die Leerheit-Krankheit.

An dieser Stelle müssen wir zur relativen Wahrheit zurückkehren. Obwohl wir leer sind und früher oder später verschwinden, leben wir als Wirklichkeit genau hier und genau jetzt. Wir existieren genau jetzt als eine vorübergehende Ansammlung von fünf *skan-*

dhas. Wir entscheiden uns dafür, Verantwortung für dieses Leben genau in diesem Moment zu übernehmen. Wir brauchen eine bestimmte Art und Weise zu leben. Wir brauchen eine Richtung, der wir folgen. Das ist ein bedeutender Punkt unserer Praxis. Wir sehen die Wirklichkeit, den mittleren Pfad, von beiden Seiten und werden frei vom Haften an einer der beiden. Deshalb sagt Dōgen-Zenji im *Shōbōgenzō Shōji*:

> Wenn wir von Leben sprechen, existiert nichts anderes als Leben; wenn wir vom Tod sprechen, existiert nichts anderes als Tod. Deshalb ist es so, dass wir nur dem Leben begegnen, wenn das Leben kommt. Wenn der Tod kommt, begegnen wir nur dem Tod. Wir sollten ihnen nicht zu Diensten sein, noch sie herbeisehnen. Dieses gegenwärtige Leben-und-Sterben ist das LEBEN Buddhas. Wenn wir es ablehnen und loswerden wollen, würden wir das LEBEN Buddhas verlieren. Wenn wir uns wünschten, [in Leben-und-Sterben] zu verbleiben und uns daran klammern, würden wir das LEBEN Buddhas auch verlieren.[80]

Das ist fast unmöglich für einen gewöhnlichen Menschen. Aber das ist der Pfad, den der Buddha (oder Avalokiteśvara) erkannte und uns aufzeigte. Es ist schon sehr schwer, vom Haften am Ich frei zu werden. Frei zu werden von der Leerheit ist sogar noch schwerer. Aber dieser Lebensweise zu folgen, ist genau unsere Richtung als buddhistisch Praktizierende. Das ist unser Gelübde. Irgendwie kann ich nicht anders, als dieser Lebensweise zu folgen. Es ist meine Praxis. Und wenn ich einen anderen Menschen sehe, der so lebt, fühle ich mich ermutigt. Wenn auch nur eine Person durch meine Praxis inspiriert oder ermutigt wird, bin ich wirklich glücklich.

Leerheit in der Theorie

Der dritte Abschnitt des *Herzsūtras* lautet:

> O Śāriputra, Leerheit ist das Merkmal aller *dharmas*;
> sie erscheinen nicht, noch verschwinden sie,
> sind weder befleckt noch rein,
> nehmen weder zu noch ab.

Zuerst werde ich die philosophischen Aspekte dieses Satzes erörtern und dann ihre praktische Bedeutung. Dieser Satz ist sehr wichtig für den Mahāyāna-Buddhismus. Wenn wir ihn oberflächlich lesen, könnten wir denken, es gebe etwas, was weder erscheint noch verschwindet, weder befleckt ist noch rein und weder abnimmt noch zunimmt. Wir könnten denken, dieser Satz beziehe sich auf etwas, was jenseits der Erscheinungsformen existiert, die wir sehen. Wir könnten denken, Sinn und Zweck unserer Praxis sei es, dieses Etwas jenseits der Erscheinungsformen wahrzunehmen. Aber das ist nicht Buddhismus. Es gibt nichts jenseits dieser Welt der sichtbaren Formen, in der die Dinge sich ständig verändern, erscheinen und verschwinden. Es gibt nichts, was niemals erscheint oder verschwindet. Das ist die Lehre Buddhas.

Was bedeutet das? Um diese Zeilen zu verstehen, halte ich es für sinnvoll, Nāgārjunas Widmungsvers im *Mūlamadhyamakakārikā* näher anzuschauen. Hier führt er die Philosophie der Leerheit aus und verfeinert sie. Ganz am Anfang dieses Textstückes schrieb er:

> Ich erweise meine Ehrerbietung dem Vollständig Erwachten,
> dem höchsten Lehrer, der die Lehre
> des bedingten Entstehens gelehrt hat,
> des glückseligen Beendens aller Gedankenkonstruktionen dieser Erscheinungswelt.
> (Alles in ihr ist gekennzeichnet durch)
> Nicht-Entstehen, Nicht-Auslöschung,
> Nicht-Zerstörung, Nicht-Dauerhaftigkeit,
> Nicht-Übereinstimmung, Nicht-Unterscheidung,
> Nicht-Kommen (in das Sein), Nicht-Gehen (aus dem Sein).[81]

Der Vollständig Erwachte, der höchste Lehrer, ist Śākyamuni Buddha. «Buddha» bedeutet wörtlich «Erwachter». Wie wir gesehen haben, ist bedingter Ursprung das gleiche wie wechselwirkend abhängiges Entstehen. Es bedeutet, dass nichts unabhängig existiert, sondern nur in Verbundenheit mit anderen Dingen, Ursachen und Wirkungen. Nichts hat Eigensubstanz, Eigenwesen oder ein unabhängiges Sein. Alles ist vergänglich, ichlos und verändert sich ständig. Diese Lehrinhalte Buddhas sind im frühen Buddhismus und im Mahāyāna-Buddhismus gleich.

«Gedankenkonstruktionen» bedeutet nutzloses Diskutieren oder Streiten über metaphysische Philosophie, den Sinn des Lebens oder dieser Welt. Die Lehre des bedingten Entstehens macht Nāgārjuna zufolge Schluss mit allen müßigen Streitereien. «Nicht-Entstehen» hat die gleiche Bedeutung wie «nicht erscheinen» (*fushō*). «Nicht-Auslöschung» ist das gleiche wie «nicht verschwinden» oder, für menschliche Wesen, Geburt und Tod. Nichts kann zerstört werden und nichts ist von Dauer. Nāgārjuna zählt fünf Paare von Dichotomien auf: Geburt und Tod, eins und viele, Übereinstimmung und Unterscheidung, Kommen und Gehen, Illusion und Erleuchtung. Wir könnten jedwede Dichotomie hinzufügen, und Nāgārjuna würde ein «Nicht» davorsetzen.

Das ist so, weil wir immer nur an eine Seite der Dinge denken können. Wenn wir über etwas nachdenken, nehmen wir eine Sichtweise ein. Wir bilden uns eine Meinung. Wir denken: «Das existiert» oder: «Das existiert nicht». Wir denken vielleicht: «Ich bin verblendet» oder: «Ich bin erleuchtet» oder: «Es muss etwas Ewiges geben» oder: «Es gibt nichts Ewiges.» Das sind Meinungen. Um auf unsere Art zu denken, müssen wir uns auf eine Seite begeben. Wir können innerhalb der Gesellschaft nicht ohne einen Standpunkt funktionieren. Wenn wir gleichzeitig verschiedene Standpunkte vertreten, werden wir für widersprüchlich und nicht vertrauenswürdig gehalten. Aber Nāgārjuna zufolge sind dies alles Gedankenkonstruktionen innerhalb der Erscheinungswelt, müßiges, bedeutungsloses Herumargumentieren. Egal, auf welche Seite man sich schlägt, es ist immer nur eine Hälfte der Wirklichkeit. Aber die Wirklichkeit existiert, bevor eine Sichtweise vertreten wird.

Laut Nāgārjuna erscheinen oder verschwinden die Dinge nicht, sind weder befleckt noch rein, nehmen nicht zu und nicht ab. Das bedeutet, dass wir nicht denken sollten, dass die Dinge zu einer gewissen Zeit in der Vergangenheit erscheinen, in diesem Moment bleiben und dann irgendwann in der Zukunft verschwinden. Zum Beispiel: Ich wurde am 22. Juni 1948 geboren. Vor diesem Tag existierte ich nicht. An diesem Tag begann ich zu existieren. Ich werde für einen gewissen Zeitraum existieren und dann verschwinden. Das ist eine sehr gebräuchliche Art und Weise sich auszudrücken und auf der Ebene des begrifflichen Denkens nicht falsch. Aber in

Wirklichkeit, wenn wir dieses Wesen näher betrachten, gibt es eigentlich nichts, was man Shōhaku nennen könnte. Ich bin nicht mehr als eine Ansammlung von fünf *skandhas*, von verschiedenen Elementen.

Dieser Körper und Geist ist wie ein Wasserfall. Ein Fluss fließt über einen Ort, an dem es einen Höhenunterschied gibt, und es formt sich ein Wasserfall. Eigentlich gibt es so etwas wie einen Wasserfall nicht, sondern nur ein kontinuierliches Strömen von Wasser. Ein Wasserfall ist keine Sache an sich, sondern eher eine Bezeichnung für einen stattfindenden Prozess. Dieser Körper und Geist ist wie ein Wasserfall. Wir können nicht klar abgrenzen, wo der Wasserfall beginnt und endet, weil es sich um ein fortlaufendes Geschehen handelt. Da es kein «Ich» gibt, keine Substanz, die Shōhaku Okumura genannt wird, kann ich auch nicht sagen, «ich» würde verschwinden. Darin liegt die Bedeutung von «nicht erscheinen noch verschwinden». Es bezieht sich auf diesen Körper und Geist und alle Wesen. Es handelt nicht von geheimnisvollen Wesen jenseits der Erscheinungswelt. Es ist die sehr klare, normale Wirklichkeit, und doch können wir sie nicht definieren, weshalb sie seltsam und wundersam wirkt. Wir sehen, wie die Dinge in jedem Moment stattfinden, und doch können wir sie nicht ergreifen. Das ist die Bedeutung des «wundersamen Dharmas». Wir können ihn nicht ergreifen, und doch ist er nicht geheimnisvoll. Er ist die gewöhnlichen Angelegenheiten, die jeden Tag stattfinden: Dies ist ein Buch, dies ist ein Schreibtisch, dies ist mein Gewand und dies ist Shōhaku Okumura – wie die Definitionen in einem Wörterbuch. Wir denken, diese Dinge existierten auf eine feststehende Art und Weise, weil sie in einem Wörterbuch stehen, aber das ist nicht wahr.

In einem anderen Teil des *Mūlamadhyamakakārikā* sagt Nāgārjuna: «Menschen von niederer Intelligenz [d.h., geringerer Einsicht], die nur die Existenz oder Nichtexistenz von Dingen sehen, können die wundervolle Stille der Dinge nicht wahrnehmen.»[82] Mit «Menschen von niederer Intelligenz» meint er Menschen, denen es an Weisheit mangelt. Existenz und Nichtexistenz ist die gleiche Art von Dichotomie, auf die er sich im Widmungsvers und im *Herzsūtra* bezieht. Das ist unsere gewöhnliche Art zu denken: gut oder schlecht, richtig oder falsch, reich oder arm. Aber wundervolle

Stille ist die Wirklichkeit aller Wesen, bevor sie durch unser begriffliches Denken bearbeitet wurde.

Piṅgala, ein im dritten oder frühen vierten Jahrhundert verstorbener indischer Gelehrter, schrieb einen Kommentar zum *Mūlamadhyamakakārikā*. Wir wissen nichts darüber, wer Piṅgala war, aber Kumārajīva übersetzte Nāgārjunas *Mūlamadhyamakakārikā* zusammen mit Piṅgalas Kommentar und gab ihm den Titel *Zhonglun* (jap. *Chūron*, «Abhandlung über die Mitte»). Dort sagt er: «Wenn Menschen den Weg noch nicht erlangt haben, erkennen sie die wahre Form aller Wesen nicht. Aufgrund der Ursachen und Wirkungen des Anhaftens an ihre eigenen begrenzten Sichtweisen verwickeln sie sich in mannigfache bedeutungslose Streitereien.»[83] Unsere Sichtweisen werden immer durch unsere eigenen Erfahrungen geformt und begrenzt, und wir hängen sehr an ihnen. Wenn wir zum Beispiel mit jemandem eine Erfahrung gemacht haben, die uns glauben lässt, diese Person sei nicht aufrichtig oder vertrauenswürdig, dann bilden wir ein Urteil und beschließen, dass dies kein guter Mensch sei. Wir klammern uns dann an diese Definition oder dieses Vorurteil. Wir bilden Vorurteile über Menschen, über Länder, über alles. Diese Klischeevorstellungen sind die Grundlage unserer gewöhnlichen Art und Weise, die Dinge zu sehen. Nāgārjuna war davon überzeugt davon, dass diese Gedankenkonstruktionen Teil der Erscheinungswelt und Ausgangspunkt für bedeutungsloses Herumargumentieren sind.

Piṅgala fährt fort: «Wenn sie etwas in Erscheinung treten sehen, nennen sie es ‹Wesen› und halten es für existierend. Wenn sie etwas verschwinden sehen, denken sie, es vergehe, und nennen es nichtexistierend.» Wenn wir einer Sache begegnen, bilden wir eine Sichtweise, eine Idee oder eine Vorstellung. Das ist unsere gewöhnliche Art und Weise zu leben. Es ist keine Frage von gut oder schlecht, sondern einfach die Art und Weise, wie wir sind. Daraus ergibt sich: «Wenn ein weiser Mensch etwas in Erscheinung treten sieht, löscht er seine Sichtweise von Nicht-Existieren. Wenn ein weiser Mensch etwas verschwinden sieht, löscht er seine Sichtweise von Existieren.» Wir entwickeln normalerweise eine Sichtweise, wenn wir eine Erfahrung machen. Aber Piṅgala sagt, dass, wenn eine weise Person jemandem begegnet oder mit etwas eine Erfahrung macht, sie ihre vorgefassten Sichtweisen löscht oder loslässt. So wird jede Begegnung zu einer Gelegenheit, unsere vorgefassten Ideen umzuwandeln und unsere Vorlieben und Vorstellungen beiseitezulassen. Jede Erfahrung wird zu einer Gelegenheit, eine neue, frische Welt zu sehen. Das ist ein wichtiger Punkt. Der Unterschied zwischen gewöhnlich und weise ist kein Unterschied in der Qualität der Intelligenz einer Person. Es ist ein Unterschied in der Haltung, mit der sie auf die Dinge ihres alltäglichen Lebens zugeht. Wir bilden Ideen, die zu feststehenden Grundlagen unserer Identität werden. Diese Identität, diese Art und Weise zu denken, dieses Wertesystem wird zu einer Einschränkung, und wir werden darin gefangen gehalten. Es ist schwierig, unsere Wahrnehmung wieder zu öffnen, weil sie sich sehr versteift und wir sehr stur und dickköpfig werden. Um eine weise Person zu sein, ist es diesem Kommentar zufolge notwendig, jedes Mal, wenn wir eine Erfahrung machen, unser vorgefertigtes Wertesystem zu verneinen, aufzubrechen und zu öffnen. Das ist nichts Geheimnisvolles, sondern ganz einfach und deutlich.

«Deshalb, obwohl ein weiser Mensch alle Wesen sehen kann, betrachtet er sie doch als Phantome oder Träume», sagt Piṅgala. Gewöhnliche Wesen und weise Menschen sehen die Dinge auf die gleiche Weise, aber ihre Haltung ihnen gegenüber ist unterschiedlich. Nichts ist feststehend. Niemand ist notwendigerweise ein schlechter Mensch (immer schlecht) oder ein guter Mensch (immer gut). Es gibt keine starre, unbewegliche Wesensart, weil wir uns ständig wandeln. So treffen wir gewissermaßen jedes Mal, wenn wir einen Menschen treffen, eine andere Person. Weil ich mich wandle und die andere Person sich auch wandelt, können wir jedes Treffen als ein frisches und neues genießen.

Ein wichtiger Ausdruck in der Teezeremonie, der den Geist des Miteinander-Teetrinkens übermittelt, lautet: «*Ichi go ichi e* – ein Zeitpunkt, ein Treffen.» Jedes Treffen, jede Begegnung findet nur ein Mal statt. Wir können uns nicht zwei Mal mit der gleichen Person treffen. Jedes Treffen, jeder Moment ist in seiner Einzigartigkeit sehr bedeutsam und kostbar. Dinge als Phantom oder Träume zu betrachten, heißt nicht, dass sie nicht wichtig seien. Gerade weil die Wirklichkeit wie ein Phantom oder ein Traum ist, müssen wir sie wertschätzen. Da sich alles wandelt, da nichts für immer besteht, ist dies die einzige Zeit, in der wir uns treffen können. Wir müssen jeden Moment auskosten.

Piṅgala sagt: «Ein weiser Mensch löscht sogar die Sichtweise des unbefleckten Weges.» Der «unbefleckte Weg» ist die Lehre Buddhas. Ein weiser Mensch löscht, verneint und übersteigt jedwede Sichtweise, jedwede Meinung und jedwedes Verständnis von Buddhas Lehre. Dieser Punkt ist ausschlaggebend für das Verständnis des nächsten Teils des *Herzsūtras*, der nahezu alles von Buddhas Lehre zu verneinen scheint. Zu verneinen bedeutet, sich selbst von jeder Sichtweise zu befreien, sogar der buddhistischen. Wenn wir Buddhas Lehre als eine Meinung oder Sichtweise auffassen, unterscheidet sie sich nicht von den vorgefassten Meinungen, die wir über andere Dinge hegen. Im Buddhismus heißt es, dass gewöhnliche Menschen mit eisernen Ketten gefesselt seien. Wenn wir uns selbst von diesen Eisenketten befreien, sind wir immer noch durch die goldenen Ketten des Buddhismus gebunden. Wir sind immer noch nicht frei. Wir müssen sogar von der Lehre Buddhas frei werden, sogar von Erleuchtung. Das ist Buddhas Lehre.

Darum sagt Dōgen-Zenji, dass wir nicht nach Erleuchtung suchen sollen. Im *Fukanzazengi* («Allgemeine Richtlinien für Zazen») sagt er: Wenn wir sitzen, müssen wir sogar das Streben, ein Buddha zu werden, aufgeben. Das ist wichtig. Es geht nicht um Illusion oder Erleuchtung, sondern um die Haltung. Es geht darum, ob wir von unseren Begierden, Erwartungen und starren Ideen gefangen gehalten werden. Unser Zazen bedeutet, von diesen Dingen frei zu werden. Unsere Sichtweisen auszulöschen bedeutet, das Denken loszulassen.

Piṅgalas Schlussfolgerung ist: «Solange wir Buddhas friedlichen Dharma nicht sehen, indem wir alle Sichtweisen auslöschen, sehen wir Sein und Nicht-Sein.» Buddhas friedlicher Dharma ist die Wirklichkeit selbst, frei von allen Dichotomien. Diese Wirklichkeit ist höchstes, kostbares Glück. Für gewöhnlich sehen wir die Wirklichkeit selbst nicht, sondern nur unsere eigenproduzierten Vorstellungen: Dinge, die wir mögen oder nicht mögen, etwas Nützliches oder Unnützes, etwas Wünschenswertes oder Unerwünschtes. Wir zerlegen die Wirklichkeit in Kategorien, rennen Dingen hinterher, die wir begehren, und wollen jenen aus dem Weg gehen, die wir nicht mögen. Unser Leben wird eine Abfolge von Hinterherjagen und Entkommen. Das ist für gewöhnlich unsere Lebensweise. In dieser Art von Leben gibt es keine stabile Grundlage, keinen Frieden, weil wir immer einer Sache entkommen wollen oder einer anderen hinterherjagen. Es gibt keine Zeit, auszuruhen, einfach zur Ruhe zu kommen, einfach da zu sein. Das Denken beim Zazen loszulassen, für zehn Minuten, einen Tag oder fünf Tage, ist sehr kostbar. Der herrliche Dharma, die wahre Wirklichkeit, wird offenbar, wenn wir loslassen und von unseren starr-fixierten Vorstellungen frei werden. Wenn das *Prajñā-pāramitā-Sūtra* sagt, dass Dinge nicht erscheinen oder verschwinden, nichts befleckt oder rein ist, nichts zu- und nichts abnimmt, bezieht es sich nicht auf Dinge außerhalb von uns. Es bedeutet, dass, wenn wir von jeglicher dualistischen Sichtweise und dualistischen Beurteilung von Dingen Abstand nehmen, unsere Haltung gegenüber äußeren Dingen umgewandelt wird. Die Beziehung zwischen den Dingen in uns und unserer Wahrnehmung von der Welt verändert sich. Die wahrgenommenen äußeren Dinge hören auf, Objekte unserer Begierden und ich-zentrierten Sichtweisen zu sein. Wir werden von der gewohnheitsmäßigen Vorstellungsverknüpfung von Subjekt und Objekt befreit. Sodann beginnen die Dinge sich selbst zu offenbaren, so wie sie sind. Wenn sich unsere Haltung gegenüber jedem Ding in der Welt so verschiebt, wie Piṅgala es beschreibt, wird unsere Art zu leben umgewandelt. Das *Herzsūtra* besagt nicht, dass es etwas Geheimnisvolles gebe, das weder erscheine noch verschwinde, weder befleckt sei noch rein, weder zu- noch abnehme.

Mein Lehrer, Uchiyama-Rōshi, schrieb ein Gedicht über Leben und Tod, als er ungefähr 70 Jahre alt und sehr krank war. 50 Jahre lang hatte er Tuberkulose. Fast sein ganzes Leben über war er krank. Mehrmals im Jahr blutete er aus der Lunge. Er schaute dem Tod ins Antlitz. Er fühlte, dass dies seine Praxis war. Leben und Tod ins Angesicht zu schauen, ist die wichtigste Herausforderung für den buddhistisch Praktizierenden. Hier ist das Gedicht:

Der Samādhi des strahlenden Licht-Schatzes

Obwohl arm, niemals arm.
Obwohl krank, niemals krank.

Obwohl älter werdend, niemals älter werdend.
Obwohl sterbend, niemals sterbend.
Wirklichkeit vor jeder Teilung.
Hierin liegt unbegrenzte Tiefe.

«Strahlendes Licht» ist eine Metapher, ein Symbol für Buddhas Leben. Uchiyama-Rōshi war arm. Er arbeitete niemals, nur um Geld zu verdienen. Er stellt hier verschiedene Gegensätze, Leben und Tod, Armut und Reichtum, Krankheit und Gesundheit, der unbegrenzten Tiefe der Wirklichkeit vor jeglicher Teilung gegenüber. Unsere Praxis ist es, unser Verständnis und unsere Erfahrung zu vertiefen. Das ist es, was wir beim Zazen tun, indem wir das Denken loslassen. Unsere Praxis des Sitzens ist die Praxis von *prajñā-pāramitā*, die uns in den Stand versetzt, unsere Art zu leben tatsächlich zu verwandeln. Wenn unser Leben auf Dichotomien wie gut und schlecht beruht, jagen wir guten Dingen hinterher und rennen vor schlechten Dingen weg. Wir machen uns Sorgen, ob wir gut sind oder nicht. Wenn wir denken, wir seien gut, ist das Leben lebenswert. Wenn wir denken, wir seien schlecht, ist das Leben einfach nur ein Fehler. Dieses dualistische Denken macht unser Leben starr und eng.

Egal, welche Fehler wir machen, wir können neu beginnen, weil alles vergänglich ist. Wir können uns verändern. Wir können die Richtung unseres Lebens ändern. Das ist die Art und Weise, wie wir unser Leben umformen, unser Denken und unsere Sichtweisen. Dōgen-Zenji zufolge ist Sitzen in Zazen und Loslassen von allem der Schlüssel, um die Grundlage unseres Lebens in eine andere Richtung zu verschieben. Durch Sitzen und Loslassen werden wir frei, sogar von Buddhas Lehrgebäude. Wir sind nicht verblendet und wir sind nicht erleuchtet, wir praktizieren einfach nur. Das ist *shikantaza*, «einfach nur Sitzen». Wenn du dich unter bestimmten Umständen gut fühlst oder erleuchtet, und du klammerst dich an diese Erfahrung, bist du verblendet, und du stagnierst. Darum öffnen wir unsere Hände und praktizieren weiter. Einfach nur sitzen in kontinuierlicher Praxis. Es gibt niemanden, der verblendet oder erleuchtet ist. Sitzen selbst ist Erleuchtung. Darum sagt Dōgen-Zenji, dass wir den Bodhi-Geist erwecken müssen, Moment für Moment, Milliarden Mal.

O Śāriputra, Leerheit ist das Merkmal aller *dharmas*;
sie erscheinen nicht, noch verschwinden sie,
sind weder befleckt noch rein,
nehmen weder zu noch ab.

Dieser Abschnitt wurde weiter oben in Verbindung mit Nāgārjunas Aussagen im *Mūlamadhyamakakārikā* dargelegt. Er bezieht sich nicht auf etwas außerhalb von uns selbst, sondern eher auf die Art und Weise, wie wir die Dinge sehen, die Art und Weise, wie wir die Dinge unter Einsatz unseres Intellekts ergreifen. Nāgārjuna sagt, dass unsere gewöhnliche Art und Weise des Sehens und Denkens auf geistigen Ausformungen und Gedankenkonstruktionen basiere und umschreibt diese als «bedeutungsloses Herumargumentieren». Das ist ein wichtiger und schwer verständlicher Punkt in der Mahāyāna-Philosophie. Ich möchte das aus der Perspektive meiner eigenen Erfahrung erörtern.

Buddhistische Lehrer von Śākyamuni Buddha über Nāgārjuna bis zu Dōgen-Zenji sprechen von der Wirklichkeit unseres Lebens, der wahren Form aller Wesen. Das Problem ist, dass, wenn wir über diese Wirklichkeit nachdenken, wenn wir danach trachten, sie zu erfassen, wir sie verlieren. Wir leben innerhalb der Wirklichkeit. Wir sind niemals von ihr getrennt, und doch verlieren wir sie fast immer aus dem Blick. Um etwas zu erörtern, müssen wir einen speziellen Standpunkt einnehmen. Das ist das Problem.

Vor langer Zeit las ich ein Buch über Logik, das viele berühmte Paradoxien beinhaltete. Eine der interessantesten war eine Geschichte über einen König, der seine Diener anwies, keine Lügner in sein Königreich hineinzulassen. Er baute an der Grenze eine Schranke und der Wachmann fragte jeden, der in das Königreich einreisen wollte, ob er ein Lügner sei oder eine ehrliche Person. Da jeder in das Land hineinwollte, sagten alle, sie seien keine Lügner, bis auf einen, der zugab: «Ich bin ein Lügner.» Der Wächter wusste nicht, was er tun sollte. Wäre der Mann wirklich ein Lügner, dann wäre seine Erklärung wahr; er würde die Wahrheit sagen und wäre deshalb kein Lügner. Wäre er aber kein Lügner, wäre seine Aussage falsch, und das hieße, er wäre ein Lügner. Wie auch immer, es gab keine schlüssige Lösung. Unsere gewöhnliche Art zu denken stellt uns vor ähnliche Widersprüche. Sie stimmen nicht wirklich mit der Wirklichkeit überein, und so treffen wir oft schlechte Entscheidungen.

Diese Geschichte ist ein Beispiel für Leerheit. Bevor wir entscheiden, ob jemand ein Lügner ist oder ein ehrlicher Mensch, müssen wir diese Begriffe definieren. Ein Lügner ist natürlich jemand, der Lügen erzählt, und doch reicht das nicht aus. Ein Lügner ist jemand, der *immer* Lügen erzählt, und ein ehrlicher Mensch sagt *immer* die Wahrheit. Das ist die Basisdefinition eines Lügners und eines ehrlichen Menschen. Wenn wir diese Definitionen verwenden, sollten wir folgerichtig bleiben. Ein Lügner lügt immer. Wenn ein Lügner die Wahrheit sagt, trifft «Lügner» nicht zu. Aber in Wirklichkeit gibt es niemanden, der immer Lügen erzählt. Wir erzählen Lügen, um andere Menschen zu täuschen, aber wenn wir nur Lügen erzählen, können wir niemanden täuschen. Wenn jemand immerzu lügt, weiß ich, dass immer das Gegenteil dessen, was er sagt, wahr ist. Tatsächlich gibt es niemanden, der immer so ehrlich ist, dass er niemals lügt. Wenn wir denken, jemand sei recht sonderbar, sagen wir nicht: «Du bist sonderbar.» Wir sagen stattdessen vielleicht: «Du bist einzigartig.» Niemand spricht nur Lügen oder nur die Wahrheit.

In Wirklichkeit gibt es keine reinen Lügner und keine vollkommen ehrlichen Menschen. Ein Denken, das auf solchen Definitionen beruht, ist ein Beispiel für eine Gedankenkonstruktion oder «bedeutungsloses Herumargumentieren». Ein solches Denken geht an der Wirklichkeit vorbei, dass wir alle bis zu einem gewissen Grad lügen. Und doch gibt es einige wirklich ehrliche Menschen und es gibt einige Lügner. Als Buddhisten müssen wir danach streben, Lügen zu vermeiden, weil dies eines unserer Gebote ist. Wenn wir aber das Gebot des Nicht-Lügens strikt logisch auslegen, können wir keine Buddhisten sein. Wir können niemals vollständig Buddhas Gebot befolgen. Also müssen wir die Wirklichkeit tiefgründig erforschen. Das ist keine Frage reiner Logik, sondern unserer Haltung. Es geht um unsere Art zu leben, die Wahrheit Buddhas und die wahre Form menschlicher Wesen. Im Buddhismus basiert die wahre Form aller Wesen, die Wirklichkeit unseres Lebens, nicht auf simpler Logik. Die Weisheit, die Leerheit zu erkennen, bedeutet, beide Seiten zu sehen. Es gibt keine Lügner und keine ehrlichen Menschen, und doch vermeiden wir es, zu lügen. Es gibt zwei Seiten, und die Dinge von beiden aus zu betrachten, ist *prajñā*.

Unsere Gedanken, Werte und Einstellungen basieren auf unserer Arbeit, unserer Erziehung und unseren Erfahrungen. Wir brauchen irgendeinen Maßstab, um in einer Gesellschaft zu leben. Aber dieser Maßstab ist nicht absolut. Ich bin in Japan geboren und in der japanischen Gesellschaft aufgewachsen, darum kann ich nicht vollkommen frei sein von der japanischen Art und Weise zu denken und mich zu verhalten. Ich denke nicht, dass ich Amerikaner werden muss oder dass ihr Japaner werden solltet. Wir müssen verstehen, dass weder die amerikanische noch die japanische Art und Weise zu denken absolut richtig ist. Es gibt einen anderen Weg zu denken, zu handeln oder Dinge zu bewerten. Das ist der Weg des Loslassens des Denkens.

Das ist es, was wir während unseres Zazen tun. Wir werden flexibel. Wir müssen unsere Einschätzungen und Unterscheidungen loslassen, oder wir können nicht wirklich mit Menschen aus anderen Traditionen oder Kulturen in Kontakt treten. In der Vergangenheit waren die verschiedenen Kulturen stärker getrennt und begegneten einander nicht Tag für Tag. Aber die Welt heute ist dabei, zu einer einzigen Gesellschaft zu werden. Hier in den Vereinigten Staaten leben viele verschiedene Arten von Menschen zusammen. Wenn wir an unseren Maßstäben festhalten und die Art und Weise, wie andere Menschen handeln, von uns weisen, bekämpfen wir einander. Wir werden empfinden, dass wir diejenigen beseitigen müssten, die nicht mit uns übereinstimmen. Aber wenn wir unsere Art zu denken loslassen und ein kleines Bisschen frei werden von unseren eigenen Maßstäben, haben wir Raum dafür, andere Arten und Weisen des Denkens zu akzeptieren. Unser Leben wird offener und reicher.

Die Vereinigten Staaten sind das einzige Ausland, in dem ich bisher gelebt habe. Japan und Amerika sind besondere Länder für mich. Meine Vorstellungen über Amerika haben sich viele Male geändert. Ich wurde drei Jahre nach dem Zweiten Weltkrieg geboren. Meine erste Erinnerung an Amerika stammt aus der Zeit, als ich ungefähr vier oder fünf Jahre alt war und man mir sagte, dass meine

Familie ihr gesamtes Vermögen verloren habe, als die Amerikaner im März 1945 Ōsaka bombardierten. Meine Familie hatte seit mehr als dreihundert Jahren im Zentrum von Ōsaka gelebt und sie hatten einiges an Vermögen angesammelt. In einer Nacht verlor sie alles. Ich erinnere mich daran, dass das einzige, was wir nach der Bombardierung noch hatten, eine Buddhastatue war, für Laien sogar eine ziemlich große. Ich hörte, meine Familie habe auch einen Schrein für diese Statue gehabt. Ich habe ihn niemals gesehen, aber es muss ein geräumiges Gebäude gewesen sein. Ich wusste auch, dass mein Onkel während des Krieges getötet worden war. In meinem Geist erschufen diese Erinnerungen Zorn, Hass und Angst. In der Grundschule hörte ich, dass Japan sehr arm war und nur durch Hilfe aus Amerika überlebte. Amerika war ein sehr florierendes Land, während unseres sehr arm war. Amerika erschien wie das Paradies, und wir hofften, dem amerikanischen Weg zu folgen. Ich hatte damals zwei vollständig verschiedene, fast gegensätzliche Sichtweisen von Amerika. Amerika wurde etwas sehr Positives, etwas, was wir als ein Ideal an Demokratie, Wissenschaft, Technologie und materialistischer Konsumkultur studieren sollten.

Meine Generation studierte den amerikanischen Lebensstil, die Produktion und das Wertesystem. Japan wurde viel zu amerikanisch, fast amerikanischer als Amerika. Als ich während des Vietnamkriegs die Oberschule besuchte, stellten die japanischen Massenmedien Amerikas Imperialismus als den Feind der Menschheit dar. Das war eine weitere vollständig unterschiedliche Vorstellung. Als ich später Geschichte studierte, erfuhr ich, dass die japanische Armee während des zweiten Weltkriegs fürchterliche Dinge in China, Korea, Taiwan und anderen asiatischen Ländern getan hatte. Mein Verständnis vertiefte sich. Zorn, Hass und Angst wendeten sich zu einer Art von trauriger Niedergeschlagenheit bezüglich der Menschheit. Alle menschlichen Wesen haben die gleichen Probleme. Amerika, Japan, alle Nationen und alle Individuen haben das gleiche Potenzial, fürchterliche Dinge zu tun. Dinge von verschiedenen Standpunkten aus zu sehen, ist gut. Schließlich kam ich 1975 nach Amerika, um dort zu leben. Ich lebte ungefähr fünf Jahre in Massachusetts und machte Bekanntschaft mit der amerikanischen Lebensweise. Ich fand, dass es viele freundliche Leute gibt und einige nicht so freundliche, genau wie in Japan. Menschen lächeln, lachen, weinen und schreien auf die gleiche Weise in Japan und Amerika. Ich denke, es gibt da keinen großen Unterschied.

Um unser Verständnis zu vertiefen, müssen wir unsere Gedankengebäude negieren. Wenn wir unsere Überzeugungen und vorgefassten Meinungen ablegen, können wir die Dinge von anderen Standpunkten aus sehen, aus einem weiteren Blickwinkel. Wir sollten vermeiden, sie nur mit unseren bereits vorgefassten Meinungen und Vorurteilen zu erfassen. Wenn wir unsere Hände öffnen und die Dinge sorgfältig und genau wahrnehmen, dann können wir andere Perspektiven erkennen. Das ist «die Hand des Denkens öffnen». Das ist es, was wir beim Zazen tun.

Dieses Praktizieren des Loslassens des Denkens befähigt uns, Menschen und Dinge mit frischen Augen zu sehen. Gerade haben wir draußen viele Blüten. Wenn wir sie sehen, denken wir, dass sie schön sind. Aber wenn wir eine Blüte näher anschauen, ist sie mehr als schön, sie ist etwas wirklich Wunderbares. Warum ist diese Blüte so schön? Warum blüht sie so? Warum weiß ich diese Schönheit zu schätzen? Es entstehen Überraschungsmomente, wenn wir Dingen mit frischen Augen begegnen. Wenn wir die Blume anschauen, ohne zu denken: «Das ist schön» oder: «Wie wird diese Blume genannt?», dann begegnen wir erst wirklich der Blüte selbst. Wenn wir die Blüte ohne zu denken anschauen, entdecken wir, dass unser Leben, dieser Körper und Geist und das Leben der Blüte das gleiche Leben sind. Es gibt keine Trennung. Wir können sagen: «Ich blühe dort als eine Blüte.» Unsere Sichtweisen zum Erlöschen zu bringen, das Denken loszulassen oder unsere eigene Art und Weise des Denken zu verneinen, ist nicht negativ. Es macht unser Leben sehr lebendig und dynamisch. Aber kehren wir wieder zum Text zurück:

> O Śāriputra, Leerheit ist das Merkmal aller *dharmas*;
> sie erscheinen nicht, noch verschwinden sie,
> sind weder befleckt noch rein,
> nehmen weder zu noch ab.

Wenn wir dies nachlässig lesen, könnten wir denken, Dharma sei irgendwie jenseits von Erscheinen und Verschwinden, jenseits von Befleckung und Reinheit oder Zunahme und Abnahme. Wir könnten annehmen, es gebe etwas Formloses jenseits der Erscheinungsformen. Aber diese Worte sollte man nicht auf diese Weise verstehen. Dieser Buchständer zum Beispiel wurde in der Vergangenheit von jemandem aus Holzstücken angefertigt, und heute existiert er als Buchständer. Eines Tages wird er zerbrechen und verschwinden. Dies ist eine vorübergehende, provisorische, eine scheinbare Form. Wenn wir hören: «Da Leerheit das Kennzeichen aller *dharmas* ist, erscheinen oder verschwinden sie nicht», könnten wir uns vorstellen, es gebe «etwas» jenseits der Erscheinungsformen, in diesem Fall des Buchständers. Wir könnten glauben, dieses Etwas sei ein Numen, eine wirkende Kraft, die weder erscheint noch verschwindet, etwas, was von Dauer ist. Wir stellen uns vor, dass dieses Etwas jenseits von Form das wahre Wesen dieser provisorischen Erscheinungsform sei, und dieses wahre Wesen der Leerheit zu erkennen, Erleuchtung. Mit anderen Worten, wir denken, Leerheit sei getrennt von Form. Das ist aber nicht das, was im *Herzsūtra* gemeint ist. Leerheit ist einfach so, wie auch Form ist. Der Buchständer ist selbst Leerheit. Wir sollten Leerheit nicht jenseits dieses konkreten Buchständers suchen.

«Weder befleckt noch rein, nicht zunehmend noch abnehmend» sollte man in der gleichen Weise verstehen. Dieser Buchständer ist weder befleckt noch rein. Wir sollten uns nicht vorstellen, es gebe etwas, was weder befleckt noch rein ist, was jenseits dieses Buchständers existiert. Manche denken, Erleuchtung bedeute, etwas Formloses und Dauerhaftes jenseits konkreter Dinge, die Form besitzen und vergänglich sind, zu erkennen und mit diesem eins zu werden. Aber das *Herzsūtra* sagt: «Form ist Leerheit, Leerheit ist Form.» Wir sollten nicht jenseits der Form nach Leerheit suchen. Es gibt nichts jenseits von Erscheinungsformen. Die Erscheinungsformen selbst sind Leerheit.

Im *Genjōkōan* sagt Dōgen-Zenji: «Es ist Täuschung, wenn wir uns selbst antreiben, die zehntausend Dinge willentlich zu praktizieren und zu erfahren. Es ist Erwachen, wenn die zehntausend Dinge uns selbst auf natürliche Weise praktizieren und erfahren.»[84] Täuschung und Erleuchtung hängen ab von der Beziehung zwischen uns selbst und anderen Wesen. Wir können nicht behaupten, diese individuelle Person sei entweder erleuchtet oder verblendet, weil es niemanden gibt ohne Beziehung zu anderen. Die Einheit von Praxis und Erleuchtung ist keine geheimnisvolle Erfahrung. Sie ist so transparent und offensichtlich wie die alltägliche Wirklichkeit.

Weiter heißt es im *Genjōkōan*: «Wenn der Dharma den Körper und den Geist noch nicht ausfüllt, glauben wir, dass es schon genüge. Wenn der Körper und der Geist ganz vom Dharma erfüllt sind, empfinden wir, dass noch etwas fehle.»[85] Wenn wir nicht vollständig vom Dharma erfüllt sind, begreifen wir uns selbst als das Zentrum der Welt. Wir denken, dieses unser Selbst sei eine absolute Person, die die Dinge objektiv erkennen kann und versteht, wie sie sind. Diese Überzeugung besetzt einen Teil unseres Seins, also kann der Dharma diesen Körper und Geist nicht völlig durchdringen. Deshalb müssen wir uns selbst leer machen. Dann durchflutet der Dharma uns und beginnt den Dharma selbst zu füllen. Wenn der Dharma diesen Körper und Geist vollständig durchzogen hat, fühlen wir, dass etwas fehle. Unsere Art zu denken, unser Maßstab ist nicht vollständig oder absolut, sodass wir uns unzulänglich fühlen. Also suchen wir noch tiefer. Das ist *prajñā*: frei zu werden von unserem eigenen Maßstab und die Dinge aus einer weiteren und tieferen Perspektive zu sehen. Das ist die Weisheit, die die Leerheit erkennt. Es gibt nichts, woran wir uns halten könnten, nichts, was wir ergreifen könnten. Wir öffnen unsere Herzen.

Dōgen-Zenji verwendete eine Analogie: «Wenn wir zum Beispiel mit einem Boot weit aufs Meer hinausfahren, wo wir kein Land mehr sehen können, und dann in die vier Himmelsrichtungen blicken, dann erscheint uns das Meer einfach nur rund, ohne jede andere Form. Das Meer ist jedoch weder rund noch eckig. Es hat viele verschiedene Merkmale: Es ist [für Fische] wie ein Palast und [für Götter] wie eine Perlenkette. Aber so weit unser Auge reicht, erscheint uns das Meer nur rund. Wie mit dem Meer ist es mit den zehntausend Dingen. Diese Welt des Staubes und die [Buddha-] Welt sind unendlich vielfältig, aber wir erkennen und begreifen sie nur, soweit unser Auge des Studiums und der Praxis es ermöglicht. Wenn wir aber wissen möchten, wie die zehntausend Dinge in ihrem natürlichen Zustand sind, sollten wir bedenken, dass die Merkmale der Ozeane und der Berge zahllos und grenzenlos sind, unabhängig von ihrer runden oder eckigen Erscheinung. Außerdem gibt es Welten in den vier Himmelsrichtungen.»[86]

Der Ozean ist nicht bloß rund. Er hat viele weitere Kennzeichen und Aspekte. Im Buddhismus heißt es, dass die himmlischen Wesen Wasser als Juwelen sehen. Es gibt viele Arten und Weisen, ein und dieselbe Sache wahrzunehmen. Der Ozean ist nur ein Beispiel für die Myriaden an Dingen, denen wir in unserem Leben begegnen. Alle Menschen und Dinge existieren auf noch andere Weise, als wir sie sehen. Der Ausdruck, den Dōgen-Zenji verwendet, lautet *sangaku genriki*, «die durch die Praxis erlangte Kraft des Auges». Wir entwickeln durch die Praxis des Loslassens des Denkens die Fähigkeit, die Dinge deutlich, genau und tiefgründig zu sehen. Für Dōgen-Zenji bedeutet «Praxis» Zazen.

Das ist eine sehr konkrete Beschreibung von Leerheit in unserer Praxis. Laut Dōgen-Zenji ist unsere Zazen-Praxis die Ausübung von *prajñā*, die die Leerheit erkennt. Leer bedeutet nicht erfassbar. Wir öffnen unsere Hand und sehen die Dinge aus anderen Blickwinkeln, indem wir unsere persönlichen Maßstäbe loslassen. Die Mahāyāna-Buddhisten, die das *Prajñā-pāramitā-Sūtra* schrieben, betrachteten das *Herzsūtra* als ein Sūtra der Umwandlung des Ichs. Dies ist der Weg, uns selbst zu transformieren, unsere Lebensweise umzuwandeln, die uns in den Stand versetzt, flexibel zu sein und die Dinge ohne Anhaften zu sehen. Es ist keine bloße Innenschau oder Weisheit, sondern eine Praxis. Praxis in der Form von Zazen ist das Fundament unseres Lebens. Aber da wir nicht vierundzwanzig Stunden am Tag sitzen können, müssen wir lernen, auf welche Weise wir allen anderen Dingen in unserem täglichen Leben begegnen. Wir müssen uns selbst kennen lernen, unseren Körper und Geist. Wir müssen zusammen mit anderen praktizieren. Mit allen Wesen zusammen zu leben und zu praktizieren ist der Bodhisattva-Weg. Diese Praxis bereichert unser Leben.

Dòngshāns Nase

> Daher gibt es in der Leerheit keine Form, kein Fühlen, kein Wahrnehmen, kein Wollen, kein Bewusstsein,
> keine Augen, keine Ohren, keine Nase, keine Zunge, keinen Körper, kein Denken,

keine Farbe, keinen Ton, keinen Geruch, keinen Geschmack, keine Berührung, kein Gedachtes,
keinen Bereich der Augen, und so weiter bis zu keinen Bereich des Denkens.

Dies ist eines der beliebtesten Teile des *Herzsūtras*. Es besagt, dass es nichts gibt. Ich begann mein Buddhismusstudium in der Komazawa-Universität. Als Erstes mussten wir dort die Dharma-Aufzählungen auswendig lernen. Zum Beispiel gibt es fünf *skandhas*: Form, Empfindung, Wahrnehmung, Wollen und Bewusstsein (*shiki ju sō gyō shiki*). Dann die sechs Sinnesorgane – Augen, Ohren, Nase, Zunge, Körper und Geist. Das Auge erspürt Gestalt und Farbe; das Ohr hört Töne; die Nase riecht; die Zunge schmeckt; mit unserer Haut berühren wir. Jedes dieser sechs Sinnesorgane hat Sinnesobjekte, und diese zwei Zusammenstellungen von jeweils sechs werden die zwölf Sinnesfelder genannt.

Wenn Sinnesorgane mit Objekten zusammentreffen, passiert etwas innerhalb unseres Geistes. Diese Interaktionen werden die sechs Arten des Bewusstseins genannt, *roku shiki*. Das Sūtra verwendet das Wort «Bereich». Der Bereich der Augen zum Beispiel ist das Augen-Bewusstsein oder *genshiki*. Ich denke allerdings, «Bereich» ist hier kein gutes Wort. Das Sanskrit-Wort ist *dhātu*, das in diesem Fall «Element» bedeutet und nicht Bereich. Wenn das Auge mit Gestalt oder Farbe zusammentrifft, wird das Augen-Bewusstsein geweckt, aber anfänglich ohne eine Beurteilung. Es ist einfach eine Empfindung, die dann zur Wahrnehmung wird. Wollen oder Gestaltung ist ein prozesshaftes Erstellen von Definitionen, Gedankengebäuden und Beurteilungen, die schließlich zu Bewusstsein werden. Jedes Sinnesorgan und sein Objekt lässt ein korrespondierendes Bewusstsein aufkeimen. Diese werden die achtzehn *dhātus* genannt, die achtzehn Elemente unseres Lebens. Es gibt also fünf *skandhas*, zwölf Sinnesfelder und achtzehn *dhātus*.

Im nächsten Satz des *Herzsūtras* heißt es dann: «keine Unwissenheit und auch nicht deren Auslöschung, und so weiter bis zu kein Alter und Tod und auch nicht deren Auslöschung.» Dies sind die zwölf Verknüpfungen von Ursachen. «Unwissenheit» ist die erste Verbindung, «Alter und Tod» ist die zwölfte, und der Ausdruck «und so weiter bis» bedeutet einfach, dass alle dazwischenliegenden Verbindungen ebenso verneint werden. Als Nächstes: «kein Leiden, kein Entstehen, kein Beenden, keinen Pfad.» Das bezieht sich auf die Vier Edlen Wahrheiten.

Diese Dharma-Aufzählungen waren die ersten Dinge, die ich lernte, als ich mit neunzehn Jahren die buddhistischen Lehren zu studieren begann. Aber das *Herzsūtra* schien allem zu widersprechen, was ich gelernt hatte. Dort hieß es, so etwas gebe es gar nicht. Ich war überrascht und verwirrt. Was sollte das bedeuten? Wenn die Menschen, die das *Herzsūtra* verfasst hatten, die Lehre Buddhas verneinen wollten, hätten sie sagen sollen, dass sie keine Buddhisten seien. Aber sie beriefen sich darauf, wahre Buddhisten zu sein. Jetzt weiß ich, dass dies eine kindische Meinung war. Wenn ihr die Geschichte des Buddhismus studiert, besonders des Mahāyāna, seht ihr, dass dies wirklich die Lehre Buddhas ist. Aber mit neunzehn verstand ich das überhaupt nicht.

Später las ich die Biografie eines chinesischen Zen-Meisters namens Dòngshān Liángjiè (Tōzan Ryōkai). Dòngshān war der Gründer der Cáodòng-(Sōtō-)Schule in China. Hier ist ein Zitat aus dem *Denkōroku* («Die Niederschrift über die Weitergabe des Lichts») von Keizan Jōkin.

> In jungen Jahren las [Dòngshān] mit einem Lehrer das *Herzsūtra*. Als er die Stelle erreichte, wo es heißt: «Es gibt kein Auge, kein Ohr, keine Nase, keine Zunge, keinen Körper oder Geist», befühlte er plötzlich mit der Hand sein Gesicht und fragte seinen Lehrer: «Ich habe Augen, Ohren, Nase, Zunge und den Rest. Warum sagt die Schrift, sie würden nicht existieren?»[87]

Das war Dòngshāns ursprüngliche Frage. In seiner Biografie ist zu lesen, dass Dòngshāns erster Lehrer sehr verblüfft über diese Frage war und sofort erkannte, dass Dòngshān ein ungewöhnlicher Mensch war. Der Lehrer erkannte, dass er nicht der Lehrer dieses Jungen sein konnte und schickte ihn zu einem besseren Meister. Ich war glücklich zu erfahren, dass Dòngshān die gleiche Frage hatte wie ich. Es ist wahr, dass wir Nase, Augen und so weiter haben. Warum sagt das *Herzsūtra*, dass wir so etwas nicht haben? Das ist eine sehr einfache kindliche Frage, aber wenn ihr diesen Punkt nicht versteht, ist das *Herzsūtra* unverständlich.

Die längere Version des *Herzsūtras*, die ich weiter oben bereits vorgestellt habe, beginnt mit:

> Zu dieser Zeit praktizierte auch der heilige edle Herr Avalokita, der Bodhisattva, das große Wesen, die tiefgründige Vollkommenheit der Weisheit; er sah von hoch oben herab und er sah die fünf *skandhas*, und er erkannte, dass sie in ihrem ureigenen Sein leer sind.[88]

Also existieren die fünf *skandhas*. Avalokiteśvara sah sie. Aber er sah das Selbst, das Ich, nicht. Wir denken in unserem alltäglichen Leben: «Ich habe einen Körper und Geist.» Aber was ist dieses «Ich»? Wo ist dieses «Ich», das denkt, es sei der Besitzer und Lenker dieses Körpers und Geistes? Avalokiteśvara sah, dass es kein «Ich» gibt, nur die fünf *skandhas*. Wenn das *Herzsūtra* sagt, Avalokiteśvara sah nur die fünf *skandhas*, so bedeutet das, dass es kein «Ich», kein Selbst gibt. Nur der Körper und die Funktionen des Geistes existieren.

Das *Herzsūtra* sagt auch, dass Avalokiteśvara sah, dass die fünf *skandhas* leer sind. Um diese Feststellung zu verstehen, müssen wir etwas von der Geschichte des Buddhismus kennen. Drei- oder vierhundert Jahre vergingen zwischen Śākyamuni Buddhas Leben und den Anfängen des Mahāyāna. Während dieses Zeitraums studierten Mönche buddhistische Philosophie und schufen das System, das Abhidharma genannt wird. In der Abhidharma-Philosophie gibt es kein «Ich», nur die fünf *skandhas* und die anderen Bestandteile. Es gibt mehrere Wege, diese Bestandteile in Kategorien einzuteilen. Ein Weg gibt zwölf Sinnesfelder vor, ein anderer achtzehn *dhātus*. Das System der Abhidharma-Philosophie, das innerhalb der als Sarvāstivādin bekannten Schule etabliert wurde, kategorisiert den Dharma in fünfundsiebzig Bestandteile. Als Studierender des Buddhismus musste ich dieses System auswendig lernen. Es gibt ein weiteres System, Yogācāra genannt, das den Dharma in einhundert Bestandteile zergliedert. Ich versuchte, sie alle, samt ihrer Definitionen, auswendig zu lernen. Traditionsgemäß ist das die Art und Weise, wie wir buddhistische Philosophie in Japan studierten.

In der Abhidharma-Philosophie gibt es kein Ich und keine Substanz. Nur die *dharmas* oder Bestandteile existieren, und sie verändern sich niemals. Das Ich oder Selbst ist nur eine Ansammlung von Bestandteilen. Abhidharma-Philosophen waren davon überzeugt, dass die fünfundsiebzig *dharmas*, die nicht weiter unterteilt werden können, in der Vergangenheit existierten, in der Gegenwart existieren und in Zukunft existieren werden. Im *Herzsūtra*, im *Prajñā-pāramitā-Sūtra*, sagen Mahāyāna-Buddhisten, dass sogar diese Bestandteile leer sind. Die philosophische Konsequenz ist: Es gibt keine Augen, weil Augen leer sind. Die Objekte von Augen, wie Farbe und Gestalt, sind leer. Leer bedeutet, dass sie nicht erfasst werden können. Es gibt kein Selbst-Sein oder Selbst-Wesen, also können wir das Selbst nicht erfassen.

Wir denken zum Beispiel, da sei etwas vor unseren Augen, wenn wir ein Notebook sehen. Aber unsere Augen funktionieren eingeschränkt. Wir können Lichtwellen nur im Bereich zwischen Ultraviolett und Infrarot sehen. Das ist ein kleiner Teil des Gesamtspektrums, aber andere Tiere können einen breiteren Bereich sehen. Für sie sieht diese Welt völlig anders aus. Unsere Ohren können nur bestimmte Frequenzen hören; Hunde hören höhere. Was wir für Stille halten, kann für Hunde schon Lärm sein. Was wir sehen und hören, hängt wirklich von unseren Fähigkeiten ab. Wir glauben, dass das, was wir sehen, genau in der Weise existiere, wie wir es sehen, aber das ist eine Illusion.

Unser Bild von der Welt ist unsere Wirklichkeit, aber wir sollten verstehen, dass es ein verdrehtes Bild ist. Das bedeutet «Leerheit». Unser Geist ist Leerheit. Unsere Sinnesorgane sind Leerheit. Dinge außerhalb von uns sind ebenfalls Leerheit. Alles ist nur eine Illusion. Die Tatsache, dass wir mit der Illusion leben, ist unsere Wirklichkeit. Wenn wir das wirklich verstehen und erkennen, wie Illusion verursacht wird, können wir die Wirklichkeit durch die Illusion hindurch sehen. Was auch immer wir sehen, was auch immer wir mit unseren Sinnesorganen und unserem Bewusstsein erfassen, ist Illusion. Wenn wir das erkennen, sind wir befreit vom Haften an unserem eingeschränkten Blickwinkel, an dem, was wir haben, an dem, was wir meinen zu besitzen. Wir werden vielleicht nicht vollständig frei, aber wir werden weniger eingeschränkt durch unsere Begrenztheiten.

Beim Zazen sitzen wir in aufrechter Haltung und atmen ruhig, gleichmäßig und tief in unseren Unterleib. Wir lassen gehen, was immer auch in unserem Geist entsteht. Vor unseren Augen ist nichts als eine weiße Wand. Dieses Loslassen des Denkens bedeutet, frei zu werden von dem, was wir ergreifen, von den Objekten, an die wir uns klammern. Dieses Loslassen ist *prajñā* oder Weisheit. Es bedeutet, frei zu werden von unserem Weltbild, das durch unser Karma verursacht wird. Auf diese Weise wird unser Blickwinkel ein bisschen weiter und tiefer. Wir praktizieren beständig Zazen, sitzen, lassen das Denken los und sind bestrebt, die Dinge auf die flexibelste Weise zu sehen. Das bedeutet nicht, dass wir unsere Verblendungen ablegen. Wir können sie niemals ablegen; sie sind unser Leben. Aber solange es uns nicht gelingt, sie als illusorisch zu erkennen, und wir sie für real halten, können wir nicht frei sein. Erst wenn wir tatsächlich die Leerheit von Subjekt und Objekt erkennen, können wir frei sein von Ergreifen, Anhaften und Gier.

Dōgen-Zenji beschreibt Zazen als *shinjin datsuraku*, das Abfallenlassen von Körper und Geist. Dieser Ausdruck stammt ursprünglich von seinem Lehrer, Zen-Meister Rújìng (Nyojō), und Dōgen hielt das Gespräch über dieses Thema schriftlich fest. Rújìng erklärte, das «Abfallenlassen von Körper und Geist» bedeute, frei zu werden von den fünf Begierden, die durch die fünf Objekte (Augen, Ohren, Nase, Zunge, Körper) verursacht werden – den Geist erwähnte er dabei nicht.

Wenn die fünf Sinne einem Objekt begegnen, wird die Begierde erweckt, es zu ergreifen oder abzulehnen. Wir denken: «Ich will das haben», «ich mag das nicht» oder «es ist mir egal.» Dies alles sind Begierden, die durch ein Objekt verursacht werden, das mit den fünf Sinnen in Kontakt gekommen ist. Wir sind wie Kinder. Wir sehen etwas Gutes, etwas Anziehendes, und wir wollen es haben. Wir wollen es uns nehmen. Wenn ich mit meinen Kindern zum Supermarkt gehe, laufen sie zu den Spielzeugen und nehmen, was auch immer sie wollen, und legen es einfach in den Einkaufswagen. Wenn ich es wieder zurück ins Regal bringen will, schreien sie. Sie sind sehr aufrichtig.

Wir selbst sind nicht so aufrichtig. Wir tun so, als ob wir nicht an Dingen hängen, aber tief in unseren Herzen kleben wir an den

Dingen, denen wir begegnen. Wir sind immer noch Kinder. Wir kleben nicht an Spielzeugen, aber an Reichtum, Ansehen oder sehr subtilen Dingen in unserem Geist. Wir wollen diese Dinge bekommen. Sawaki-Rōshi nannte dieses Nach-etwas-Greifen unsere Dieb-Natur. Wir haben zwar auch eine Buddha-Natur, aber alle menschlichen Wesen haben sowohl Buddha- als auch Dieb-Natur. Abhängig von unseren Handlungen werden wir ein Dieb oder ein Buddha. Wenn wir das Denken loslassen und frei werden von den fünf Begierden, sind wir Buddhas.

Wir müssen die Leerheit unser selbst als Subjekt erkennen, der Dinge außerhalb von uns, ebenso unserer Sinnesorgane, unseres Geistes und der irrigen Vorstellungen oder Begierden, die durch das Zusammentreffen von Sinnesorganen und Objekten verursacht werden. Wenn wir wirklich und wahrhaftig die Leerheit all dessen sehen, werden wir frei von den fünf Begierden. Wir werden die Täuschungen und Illusionen nicht los, aber wir verstehen, dass Illusion Illusion ist und Verblendung Verblendung. Wir erkennen, dass wir nicht alle unsere Begierden befriedigen müssen.

Selbst wenn wir unbefriedigt sind, ist das in Ordnung. Lasst es einfach los. Wir können dennoch leben. Wir müssen nicht alle unsere Begierden befriedigen. Wir denken, wir seien glücklich, wenn alle unsere Begierden befriedigt sind, aber wenn nicht, können wir immer noch glücklich sein, wenn wir das Einssein mit anderen Menschen und anderen Wesen spüren. Anderer Menschen Glück wird dann zu meinem eigenen Glück, anderer Menschen Freude meine Freude, anderer Menschen Traurigkeit meine Traurigkeit. Zusammen können wir ein Vereintsein spüren, das auf Japanisch *hōraku*, Freude oder Entzücken im Dharma genannt wird. Das ist aber nicht jenes angenehme Gefühl, das durch die Erfüllung unserer individuellen Begierden ausgelöst wird.

Der Dharma umfasst die Wirklichkeit, dass wir mit allen Wesen zusammenleben. Wir sind alle miteinander verbunden, sodass es nichts zu gewinnen und nichts zu verlieren gibt. Alles kommt und geht in einem natürlichen Kreislauf. Aber die Menschen errichten Zäune und Mauern zwischen sich. Wir rechnen aus, wie viel wir gewinnen und wie viel wir verlieren. Wenn die Einnahmen höher sind als die Ausgaben, fühlen wir uns glücklich. Das ist etwas Erdachtes, aber in der menschlichen Gesellschaft funktioniert es. Wir müssen diese Regeln nicht brechen oder gar zerstören. Sie sind in Ordnung. In der menschlichen Gesellschaft sollte jeder Mensch unabhängig sein. Aber in Wirklichkeit sind alle Wesen wechselwirkend voneinander abhängig. Unser Leben hat zwei Schichten.

Wir sehen für gewöhnlich nur die Oberfläche, wo wir unabhängig zu sein scheinen. Wir führen Buch über unsere Einnahmen und Ausgaben. Das ist völlig in Ordnung. Aber wenn wir ausschließlich auf dieser Ebene agieren, ist unser Leben nicht mehr als eine Rechenaufgabe darüber, wie viel wir uns aneignen, wie viel wir verlieren und ob wir mehr oder weniger haben als andere. Auf einer tieferen Ebene jedoch leben wir alle zusammen. Da gibt es keine Mauern, die uns von anderen Wesen trennen. Wir erkennen die Leerheit ohne Trennung. Mauern sind eine nützliche Illusion innerhalb der menschlichen Gesellschaft, also sollten wir sie nicht negieren oder zerstören. Aber wir sollten sehen, dass diese Abgrenzungen nur eine nützliche Erfindung sind, ein Mittel, um mit anderen Menschen gut auszukommen. Ich denke, das ist eine praktische Definition des Erkennens von Leerheit.

Dōgen-Zenji zitiert in seinem Kommentar zum *Herzsūtra* (*Shōbōgenzō Makahannya haramitsu*) das Gedicht seines Lehrers Rújìng über eine Windglocke in einem Tempel. Ich habe es bereits in Kapitel 5 zitiert, aber hier ist es noch einmal:

> Der gesamte Körper ist wie ein Mund, der im leeren Raum hängt.
> Die Winde von Ost, West, Süd und Nord nicht befragend,
> mit allen von ihnen in gleicher Weise von *prajñā* kündend:
> Ding-dong-e-ling ding-dong.[89]

Dieser ganze Körper der Windglocke sind wir selber. Die Winde kommen aus allen Richtungen und die Windglocke trifft keine Unterscheidung zwischen ihnen. Es gibt viele Arten von Winden. Der Frühling bringt laue Lüfte. Im Winter bläst ein kalter Nordwind. Im Sommer ist der Wind heiß. Wind hat in jeder Situation, in jeder Jahreszeit eine andere Qualität. Alle möglichen Arten von Wind erreichen die Windglocke, und doch trifft die Glocke keine Unterscheidung. Sie verweilt «mit allen von ihnen in gleicher Weise, von *prajñā* kündend». Die Windglocke drückt die *prajñā*, die Weisheit aus, die die Wirklichkeit unseres Lebens sieht. Die leere Windglocke hängt in der Leerheit. Wenn Wind aufkommt, erzeugt sie einen Klang, der *prajñā* ist. Die letzte Zeile des Gedichts, «Ding-dong-a-ling ding-dong», ist der Klang der Glocke. Das ist unsere Zazen-Praxis. Wir sind leer, aber wenn wir mit anderen zusammentreffen, erzeugen wir einen Klang, der *prajñā* ist. Zusammen mit allen Wesen drücken wir *prajñā* aus. Dieses Gedicht ist ein Ausdruck der Wirklichkeit unseres Zazen und unseres Lebens.

Nicht-Buddhismus

> … keine Unwissenheit und auch nicht deren Auslöschung, und so weiter bis zu kein Alter und Tod und auch nicht deren Auslöschung, kein Leiden, kein Entstehen, kein Beenden, keinen Pfad.

Wie wir oben bereits gesehen haben, beziehen sich diese Zeilen auf die zwölf Verbindungen des abhängigen Entstehens, die Vier Edlen Wahrheiten und den Achtfachen Edlen Pfad. Abhängiges Entstehen ist eine der grundlegenden Lehren Buddhas. Man kann sie so ausdrücken:

> Alle Dinge entstehen aus einer Ursache.
> Der, der die Wahrheit verwirklicht hat, hat die Ursache erklärt,
> und auch, wie sie aufhört zu sein:
> Das ist es, was der große Samana gelehrt hat.[90]

Die zwölf Verknüpfungen des abhängigen Entstehens sind die letzte und vollständige Form der Lehre vom abhängigen Entstehen. Diese Unterweisung bezieht sich nicht auf objektive Wesen in der sichtbaren Welt um uns herum, sondern vielmehr auf die Ursachen und das Auslöschen des Leidens in unserem Leben. Im frühen Buddhismus wird es abhängiges Entstehen genannt, aber im Mahāyāna-Buddhismus nach Nāgārjuna nennt man es wechselseitig abhängiges Entstehen. Das hat einen Grund. In den Lehren des frühen Buddhismus fließen Ursache und Ergebnis nur in eine Richtung. Unwissenheit ist die Ursache von Handlung, Handlung ist die Ursache von Bewusstsein und Geburt ist die Ursache von Alter und Tod. Alter und Tod hängen von Geburt ab, aber Geburt hängt nicht von

Alter und Tod ab. In Nāgārjunas und anderen Mahāyāna-Lehren ist jedoch alles wechselwirkend voneinander abhängig.

Diese Lehre bezieht sich nicht auf die objektiven Dinge in der Erscheinungswelt um uns herum, sondern vielmehr auf die Ursachen des Leidens in unserem Leben und ihre Auslöschung. Im *Herzsūtra* werden nur die erste Ursache (Unwissenheit) und die letzte Bedingung (Alter und Tod) erwähnt. Auf die anderen zehn Ursachen und Bedingungen wird mit den Worten «und so fort bis» Bezug genommen, wie wir bereits gesehen haben. Der Satzteil «keine Unwissenheit und auch nicht deren Auslöschung, und so weiter bis zu kein Alter und Tod» ist deshalb eine Negation aller zwölf Ursachen und Bedingungen. Sie werden in einer Anordnung aufgelistet, die parallel zum Durchwandern von Saṃsāra verläuft. Das Sūtra verneint auch die Auslöschung aller zwölf Ursachen von Unwissenheit bis Alter und Tod, ein Fortschreiten, das parallel zu einer Bewegung hin zu Nirvāṇa verläuft. In diesem einen Satz, «Kein Leiden, kein Entstehen, kein Beenden, kein Pfad», verneint das *Herzsūtra* sowohl die Ursachen und Bedingungen von Saṃsāra als auch von Nirvāṇa!

Das *Herzsūtra* scheint somit den innersten Kern der Lehre Buddhas zu verneinen. Diese Negation des Buddhismus weist über den Buddhismus hinaus. Mit anderen Worten, ein Buddhismus, der den Buddhismus verneint, ist immer noch Buddhismus. Das *Herzsūtra* sagt, dass wir, um die Lehre Buddhas wirklich zu leben, sie verneinen müssen. Ein wahrer Schüler des Buddha muss über das Studium seiner Lehren hinausgehen, so wie es in den Schriften niedergelegt ist. Wenn wir Buddhas Wahrheit in unserem Leben unmittelbar erkennen und erfahren, sind seine Lehren und die Schriften irrelevant. Die Wahrheit wird eine lebendige Wirklichkeit. Mit unseren eigenen Augen durch unsere Praxis die Wirklichkeit unseres Leben zu sehen, ist die Weisheit, die die Leerheit sieht. Das ist die Weisheit, die *prajñā* genannt wird. Deshalb wird *prajñā* die Mutter der Buddhas genannt.

Was lehrte der Buddha mit den zwölf Verknüpfungen des abhängigen Entstehens und den Vier Edlen Wahrheiten? Warum verneint das *Herzsūtra* sie alle? Beginnen wir mit den Vier Edlen Wahrheiten. Die erste: Alles in Saṃsāra leidet. Es gibt acht Arten des Leidens (skt. *duḥkha*). Die ersten vier sind Geburt, Altern, Krankheit und Tod. Die fünfte ist das Leiden, das wir empfinden, wenn wir jemanden treffen, den wir nicht mögen. Die sechste, was wir empfinden, wenn wir von Menschen getrennt sind, die wir mögen. Die siebente, wenn wir nicht bekommen, was wir wollen. All diese brauchen keine Erklärung, weil wir alle sie in unserem täglichen Leben oft erfahren. Die letzte Art von Leiden ist das Ergebnis der Tatsache, dass unser Leben als eine Ansammlung der fünf *skandhas* selbst Leiden ist. Diese ist anders als die gewöhnlichen Arten des Leidens, die das Gegenteil von Vergnügen, Freude und Glück sind. Sie entsteht, weil wir die Welt niemals in Übereinstimmung mit unseren Begierden bringen können. Da sich alle Ursachen und Bedingungen unablässig verändern, verändert sich auch die Welt um uns herum, und diese andauernden Veränderungen in der Welt und in unserem Leben sind nicht dazu geeignet, unsere Begierden zu stillen. Wirklichkeit ist vergänglich und ichlos, aber wir sind blind dafür und ringen darum, unsere ichzentrierten Begierden zu befriedigen. Oft genug entwickelt sich die Wirklichkeit entgegen unseren Plänen. Ja, wir haben nicht einmal Kontrolle über unseren eigenen Körper und Geist. Und selbst wenn wir sehr glücklich und erfolgreich sind, sterben wir irgendwann und verlieren alles. Das ist die simple Wirklichkeit.

Die zweite Edle Wahrheit: die Ursache von Leiden ist Begierde oder «Durst» (skt. *tṛṣṇā*). Es ist, als ob wir durstig wären und nach Wasser suchen, ständig in dem Gefühl, dass irgendetwas fehle, und ständig versuchend, diese Leere zu füllen. Wir glauben, wir würden befriedigt sein, wenn wir nur das Richtige bekommen. Unablässig suchen wir nach den Dingen, die wir begehren, und rennen ihnen hinterher. Es gibt kein Ende unserer Begierden. Selbst wenn sie vorübergehend erfüllt sind, leiden wir, weil wir Angst haben zu verlieren, was wir haben. Die Lehre Buddhas ergibt so lange keinen Sinn, bis wir erkannt haben, dass diese unablässige Suche nach Befriedigung selbst Leiden ist. Wenn wir erkennen, dass ein Leben auf der Jagd nach etwas Besserem leer und bedeutungslos ist, beginnen wir, einen spirituellen Pfad zu suchen; wir beginnen zu praktizieren.

Für diejenigen, die diese Suche begonnen haben, lehrte der Buddha eine dritte Wahrheit – die Beendigung des Leidens. Wie können wir leben, ohne durch egozentrische Begierden herumgezerrt zu werden. Wie? Die vierte Wahrheit ist der Pfad, der zur Beendigung des Leidens, oder Nirvāṇa, führt. Er ist der Edle Achtfache Pfad und besteht aus rechter Sichtweise, rechtem Denken, rechter Rede, rechtem Handeln, rechter Lebensweise, rechtem Bemühen, rechter Achtsamkeit und rechter Meditation.

Die Lektionen der Vier Edlen Wahrheiten sind direkt und unverblümt. Wir verbringen unser Leben damit, die Leere auszufüllen, die wir empfinden. Wenn es uns gelingt, sind wir glücklich und fühlen uns wie im Himmel. Wenn wir scheitern, fühlen wir uns so elend, als wären wir in der Hölle. Unser Leben ist ein fortgesetztes Durchwandern der sechs Bereiche von Saṃsāra. Der WEG, der uns von diesem Leiden befreit, ist der Achtfache Edle Pfad.

Die zwölf Verknüpfungen des abhängigen Entstehens erklären die ersten zwei der Vier Edlen Wahrheiten genauer. Kurz gefasst: Unser Leben wird Leiden, weil wir auf der Basis von Unwissenheit und Begierden handeln (Karma erschaffen). Das ist die Lehre der Vier Edlen Wahrheiten und der zwölf Verknüpfungen des abhängigen Entstehens. Warum scheint nun das *Herzsūtra* sie allesamt zu verneinen? Ein ernsthafter buddhistisch Praktizierender könnte sich dadurch gekränkt fühlen, aber ich denke nicht, dass die frühen Mahāyāna-Buddhisten das geschrieben haben, um andere Buddhisten zu beleidigen. Sie fühlten, dass sie diese Dinge verneinen müssen, um die Lehren des Buddha wirklich ernsthaft zu praktizieren.

Dafür gibt es zwei Gründe. Erstens, diese Verneinung ist eine Kritik der buddhistischen Klosterregeln des ersten Jahrhunderts unserer Zeitrechnung, als der Mahāyāna-Buddhismus aufkam. Die Mönche damals glaubten, dass sie, um Unwissenheit und Begierde auszulöschen, in ruhigen Klöstern studieren und praktizieren müssten. In der gewöhnlichen Gesellschaft würden sie mit schwierigen Situationen konfrontiert werden, die Zorn, Hass und Rivalität verursachen könnten, was wiederum zum Durchwandern von Saṃsāra führen würde. Um sich von Unwissenheit und Begierde frei zu machen, lebten die Mönche in erster Linie abseits vom Rest der Gesellschaft. Sie strengten sich nicht gerade an, um Laien zu helfen, die ihrer spirituellen Anleitung bedurften. Für Mahāyāna-Buddhisten mögen diese Mönche, die die Lehren Buddhas nur zu ihrer eigenen Befreiung studierten und praktizierten, irgendwie selbstsüchtig erschienen sein, weil sie wenig für andere, die den WEG suchten, zu tun schienen. Für Mahāyāna-Buddhisten widersprach diese selbstsüchtige Haltung dem Geist der Praxis Śākyamuni Buddhas. Viele der Jātaka-Geschichten besagen, dass Śākyamuni Buddha als Bodhisattva viele Leben lang zum Wohl aller lebenden Wesen praktizierte, und der historische Śākyamuni Buddha wanderte mehr als vierzig Jahre lang lehrend durch ganz Indien.

Mahāyāna-Buddhisten sprachen von den Mönchen, die zu ihrem eigenen Wohl praktizierten, als *Hīnayāna* («kleines Fahrzeug»). Sie waren überzeugt, dass die Praxis zum Wohl anderer wichtiger sei, als die eigenen Begierden auszulöschen. Die theoretische Grundlage für diese Überzeugung ist die *prajñā* der Leerheit. «Keine Unwissenheit und auch nicht deren Auslöschung» bedeutet das gleiche wie «Unwissenheit ist Leerheit und Leerheit ist Unwissenheit». Der letztere Ausdruck wird verwendet, um die fünf *skandhas* zu verneinen. Da Unwissenheit und die anderen Ursachen von Beginn an leer sind, gibt es keine Möglichkeit, sie auszulöschen. Wir sollten über sie nicht als Feinde denken und unser Leben mit der Intention verbringen, sie umzubringen. Das Bodhisattva-Gelübde, alle Wesen zu retten, ist wichtiger. Das Negative auszulöschen, ist weniger wichtig, als das Positive zu nähren. Wir können von selbstsüchtigen Begierden frei sein, ohne gegen sie zu kämpfen, indem wir danach trachten, anderen zu helfen. Das ist eine freudvollere Art und Weise zu praktizieren.

Der zweite Grund ist existenzieller. Wenn wir die Vier Edlen Wahrheiten und die zwölf Verknüpfungen des abhängigen Entstehens ernsthaft praktizieren, werden wir mit einem inneren Widerspruch konfrontiert. Wir fangen an, Buddhismus zu studieren und zu praktizieren, wenn wir erkennen, dass ein Leben, das damit verbracht wird, der Erfüllung unserer Begierden nachzujagen, bedeutungslos ist. Wir ziehen aus in dem Bestreben, einen besseren Weg zu leben zu finden, und erreichen die Befreiung vom Erleiden Saṃsāras. Dieses Streben wird *bodhi*-Geist genannt. Wenn wir mit diesem den WEG suchenden Geist praktizieren, werden wir mit einem schrecklichen Widerspruch konfrontiert. Das Streben, das uns motiviert, eine Art zu leben zu finden, die frei von Leid ist, ist einfach nur eine weitere selbstsüchtige Begierde. Wir ersetzen eine Begierde nach Ruhm und Reichtum durch die Begierde nach Befreiung und

Erleuchtung. Das Objekt der Begierde ist ein anderes, aber was in uns passiert, ist das Gleiche. Wir fühlen uns unbefriedigt und sind davon getrieben, etwas zu finden, was dies kuriert. Spiritueller Ehrgeiz ist vielleicht eine niveauvollere Form von Begierde, aber es ist das gleiche Prinzip. Wenn wir uns ernsthaft der Praxis widmen, wird dies zur entscheidenden Frage: Wird die Begierde, Unwissenheit auszulöschen, denn nicht von Unwissenheit verursacht? In unserer Zazen-Praxis müssen wir uns fragen: «Ist diese Praxis nicht so, als ob wir uns selbst das Kissen wegziehen, auf dem wir sitzen?» Wir können aber die Praxis nicht aufgeben, zu unserem früheren Leben zurückkehren und wieder weltlichen Begierden hinterherjagen, weil wir nun wissen, wie sinnlos und hohl das ist. Wir können nicht vor und nicht zurück. Wir sind in einer Sackgasse.

Vor diesem Problem stand ich, als ich 1981 mit 33 Jahren aus dem Valley-Zendō in Massachusetts nach Japan zurückkehrte. 1970, als Student, wurde ich von Uchiyama-Rōshi ordiniert. Nach meinem Examen praktizierte ich mit ihm bis zum Jahr 1975, als er in den Ruhestand ging, im Antaiji. Praxis hieß dort: Sitzen. Wir saßen mehr als ein Jahr lang täglich neun Einheiten lang. Jeden Monat, außer im Februar und August, absolvierten wir ein fünftägiges *Sesshin* mit jeweils vierzehn Einheiten pro Tag. Keine Zeremonien, keine Rezitationen, keine Unterweisungen. Wir saßen einfach.

1975 ging ich nach Massachusetts. Wir kauften ungefähr sechs Morgen Land, um ein kleines Zentrum in den Wäldern im Westen Massachusetts zu gründen. Wir bauten eigenhändig ein Haus und ein Zendō. Als ich einzog, war das Haus noch nicht fertig. Wir überlebten den Winter mit einem Holzofen, aber hatten im ersten Stock keine Elektrizität. Wir saßen und studierten beim Licht einer Kerosinlampe. Die ersten drei Jahre lebten dort drei japanische Mönche aus dem Antaiji. Wir saßen täglich vier Mal, absolvierten jeden Sonntag ein eintägiges und jeden Monat ein fünftägiges Sesshin. Wir fällten Bäume, entfernten die Stümpfe und legten einen Gemüsegarten an, alles in Handarbeit. Wir gruben mit Schaufeln einen Brunnen. Wir verwendeten eine große Menge Feuerholz zum Kochen und Heizen. Da wir keine finanzielle Unterstützung aus Japan bekamen, ernteten wir Blaubeeren und Kartoffeln für die Bauern vor Ort. Später arbeiteten wir in einer Tofufabrik, um unsere Praxis zu finanzieren. Nach fünf Jahren hatte ich von der harten körperlichen Arbeit Schmerzen im Nacken, in den Schultern, Ellbogen und Knien. Ich konnte nicht mehr arbeiten und Sesshins zu absolvieren war sehr schwierig. Ich hatte keine Krankenversicherung und kein Geld für ärztliche Behandlungen. Ich musste nach Japan zurückkehren.

Als ich dort ankam, war ich völlig allein. Körperlich war ich am Ende. Ich hatte kein Geld, keinen Job und keinen Ort, um zu leben oder zu praktizieren. Ein paar Monate verbrachte ich im Apartment meines Bruders in Ōsaka, während er die Vereinigten Staaten bereiste. Dann zog ich ins Seitai-an, einen kleinen Tempel in Kyōto, wo ich drei Jahre lang als Hausmeister lebte. Das Seitai-an steht in der Nähe des ursprünglichen Standorts des Antaiji. Dort absolvierte ich jeden Monat ein fünftägiges Sesshin mit einem meiner Dharma-Brüder und Mitübersetzer, dem Ehrw. Daitsu Tom Wright, und einigen anderen. Wegen meines körperlichen Zustands konnte ich nicht mehr so praktizieren wie zuvor. Das war das erste Mal nach zehn Jahren im Antaiji und im Valley-Zendō, dass ich allein lebte und praktizierte. Die ärztlichen Behandlungen musste ich aufgeben. Anfangs machte ich noch *takuhatsu*, um Geld dafür aufzutreiben. Aber dabei hängt ein *zudabukuro* (eine Tasche) um den Hals, was meine Beschwerden noch verschlimmerte, und mein Chiropraktiker sagte, es würde sicher nicht besser werden, wenn ich mit dem *takuhatsu* weitermachte. Es war ein Teufelskreis. Schließlich gab ich beides auf, die Behandlungen und *takuhatsu* – abgesehen von ein paar mal im Monat, damit ich etwas zum Überleben hatte. Wenn ich Geld übrig hatte, gab ich es für Bücher aus.

Diese Monate in der Wohnung meines Bruders waren schwere Zeiten, bevor ich schließlich ins Seitai-an zog. Ich war durcheinander und wusste nicht, was ich tun sollte. Mein größtes Problem war, dass ich wegen meines körperlichen Zustands nicht so praktizieren konnte wie die zehn Jahre zuvor. In meinen Zwanzigern hatte ich meine gesamte Lebensenergie in die Praxis investiert. Nichts anderes war mir wichtig erschienen. Ich wusste nicht, wie man außerhalb dieser Art von Praxis lebt.

In dieser Situation las ich eine japanische Übersetzung des *Buddha-carita*, einer Biographie Buddhas aus der Feder des berühmten indischen buddhistischen Dichters Aśvaghoṣa. Bei der Beschreibung von Buddhas Erfahrung beim Anblick der Alten, Kranken und Toten außerhalb der Tore seines Palastes spricht er von der «Arroganz der Jungen und Gesunden». Dieser Ausdruck traf mich. Ich erkannte, dass meine Überzeugung, dass allein die Praxis die beste und bedeutsamste Art zu leben sei, nicht mehr war als diese «Arroganz der Jungen und Gesunden». Deshalb war ich so komplett verloren, als ich infolge meines Gesundheitszustands nicht mehr auf diese Weise praktizieren konnte. Meine bisherige Praxis war der Versuch gewesen, ein Bedürfnis nach Status und Nutzen zu befriedigen. Ich wollte ein besseres Leben leben als gewöhnliche Menschen. Ab dem Zeitpunkt, wo ich, noch als Schüler, Uchiyama-Rōshis Buch las und gemäß den Lehren Dōgen-Zenjis zu praktizieren begann, wusste ich, dass ich Zazen nicht praktizieren sollte, um irgendeinen Gewinn daraus zu ziehen. Sawaki-Rōshi, Uchiyama-Rōshis Lehrer, sagte, dass Zazen zu nichts nütze sei. Dōgen-Zenji sagte, dass wir den Buddha-Dharma nur um des Buddha-Dharmas willen praktizieren sollten, ohne jede Erwartung. Das ist *shikantaza*, «einfach nur sitzen». Ich wusste das alles und dachte, ich hätte mit der korrekten Einstellung praktiziert.

Jetzt, als ich mich unfähig sah, so weiterzumachen, war ich perplex und niedergeschlagen. Ich wusste nicht, was ich tun sollte. Ich entdeckte, dass ich auf eine Praxis gebaut hatte, die nur für die Jungen und Gesunden möglich war. Ich hatte die Lehren Buddhas, Dōgen-Zenjis, Sawaki-Rōshis und Uchiyama-Rōshis benutzt, um meine eigenen Begierden zu befriedigen. Diese Entdeckung zerbrach meine «Arroganz der Jungen und Gesunden» vollständig. Ich sah deutlich, dass meine Praxis nicht dem Buddha-Dharma, sondern der Befriedigung meiner selbst diente. Ich erkannte, dass ich mit dieser Einstellung nicht weiterpraktizieren konnte. Aber ich konnte die Praxis auch nicht aufgeben und in ein gewöhnliches Leben zurückkehren. Für eine gewisse Zeit steckte ich in dieser Situation fest.

Eines Tages veranlasste mich etwas, mich auf das Kissen zu setzen. Ich hatte kein Verlangen, keinen Grund, kein Bedürfnis zu sitzen, aber fand mich in dem Apartment allein sitzend. Es war sehr friedlich. Ich saß nicht wegen der Lehre Buddhas. Ich brauchte keinen Grund, um zu sitzen; ich saß einfach. Es gab keinen Anlass, weder mit anderen noch mit mir selbst in Wettbewerb zu treten.

Danach musste ich nicht mehr so oft sitzen, wie ich das zuvor getan hatte. Ich konnte genau so oft sitzen, wie mein physischer Zustand es erlaubte. Endlich fühlte ich mich frei von meinem Verständnis der Lehre Buddhas und meinem Begehren, ein guter Mönch zu sein. Ich fühlte mich frei, ich selbst zu sein und nichts mehr. Ich war immer noch ein verblendetes, gewöhnliches menschliches Wesen mit Unwissenheit und Begierden. Aber wenn ich einfach saß und die Gedanken losließ, war ich – oder genauer gesagt, war mein Zazen – frei von Unwissenheit und selbstsüchtigen Begierden.

Auch wenn wir das alles intellektuell verstehen mögen, können wir nicht sitzen, ohne zu hoffen, etwas zu gewinnen, solange unsere «Arroganz der Jungen und Gesunden» nicht komplett zerbrochen ist. Das ist es, was Dōgen-Zenji meint, wenn er im *Genjōkōan* sagt: «Es ist Täuschung, wenn wir uns selbst zwingen, die zehntausend Dinge willentlich zu üben und zu erfahren. Es ist Erwachen, wenn die zehntausend Dinge uns selbst auf natürliche Weise üben und erfahren.»

War meine vorausgegangene Praxis bedeutungslos? Ich glaube nicht. Im *Shōbogenzō Sesshin sesshō* («Den Geist und die Natur der Wirklichkeit zum Ausdruck bringen») schreibt Dōgen-Zenji:

> Wenn wir den Bodhi-Geist erweckt haben und aus ganzem Herzen die schwierige Praxis praktizieren, ist es so, dass, obwohl wir praktizieren, wir den Kern der Sache nicht bei einem Mal von hundert treffen. Und doch können wir den Kern treffen, während wir mit unseren Lehrern und mit Schriften praktizieren. Den Kern der Sache in diesem gegenwärtigen Moment zu treffen, wird ermöglicht durch die Kraft der einhundert Versuche, die den Kern nicht trafen. Einhundert Einheiten vergeblicher Praxis ermöglichen es uns, reif zu werden.[91]

Indem wir, selbst mit einem eher seichten Verständnis, einfach aus ganzem Herzen weiterpraktizieren, reifen wir ausreichend dazu heran, unsere eigene Oberflächlichkeit und Dummheit zu erkennen. Wenn wir unsere Oberflächlichkeit erkennen, dringen wir tiefer in den Dharma ein. In dem Maß, wie wir darum kämpfen, unsere Unwissenheit und Begierden auszulöschen, sind wir immer noch innerhalb unseres karmischen Selbst, das auf Unwissenheit und

Begierde beruht. Wir erschaffen endlose Fehden zwischen zwei Seiten unser selbst. Wenn wir denken, wir könnten als Ergebnis einer Erleuchtungserfahrung vollständig frei werden von Unwissenheit und Begierde, haben wir uns noch nicht durch und durch erkannt. Erst wenn wir erwachen und die Wirklichkeit unser selbst erkennen, sehen wir klar und deutlich, wie tiefgreifend verblendet wir sind.

«... keine Unwissenheit und auch nicht deren Auslöschung, und so weiter bis zu kein Alter und Tod und auch nicht deren Auslöschung», sagt uns das *Herzsūtra.* Von Anfang an existiert Unwissenheit nicht als eine feststehende Wesenseinheit, und doch wird sie niemals aussterben. Diese Ausdrucksweise entspringt einem tiefgründigen Verständnis der Wirklichkeit unser selbst und des Dharmas.

«Kein Leiden, kein Entstehen, kein Beenden, kein Pfad.» Dieses Verneinen der grundlegendsten Überzeugungen des Buddhismus ist der Ausdruck einer Wahrheit, die nur sehen kann, wer diese Lehren tatsächlich praktiziert und nicht nur intellektuell versteht.

Nichts zu erlangen

> ... keine Unwissenheit und auch nicht deren Auslöschung, und so
> weiter bis zu kein Alter und Tod und auch nicht deren Auslöschung,
> kein Leiden, kein Entstehen, kein Beenden, keinen Pfad,
> keine Erkenntnis, kein Erlangen.

Nachdem das *Herzsūtra* die zwölf Verknüpfungen des abhängigen Entstehens und die Vier Edlen Wahrheiten aufgezählt hat, verneint es jede einzelne und zieht dann die Schlussfolgerung: «Keine Erkenntnis, kein Erlangen.» Keine Erkenntnis bedeutet keine Person. Kein Erlangen bedeutet: Es gibt nichts zu erlangen. Es gibt niemanden, der den Dharma verwirklicht und versteht. Es gibt keinen Dharma und keine Erleuchtung, die wir erlangen könnten. Das bedeutet «keine Erkenntnis, kein Erlangen».

Wenn wir beginnen zu praktizieren, haben wir fast immer ein Problem. Irgendetwas stört uns. Wir wollen eine bessere Lebensweise finden. Wir spüren, dass etwas fehlt oder nicht Ordnung ist. Darum verließ Śākyamuni Buddha sein Zuhause. Er war Kronprinz, und doch verließ er seinen Palast und wurde Bettler, um nach der

Wahrheit des Lebens zu suchen. Wenn wir beginnen zu praktizieren und zu studieren, haben wir das gleiche Problem. Wir suchen nach der Wahrheit. Das ist gut. Das wird *bodhi*-Geist oder den WEG suchender Geist genannt. Wir suchen nach der Wahrheit oder der Wirklichkeit unseres Lebens. Wir trachten danach, die beste Art und Weise zu leben zu finden. Ohne diesen *bodhi*-Geist, den Geist, der den WEG sucht, können wir nicht praktizieren.

Śākyamuni Buddha fand heraus, dass die Ursache des Leidens, der Schwierigkeiten, die wir in unserem weltlichen Leben haben, Anhaften oder Durst ist. Er fand heraus, dass Durst, Anhaften, Gier und Hass aus der Unwissenheit bezüglich der Wirklichkeit unseres Lebens resultieren. Das ist es, was der Buddha entdeckte und was er lehrte. Er zeigte uns den Weg, von Anhaften, Gier, Hass und Unwissenheit frei zu werden. Er zeigte uns die Vier Edlen Wahrheiten. Die Schüler Buddhas widmen sich dieser sehr schwierigen Praxis.

Wir müssen tief in uns selbst sowohl die positiven als auch die negativen Seiten unserer Psyche sehen. Wir müssen unsere Begierden und Verblendungen unter Kontrolle bringen. Das ist die Praxis Buddhas und wird Nirvāṇa genannt. Wir praktizieren, um frei zu werden von Selbst-Verblendung und Ich. Viele Hunderte von Jahren praktizierten die ersten Buddhisten auf diese Weise. Aber Mahāyāna-Buddhisten spürten, dass es ein Problem gab mit dieser Art von Praxis. Unsere gewöhnliche Lebensweise, die auf Verblendung, Vorlieben und Abneigungen basiert, ist Saṃsāra. Wir durchwandern die sechs Bereiche vom Himmel bis zur Hölle, immer hoch und runter, hoch und runter. Das ist für gewöhnlich unsere Art zu leben. Wir möchten eine friedlichere, stabile Weise zu leben herausfinden. Die Vier Edlen Wahrheiten sind der Weg, unser Leben in Saṃsāra in ein Leben in Nirvāṇa umzuwandeln. Und doch entdecken wir, wenn wir wirklich auf diese Weise praktizieren, einen tiefen, grundlegenden Widerspruch. Ohne *bodhi*-Geist oder das Begehren, zu praktizieren, können wir nicht praktizieren. Aber dieses Begehren selbst ist eine Ursache von Leiden.

Die Begierde nach Wahrheit und die Begierde nach Ruhm oder Profit sind nicht so unterschiedlich. Wir fühlen, dass etwas fehlt, also versuchen wir es zu bekommen. Wenn wir arm sind, wollen wir mehr Geld. Wir wollen berühmt werden und wir wollen frei werden von Begierde. Das sind verschiedene Ziele, aber der innere Durst ist der gleiche. Wir fühlen eine Leere und versuchen, diese mit etwas zu füllen. Leben in Saṃsāra wird durch die zwei ersten Edlen Wahrheiten charakterisiert: Leiden und Begierde (die Ursache von Leiden). Die dritte und vierte Edle Wahrheit, die der Buddha lehrte, ist: Eine Umwandlung ist durch die Praxis möglich. Wir wollen unser Leben von Saṃsāra in Nirvāṇa umwandeln, ein Leben, das auf Buddhas Lehre gründet. Das ist unsere Praxis. Und doch verfehlen wir den Pfad, wenn wir zwischen Saṃsāra und Nirvāṇa unterscheiden. Wenn wir uns vorstellen, dass wir hier in Saṃsāra sind und uns wünschen, hinüber auf den PFAD, auf Buddhas WEG zu gelangen, erschafft dieses Begehren oder Streben selbst einen weiteren Typ von Saṃsāra. Es ist nahezu unmöglich, vollständig von unseren Begierden frei zu werden, also müssen wir unsere ganze Energie in die Praxis stecken. Wir müssen auf jede unserer Aktivitäten genau aufpassen. Wir müssen unsere Beweggründe genau untersuchen. Sogar wenn wir anderen Menschen helfen, unterliegen wir einiger Selbstbezogenheit. Wenn wir wirklich hart und aufrichtig praktizieren, können wir über diese Selbstbezogenheit nicht hinwegsehen. Sogar in unserer Praxis und in unseren guten Taten unterliegen wir einigem an Verblendung und Anhaften.

In dem Maß, wie wir das Leben in Saṃsāra verneinen, um in Nirvāṇa zu leben, erschaffen wir eine tiefe Trennung. Wir nehmen einen gähnenden Abgrund zwischen Saṃsāra und Nirvāṇa wahr und keinen Weg, diesen zu überqueren. Mahāyāna-Buddhisten spüren, dass aufgrund von Leerheit die Trennung von Saṃsāra und Nirvāṇa ein Traum ist. Die fünf *skandhas* haben keine eigene Substanz. Leiden wird durch die fünf *skandhas* verursacht, also sind Leiden, Unwissenheit, Anhaften, Gier und Hass allesamt Illusionen. Sie existieren nicht substanzhaft. Mahāyāna-Buddhisten stellten fest, dass Selbstbezogenheit selbst eine Illusion ist.

Es gibt keine Trennung zwischen Saṃsāra und Nirvāṇa, zwischen Verblendung und Erleuchtung. «Keine Unwissenheit und auch nicht deren Auslöschen» bedeutet, dass sowohl Unwissenheit als auch Auslöschen ohne Substanz sind. Es gibt immer Unwissenheit, aber sie ist eine Illusion. Das heißt, es gibt keine Trennung zwischen Saṃsāra und Nirvāṇa. Das ist ein Widerspruch, und doch ist es unser Leben. Wir müssen das Leben innerhalb von Saṃsāra leben. Saṃsāra und Nirvāṇa sind eins. Es gibt keine Stufen, keine Trennung zwischen unserem normalen, gewöhnlichen, verblendeten, materiellen Leben und einem erleuchteten, buddhistischen, geweihten, heiligen Leben. Wir leben in einer einzigen Wirklichkeit, und innerhalb dieser einen Wirklichkeit passieren viele Dinge. Die fortlaufenden Interaktionen zwischen uns selbst und den Bedingungen um uns herum erschaffen unser Leben und unser Karma.

Unsere Praxis ist es nicht, der Verblendung und Saṃsāra zu entfliehen, sondern mitten in ihnen zu praktizieren. Wir streben danach, Nirvāṇa mitten in Saṃsāra zu verwirklichen. Unwissenheit, Gier, Hass, alle negativen Gefühle, Intellekt und Missverständnis existieren. Wir möchten von all dem frei sein. Aber von etwas frei werden und etwas auslöschen sind zwei verschiedene Dinge. Unsere Bodhisatttva-Praxis besteht nicht darin, Verblendung bzw. die drei Gifte – Unwissenheit, Gier und Hass – zu eliminieren. Wir lehnen nichts ab. Wir nehmen alles an und versuchen, damit umzugehen. Auf diese Weise machen wir unsere Welt zu Nirvāna.

Unsere Welt besitzt immer das Potenzial sowohl für Saṃsāra als auch für Nirvāṇa. Wir sind verantwortlich für das, was wir erschaffen. Es hängt alles von unserer Einstellung dem Leben gegenüber ab. Es gibt kein objektives Saṃsāra und kein objektives Nirvāṇa. Wir erschaffen unsere eigene Welt. Verblendung wird niemals verschwinden. Verblendung ist Verblendung; sie existiert niemals substanzhaft und sie verschwindet niemals. Verblendung ist wie ein Kinofilm. Verschiedene Szenen erscheinen auf der Leinwand, aber sie sind nicht die Wirklichkeit. Die Szenen als einen Kinofilm zu betrachten, ist die Wirklichkeit. Verblendung bleibt Verblendung, und doch ist die Tatsache, dass wir verblendet sind, dass wir in Verblendung leben, die Wirklichkeit. Unser Gehirn bringt ständig etwas hervor, vielleicht eine komplett verblendete Projektion oder möglicherweise eine sehr reine, erlesene, friedliche Illusion vom Buddhaland oder von Erleuchtung. Dies alles sind Verblendungen, Illusionen. Wir müssen sie nicht zerstören. Was wir tun müssen, ist, sie als Illusionen zu sehen. Das ist es, was mit «das Denken loslassen» gemeint ist. Denken ist Illusion, aber es ist ein notwendiger Teil der Wirklichkeit unseres Lebens.

Wenn wir sitzen, lassen wir alle Illusionen ziehen, gute wie schlechte, alle Gefühle und alles philosophische Verständnis. Wir lassen sie einfach gehen. Wir öffnen nur unsere Hände. Das ist die Art und Weise, wie wir die Wirklichkeit akzeptieren, ohne sie in negative oder unerwünschte Anteile und positive oder erwünschte Anteile zu spalten. Wenn wir dieses Fliehen und Suchen beenden, ist die Wirklichkeit sofort da. Wir leben in der Wirklichkeit. Wir haben sie nie verlassen. Das ist es, was wir bei unserem Zazen tun. Das ist die Grundlage, die wir haben, um darauf unsere Art und Weise zu leben zu erschaffen. Wir müssen frei sein von irrigen Vorstellungen, die auf beiden Seiten, Saṃsāra und Nirvāṇa, entstehen und genau hier und jetzt unsere Arbeit erledigen.

Bodhisatttva-Praxis bedeutet, dass wir danach streben, die Wirklichkeit vor der Trennung zu sehen. Wenn wir die Wirklichkeit unseres Lebens sehen, entdecken wir, dass wir nicht als eine individuelle Wesenheit leben, sondern eher wie ein Geist, eine Blase oder das Zucken eines Blitzes, wie das *Diamantsūtra* sagt. Wir sind Erscheinungen, die durch viele verschiedene Elemente und Faktoren verursacht wurden. Wir leben mit und durch die Unterstützung aller Wesen. Dieses dynamische Wechselwirken ist ständig in Funktion. Nichts existiert unabhängig. Wir leben gemeinsam in diesem universellen Moment. Unser Dasein ist Bewegung. Wir müssen diese sich ständig verändernde Wirklichkeit als uns selbst akzeptieren.

Wenn wir diese Wirklichkeit erkennen, ist es ganz natürlich, dass wir danach trachten, freundlich zu sein und anderen zu helfen. Das ist das Bodhisattva-Gelübde. Es ist nichts Besonderes. Diese Art zu leben entsteht spontan aus der Erkenntnis der Wirklichkeit unseres Lebens. Wir folgen keiner Anweisung Buddhas oder Gottes. Wenn wir diese Wirklichkeit erkennen, können wir gar nicht anders, als das Bodhisattva-Gelübde abzulegen.

Mahāyāna-Buddhisten unterscheiden drei Arten von Nirvāṇa. Auf Japanisch heißt die erste *uyo-nehan. Uyo* heißt in etwa «mit einem Rest». Ein Beispiel für *uyo-nehan* ist Śākyamuni Buddha. Nachdem er erwacht war und Nirvāṇa erlangt hatte, lebte er noch vierzig Jahre. Er hatte immer noch seinen Körper und Geist und konnte leiden. Der zweite Typ von Nirvāṇa ist *muyo-nehan. Muyo* bedeutet «ohne einen Rest», insbesondere ohne Körper oder Geist. *Muyo-*

nehan bedeutet, dass Śākyamuni Buddha im Moment seines Todes von seinem physischen Körper frei wurde. Das nennt man *parinirvāṇa* oder perfektes Nirvāṇa.

Als Letztes benennt der Mahāyāna-Buddhismus ein Nirvāṇa für Bodhisattvas, *mujūsho-nehan. Mu* bedeutet wiederum «nicht, kein», *jūsho* ist «ein Ort zu leben oder zu bleiben». *Mujūsho* bedeutet demnach «kein Platz zum Bleiben» und bezieht sich auf Nirvāṇa. Es bedeutet, dass ein Bodhisattva aufgrund seiner Weisheit nicht in Saṃsāra und aufgrund seines Mitgefühls mit anderen nicht in Nirvāṇa verbleibt. Ein Bodhisattva praktiziert immer in dieser Welt der Begierden und hilft anderen, aber er verweilt auf keiner der beiden Seiten. Man sagt, es gebe einen Fluss zwischen diesem Ufer (Saṃsāra) und dem anderen (Nirvāṇa) und ein Bodhisattva bediene die Fähre, bewege sich ungehindert zwischen den Ufern hin und her, verweile aber an keinem der beiden.

Diese dritte Art von Nirvāṇa ist die Grundlage unserer Praxis. Wir praktizieren nicht, um das andere Ufer zu erreichen. Wir praktizieren immer an diesem Ufer. Tatsächlich treffen wir zwischen den Ufern keine Unterscheidung. Beide Ufer sind genau jetzt genau hier. Wenn wir dieses Ufer von dem anderen trennen, erzeugen wir Dualismus und Widerspruch. Es gibt keine Möglichkeit, diesem Ufer zu entkommen und das andere zu erreichen. Es gibt in Wirklichkeit keine Trennung. Wir praktizieren in dieser Welt, in dieser Gesellschaft, und um das Bodhisattva-Gelübde zu leben, schreiten wir Seite an Seite mit allen lebenden Wesen und helfen und unterstützen einander. So können wir Nirvāṇa genau hier mitten in Saṃsāra finden. Letzten Endes geloben wir, Saṃsāra in Nirvāṇa umzuwandeln, ohne die Flucht zu ergreifen.

Unsere Praxis ist keine Flucht aus einem weltlichen Leben der Begierde und Illusion. Es ist keine Methode, um Erleuchtung, um Weisheit zu «erreichen». Wir sitzen einfach nur in der absoluten Wirklichkeit, die vor der Trennung in Erleuchtung und Verblendung existiert. Sie sind beide hier. Wir lehnen nichts ab. Wir akzeptieren alles als Wirklichkeit und gehen damit um. Es gibt niemanden, der Erleuchtung erlangen kann, und es gibt keine Erleuchtung, die erlangt werden könnte. Das ist gemäß dem *Herzsūtra* Weisheit oder *prajñā*. Zu sehen, dass es keine Trennung zwischen Verblendung und Erleuchtung, zwischen Unwissenheit und Weisheit gibt, ist wahre Erleuchtung, wahre Weisheit. Diese *prajñā* wird oft die Weisheit des Nichtunterscheidens genannt. Das bedeutet, beide Seiten als ein Ganzes zu sehen und unseren eigenen Lebensweg auf der Grundlage dieser absoluten Wirklichkeit zu erschaffen. Das ist es, was Dōgen-Zenji *shikantaza*, «einfach nur sitzen», nannte.

Shikantaza heißt nicht, dass für uns alles in Ordnung sei, solange wir sitzen, und auch nicht, dass wir nichts sonst tun müssten. Einfach nur sitzen bedeutet wirklich einfach nur sitzen, ohne dass man versucht, vor etwas wegzulaufen oder etwas hinterherzujagen. Sich einfach genau hier, genau jetzt niedersetzen, das ist «einfach nur sitzen». Es heißt nicht, dass wir nur noch sitzen und nichts anderes mehr tun sollten. Einfach nur sitzen bedeutet einfach, sich genau jetzt genau hier hinzusetzen und auf der Basis dieser absoluten Wirklichkeit vor der Trennung in Saṃsāra und Nirvāṇa zu handeln. Saṃsāra und Nirvāṇa sind eins. Das ist *prajñā*. Das ist Weisheit vor der Trennung, vor der Unterscheidung. Es ist einfach, darüber zu sprechen, aber sehr schwer in die Tat umzusetzen.

Anfangs studierte ich Buddhismus an der Komazawa-Universität. Ich tat das gern, aber Bücher über Buddhismus zu studieren ist wie Kochrezepte auswendig zu lernen, ohne zu kochen oder zu schmecken. Als ich entschied, dass das nicht das war, was ich tun wollte, suchte ich Uchiyama-Rōshi auf und bat ihn, mich als Schüler zu akzeptieren. Da ich die Materie intensiv studiert hatte, wusste ich eine Menge über Buddhismus. Als ich im Antaiji mit der Praxis begann, saßen wir eine Menge. Wir saßen drei Mal fünfzig Minuten am Morgen und zwei Mal am Abend. Wir absolvierten jeden Monat ein fünftägiges Sesshin. Während dieser Sesshins saßen wir vierzehn Einheiten jeden Tag. Wir taten nichts als sitzen – keine Rezitationen, keine Unterweisung, kein Arbeiten, nichts als Sitzen. Ich glaubte, dass dieses Nur-Sitzen, wie es Dōgen-Zenji lehrte, der WEG sei. Ich hielt diese Praxis viele Jahre lang durch, bis ich schließlich nicht mehr weitermachen konnte. Das Zazen bereitete mir starke Schmerzen. Ich hatte kein Geld. Ich war einunddreißig Jahre alt. Ich hatte keine Wohnung. Mein Körper war so kaputt, dass ich nicht arbeiten konnte. Ich hatte keine Gruppe, mit der ich praktizieren konnte. Ich war vollkommen allein.

Das war eine wirklich gute Situation, um mich selbst zu betrachten. Es war eine sehr schwere Zeit und ich dachte eine Menge darüber nach, was ich getan hatte. Ich konnte mich der Praxis nicht so wie zuvor widmen. Dōgen-Zenji lehrte: Es gibt nichts zu erreichen. Sawaki-Rōshi sagte, dass unsere Zazen-Praxis zu nichts nütze sei. Ich wusste, dass ich von der Praxis nichts erwarten sollte. Ich hatte gedacht, ich würde ohne Erwartung praktizieren, aber als ich nicht mehr wie zuvor praktizieren konnte, fühlte ich, dass *ich* zu nichts nütze sei. Ich dachte, ich hätte die Dinge ohne Begehren getan, aber als ich damit nicht mehr weitermachen konnte, fühlte ich mich nutzlos und leer. Und schließlich erkannte ich, dass ich mich wertlos fühlte, weil ich unfähig war, mein Begehren, auf eine bestimmte Weise zu praktizieren, zu befriedigen. Und ich verstand, dass der Zweck unserer Praxis nicht darin liegt, unsere Begierden zu befriedigen, nicht einmal unsere Begierde nach dem Dharma.

Wenn wir praktizieren, um unsere Begierden zu befriedigen, verlieren wir früher oder später, was unsere Begierden befriedigt. Wir alle verlieren unsere Jugend und letztlich unsere Gesundheit. Wenn wir davon überzeugt sind, dass ein bestimmter Praxisstil die wahre Praxis Buddhas sei und einen Menschen zu einem wirklichen Buddhisten mache, sind wir keine guten Buddhisten. Das ist Saṃsāra. Manchmal sind wir gut, manchmal sind wir es nicht. Ich merkte, dass, solange meine Praxis irgendwie auf der Unterscheidung von gut und schlecht beruhte, es für mich kein Nirvāṇa geben könne. Die Art, wie ich praktizierte, bevor ich dreißig war, war wirklich zu nichts gut. Ich praktizierte in Saṃsāra, nicht in Nirvāṇa. Ich konnte so nicht weitermachen, aber wenn ich aufhören würde, um etwas anderes zu tun, würde ich ein weiteres Saṃsāra erschaffen. So versuchte ich, einfach alles zu beenden. Ich begann mit *takuhatsu*, um zu überleben. Ich lebte von ungefähr dreihundert Dollar im Monat, gerade genug fürs Essen. Ich musste jede ärztliche Behandlung aufgeben. Ich hörte mit allem auf. Ich hörte auch mit der Praxis auf, die auf Begierde beruhte, auf meiner Idee davon, wie Praxis auszusehen habe. Ich praktizierte gerade so viel, wie es mir meine physische und finanzielle Situation erlaubte. Ich sah, dass ich nicht mit anderen oder mit mir selber in Wettbewerb treten musste, nicht mit dem, der ich war, nicht mit der Person, die ich glaubte sein zu sollen.

Ich musste die Wirklichkeit mit einem halb kaputten Körper in einer sehr harten Lage akzeptieren. Als ich das tat, gab es nichts zu suchen und vor nichts zu fliehen. Ich musste nicht fünf Tage lang vierzehn Einheiten pro Tag sitzen. Ich musste mich nur ganz einfach im gegenwärtigen Moment hinsetzen.

Das war der Wendepunkt in meiner Praxis. Ich wurde frei von meiner eigenen Praxis. Ich wurde frei von der Lehre meines Lehrers und der Lehre Buddhas. Ich setzte mich einfach hin in der Wirklichkeit, in der ich gerade war, und praktizierte so viel wie gerade möglich. Das ist eine wirklich friedliche Praxis. Du musst mit nichts und niemandem konkurrieren. Sich einfach hinsetzen. Ich glaube nicht, dass sich meine Praxis geändert hätte, wenn ich keine körperlichen Probleme gehabt hätte. Ich dachte, ich wäre ein großer Zen-Lehrer, aber glücklicherweise – oder unglücklicherweise – war ich das nicht. Ungünstige Erfahrungen verschafften mir eine weitere Sicht auf den Dharma. Dafür bin ich wirklich dankbar. Das ist Bodhisattva-Praxis. Auch wenn unsere Fähigkeiten manchmal stark eingeschränkt sind, können wir den mitfühlenden Buddha finden, der uns erlaubt zu praktizieren, auch wenn es nur ein bisschen ist. Das ist genug. Ich denke, das ist wirkliches Nirvāṇa. Wir müssen Nirvāṇa nicht an einem besonderen Ort oder Geisteszustand finden. Nirvāṇa ist genau jetzt genau hier.

Dieses Nirvāṇa ist nichts Besonderes, einfach nur ein gewöhnliches Leben. Ich denke, das *Herzsūtra* will uns diese Art zu leben zeigen. Einfach die Wirklichkeit dieses Körpers, dieses Geistes und dieser Welt, wie sie ist, akzeptieren und so viel wie eben möglich praktizieren. Das ist Bodhisattva-Praxis.

Keinerlei Hemmnis

> Da es nichts zu erlangen gibt, baut der Bodhisattva auf *prajñā-pāramitā*, und der Geist ist kein Hemmnis.
> Ohne jegliches Hemmnis existieren keine Ängste.
> Weit entfernt von jeglichen verzerrten Sichtweisen weilt der Bodhisattva in *nirvāṇa*.
> In den drei Welten bauen alle Buddhas auf *prajñā-pāramitā*
> und erlangen unübertreffliche, vollständige und vollkommene Erleuchtung.

Bis hierher handelte das Sūtra von der Leerheit aller Wesen. Leerheit bedeutet, dass alles vergänglich ist und es somit keine unveränderliche Eigensubstanz gibt. Vergänglichkeit und Ichlosigkeit zu erkennen, ist die Weisheit, die *prajñā-pāramitā* genannt wird. Eine Konsequenz dieser *prajñā* ist, dass es auch niemanden gibt, der die Wirklichkeit sieht. Es ist niemand da. Es gibt nichts, was wir durch Weisheit gewinnen können. Tatsächlich gibt es keine Weisheit. Würde Weisheit existieren, wäre unsere Praxis nicht wirklich leer. Aus dieser Weisheit, *prajñā*, folgt, dass es niemanden gibt, der etwas gewinnt, und es nichts gibt, was zu gewinnen wäre.

Dieser Abschnitt des *Herzsūtras* handelt von unserer Weisheit und der Praxis dieser Weisheit: «Da es nichts zu erlangen gibt, baut der Bodhisattva auf *prajñā-pāramitā.*» In dieser Übersetzung heißt es «der Bodhisattva», es wird aber kein bestimmter Bodhisattva genannt. Vielmehr bezieht es sich auf jeden einzelnen von uns als einen Bodhisattva. Wie wir in der längeren Version des *Herzsūtras* sehen, antwortet Avalokiteśvara hier auf Śāriputras Frage, wie Menschen, die die tiefgründige *prajñā-pāramitā* praktizieren möchten, sich selbst schulen sollten. Und dieses Sūtra ist Avalokiteśvaras Antwort. Deshalb bezieht sich «der Bodhisattva» auf jede Person, die Bodhi-Geist erweckt hat, einschließlich unser selbst. Ursprünglich bezog sich «der Bodhisattva» auf Śākyamuni, bevor er der Buddha wurde. Śākyamuni erweckte den *bodhi*-Geist, den Geist, der den WEG sucht, das Bestreben, die Wahrheit zu finden. Als er den WEG, die Erleuchtung erlangte, wurde er der Buddha genannt. Bevor er der Buddha wurde, wurde er Bodhisattva genannt, einer, der die Wahrheit sucht. Zu einem späteren Zeitpunkt gibt es in der buddhistischen Literatur, besonders im Mahāyāna-Buddhismus, viele Bodhisattvas, wie Mañjuṣrī und Avalokiteśvara. Das sind sehr große Bodhisattvas. Avalokiteśvara, der dieses *Herzsūtra* lehrt, sucht nicht nach Erleuchtung und will auch kein Buddha werden. Aus Mitgefühl für andere bleibt Avalokiteśvara in dieser Welt als ein Bodhisattva und wird doch als der Lehrer von Buddhas betrachtet. So bedeutet «Bodhisattva» im Mahāyāna-Buddhismus nicht notwendigerweise einen Menschen, der praktiziert, um ein Buddha zu werden. Es gibt Bodhisattvas, die aus ihrem Mitgefühl heraus geloben, keine Buddhas zu werden.

Der bedeutende Punkt im Mahāyāna-Buddhismus ist, dass wir alle, nicht nur große Bodhisattvas wie Mañjuṣrī, Avalokiteśvara oder Maitreya, Bodhisattvas sind, wenn wir nur den *bodhi*-Geist erwecken, der nach dem WEG, der Erkenntnis der Wirklichkeit, sucht. Als Bodhisattvas streben wir danach, die Leerheit zu sehen, in der es niemanden gibt, der die Wirklichkeit erkennt, und nichts, was zu erkennen wäre. Keine Weisheit: Das ist die Aussage von «es gibt nichts zu erlangen und niemanden, der etwas erlangt». Auf Japanisch heißt «nichts zu erlangen» *mushotoku*. *Mu* bedeutet «nicht» oder «nichts» und *shotoku* «Einnahmen», also bedeutet *mushotoku* «keine Einnahmen». Wir nehmen nichts ein. Das ist *prajñā* – kein Gewinn und kein Verlust. Es gibt kein Hereinkommen oder Hinausgehen, weil es keinen Ort gibt, wo irgendetwas hingehen oder von wo etwas fortgehen kann. Es gibt keine Grenze, keine Trennung, einfach nur einen Energiefluss. Dies ist Wirklichkeit jenseits unserer begrifflichen und berechnenden Art und Weise zu denken.

Wir werden als menschliche Wesen geboren und gewinnen nichts. Wir werden früher oder später sterben und verlieren nichts. Wir werden mit nichts geboren außer diesem Körper und Geist. Solange wir leben, glauben wir etwas zu erreichen, zu gewinnen oder etwas fertigzubringen. Aber wenn wir sterben, lassen wir alles hinter uns, und so stirbt nur dieser Körper und Geist. Wir erlangen und verlieren tatsächlich nichts. Das ist die Wirklichkeit unseres Lebens. Aber wir sehen das nicht, weil wir ständig unsere Einnahmen und unsere Ausgaben berechnen. Wenn mehr hereinkommt als hinausgeht, denken wir, unser Leben sei sicher und erfolgreich. Aber wenn wir verstehen, dass nichts hereinkommt und nichts hinausgeht, haben wir in Wirklichkeit eine viel sicherere Grundlage für unser Leben. Wir müssen uns nicht so viele Sorgen über Einkommen und Ausgaben, Erfolg und Scheitern, Armut und Reichtum machen. Das ist kein wirkliches Problem. Als Bodhisattvas verlassen wir uns auf diese Weisheit.

Der Geist eines Bodhisattvas hat keine Hemmnisse. «Hemmnis» bedeutet hier etwas, was den Geist verschleiert, ein Hindernis, das uns davon abhält, die Wirklichkeit so zu sehen, wie sie ist. Ein Hemmnis ist etwas, was es unserem Geist unmöglich macht, natürlich zu sein. Im Japanischen heißt das *keige*. *Kei* und *ge* bedeuten beides «Schwierigkeiten, durch die wir hindurchschreiten können». Diese Behinderungen sind in uns. Etwas verschleiert unseren Geist oder zwängt ihn ein, sodass wir nicht frei sein können. Wir sind eingeschränkt und erstarren durch unser Wissen und unsere Art und Weise zu denken. Das Leben ist ständig in Bewegung. Es ist weich und biegsam. Wenn du einen großen Stein auf eine Pflanze legst, versucht sie, sich durch dieses Hindernis hindurch oder darumherum zu bewegen und weiterzuwachsen. Das ist die Flexibilität der Lebenskraft. Wenn wir die Vorstellung haben, dass wir so oder so sein müssten, haben wir etwas sehr Schweres auf unserem Leben hocken. Wir können nicht wachsen. Wir denken, unser Leben sei gescheitert und wir seien in Schwierigkeiten. Aber die Lebenskraft ist flexibel. Es gibt immer irgendeinen anderen Weg zu leben, zu wachsen und unsere Lebenskraft zu verwirklichen.

Wir sollten danach trachten, die Hemmnisse in unserem Geist zu erkennen, die Hindernisse, die unser freies Wachstum blockieren. Als Bodhisattvas sind wir durch die Erkenntnis der Leerheit von Hemmnissen befreit. Wir erkennen, dass nichts substanzhaft existiert und es deshalb nichts gibt, was unser Wachstum verhindert. Hindernisse sind Illusion, Verblendung und Schöpfungen unseres Denkens. Wir fürchten uns aufgrund unserer Begierden. Wir denken, dass sie befriedigt werden müssten, und haben Angst, dass das vielleicht unmöglich sein könnte. Wir denken, es gebe nur einen Weg zu leben, obwohl es viele Wege gibt. So werden unsere Begierden, unsere Vorstellungen und unsere Werte zu Hindernissen, und wir sind nicht frei. Das ist die Wirkung von Ängsten. Aber wenn wir unsere erdachten Hindernisse beiseiteräumen, können wir auf viele verschiedene Arten und Weisen wachsen.

Das Sūtra sagt uns, dass der Bodhisattva «weit entfernt von jeglichen verzerrten Sichtweisen» ist, jap. *ten dō musō*. *Mu* bedeutet hier «Traum» und *sō* ist «denken». *Musō* bedeutet also wörtlich «Gedanken im Traum». *Tendō* bedeutet «verkehrt herum». Unsere Einstellung und das Verständnis unseres Denkens ist verkehrt herum. Wir können nicht aufwachen. Wir denken in einem Traum. Wir schaffen uns unser eigenes Bild von der Welt, abhängig von unserem Karma oder unserer Erfahrung. Unsere Erfahrung ist sehr begrenzt, und doch halten wir sie für die ganze Welt. So sind wir wie der Frosch im Brunnen. Wir können nur einen kleinen Kreis vom Himmel sehen, aber wir sind überzeugt, dass wir das ganze Universum sehen. Sogar wenn wir Leerheit erkennen, erlaubt uns das nicht, das ganze Universum zu sehen, aber es versetzt uns in die Lage, zu erkennen, dass unsere Sicht begrenzt ist.

Während unseres Zazen erkennen wir, dass wir verblendet sind. Das ist Erleuchtung. Wir sehen, dass wir verblendet und eingeschränkt sind und lassen deshalb das Denken los. Wir werden frei von unseren eingeschränkten Sichtweisen. Das bedeutet nicht, dass wir das ganze Universum sehen können. Das ist unmöglich, weil wir immer einen besonderen Standpunkt, eine bestimmte Sichtweise haben müssen. Wenn ich in eine Richtung blicke, kann ich eine Seite der Welt sehen. Ich kann nicht die Hälfte hinter mir sehen. Ich weiß, dass es sie gibt, weil ich mich daran erinnere. Aber es ist einfach nur eine Erinnerung. Wir sehen nur die halbe Welt, aber aufgrund unserer Annahmen und unserer Erinnerung sind wir überzeugt davon, das Ganze sehen zu können. Wir denken sogar, dass wir sehen können, wie andere Menschen die Welt sehen. Aber da jeder von uns eine einzigartige Perspektive hat, können wir niemals die Welt auf die gleiche Weise sehen. Tatsache ist, dass jeder von uns eine unterschiedliche Sichtweise hat, eine einzigartige Art und Weise zu sehen, zu denken, zu fühlen und Dinge zu bewerten. Wir werden flexibel, wenn wir uns selbst von unseren festgefahrenen Sichtweisen befreien. Das ist *prajñā.*

«Pervertiert» bedeutet wörtlich «verkehrt herum». Wir nehmen für gewöhnlich an, unsere Gedanken würden unseren Körper und Geist steuern. Unser Körper und Geist dient dem Herrscher, dem Denken. Das ist wirklich auf den Kopf gestellt. Denken ist nur ein Teil unseres Lebens, aber wir leben so oft allein auf der Basis unseres Denkens. Das ist wirklich eine auf dem Kopf stehende Art und Weise, die Dinge zu sehen. Wenn wir sie umkehren, leben wir. Wir verfügen alle über Lebenskraft. Ein Teil davon ist unsere Gedankenenergie. Wir müssen diese Energie nicht abstreifen, aber wir sollten erkennen, dass das, was wir denken, nicht allein die Wirklichkeit ist. Wenn wir erst einmal wirklich akzeptiert haben, dass das Denken nur ein Teil unseres Lebens ist, verschwinden der größte Teil der Angst und auch andere Probleme, die durch unser Denken verursacht wurden. Wir wollen uns sicher fühlen. Wenn wir unseren Lebensunterhalt nicht bestreiten können, haben wir Angst. Das ist ganz natürlich. Aber wir können auch zu viel denken. Wir können über die nächsten zehn, zwanzig oder dreißig zukünftigen Jahre nachdenken. Wir machen uns sogar über die Welt nach unserem Tod Sorgen. Es ist in Ordnung, über die Zukunft nachzudenken, aber wenn uns solcherlei Sorgen davon abhalten, in diesem gegenwärtigen Moment zu leben, ist es zu viel. Bodhisattva-Praxis handelt von diesem gegenwärtigen Moment.

Innerhalb dieses gegenwärtigen Augenblicks gibt es eine Richtung in die Zukunft. Wir denken für gewöhnlich, dass das, was wir gerade tun, eine Vorbereitung auf die Zukunft ist oder ein Schritt, um etwas zu erledigen. Aber diese Sicht der Dinge steht auf dem Kopf. Unser Bemühen, unsere Arbeit oder unser Studium in diesem gegenwärtigen Moment bringt die Zukunft unweigerlich mit sich. Wir können darüber nachdenken, aber wir müssen uns keine Sorgen machen. Sorge schwächt unsere Bemühung und ist nicht gesund. Deshalb seid einfach genau jetzt genau hier und steckt eure gesamte Energie in das, was ihr gerade tut. Das ist *prajñā*. Und es ist sehr schwierig. Moment für Moment lassen wir Sorgen und Ängste los und kehren in diesen Augenblick zurück. Das ist unsere Praxis von Achtsamkeit, Sitzen in Zazen, Loslassen und in diesen Moment zurückkommen. Dieses Loslassen ist das Praktizieren von *prajñā*.

Die nächsten zwei Zeilen des Sūtras lauten:

> In den drei Welten bauen alle Buddhas auf *prajñā-pāramitā*
> und erlangen unübertreffliche, vollständige und vollkommene Erleuchtung.

Die drei Welten sind die Vergangenheit, die Gegenwart und die Zukunft. Die japanische Bezeichnung für «drei Welten» ist *sanze*. *San* ist «drei» und *ze* bedeutet «Generation» oder «Zeit». «Unübertrefflich, vollständig und vollkommen» bedeutet «absolut». Es gibt nichts Relatives. Es gibt keine Trennung zwischen uns selbst und anderen oder zwischen uns selbst und allen Wesen. Das ist Erleuchtung. Hier sagt uns das *Herzsūtra*, dass wir uns durch *prajñā-pāramitā* selbst befreien können. Wir können uns selbst umwandeln, von den Sklaven unseres Denkens, von den Sklaven des Ichs zu Bodhisattvas. Wir verwenden unsere Gedanken, Verblendungen und Begierden als die Samen von *prajñā*, die wir mit unserer Praxis nähren. Wir lassen sie als Buddhas Wirken funktionieren. *Prajñā* wird auch Buddhas Mutter genannt. Das ist die Lebensweise, der zu folgen das *Herzsūtra* und der Mahāyāna-Buddhismus uns ermutigen.

Frei zu werden von allen pervertierten, auf den Kopf gestellten Sichtweisen bedeutet, das Fundament unseres Lebens umzuwenden und zu erkennen, wie Wirklichkeit und Leben darin gründen. Wirklichkeit bedeutet Vergänglichkeit und Ichlosigkeit. Nichts bleibt für immer unverändert. Es gibt nichts unveränderlich Substanzhaftes. Alles ist in Veränderung begriffen und alles wird durch alles andere unterstützt. Wir sind alle miteinander verbunden, sind eine universale Lebenskraft.

Wie wir gesehen haben, ist in Dōgens Unterweisung *mushotoku* – kein Einkommen, nichts zu erreichen – von grundlegender Bedeutung. Im *Shōbōgenzō zuimonki*, einer Niederschrift seiner informellen Unterweisungen, sagt er:

> »Wollt ihr also den WEG der Buddhas und Dharmavorfahren praktizieren, so müsst ihr sowohl den WEG der alten Weisen als auch das Betragen unserer Dharmavorfahren üben, ohne irgendeinen Gewinn (zu erwarten); erwartet nichts, sucht nichts, gewinnt nichts.
> Nun sollt ihr zwar die Suche beenden und die Erwartung auf die Buddhaschaft aufgeben; beendet ihr aber deshalb die Übung und nehmt eure früheren schlechten Taten wieder auf, so macht ihr euch immer noch des Suchens schuldig und fallt in das alte Nest zurück.
> Benehmt euch immer in der beschriebenen Weise und hegt nicht die geringste Erwartung. Habt ständig im Sinn, mit eurem Tun die lebenden Wesen zu retten und ihnen zu nützen, seid ernsthaft bei guten Taten und gebt die früheren schlechten auf; dies alles einzig und allein deshalb, weil ihr damit die Freude der menschlichen und der himmlischen Wesen begründet. Verharrt nicht bei den guten Taten der Gegenwart, sondern übt euer ganzes Leben lang immer weiter. Ein Alter nannte dies ›das Durchbrechen des Lackeimerbodens‹. So ist der WEG beschaffen, den das Leben der Buddhas und Dharmavorfahren vorzeichnet.[92]

Dōgen ermahnt uns, *mushotoku* zu sein, ohne Erwartung eines Gewinns. Das ist sehr streng. Unser Zazen, unser Studium, unsere Arbeit und alle Aktivitäten unseres Lebens sind unsere Praxis. Wir sollten sie als die Praxis dieses Augenblicks, ohne Erwartung an ein Ergebnis oder eine zukünftige Belohnung ausführen. Einfach nur unsere ganze Energie in diesen Moment stecken, und die Ergebnisse, die Früchte, werden ganz natürlich wachsen. Wir müssen nur der Lebenskraft vertrauen.

Wenn wir diese Unterweisung hören, könnten wir denken, zu praktizieren sei die Suche nach Erleuchtung und Dōgen-Zenji würde sagen, ihr solltet nicht praktizieren. Er fährt jedoch fort: «Nun sollt ihr zwar die Suche beenden und die Erwartung auf die Buddhaschaft aufgeben; beendet ihr aber deshalb die Übung und nehmt eure früheren schlechten Taten wieder auf, so macht ihr euch immer noch des Suchens schuldig und fallt in das alte Nest zurück.» «Schlechte Taten» bedeutet karmische Handlungen, Aktivitäten, die auf unseren persönlichen Begierden beruhen. Wenn wir also aufhören zu praktizieren, um zu vermeiden, nach Buddhaschaft zu streben, sind wir immer noch auf der Suche. Wir werden einfach gewöhnliche menschliche Wesen. Also müssen wir ohne Erwartung weiterpraktizieren. Es ist wirklich schwierig.

«Benehmt euch immer in der beschriebenen Weise und hegt nicht die geringste Erwartung.» Hier spricht er über Mönche, die in einem Kloster leben. Sie sollten dem Stundenplan folgen und ihre ganze Energie der täglichen Praxis widmen. Im Fall von Laien handelt es sich darum, sich um die Familie zu kümmern, in Gemeinschaften zu leben und zu arbeiten.

«Habt ständig im Sinn, mit eurem Tun die lebenden Wesen zu retten und ihnen zu nützen, seid ernsthaft bei guten Taten und gebt die früheren schlechten auf; dies alles einzig und allein deshalb, weil ihr damit die Freude der menschlichen und der himmlischen Wesen begründet.» In jedem Handeln sollten wir daran denken, wie wir dem Wohlergehen aller lebenden Wesen dienen können. Das ist unser Gelübde. Wir versuchen mit Geschick zu praktizieren, um ein Fundament des Glücks für alle Wesen zu legen. Das bedeutet, wir sind bestrebt, diese Welt besser zu machen, auch wenn es ganz bescheiden ausfällt. Wir haben heutzutage viele Probleme in dieser

Welt. Wir sollten tun, was wir können, um sie zu einem besseren Ort für diejenigen zu machen, die auf uns folgen. Auch das ist unser Gelübde. Jeder von uns hat verschiedene Fähigkeiten und jeder von uns kann etwas tun, auch wenn es nur etwas Kleines ist, um diese Welt besser zu machen. Das ist wahre Bodhisattva-Praxis.

«Verharrt nicht bei den guten Taten der Gegenwart, sondern übt euer ganzes Leben lang immer weiter.» Wenn wir denken, wir täten etwas Gutes, haben wir schon ein Problem. Wenn wir denken, wir seien gute Menschen, weil wir danach trachten, die Welt besser zu machen, haben wir ein Problem. Das ist eine Beurteilung. Wir denken, wir seien gut, und diejenigen, die nicht mitmachen, schlecht. Das ist ein Problem. Wenn wir so denken, ignorieren wir die Leerheit. Selbst wenn wir gute Handlungen ausführen, sollten wir uns selbst nicht für gute Menschen halten. Wir tun, was wir entschieden haben zu tun oder was wir fühlen, was zu tun sei. Das ist einfach ein natürliches Funktionieren. Und es ist ein subtiler Punkt. Unsere guten Taten können uns arrogant machen, und Streitereien werden oft durch diese Art von Arroganz verursacht. Wir denken: «Wir tun Gutes und sie nicht, also sind sie unser Feind. Wir müssen sie vernichten, um die Welt zu einem besseren Ort zu machen.» Dann haben wir wirklich ein Problem. Viele Kriege wurden so verursacht. Die Weisheit der Leerheit ist ein Weg, um Konflikte zu vermeiden, die auf Rechthaberei beruhen.

Macht einfach weiter. Das ist *shikan*. Dōgen-Zenjis berühmtester Ausspruch ist «einfach sitzen» – *shikantaza*. Wir mögen denken, dass einfach sitzen bedeute, dass alles in Ordnung sei, solange wir nur sitzen, und wir so nichts anderes mehr tun müssten. Aber das bedeutet *shikantaza* nicht. Es bedeutet einfach, genau jetzt zu sitzen, ohne jede Erwartung an die Zukunft, ohne daran zu denken, dass wir Gutes tun oder gut praktizieren. Sitzt einfach.

«Ein Alter nannte dies ‹das Durchbrechen des Lackeimerbodens›.» Das ist ein geläufiger Ausdruck für erleuchtet werden. Für Dōgen-Zenji bedeutet Erleuchtung einfach sitzen oder einfach Gutes tun. Einfach weiterpraktizieren ohne jegliche Erwartung.

«So ist der Weg beschaffen, den das Leben der Buddhas und Dharmavorfahren vorzeichnet.» Dies ist die Art und Weise, wie Buddhas und Vorfahren praktizierten. Wenn er «einfach sitzen» erwähnt, spricht Dōgen-Zenji über die Praxis von *prajñā*. Er spricht darüber, sogar von Buddhas Lehre frei zu werden. Das ist Buddhas Praxis oder *prajñā-pāramitā*.

Nāgārjuna sagt etwas sehr Ähnliches im *Mūlamadhyamakakārikā*: «Diejenigen, die sich an der Haltung ergötzen: ‹Wenn ich nichts ergreife, werde ich Nirvāṇa verwirklichen; Nirvāṇa ist in mir›, sind genau diejenigen, die am allermeisten ergreifen» (16:9).[93] Wir glauben, wir würden das Denken loslassen, unsere Hände öffnen und nach nichts greifen; wir denken, wir seien vollständig frei vom Haften am Ich und wir seien im Nirvāṇa oder Nirvāṇa in uns. Nāgārjuna sagt, dass jene, die so etwas denken, am allermeisten ergreifen. Wir müssen unsere Hand selbst in Bezug auf unsere Praxis öffnen, sogar in Bezug auf das Öffnen unserer Hand selbst. Nāgārjuna fährt fort: «Wo doch Nirvāṇa nicht dem Erschaffen und Saṃsāra nicht der Vergehen unterworfen ist, wie kann es da irgendeine Vorstellung von Nirvāṇa und Saṃsāra geben?» (16:10). Wir müssen weder Nirvāṇa erschaffen noch Saṃsāra vernichten. Es gibt keine Trennung zwischen ihnen. Das ist ein Kōan. Es gibt keine Antwort, also müssen wir einfach nur unsere Hände geöffnet lassen. Wenn wir denken, wir seien okay, weil wir unsere Hände öffnen, dann ergreifen wir. Also was? Das ist unsere Praxis.

Grosses strahlendes Mantra

> Deshalb ist *prajñā-pāramitā* zu erkennen
> das große, überragende Mantra,
> das große, strahlende Mantra,
> das allerwichtigste Mantra,
> das allerhöchste Mantra,
> das in der Lage ist, von allem Leiden zu befreien
> und das wahr ist und ohne Fehl.

In diesem Abschnitt sagt das Sūtra, dass *prajñā-pāramitā* die Weisheit ist, die Vergänglichkeit und wechselwirkende Abhängigkeit zu sehen. Dieser Körper und Geist existiert als das Ergebnis vieler Faktoren. Wenn sich diese Einzelteile verändern, verändern wir uns. In Konsequenz gibt es kein festes Selbstwesen in uns und nichts Substanzhaftes. Diese Wirklichkeit zu erkennen, ist *prajñā-pāra-*

mitā. Es ist schwer, sich dieser Wirklichkeit jederzeit, Augenblick für Augenblick zu stellen. Wir lassen sie häufig außer Acht, weil unsere Denkweise im täglichen Leben ganz anders ist.

In unserem gewöhnlichen Denken verwenden wir Begriffe und Worte. Jedes Wort hat eine bestimmte Bedeutung oder Definition, die sich nicht verändert, und ein Wort sollte immer das Gleiche bedeuten. Wenn sich die Bedeutung verändert, fehlt die Grundlage für eine widerspruchsfreie Kommunikation. Ich bin immer Shōhaku Okumura, immer Japaner, immer ein Mann und immer buddhistischer Mönch. In Wirklichkeit verändern sich mein Körper und mein Geist ständig, aber auf einer begrifflichen Ebene bin ich immer Shōhaku Okumura, und es ist schwer, diese Veränderungen zu sehen. Wenn die zwei Ebenen unseres Lebens, begriffliches Denken und Lebenskraft, miteinander harmonieren, haben wir keine ernsthaften Probleme. Aber manchmal widerspricht unser Denken der Wirklichkeit.

Zum Beispiel halte ich mich immer noch für einen jungen Mann, obwohl ich tatsächlich jeden Tag älter werde. Eines der Lieblingsspiele meines Sohnes war es, auf meinen Schultern zu sitzen und meinen Kopf als Trommel zu benutzen. Das machte er oft.[94] Eines Tages, als ich auf dem Sofa saß, sprang er mir in den Nacken. Ich spürte an diesem Tag keinen Schmerz, aber am nächsten Morgen konnte ich meinen Hals nicht bewegen. Ich hütete zwei Tage lang das Bett und verpasste das Erntedank-Essen. Schmerz ist so realistisch, immer frisch. Es ist sehr schwer, die reale Tatsache zu akzeptieren, dass ich immer älter werde und bestimmte Dinge nicht mehr tun kann und dass mein Sohn jeden Tag größer wird. Wenn ich versuche, etwas Schweres zu bewegen, habe ich ein Problem. Das sind Beispiele, wie unser begriffliches Denken und unser Selbstbild häufig von der Realität unseres Leben abweichen. Wenn die Kluft zwischen der Realität und unserem Denken zu groß ist, geraten wir in Schwierigkeiten. *Prajñā-pāramitā* ist die Weisheit, beide Seiten zu sehen. Es ist nicht einfach ein Negieren unseres Denkens oder eine besondere Art von Denken. Es bedeutet, die Grenzen unserer gewöhnlichen Logik zu erkennen. Unser Denken von Tag zu Tag ist nicht in der Lage, die Wirklichkeit der ständigen Veränderung zu erfassen.

Das *Herzsūtra* sagt, dass diese *prajñā*, die Weisheit, die die Wirklichkeit der Vergänglichkeit, Ichlosigkeit und wechselwirkenden Abhängigkeit sieht, ein Mantra ist. *Mantra* war ursprünglich ein Ausdruck, der in der Vedischen Tradition des alten Indien verwendet wurde, die gewöhnlich als Brahmanismus bezeichnet wird und später ein essenzieller Bestandteil des Hinduismus wurde. Die Praxis, Mantras zu rezitieren, ist viel älter als der Buddhismus. Eine der ältesten der vielen heiligen Schriften des alten Indien wird *Rigveda* genannt. In den Veden gibt es viele Götter, die sehr viel mächtiger als menschliche Wesen sind. Die Grundidee eines Mantras war, dass, wenn Brahmanenpriester die richtigen Worte aussprachen und die korrekten Rituale durchführten, die Götter ihren Anfragen entsprechen würden. Diesen Mantras wurde die übernatürliche Kraft zugesprochen, die Götter zu bewegen. Ursprünglich verwendeten indische buddhistische Mönche keine Mantras. Aber der Mahāyāna-Buddhismus wurde durch den Hinduismus stark beeinflusst und begann sie einzusetzen. Das Wort «Mantra» wird häufig im Vajrayāna-Buddhismus gebraucht, der als die abschließende Entwicklung des indischen Buddhismus um das siebte Jahrhundert herum aufkam. In der Vajrayāna- wie auch in der Shingon-Schule in Japan dienen Gebete einem speziellen Zweck. Zu bestimmten Gelegenheiten zum Beispiel entzündet der Priester ein Feuer im Tempel, sitzt im vollen Lotossitz, bildet eine besondere Mudrā und rezitiert Mantras. Hierdurch, so nimmt man an, wird Vairocana, der Hauptbuddha im Vajrayāna, zu Hilfe kommen. Das ist die Grundidee der Vajrayāna- oder Shingon-Schule des Buddhismus.

Auf Shikoku, einer der Hauptinseln Japans, gibt es achtundachtzig Ziele für Pilger. Wenn Anhänger des Shingon jeden dieser Tempel aufsuchen, rezitieren sie immer wieder das *Herzsūtra.* Dieses Sūtra wird im Vajrayāna-Buddhismus auch als Mantra verwendet. Für Zen-Buddhisten jedoch bedeutet das Rezitieren des *Herzsūtras* nicht, dass wir es für ein Mantra halten, das die Götter beeinflussen könne. Zum Beispiel habe ich gerade jetzt Schmerzen in meinem Nacken, aber ich glaube nicht, dass das Rezitieren des *Herzsūtras* mich davon befreien wird. Obwohl das Sūtra die Worte «befreit von allem Leiden» beinhaltet, glaube ich nicht, dass es wie ein Schmerzmittel wirkt. Allerdings befähigt es uns, die Sichtweise auf unser Leben und uns selbst zu ändern. Es erlaubt uns, die tiefere Bedeutung und die breitere Wirklichkeit unseres Lebens zu erkennen. Unsere Art und Weise zu denken wird durch unsere Erfahrung, Erziehung, Kultur und Werte begrenzt. Unser Bild von der Welt ist eng gefasst. Die Weisheit *prajñā-pāramitā* ermöglicht es uns, aus diesen starren Wertesystemen auszubrechen und Wirklichkeit aus einem breiteren Blickwinkel zu betrachten.

Das *Herzsūtra* schließt mit den Worten:

> So verkündet das *prajñā-pāramitā*-Mantra,
> Verkündet das Mantra, das da lautet:
> Gate, gate, pāragate, pārasamgate! Bodhi, svāhā!

Da dies ein Mantra ist, herrscht bei einigen die Überzeugung, dass die Worte selbst göttliche Kraft besäßen, und deshalb werden sie oft nicht übersetzt. Ihre Bedeutung ist, je nachdem, wer sie übersetzt: «Gegangen, gegangen, hinübergegangen» oder: «Alle gemeinsam hinübergegangen. Oh, welch ein Erwachen!» *Bodhi* bedeutet «Erwachen» und *svāhā* «Voller Jubel». «Gegangen» verweist auf eine Wirklichkeit jenseits unseres Wertesystems, jenseits der Grenze unseres vorgefertigten Weltbildes und jenseits unser selbst. Dieses Mantra versetzt uns in die Lage, aus unseren inneren Begrenztheiten auszubrechen und eine tiefere Wirklichkeit in uns zu erkennen. Der Buddha lehrte uns, in unserem alltäglichen Leben diese tiefere Bedeutung zu erkennen und zu leben.

Einen Teil meiner Zeit in Japan lebte ich von *takuhatsu*, religiösem Bettelgang um Nahrung. Für gewöhnlich wanderte ich durch die Straßen und hielt vor jedem Laden an. Ich stand dann dort und sagte: «Hō.» Im Japanischen steht das für «Schale» und bedeutet allgemein «Dharma». In Ōsaka gibt es einen großen Tempel namens Shiten'ō-ji.[95] Hier begehen die Menschen am Einundzwanzigsten jedes Monats *en'nichi*, eine Art Gedenktag für Kōbō Daishi, den Gründer der japanischen Shingon-Schule. Tausende von Menschen besuchen den Tempel. Wann immer möglich ging ich am Einundzwanzigsten zu diesem Tempel und stellte mich zum *takuhatsu* auf. Ich stand von ungefähr zehn Uhr morgens bis ungefähr vier Uhr nachmittags. Sechs Stunden lang bewegte ich mich nicht. Ich stand einfach nur mit einer Schale und rezitierte das *Herzsūtra*. Es dauert ungefähr drei oder vier Minuten, das ganze Sūtra zu rezitieren, und dementsprechend wiederholte ich es wohl mehr als hundert Mal. Normalerweise rezitieren die Menschen, die zum *takuhatsu* gehen, das *Enmei-jikku-kannon-gyō*. Das ist ein sehr kurzes Sūtra, zu kurz, um es sechs Stunden lang zu wiederholen, also rezitierte ich stattdessen das *Herzsūtra*. Das Rezitieren hielt meinen Geist davon ab, zerstreut von hier nach dort zu springen.

Die Menschen, die den Tempel besuchen, sind meist ältere Leute und traditionsgebunden sehr religiös. Sie sind sehr ernsthafte Buddhisten und spenden großzügig, manchmal eine kleine Summe, manchmal zehn oder hundert Yen, ungefähr einen Dollar. Wenn sie ihre Spende gaben, machten sie Gasshō und verneigten sich vor mir. Ich verneigte mich auch, während ich rezitierte. Ich sah viele Menschen, die sehr arm waren, aber großzügiger als die reichen. Es war offensichtlich für mich, dass sie litten. Einige kamen in Rollstühlen. Das *Herzsūtra* zu rezitieren war eine sehr mächtige Praxis. Ich konnte das Leiden der Menschen sehen. Das ist nichts Geheimnisvolles, sondern es gab einfach einen besonderen Bereich, in dem wir zusammenlebten und unser Leiden teilten. Obwohl wir nicht sprachen, kommunizierten wir auf einer tiefgründigen Ebene. Ich spürte Dharma-Freude. Das *Herzsūtra* war ein Mantra, das uns ermöglichte, Leiden zu lindern.

Leiden ist mehr als einfach nur Schmerz. Leiden ist Schmerz plus etwas Mentales. Schmerz allein ist nicht so ein großes Problem, weil er irgendwann aufhört. Ich hatte zum Beispiel heute morgen Schmerzen und wusste, dass ich diesen Vortrag halten sollte. Das machte meinen Schmerz zum Leiden. Dennoch war es mir möglich zu kommen und zu sprechen. Dieses Mantra zu rezitieren, dieses *Herzsūtra*, versetzt uns in die Lage, tiefgreifend miteinander zu kommunizieren, ohne zu sprechen. Aus diesem Grund ist Rezitieren eine wirklich gute Praxis.

In manchen Zen-Zentren in den Vereinigten Staaten rezitieren wir sowohl auf Japanisch als auch auf Englisch. Manche fragen mich, warum wir auf Japanisch rezitieren. Sie denken, dass es keinen Sinn ergebe. Rezitieren ist vor allem eine Atemübung. Wenn ihr rezitiert, setzt ihr euer *hara* ein. In einem japanischen Kloster wird man gelehrt: «Rezitiert mit eurem *hara*, eurem Unterleib, nicht mit eurem Mund.» Rezitieren ist eine Praxis tiefen Atmens mit dem Unterleib. Als Nächstes werden wir gelehrt: «Rezitiert mit eurem Ohr, nicht mit eurem Mund.» Das bedeutet, wir sollten dem zuhören, was andere Menschen rezitieren. Wir sollten mit allen Wesen zusammensein, wenn wir rezitieren. Wir sollten nicht alleine rezitieren. Wenn wir mit anderen rezitieren, sollte das Rezitieren aller Menschen wie eins sein, wie ein Chor oder ein Orchester. Rezitieren lässt uns genau jetzt genau hier in diesem Augenblick sein. Wir müssen unseren ganzen Körper und Geist in das Rezitieren hineingeben und alle anderen Dinge loslassen. Wenn wir rezitieren, sollten wir nicht über Sitzen oder Essen oder Besorgungen, die wir zu machen haben, nachdenken. Einfach genau jetzt genau hier sein, zu hundert Prozent. Auf diese Weise zu rezitieren, ist ein Mantra. Die Bedeutung ist nicht so wichtig. Natürlich ist es besser, die Bedeutung zu kennen und zu verstehen, aber die Bedeutung ist nicht wirklich der Punkt. Rezitieren kann *prajñā-pāramitā* sein, wenn wir unsere gesamte Zeit und unser gesamtes Sein hineingeben. Es kann unsere Augen für die Wirklichkeit öffnen – nicht für eine intellektuelle Wirklichkeit, sondern für unsere Lebensenergie. Wenn wir aus vollem Herzen rezitieren, ist unsere Stimme der Klang der Leerheit, genau wie der Klang der Windglocke in Rújìngs Gedicht. Es ist der Klang des Windes, der Glocke, unserer Ohren, unseres Geistes, des gesamten Universums.

7

Alles ist Eins, Eins ist alles: Das Verschmelzen von Unterschied und Einheit

Sandōkai

Der Geist des großen Meisters aus Indien
wurde von Herz zu Herz zwischen Ost und West übermittelt.
Mögen die Geisteskräfte der Menschen auch scharf sein oder stumpf,
auf dem Weg gibt es keine «südlichen» oder «nördlichen» Vorfahren.
Die spirituelle Quelle strahlt hell im Licht,
die Nebenflüsse strömen in der Dunkelheit.
An sichtbaren Dingen zu haften, ist ganz und gar Verblendung,
mit dem Grundlegenden zu verschmelzen, ist noch nicht Erleuchtung.
Alle Sinne und jeder ihrer Bereiche
wirken wechselseitig und tun es auch nicht.
Wechselseitig wirkend verschmelzen sie
oder verbleiben in ihrem eigenen Zustand.
Formen unterscheiden sich gänzlich in Material und Erscheinung,
Klänge unterscheiden sich fundamental als angenehm oder grell.
«Dunkelheit» benennt das Verschmelzen von hoch und tief,
«Licht» die Unterscheidung von rein und befleckt.
Die vier Grundelemente kehren zurück zu ihrem eigenen Wesen,
so wie ein Kind seine Mutter liebt.
Das Feuer wärmt, der Wind weht,
das Wasser ist nass, die Erde ist fest.
Auge und Form, Ohr und Klang,
Nase und Geruch, Zunge und Geschmack –
mit allen Dingen ist es so,
dass die Blätter aus der Wurzel sprießen.
Der gesamte Verlauf muss zurückkehren zur Quelle,
«edel» und «niedrig» sind nur Redeweisen.
Im Licht ist Dunkelheit, aber begegnet ihr nicht als Dunkelheit,
in der Dunkelheit ist Licht, aber seht es nicht als Licht.

Licht und Dunkelheit verhalten sich zueinander
wie Schritte nach vorn und hinten.
Alle Dinge haben ihre Funktion –
verwendet sie zum rechten Zeitpunkt.
Die Erscheinungsformen passen ineinander wie Kasten und Deckel,
das Grundlegende ist wie das Aufeinandertreffen zweier Pfeil-
spitzen.
Versteht beim Hören der Worte die Quelle
und bildet nicht eure eigenen Maßstäbe.
Wenn ihr den Pfad vor euren Augen nicht versteht:
Wie könnt ihr den Weg erkennen, selbst wenn ihr auf ihm lauft?
Fortschritt ist keine Frage von nah oder fern,
aber seid ihr verwirrt, blockieren Berge und Flüsse den Weg.
Demütig sage ich denjenigen, die das Rätsel erforschen:
Verschwendet keine Zeit.[96]

Der Titel dieses Gedichtes, «Sandōkai», besteht aus drei Schriftzeichen. Das erste, *san* (chin. *cān*), bedeutet «Unterschied»: «Vielfalt», «Bandbreite». In diesem Gedicht wird es als Synonym für *ji* verwendet, das auf die konkreten, sichtbaren Aspekte unseres Lebens verweist. Das zweite Schriftzeichen, *dō* (chin. *tóng*), bedeutet «Gleichsein», «Gleichheit», «Gemeinsamkeit». Hier wird es als Synonym für *ri* verwendet, die absolute, höchste Wirklichkeit der Leerheit jenseits von Unterscheidung. *Kai* (chin. *qì*) bedeutet «Versprechen», «Abkommen» oder «Kerbholz». Wenn die Händler in alten Zeiten einen Vertrag abschlossen, schrieben sie auf ein Kerbholz, das sie dann in zwei Hälften brachen. Beim tatsächlichen Austausch der Waren fügten sie die zwei Hälften des Kerbholzes wieder zusammen, um die Übereinkunft zu verifizieren. *San-dō-kai* bezieht sich auf die zwei Aspekte unseres Lebens: das Konkrete, das sich aus vielen spezifischen Situationen, Ideen, Bewertungen und Dingen zusammensetzt, und das Absolute, das sich auf Universalität, Leerheit und Nichtunterscheiden gründet. Diese sind wie die zwei Hälften eines solchen Kerbholzes. Beide Aspekte funktionieren zusammen als eine nahtlose Wirklichkeit. Demzufolge kann man «Sandōkai» mit «Verschmelzen von Unterschied und Einheit» übersetzen.[97]

Der Geist des großen Meisters aus Indien
wurde von Herz zu Herz zwischen Ost und West übermittelt.
Mögen die Geisteskräfte der Menschen auch scharf sein oder stumpf,
auf dem Weg gibt es keine «südlichen» oder «nördlichen» Vorfahren.

Die ersten vier Zeilen dieses Gedichtes von Zen-Meister Shítóu Xīqiān (Sekitō Kisen) sind eine Einführung zu dem, was folgt. Um das zu verstehen, müssen wir etwas über die Situation zu Shítóus Zeit wissen.

«Südliche» und «nördliche» Vorfahren
Shítóu lebte im China des achten Jahrhunderts, von 700 bis 790. Er praktizierte in jungen Jahren, vielleicht schon als Teenager, mit dem sechsten Vorfahren Dàjiàn Huìnéng (Daikan Enō, 638–713). Nach Huìnéngs Tod praktizierte er mit einem von Huìnéngs Schülern, Qīngyuán Xíngsī (Seigen Gyōshi, 660–740), dessen Dharma-Nachfolger er wurde. Folglich war er ein Schüler des sechsten Vorfahren in zweiter Generation. Angeblich hat sich das Zen unter dem fünften Vorfahren Dàmǎn Hóngrěn (Daiman Kōnin, 602–675) in zwei Schulen geteilt, die südliche und die nördliche. Huìnéngs Abstammungslinie nannte man die südliche Schule, während die nördliche von Yùquán Shénxiù (Gyokusen Jinshū, 606–706) gegründet wurde, einem Dharma-Bruder Huìnéngs. Es gibt eine berühmte Geschichte über die Dharma-Übermittlung vom fünften Vorfahren Hóngrěn an Huìnéng.

Gemäß dem *Plattform-Sūtra* Huìnéngs praktizierte dieser im Kloster des fünften Vorfahren. Er war noch nicht ordiniert worden und somit noch Laie, der im Kloster arbeitete. Shénxiù, der Gründer der nördlichen Schule, war der älteste Schüler des fünften Vorfahren und als Hauptmönch sehr erfahren. Der fünfte Vorfahre wurde schließlich alt und suchte nach einem Nachfolger. Er versammelte seine Schüler und bat sie, ein Gedicht zu schreiben, um ihr Verständnis des Dharmas darzulegen. All die anderen Mönche, überzeugt, dass Shénxiù als Nachfolger ausgewählt würde, sahen davon ab, ein Gedicht zu schreiben. Allein Shénxiù schrieb eines, das wie folgt lautete:

> Unser Körper ist der Bodhi-Baum,
> unser Geist wie der Ständer eines klaren Spiegels.
> Wir wischen und polieren ihn in jedem Augenblick,
> so halten wir ihn von Staub und Schmutz rein.[98]

Dieser Körper, unser menschlicher Körper, ist der Bodhibaum. *Bodhi*, wie wir gesehen haben, bedeutet «Erwachen», also ist dieser Körper der Baum des Erwachens oder der Erleuchtung. Ursprüngliche Weisheit ist wie ein klarer Spiegel. Aber für gewöhnlich ist Staub auf dem Spiegel, sodass er die Dinge nicht so widerspiegelt, wie sie sind. Wir müssen den Spiegel unseres Geistes dauernd polieren, um ihn sauber zu halten. Das war Shénxiùs Verständnis des Dharmas, der menschlichen Wesen und der Bedeutung seiner Praxis. Unser Körper und Geist ist ursprünglich erleuchtete Wirklichkeit selbst, aber der Staub der Begierde und Unwissenheit bedeckt sie. Wenn wir ihn polieren, wird der Spiegel strahlend klar und wird zu Weisheit.

Huìnéng konnte weder lesen noch schreiben. Auch wenn er keine gute Ausbildung erhalten hatte, musste er, als er die Mönche Shénxiùs Gedicht vorlesen hörte, gedacht haben: «Das ist nicht tiefgründig genug.» Also bat er einen der Schüler, ein Gedicht von ihm, Huìnéng, aufzuschreiben, und brachte es neben Shénxiùs Gedicht an. Es lautete wie folgt:

> Im Bodhi-Zustand gibt es keinen Baum.
> Der klare Spiegel braucht keinen Ständer.
> Eigentlich gibt es kein einziges Ding.
> Wo sollen Staub und Schmutz existieren?[99]

Huìnéng sagte: Erleuchtung hat keinen Baum und der Spiegel keine Gestalt und keine Form. Nichts existiert. Da alles vollständig leer ist, gibt es keinen Ort, wo Staub sich absetzen könnte. Es gibt nichts, was Begierde oder Verblendung genannt werden könnte. Unsere Erleuchtung, unsere Wirklichkeit ist immer klar. Es gibt nichts, was wir polieren, und nichts, was wir auslöschen müssten. Das war Huìnéngs Verständnis.

Heimlich in der Nacht übermittelte der fünfte Vorfahre die Dharma-Nachfolge an Huìnéng und veranlasste ihn, das Kloster zu verlassen. Shénxiùs Lehre, die nördliche Schule, wurde «allmähliche» Erleuchtung genannt, weil Shénxiù die Ansicht vertrat, dass wir nach langer Zeit der Praxis, nach dem Polieren des Spiegels, erleuchtet würden. In dieser Schule praktizieren Menschen, um die Verblendung, die auf Unwissenheit beruht, auszulöschen. Huìnéngs Lehre dagegen wurde «unmittelbares» Erwachen genannt. Der südlichen oder «unmittelbaren» Schule zufolge erlangt man die Verwirklichung unmittelbar, ohne das Durchlaufen einer allmählichen, stufenweisen Praxis. Die Verwirklichung der Wirklichkeit erfolgt jenseits der Unterscheidung zwischen Verblendung und Erleuchtung. Als Beispiel für diesen Gedanken des unmittelbaren Erwachens galt die Geschichte von Huìnéngs erster Verwirklichungserfahrung noch in der Zeit, bevor er begann, Zen zu studieren, nämlich als er hörte, wie jemand das *Diamantsūtra* rezitierte.

So trennten sich die zwei Schulen unter dem fünften Vorfahren, und Shítóu wurde ein Dharma-Enkel Huìnéngs. Darauf bezieht sich Shítóu, wenn er sagt, dass es auf dem Pfad, also Buddhas WEG, keine «südlichen» oder «nördlichen» Vorfahren gebe. Also obwohl er ein Dharma-Enkel Huìnéngs war, des Gründers der Südlichen Schule, sagt er, dass es keine Unterscheidung zwischen südlicher und nördlicher Schule gebe, das heißt, zwischen unmittelbarer und allmählicher Erleuchtung. Shítóu schrieb dieses Gedicht, um die grundlegende, ursprüngliche Wirklichkeit aufzuzeigen und die Unterscheidung zwischen den getrennten Lagern und Schulen zu überschreiten. So versteht man für gewöhnlich die Geschichte des chinesischen Zen im achten und neunten Jahrhundert.

Historische Wirklichkeit

Um Shítóus Position in der Geschichte des chinesischen Zen-Buddhismus und auch das, was er im «Verschmelzen von Unterschied und Einheit» schrieb, zu verstehen, könnte es hilfreich sein, den historischen Hintergrund des Zen im achten und neunten Jahrhundert zu kennen. Die Realität war wahrscheinlich viel komplexer, als wir sie uns normalerweise vorstellen. Guīfēng Zōngmì (Keihō Shūmitsu, 780–841) war ein berühmter Zen-Meister und buddhistischer Philosoph, der achtzig Jahre nach Shítóu geboren wurde. Er war ein Gelehrter der Kegon-Schule, einer buddhistisch-philosophischen Schule, die auf dem *Kegonsūtra (Avataṃsaka-Sūtra* oder *Blumenornamentsūtra*) beruhte. Feixiu (Haikyū, 797–870), ein Minister, war sehr an Zen interessiert, aber irritiert, weil es so viele verschiedene Zen-Schulen gab. Er konnte nicht verstehen, wie alle diese so verschiedenen Gruppierungen gleichen Ursprungs sein konnten. Wenn er Praktizierende befragte, waren ihre Antworten paradox. Sie sagten nichts Logisches. Da nun Zōngmì sowohl Gelehrter als auch Praktizierender war, bat der Minister ihn, ihm den Ursprung, die Tradition und die Geschichte des Zen zu erläutern, und wie die vielen verschiedenen Lehrmethoden mit dieser Tradition in Verbindung stünden. Zōngmì erklärte in einer kurzen Abhandlung die Abstammungslinie des Zen seit Bodhidharma. Er schrieb, dass es zu der Zeit sechs Schulen des Zen gebe, nicht nur die südliche und die nördliche.

Die erste hieß Niútóu-(Gozu- oder Ochsenkopf-)Schule, nach dem Berg, wo ihr Gründer lebte. Dieser Schule stand Niútóu Fǎróng (Gozu Hōyū, 594–657) vor, von dem es heißt, er sei ein Schüler des vierten Vorfahren gewesen. Also gab es im Zen sogar bereits vor dem fünften Vorfahren eine Aufteilung.

Die zweite, die nördliche Schule, war Shénxiùs Schule. Sie war besonders am Kaiserhof populär. Shénxiù selbst und einige seiner engeren Schüler wurden Lehrer des Kaisers. Diese Schule wurde von Hézé Shénhuì (Kataku Jinne, 668–760) in der ersten Hälfte des achten Jahrhunderts kritisiert und verlor bereits innerhalb weniger Generationen an Beliebtheit.

Die dritte und vierte waren zwei kleinere Gruppierungen, die Jìngzhòng-(Jōshū-)Schule, gegründet von Jìngzhòng Wúxiāng (Jōshū Musō, 684–762) und die Bǎotáng-(Hotō-)Schule, auf den Weg gebracht durch Bǎotáng Wúzhù (Hotō Mujū, 714–774). Das waren die Strömungen, die vom fünften Vorfahren abzweigten. Zōngmì sagte nicht viel über diese zwei weniger wichtigen Schulen.

Die fünfte und sechste waren «südliche» Schulen, die von Huìnéngs Linie abstammten. Die fünfte war die Hóngzhōu-(Kōshū-) Schule, gegründet durch Mǎzǔ Dàoyī (Baso Dōitsu, 709–788). Nányuè Huáiràng (Nangaku Ejō, 677–744) war ein Schüler von Huìnéng, und Măzŭ war Nanyues enger Schüler und aus der gleichen Generation wie Shítóu. Auch Măzŭ war Huìnéngs Dharma-Enkel.

Die letzte Schule, Hézé (Kataku), wurde von einem der engeren Schüler Huìnéngs mit Namen Hézé Shénhuì gegründet, der die nördliche Schule kritisierte und seinen eigenen Lehrer Huìnéng als legitimen Dharma-Erben des fünften Vorfahren darstellte.

Zu Shítóus Gruppierung äußerte sich Zōngmì überhaupt nicht, vielleicht weil sie nicht groß genug war. Er erörterte die Ähnlichkeiten und Unterschiede zwischen der Niútóu-Schule, der nördlichen und den zwei Abteilungen der südlichen Schule, Hóngzhōu und Hézé. Zōngmì selbst bekundete, er gehöre der Hézé-Schule an, deren Lehre er als die höchste von allen betrachtete. Heutige Gelehrte gehen jedoch davon aus, dass Zōngmì keine Verbindung zu dieser Linie hatte. Shenhui war einer der aktivsten von Huìnéngs engeren Schülern und erfand möglicherweise sogar die Geschichte der Dharma-Übermittlung vom fünften Vorfahren an Huìnéng. Als Huìnéngs Schüler wollte Shenhui ihn höher gestellt sehen als Shénxiù und als sechster Vorfahre anerkannt. Shénxiùs nördliche Schule war in der Hauptstadt, im Norden Chinas, mächtiger und beliebter, während Huìnéng aus der südlichen Landprovinz kam, nicht besonders bekannt war, und es ihm vielleicht aufgrund seiner Jugend an Glaubwürdigkeit mangelte.

In gewissem Sinn zeigt die Geschichte der verschiedenen Zen-Gruppierungen, bevor Zen im chinesischen Buddhismus festen Fuß fasste, die Bedeutung des «Verschmelzens von Unterschied und Einheit». Die Gruppierungen waren unterschiedlich, und doch wurden sie alle als Praktizierende des Zen betrachtet.

Ein Geist

Zōngmì verglich die vier Schulen anhand ihres Verständnisses von Unterschied und Einheit. «Unterschied» ist eine Übersetzung von *ji* und bezieht sich auf die Erscheinungsformen oder die relativen Aspekte unseres Lebens. «Einheit» bezieht sich auf den absoluten, grundlegenden Aspekt. Ursprünglich betrachtete man diese zwei Begriffe, Unterschied und Einheit, also die formhaften und die absoluten Aspekte unseres Leben, als die zwei Aspekte des Einen Geistes.

Shítóu verwendet die Formulierung «der Geist des großen Weisen aus Indien». Die Idee eines EINEN GEISTES hat ihren Ursprung in dem Text *Das Erwachen des Mahāyāna-Glaubens*, einem der wichtigsten Texte zur Theorie der Buddha-Natur (*tathāgata-garbha*). Er beginnt mit:

> Die wahre Bedeutung [des Mahāyāna erschließt sich] durch [die Darlegung der Lehre] von den zwei Aspekten des Grundprinzips des EINEN GEISTES. Der eine ist der Aspekt des Geistes als Ausdruck des Absoluten (*tathatā*, Soheit) und der andere ist der Aspekt des Geistes als Ausdruck der Erscheinungsformen (*saṃsāra*, Geburt und Tod).[100]

Saṃsāra ist der Aspekt des Lebens, in den wir hineingeboren werden, in dem für eine Weile leben und sterben. Er bezieht sich nicht nur auf die Psyche, sondern auch auf die Funktionen unseres Lebens. Während des Zeitraums zwischen Geburt und Tod ändern sich unser Geist und unser Leben fortlaufend, und es werden uns durch unseren speziellen Geburtsort und Zeitgeist Grenzen gesetzt. Wir werden durch unsere einzigartigen Erfahrungen, durch Erziehung und Kultur konditioniert. Verblendete Begierden funktionieren innerhalb dieses Aspekts des Lebens, weil wir die Wirklichkeit als ein Ganzes nicht erkennen können. Wir müssen unsere Entscheidungen aufgrund unserer begrenzten Blickwinkel treffen.

Weiter im *Erwachen des Mahāyāna-Glaubens*: «Jeder dieser zwei Aspekte umfasst alle Zustände des Daseins. Warum? Weil diese zwei Aspekte sich gegenseitig einschließen.» Sie durchdringen einander vollständig und wechselseitig. Wir leben, so der Text, ein universelles, ewiges Leben als absoluten Aspekt des GEISTES, und gleichzeitig ist unser individuelles und durch ebendiese Individualität begrenztes Leben als Erscheinungsform Ausdruck des gleichen GEISTES. Diese beiden Aspekte sind das, worauf der Buddha sich bezog. Er lehrte: Leben ist Leiden, und die Ursache des Leidens ist unser Begehren, das aus Unwissenheit entsteht. Er lehrte, dass wir unsere Lebensweise in Nirvāṇa verwandeln müssen. Das ist die Basis von Buddhas Lehre. Um Nirvāṇa zu verwirklichen, müssen wir praktizieren und den Achtfachen Edlen Pfad beschreiten, der aus Saṃsāra hinausführt. Im *Erwachen des Mahāyāna-Glaubens* sind

Saṃsāra und Nirvāṇa wirklich zwei Aspekte des EINEN GEISTES. Die Grundidee ist hier, dass beide in der Wirklichkeit unseres individuellen Lebens verkörpert sind. Obwohl die wahre Wirklichkeit eines Lebens jenseits von Unterscheidung und Verblendung ist, sind wir als Erscheinungsform aus relativer Sicht verblendet und ichzentriert. Wir haben verblendete Begierden, die Leid in unser Leben bringen. Also was sollten wir tun? Wie können wir in Nirvāṇa leben? Die verschiedenen Antworten auf diese Frage sind die Grundlage der vielen verschiedenen Lehren und Schulen.

Zōngmìs Anmerkungen zu den vier Schulen

Zōngmì erörterte die vier Schulen, obwohl er nicht vollständig objektiv war, weil er meinte, dass seine die beste Form von Praxis sei. Er verwendete die interessante Analogie des *mani*-Juwels, des strahlenden, transparenten Edelsteins, der die Buddha-Natur, den EINEN GEIST, symbolisiert. Er erklärte, dass dieser Edelstein keine Farbe habe, sodass er, wenn er mit dem Licht einer bestimmten Farbe bestrahlt würde, diese Farbe annehme. Ein farbloses Juwel auf einem schwarzen Blatt Papier wird schwarz. Auf einem roten Blatt erscheint es rot. Diese scheinbaren Veränderungen dienen als Gleichnis für die individuellen, relativen Aspekte der Situationen in unserem Leben. Wenn unser Leben wirklich schwarz wird, voller Verblendung und Begierde, erscheint das Juwel des EINEN GEISTES schwarz. Das strahlende Juwel nimmt die Farbe jeder Situation an, und doch ist es selbst ohne Farbe und verändert sich nicht.

Zōngmì sagte, dass die nördliche Schule lehre, die schwarze Farbe sei falsch, und um erleuchtet zu werden, um also das strahlende Juwel zu offenbaren, müssten wir das Schwarz entfernen. Unsere Praxis bestünde also darin, die Dunkelheit unserer Verblendungen auszuradieren. Wir müssten den strahlenden Edelstein polieren, um die Farben zu entfernen, die sich aus speziellen Situationen ergeben, und dies erfordere konstante Praxis.

Măzŭs Hóngzhōu-Schule vertrat die Ansicht, dass alles, was wir tun, ob wir erleuchtet sind oder verblendet, die Funktion des strahlenden Edelsteins sei. Sie lehrte, dass es ohne Farbe – sei es schwarz, weiß oder rot – kein strahlendes Juwel gebe. Wir müssten also keine spezielle Farbe vernichten, um das Juwel zu offenbaren. Buddha-

Natur existiere nicht unabhängig von bestimmten Situationen. Selbst verblendete Handlungen seien nichts anderes als die Funktion der Buddha-Natur. Deshalb müssten wir nichts polieren oder uns einer speziellen Praxis verpflichten. Wir akzeptieren alles als Wirklichkeit, als Funktion, als Impuls der Buddha-Natur.

Zōngmì zog ein weiteres Gleichnis heran, um Măzŭs Überzeugungen zu erläutern. Er verglich die Buddha-Natur mit dem Mehl in Kuchen und Brot. Man kann viele Arten von Brot und Kuchen von verschiedener Gestalt und verschiedenem Geschmack backen, aber es wird das gleiche Mehl für die Herstellung von allem verwendet. So ist es mit der Buddha-Natur in den Myriaden von Situationen in unserem Leben. Măzŭ war überzeugt, dass es nichts anderes gebe als Buddha-Natur und dass wir erkennen müssten, dass alles Buddha-Natur ist. Zōngmì mag vielleicht Măzŭs Überzeugungen übertrieben haben, als ein Mittel, um ihn zu kritisieren. Wir können auch nicht sicher sein, ob es das ist, was Măzŭ und seine Schüler wirklich dachten. Aber Zōngmì zufolge gingen diejenigen, die dieser Form von Praxis / Erleuchtung folgten, davon aus, dass es genug sei, zu glauben, dass alles und jedes eine Manifestation des Absoluten sei. Sie glaubten, wir bedürften keiner besonderen Form von Praxis und könnten frei leben.

Zōngmì erklärte, dass, während Măzŭs Schule lehre, alles sei eine Manifestation der Buddha-Natur, Niútóus Schule lehre, alles sei leer. Nicht nur die Farbe des Juwels, sondern sogar das farblos transparente Juwel selbst sei leer und wie ein Traum, und darum sollten wir nichts ergreifen wollen. Verblendung sei leer und ohne Substanz, genau wie das strahlende Juwel. Unsere Praxis bestünde somit darin, an nichts zu haften. Dies sei eine vollständige Durchdringung der Leerheit, und es gebe nichts, was wir erlangen könnten, und nichts, was wir eliminieren müssten. Wir müssten sowohl Verblendung als auch die Buddha-Natur als leer erkennen. Wir müssten die Leerheit aller Dinge verwirklichen. Zōngmì kritisierte die Niútóu-Schule für ihr Unvermögen, die dauerhafte Essenz des EINEN GEISTES zu erkennen, und für ihre irrige Überzeugung, dass der EINE GEIST ebenfalls leer sei.[101]

Die Hézé-Schule schließlich, so interpretierte Zōngmì, glaube, dass jede der anderen Schulen teilweise richtig lägen. Sie behaupteten, dass die individuellen Farben, verursacht durch verschiedene Bedingungen, unrichtig und eine mangelhafte Rückspiegelung der Wirklichkeit seien, was bedeute, dass unsere Unterscheidungen unrichtig und leere Verblendungen seien. Gleichzeitig seien sie überzeugt, dass der EINE GEIST nicht leer sei. Wir könnten ihn nicht erfassen, aber er sei hier, klar und strahlend, und er sei nicht leer. Wir müssten dieses EINSSEIN erkennen und sehen, dass dieses strahlende Juwel mit Verblendungen bedeckt sei, und praktizieren, um uns von Verblendungen durch unmittelbare Erleuchtung zu befreien. Solchermaßen verbinde diese Schule die Elemente von allmählicher Praxis und unmittelbarer Erleuchtung.[102]

Shítóus Linie

Unsere Linie, die Sōtō-Schule, wurde auch durch den sechsten Vorfahren Huìnéng übermittelt. Qīngyuán Xíngsī war Huìnéngs Dharma-Erbe und Shítóus Lehrer. Shítóu übermittelte den Dharma an Yàoshān Wéiyǎn (Yakusan Igen, 751–834) und Yàoshān unterwies Yúnyán Tánshèng (Un'gan Donjō, 780–841). Der Begründer der chinesischen Sōtō-Schule, Dòngshān Liángjiè (Tōzan Ryōkai, 807–869), war Yúnyáns enger Schüler. Diese Linie war den anderen Zen-Schulen nicht so gut bekannt zur Zeit Zōngmìs, der ein Zeitgenosse von Dòngshān war. Das war vielleicht so, weil Mǎzǔs Hóngzhōu-Schule überwältigend größer und beliebter war. Sie galt als «Alles-aus-einer-Hand-Laden», ähnlich einem Supermarkt, der für alle etwas hat. Shítóu war ein Zeitgenosse von Mǎzǔ. Im Vergleich zu Mǎzǔs Art zu praktizieren nannte man Shítóus Schule den «Echtgoldladen». Seine Form der Praxis galt als sehr rein, und da die Schule nur echtes Gold anbot, war sie klein. Yàoshāns Sangha war tatsächlich sehr klein, weniger als zwanzig Personen. Yúnyán war ein sehr ruhiger Mann. Er hielt sich selbst nicht für erleuchtet. Erst nach seiner und seiner engeren Schüler Zeit wurde diese Linie schließlich beliebt, und die Worte dieser fünf Meister wurden niedergeschrieben.

Das *Sandōkai* ist Shítóus Versuch, sein Verständnis der Beziehung zwischen der Buddha-Natur, also dem absoluten Aspekt unseres Lebens, und seinem relativen Aspekt als Erscheinungsform festzuhalten, mit anderen Worten, zwischen Erleuchtung und

Verblendung. Er tut dies, indem er die Überzeugungen der verschiedenen Schulen kontrastierend einander gegenüberstellt. Die nördliche Schule betont den Unterschied und versucht diesen mittels Einheit zu transzendieren. In Măzŭs Hóngzhōu-Schule findet man Einheit nur im Unterschied. Da es keine Einheit außerhalb von Unterscheidung gibt, war man in ihr davon überzeugt, dass wir die Unterscheidung akzeptieren müssen. In der Niútóu-Schule waren Verschiedenheit und Einheit beide leer und wir werden gelehrt, anzustreben, von solchen Bedeutungsunterschieden frei zu werden. Die Hézé-Schule schließlich konzentriert sich darauf, anzuerkennen, dass Unterschiede leer sind, während Einheit es nicht ist. Shítóu schlug vor, wir müssten danach trachten, die Beziehung zwischen Unterschied und Einheit deutlich zu sehen. Er betonte keines von beidem, sondern versuchte stattdessen, die Wirklichkeit als ein Verschmelzen von Unterschied und Einheit zu sehen. Ich denke, das ist es, was «Sandōkai» («Verschmelzen von Unterschied und Einheit») ausdrückt.

Shítóu sagt: «Mögen die Geisteskräfte der Menschen auch scharf sein oder stumpf, auf dem Weg gibt es keine ‹südlichen› oder ‹nördlichen› Vorfahren.» Er meint damit: Es gibt keinen Unterschied zwischen unmittelbarer und allmählicher Erleuchtung. Menschen haben verschiedene Fähigkeiten. Einige verstehen unmittelbar und einige eher nach und nach, aber in Wirklichkeit gibt es so eine Unterscheidung nicht. Für Shítóu ist jegliche Teilung des Dharmas und jegliche Diskussion, welche Annäherung an den Dharma die überlegene sei, sinnlos. Stattdessen wollte er uns den Einen Geist zeigen, «den Geist des großen Weisen aus Indien», vor jeder Trennung. Dieser Eine Geist umfasst zwei Aspekte: die spirituelle Quelle und die Nebenflüsse.

Spirituelle Quelle und Nebenflüsse

Die spirituelle Quelle strahlt hell im Licht,
die Nebenflüsse strömen in der Dunkelheit.
An sichtbaren Dingen zu haften, ist ganz und gar Verblendung,
mit dem Grundlegenden zu verschmelzen, ist noch nicht Erleuchtung.

Wie wir erfahren haben, war der Buddhismus zur Zeit Shítóus in Schulen aufgeteilt, die über grundlegende Fragen stritten, wie das Wesen der Erleuchtung und die beste Methode zu praktizieren. Shítóus Antwort war es, den Geist des großen Weisen aus Indien zu beschreiben. Er sprach nicht über Psychologie, sondern über die Wirklichkeit des Lebens, die sowohl die absoluten als auch die relativen Aspekte als Erscheinungsformen umfasst, indem er die Beziehung zwischen uns selbst und anderen Dingen als Objekte beschreibt.

Wie Dōgen-Zenji im *Shōbōgenzō Genjōkōan* sagte: «Den Buddha-Weg ergründen heißt sich selbst ergründen. Sich selbst ergründen heißt sich selbst vergessen. Sich selbst vergessen heißt eins mit den zehntausend Dingen sein. Eins mit den zehntausend Dingen sein heißt, Körper und Geist von uns selbst und Körper und Geist der Welt um uns fallen zu lassen.»[103] Das Studium der Lehren Buddhas ist das Studium dieses Körpers und Geistes, also dessen, wer wir sind. Shítóus Lehren über Verschiedenheit und Einheit, zwei verschiedene Weisen, den Buddha-WEG zu verstehen, handeln von nichts anderem als davon, unser Leben aus zwei verschiedenen Perspektiven als eine nahtlose Wirklichkeit zu sehen.

Im Buddhismus hat die Methode, eine einzige Wirklichkeit aus zwei verschiedenen Blickwinkeln zu sehen, seinen Ursprung in der Lehre Nāgārjunas. Im *Mūlamadhyamakakārikā* sagt Nāgārjuna: «Ohne auf gewöhnliche alltägliche Handlungen (d. h., relative Wahrheiten) zurückzugreifen, kann man die absolute Wahrheit nicht ausdrücken, und ohne sich der absoluten Wahrheit anzunähern, kann man Nirvāṇa nicht erlangen» (24:10).[104] Hier unterscheidet er zwischen der relativen Wahrheit, unserer alltäglichen Art des Denkens, und der absoluten Wahrheit. Auf diese Weise führt er den Gedanken des Erkennens einer einzigen Wirklichkeit auf zwei Weisen ein, und dies ist der Ursprung der Idee von Verschiedenheit und Einheit. Im «*Erwachen des Mahāyāna-Glaubens*» heißt es: «Die wahre Bedeutung [des Mahāyāna erschließt sich] durch [die Darlegung der Lehre] von den zwei Aspekten des Grundprinzips des EINEN GEISTES.»[105] Hier bedeutet «EIN GEIST» das gleiche wie «eine Wirklichkeit» oder «der Geist des großen Weisen aus Indien». Dieser EINE GEIST hat zwei Aspekte, die absolute Wahrheit und die Relativität der formhaften Dinge. EIN GEIST kann von zwei Blickwinkeln aus betrachtet werden. Das ist der Ursprung der Idee von Verschiedenheit und Einheit, im chinesischen Buddhismus *ji* und *ri* genannt. Wie wir gesehen haben, bedeutet *ji* wörtlich «Ereignis» oder «Ding», etwas sehr Spezielles und Konkretes. Es kann auch Erscheinungsform, Material oder etwas Individuelles und Unabhängiges sein. *Ri* bedeutet «das Grundlegende» oder «das Prinzip», etwas Abstraktes, was keine Gestalt oder Form hat, etwas Universelles. Diese zwei Aspekte sind nicht zwei Teile einer Sache. Beide Aspekte sind in der Wirklichkeit, dem «EINEN GEIST», inbegriffen. Von einer Seite aus ist EIN GEIST die Ansammlung von individuellen Dingen und von einer anderen Seite ist die gesamte Wirklichkeit ganz einfach eine einzige. Es gibt keine Unterscheidung oder Trennung innerhalb dieser einen Gesamtwirklichkeit. Und dennoch: Individualität verschwindet nicht. Individualität ist ohne Trennung vorhanden, was bedeutet, dass wir nicht zwischen Individuen unterscheiden.

Eine Hand und fünf Finger

Wenn ich zum Beispiel meine Hand hochhalte, könnt ihr sie als eine Hand sehen. Und dennoch könnt ihr sie genauso als fünf Finger sehen. Eine Hand hat fünf Finger und es gibt keine Hand jenseits dieser fünf Finger. Fünf Finger und eine Hand sind die gleiche Sache: zwei Aspekte einer einzigen Wirklichkeit. Innerhalb dieser Gruppe von fünf Fingern ist jeder Finger verschieden und hat sogar jeweils einen anderen Namen. Auf Japanisch heißt der Daumen *oyayubi* oder «Elternfinger». Der Zeigefinger heißt *hitosashiyubi,* der «Finger, der auf etwas deutet». Der Mittelfinger heißt *nakayubi*, was wörtlich «Finger in der Mitte» bedeutet. Der Ringfinger heißt *kusuriyubi*, «Arzneifinger», weil ein Arzt manchmal diesen Finger verwendet, um Medikamente zu dosieren. Der fünfte Finger wird *koyubi* genannt, «Kindfinger». Jeder Finger unterscheidet sich in Bezeichnung, Funktion und Gestalt. Jeder ist unabhängig und doch, wenn wir sie zusammen eine Hand nennen, verschwindet die Individualität jedes Fingers. *Ji* und *ri* sind zwei Weisen, die Dinge zu betrachten – als unabhängige Einzelwesen und als ein Ganzes. Auf die gleiche Weise ist die Hand ein Teil unseres Körpers, der noch viel mehr Teile hat. Jeder Teil – Hand, Kopf, Fuß und Milliarden von

Zellen – ist verschieden, und doch funktioniert dieser Körper als eins, als ein Körper.

Form und Leerheit

Der Ausdruck «spirituelle Quelle» bezieht sich auf die Einheit oder *ri*; «Nebenflüsse» bezieht sich auf die Vielfalt oder *ji*. Die spirituelle Quelle ist eins und die Nebenflüsse sind viele. Im *Sandōkai* wird *ji* erst mit «Dinge» übersetzt. Später wird das gleiche Wort mit «Erscheinungsformen» übersetzt. In dem Ausdruck «Verschmelzen mit dem Grundlegenden» ist das «Grundlegende» die Übersetzung von *ri*. Also bedeutet «Dinge» *ji* und das «Grundlegende» *ri*.

Im *Herzsūtra* korrespondieren die Begriffe «Form» und «Leerheit» mit *ji* und *ri*. «Form» bezieht sich auf ein individuelles Wesen mit einem Anfang und einem Ende; es wird geboren, bleibt für ein Weile und verschwindet. Von vergänglichen Wesen, Wesenseinheiten ohne dauerhaftes Selbst, heißt es, dass sie eine Form haben. Das *Herzsūtra* sagt uns, dass Form Leerheit ist. Das bedeutet, dass nichts als ein wirklich unabhängiges Wesen mit einer unveränderbaren Eigensubstanz existiert. Wir scheinen unabhängig zu sein, aber in Wirklichkeit werden wir von allen Wesen unterstützt. Ich kann als ein menschlicher Körper oder Geist nicht ohne die Unterstützung von Luft, Wasser, Nahrung und so weiter überleben. Das *Herzsūtra* sagt auch, dass Leerheit Form ist. Leerheit existiert nicht außerhalb von Form. Wir sind eine Verschmelzung von Unterschied und Einheit. Von einer Perspektive aus sind wir unabhängig, aber zur gleichen Zeit sind wir ganz und gar wechselseitig wirkend und voneinander abhängig miteinander verbunden. Als Buddhisten trachten wir danach, diese Widersprüchlichkeit zu verstehen, indem wir sie als zwei Blickwinkel auf eine einzige Gesamtwirklichkeit betrachten. Das ist die Grundidee von Unterschied und Einheit oder *ji* und *ri*.

Licht und Dunkelheit

In dem Satz «die spirituelle Quelle strahlt hell im Licht» symbolisiert «Licht» *ji*, den Unterschied. Das ursprüngliche Wort für «strahlt hell» ist *kōketsu*. *Kō* bedeutet «weiß» und *ketsu* «klar und unbefleckt». Das ruft das Bild eines Vollmondes wach. Aber der Mond leuchtet in der Dunkelheit, nicht im Licht. Der Satz ist also verwirrend, wenn er besagt, der Mond, die spirituelle Quelle, strahle im Licht.

In dem Satz «die Nebenflüsse strömen in der Dunkelheit» steht «Dunkelheit» für *ri*. Lange Zeit verstand ich diese zwei Sätze nicht, weil die spirituelle Quelle doch *ri* ist, Einheit, und Licht ist *ji*, Unterschied. Dieser Satz besagt, dass die spirituelle Quelle (die Einheit) hell im Licht (in der Vielfalt oder Verschiedenheit) erstrahlt. Ähnlich fließen die «Nebenflüsse» als Symbol für *ji* oder Vielfalt «in der Dunkelheit» als Symbol für *ri* oder Einheit. Die Aussage, dass Einheit in der Verschiedenheit erstrahlt und Verschiedenheit in der Einheit fließt, ist ein Paradox, aber es stellt die dynamische wechselseitige Durchdringung von Unterscheidung und Nichtunterscheidung heraus.

Wir sind getrennt, aber zusammen

Wir sollten dies als ein Ganzes verstehen. Einheit und Unterschied sind nicht zwei verschiedene Dinge; sie verschmelzen. Aus der Perspektive von *ji* oder Unterschied sind wir unabhängige Menschen, getrennte Individuen. Ich bin nicht du, du bist nicht ich. Dennoch können wir nicht vollständig allein leben. Wir leben mit anderen Menschen und Dingen zusammen; sie sind Teil der Wirklichkeit unseres Lebens. Doch auch wenn das so ist, kann ich deinen Schmerz nicht fühlen und du nicht meinen. Meine Frau hat Zahnschmerzen, aber ich hatte noch nie Zahnschmerzen. Ich war sogar noch nie beim Zahnarzt. Ich kann ihre Schmerzen nicht spüren, aber ich habe meine eigenen Schmerzen. Ich habe Schmerzen unten im Rücken, die sie nicht fühlen kann. Wirklich ist, dass wir vollständig getrennte Individuen sind. Wir können nicht mal Schmerz teilen. Wir werden allein geboren und wir sterben allein. Niemand kann an meiner Stelle geboren werden, niemand kann für mich leben und niemand kann für mich sterben. Von Geburt an sind wir allein: Wir leben allein, völlig unabhängig, und wenn wir sterben, sind wir wirklich allein.

Und doch können wir niemals vollständig allein sein. Wir können nicht ohne eine Mutter und einen Vater geboren werden. Wir können nicht ohne die Unterstützung durch unsere Eltern, der Familie und der Gesellschaft aufwachsen. Unser Leben hat zwei Seiten: unabhängig und wechselwirkend abhängig. Das ist aber keine Angelegenheit von zwei getrennten Teilen unseres Lebens. Unser gesamtes Leben ist individuell und zur gleichen Zeit ist unser gesamtes Leben zu 100 Prozent wechselwirkend abhängig. Es gibt keine Abgrenzung zwischen den beiden. Das ist ein wichtiger Punkt. Wir sollten beide Seiten unseres Lebens zur gleichen Zeit sehen. So können wir die Wirklichkeit unseres Lebens erkennen und erfassen. Das scheint widersprüchlich zu sein und es macht uns Probleme, wenn wir darüber nachdenken. Dann werden diese zwei Seiten zu getrennten Dingen, zu zwei Prinzipien: Individualismus und Kollektivismus. Wenn wir das nicht verstehen, wenn wir es nicht schaffen, die wahre Wirklichkeit zu erkennen und zu leben, werden wir krank. Wenn wir am Individualismus festhalten, leben wir gemäß dem Prinzip «Ich bin ich; ich bin nicht du und du bist nicht ich», wir leben isoliert vom Rest der Welt. Wenn wir auf der anderen Seite nur am Aspekt der Einheit, des Ganzen festhalten, ignorieren wir die Individualität und leben als Individuum nur, um der Gesellschaft zu dienen, und auch das ist nicht gesund.

In der amerikanischen Gesellschaft ist der Individualismus ein Problem, wohingegen in Japan bis vor gar nicht langer Zeit die Familie am allerwichtigsten war und jede Person nur um der Familie willen lebte. Jedes dieser Extreme ist krankhaft.

«Einfach sitzen» ist das Verschmelzen von Unterschied und Einheit

Häufig verführt einen die Praxis oder das Studium von Zen oder Buddhismus dazu, seine Individualität zu negieren oder zu überschreiten. Wir wollen eins werden mit der Universalität oder der Buddha-Natur. Ich stimme dieser Herangehensweise aber nicht zu. Der chinesische Meister Shèngyán zum Beispiel schrieb in einem Kommentar zum *Sandōkai*: «Die erste Zeile dieses Verspaares bezieht sich auf Licht oder strahlendes Leuchten. Die zweite Zeile bezieht sich auf Dunkelheit. Leuchten steht für Erleuchtung und Dunkelheit steht für Sorgen und Nöte oder die Bedingungen fühlender Wesen vor ihrer Erleuchtung.»[106] In seiner Interpretation ist

Dunkelheit Verblendung und wir sind verblendete menschliche Wesen, weil wir die Einheit nicht erkennen können. Er sagt, Erleuchtung bedeute, die Einheit wahrzunehmen. Shítóu jedoch sagt, dass Verblendung bedeute, begehrlich nach *ji,* nach vermeintlich dauerhaften Dingen zu verlangen. Ich glaube, das ist wahr. Shítóu sagt weiter: «Mit dem Grundlegenden zu verschmelzen, ist noch nicht Erleuchtung.» Mit dem Grundlegenden zu verschmelzen bedeutet, Individualität zu transzendieren und eins mit der Einheit zu werden. Es bedeutet, die Leerheit aller Dinge zu sehen. Aber Shítóu sagt: «Eins werden mit dem Grundlegenden ist noch nicht Erleuchtung.» Weder Individualität noch Einheit ist Erleuchtung.

Zen wird oft als eine Folge von Stufen verstanden: Wir würden starten aus Ichzentriertheit, vollständig verblendet und an uns selbst haftend. Durch Studium und Praxis wollten wir frei werden von der Ichzentriertheit. Um frei zu sein vom Haften an einem Ich, müssten wir die Leerheit aller Wesen erkennen. Das sei *kenshō* oder *satori.* Aber das sei nicht endgültige Erleuchtung, wir müssten vielmehr zur Individualität zurückkehren. Das alles ist eine recht geläufige Art und Weise, die Stufen der Praxis zu erläutern, aber sie stimmt mit meinem Verständnis des Dharmas und der Praxis, die auf Dōgen-Zenjis Lehren beruht, nicht überein.

Dōgen lehrte, dass es in der Praxis keine Stufen gebe. Er sagte, dass Praxis und Erleuchtung tatsächlich eins seien. Wenn es Stufen gäbe, würde es verblendete und erleuchtete Menschen geben und es gäbe eine Stufe vom verblendeten Stadium zum erleuchteten Stadium des Geistes. Es gäbe eine Unterteilung zwischen Verblendung und Erleuchtung und zwischen verblendeten und erleuchteten Menschen. Diese Unterteilung ist selbst Verblendung, weil es im Bereich des Absoluten keine solche Stufen gibt, keine Unterscheidung zwischen Verblendung und Erleuchtung. Unterscheidung zwischen Erleuchtung und Verblendung existiert allein in *ji*; es gibt aber keine Unterscheidung in *ri.* In der Einheit, in der Leerheit, sind Verblendung und Erleuchtung nicht verschieden, noch sind es Saṃsāra und Nirvāṇa oder verblendete menschliche Wesen und Buddhas. Darin besteht die Lehre von der Leerheit. Unsere Praxis schreitet nicht Stufe für Stufe voran. Mit diesem Körper und Geist sitzen wir sowohl in der Individualität als auch der Universalität. Oft genug werden wir durch unsere Ichzentriertheit hin und her gezerrt. Wenn wir in dieser Haltung sitzen und in unserem Zazen das Denken gehen lassen, haben wir keine Technik. Wir haben kein Meditationsobjekt und auch kein Objekt der Kontemplation. Wir konzentrieren unseren Geist auf überhaupt nichts Bestimmtes. Wir achten noch nicht einmal besonders auf unsere Atmung. Wir zählen keine Atemzüge. Wir visualisieren überhaupt nichts. Wir sitzen einfach in dieser aufrechten Haltung, atmen durch die Nase, ruhig, tief und sanft und lassen das Denken los. Das Denken loslassen bedeutet, allem, was immer auch hineinkommt, zu erlauben, wieder hinauszugehen. Wir lassen jegliche Idee, jegliches Begehren, jegliche Vorstellung auftauchen und dann wieder frei von dannen ziehen. Nichts bleibt für immer. Wir versuchen nicht, unseren Geist zu kontrollieren. Wir halten einfach unseren Körper aufrecht, atmen ruhig und lassen das Denken los. Das ist unser Zazen gemäß den Lehren Dōgen-Zenjis.

Bei diesem Zazen geht die Individualität dennoch nicht verloren: Das ist meine Praxis; niemand anders kann für mich sitzen. Mein Sitzen ist meins ganz allein. Und doch lassen wir inmitten dieser Sitzpraxis unsere Ichzentriertheit los. Das Denken loszulassen bedeutet, unsere Ichzentriertheit loszulassen. Dieser Körper und Geist ist wirklich Teil der Buddha-Natur, nicht etwas Abgetrenntes. Während dieses Zazen werden sowohl *ji* als auch *ri* verwirklicht; keines von beiden wird negiert, keines von beiden wird bejaht. Beide Seiten manifestieren sich auf ganz natürliche Weise in dieser schlichten Praxis. Darin liegt die Bedeutung von Dōgen-Zenjis Aussage «Praxis und Erleuchtung sind eins». Praxis ist meine eigene, individuelle Praxis, und Erleuchtung ist universell. Es gibt keine Trennung zwischen meiner Erleuchtung und deiner Erleuchtung, aber Praxis ist individuell. Ich kann nicht für dich praktizieren. Praxis ist meine persönliche Aktivität, die die universelle Wirklichkeit des Lebens offenbart. Dieses Zazen selbst ist das Verschmelzen von Unterschied und Einheit, keine Schritt-für-Schritt-Meditationspraxis. Wenn wir sitzen, sitzen wir nur. Wir bringen Unterschied und Einheit, Individualität und Universalität vollständig zum Ausdruck. Das Denken loszulassen ist, davon bin ich überzeugt, der wichtigste Punkt unserer Zazen-Praxis.

Praxis in unserem tagtäglichen Handeln

In unserem tagtäglichen Handeln jedoch können wir das Denken nicht loslassen. Wenn wir zum Beispiel eine Mahlzeit zubereiten, müssen wir das Rezept lesen. Wir müssen die richtigen Zutaten auf die angemessene Weise verwenden. Da wir die Gedanken nicht loslassen können, müssen wir mit unseren Gedanken praktizieren, mit dem, was wir gerade tun. Wir müssen uns darüber klar sein, was wir kochen. Wir müssen unterscheiden. Salz und Zucker sehen sich sehr ähnlich, sind aber vollständig verschieden, und deshalb müssen wir zwischen ihnen unterscheiden. Wir brauchen Unterscheidung, und doch, als eine Praxis während des Kochens, lassen wir unser Denken los. In diesem Fall bedeutet loslassen das Loslassen aller Gedanken, die wir beim Kochen nicht brauchen, dass wir vollständig dessen gewahr sind, was wir genau jetzt genau hier in diesem Moment tun. Wir setzen unseren gesamten Geist ein, um uns auf unser tagtägliches Handeln zu konzentrieren.

Kochen bedeutet auch, anderen zu dienen. Eine Mahlzeit für andere zuzubereiten heißt, ihnen eine Gabe darzubringen. Unser Leben wird Teil des Lebens einer anderen Person. Das ist die konkrete Bedeutung von wechselwirkend abhängigem Dasein. Durch unser Handeln können wir eins mit anderen Wesen werden. Einssein von Subjekt und Objekt ist keine Frage von Philosophie, Kontemplation oder Überzeugung, sondern das Ergebnis einer konkreten Handlung. Durch eine Handlung wie das Kochen für andere wird unsere Energie zu einer Mahlzeit und die Mahlzeit wird zur Energie anderer Menschen. Unser tagtägliches Handeln, nicht nur im Zendō, sondern auch zu Hause und bei der Arbeit, sollte auf unserem Zazen aufbauen, auf dem Verschmelzen von Unterschied und Einheit. Unsere Praxis ist es nicht, unsere Individualität zu vernichten. Natürlich ist es auch nicht unsere Praxis, egoistischer zu werden, aber ebenso wenig bedeutet es, einfach nur eins mit der Einheit zu werden, eins mit allen Wesen. Unsere Praxis ist es, das Verschmelzen von Unterschied und Einheit vollständig in jedweder Handlung zu manifestieren, einschließlich Zazen. Auf dieser Grundlage wollen wir leben und handeln. Wir verlassen uns nicht auf andere, und doch praktizieren wir mit anderen zusammen. Das ist schwierig, aber es ist die gesündeste Art zu leben. Wir können unabhängig sein und nicht auf andere bauen und ihnen dennoch helfen. Trotzdem geraten wir häufig auf Abwege. Ganz natürlich zu sein, ist die schwierigste Angelegenheit für uns menschliche Wesen.

Subjekt – Objekt: wechselseitiges Wirken und nichtwechselseitiges Wirken

Alle Sinne und jeder ihrer Bereiche
wirken wechselseitig und tun es auch nicht.
Wechselseitig wirkend verschmelzen sie
oder verbleiben in ihrem eigenen Zustand.

Jede Zeile in diesem chinesischen Gedicht besteht aus fünf Schriftzeichen. In diesen vier Zeilen verwendet Shítóu nur fünfzehn verschiedene davon, fünfzehn Worte, um das Gesamte der Wirklichkeit zum Ausdruck zu bringen. Das ist für mich unglaublich. Ich könnte ein ganzes Buch über diese vier Zeilen schreiben.

Sechs Sinnesorgane und die Sechs Objekte

Der erste Ausdruck, «alle Sinne», ist die Übersetzung von *monmon. Mon* bedeutet «Tor», «Eingang» oder «Ausgang». Dieser Ausdruck bezieht sich auf jedes der sechs Sinnesorgane. Diese werden Tore genannt, weil durch sie Stimulation von außen zu uns gelangt und wir unsere Gedanken und Gefühle durch sie nach außen hin ausdrücken. Das nächste, «jedes Feld», ist die Übersetzung von *issai no kyō. Issai* bedeutet «alles» und *kyō* ist in einem buddhistischen Zusammenhang «Objekt außerhalb von uns selbst». Das bezieht sich auf die sechs Objekte der Sinnesorgane. Das Objekt des sechsten Sinnesorgans, des Geistes, ist etwas, was wir nicht berühren können, nicht sehen, hören, riechen oder schmecken, sondern etwas, was wir uns nur vorstellen können. Abstrakte Begriffe wie Liebe, Zahlen und Dinge, die nicht existieren, wie «das Haar einer Schildkröte» oder «das Horn eines Hasen», können Objekte des Geistes sein. Wir können diese Dinge nicht wahrnehmen und doch können wir über sie nachdenken.

Die sechs Sinnesorgane und ihre Objekte sind die Gesamtheit unseres Lebens. Unser Leben besteht aus Subjekt (wir selbst, Körper und Geist) und Objekten (alle Wesen als die Objekte unserer Sinnesorgane). Die Objekte unserer Sinnesorgane sind außerhalb unseres Körpers und gehören nicht zu uns. Der allgemeine Menschenverstand sagt uns, dass es eine Trennung zwischen den sechs Sinnesorganen und ihren Objekten gibt. Wir, mit unserem Körper und Geist, stellen eine Verbindung mit den Objekten außerhalb von uns her. Wir halten manche Dinge für wertvoll oder nützlich, andere nicht. So urteilen wir und bewerten, unterscheiden und kategorisieren. Wenn wir auf ein Objekt treffen, stecken wir es in eine Kategorie und denken, wir verständen es. Das ist unsere gewöhnliche Sichtweise.

Die sechs Sinnesorgane und ihre sechs Objekte kennen wir aus dem *Herzsūtra*: «Keine Augen, keine Ohren, keine Nase, keine Zunge, kein Körper, kein Geist, keine Farbe, kein Klang, kein Geruch, kein Geschmack, keine Berührung, kein Objekt des Geistes.» Das Sūtra sagt, dass solche Kategorien nicht real sind. Genau genommen sagt es damit auch, dass es kein unabhängiges Etwas, «Ich» genannt, gibt, das diese Kategorien erschaffen könnte. Es gibt keine unabhängigen Wesenseinheiten wie Augen, Ohren, Nase, Zunge, Körper und Geist. Noch gibt es unabhängige Wesenseinheiten, die Farbe, Klang, Geruch, Geschmack, Berührung oder Geistesobjekte genannt werden. In Wirklichkeit gibt es überhaupt gar keine unabhängigen Wesenseinheiten, weder innerhalb noch außerhalb von uns. Stattdessen wirken Augen, Ohren, Nase, Zunge, Körper und Geist als ein einziger Körper und Geist, zusammen als ein «Ich». Farbe, Klang, Geruch, Berührung, Geschmack und Geistesobjekte arbeiten ebenfalls zusammen. Das ist Leerheit oder wechselseitig abhängiges Entstehen. Alles unterstützt alles andere; nichts hat eine unabhängige Eigensubstanz. Das Ergebnis ist, dass alles alles wechselseitig durchdringt.

Wir existieren durch die Unterstützung durch alle Dinge

Ohne Nahrung, Wasser und Luft können wir nicht leben und unseren Körper und Geist instand halten. Nahrung wird aus anderen Wesen produziert; wenn wir verdauen, verleiben wir sie uns ein, in unseren Körper. Unser Leben wird von allen Wesen unterstützt. Das ist abhängiges Entstehen. Wir werden in gleicher Weise von

Dingen aus der Vergangenheit unterstützt. Ich kann dieses Glas verwenden, um heute Wasser zu trinken, weil es jemand hergestellt hat und jemand Wasser eingefüllt und es mir dann gebracht hat. Alles in diesem gegenwärtigen Moment, alles in der Vergangenheit und auch in der Zukunft unterstützt alles andere. Das alles arbeitet als eine einzige Funktion zusammen. Das ist *śūnyatā*, Leerheit oder abhängiges Entstehen.

Sinnesorgane arbeiten zusammen

In dem Satz «Alle Sinne und jeder ihrer Bereiche wirken wechselseitig und tun es auch nicht» bezieht sich «Bereich» auf das Objekt jedes Sinnes, der mit dem Sinnesorgan zusammenarbeitet. Es gibt keine Trennung aus universaler Sicht. Und doch können wir nicht sagen, dass das Auge und das Ohr das Gleiche sind. Auge ist Auge, Ohr ist Ohr und Nase ist Nase. Sie haben verschiedene Funktionen und Gestalt. Sie können sich nicht gegenseitig ersetzen. Wenn wir unsere Augen verloren haben, können wir nicht sehen. Wenn wir unsere Nase verlieren, können wir nicht riechen. Aber in einem universalen Sinn sind sie nicht unabhängig; keiner von ihnen hat ein Eigenwesen. Sie sind wirklich wechselseitig abhängig. Und doch ist aus der Weltsicht unseres gesunden Menschenverstandes ein Auge ein Auge, eine Nase eine Nase, eine Zunge eine Zunge. Individualität und Universalität koexistieren immer, und keine der beiden Seiten sollte negiert oder ignoriert werden. Wir sollten immer danach trachten, die Wirklichkeit, alle Wesen und unser Leben von beiden Blickwinkeln aus zu sehen.

Wechselseitiges Wirken und nichtwechselseitiges Wirken

In dem Ausdruck «wirken wechselseitig und tun es auch nicht» ist «wechselseitig wirken» im Japanischen *e-go*. *E* bedeutet «umwenden» und *go* «gegenseitig» oder «wechselseitig». Also bedeutet *e-go* gegenseitig umwenden, beeinflussen, zusammenarbeiten oder sich gegenseitig durchdringen. Wechselseitiges Wirken ist ein Aspekt von Einheit: Auge, Ohr, Nase, Zunge, Körper und Geist arbeiten ohne Trennung zusammen. Die zweite Hälfte des Satzes, *fu e-go*, bedeutet umgekehrt «nichtwechselseitiges Wirken»: das Auge ist das Auge, das Ohr ist das Ohr, die Nase ist die Nase, die Zunge ist die Zunge. Alles ist in seiner eigenen Funktion unabhängig. Dieser Aspekt beschreibt die Individualität, Unabhängigkeit und Unterscheidung. Beide Aspekte finden sich bereits im Titel, «Das Verschmelzen von Unterscheidung und Einheit».

Nehmt ein Orchester: Jede Person spielt ein anderes Instrument. Eine Violine ist kein Klavier und ein Klavier ist keine Trommel. Sie alle produzieren unterschiedliche Klänge. Sie sind unabhängig und können einander nicht ersetzen, und doch ergeben sie alle zusammen ein musikalisches Ganzes. Wir hören dieses Ganze, und doch spielt jeder Musiker nur seinen eigenen Anteil. Beide Seiten sind immer präsent. Das gilt für jedwede Gemeinschaft. In diesem Sangha zum Beispiel gibt es verschiedene Positionen, jede wird von einer anderen Person eingenommen, die seine oder ihre eigenen Pflichten erfüllt. Aber dieser Sangha existiert auch als ein Ganzes, als *ein* Sangha, und in diesem Sinn gibt es keine Trennung unter uns. «Wechselseitiges Wirken» beschreibt, dass alles zusammenarbeitet, und «nichtwechselseitiges Wirken» beschreibt, dass alles seine eigene individuelle Gestalt, Funktion und Praxis hat.

Harmonie in Gemeinschaft

Gemeinschaft umfasst immer beide Aspekte. Wenn wir eine der beiden außer Acht lassen, werden der Sangha, die Familie oder der eigene Körper krank und funktionieren unzureichend. Wenn wir nur an ein Individuum denken und die Gemeinschaft als ein Ganzes aus dem Blick verlieren, funktioniert die Gemeinschaft nicht. Aber es ist nicht gesund, zu viel Betonung auf die Gemeinschaft zu legen und die Individuen zu vernachlässigen. Wenn wir uns zu weit in Richtung eines der beiden Extreme bewegen, werden wir krank. Wir müssen den mittleren Weg finden. Dies ist einer der wichtigsten Begriffe im Buddhismus. Wir finden den mittleren Weg, wenn wir weder das Individuum noch die Gemeinschaft opfern. Im *Shōbōgenzō Bodaisatta shishōbō* («Die vier Arten des sozialen Handelns eines Bodhisattvas») sagte Dōgen-Zenji: «Mit anderen gut zusammenarbeiten bedeutet, nicht gegen sie zu sein. Es bedeutet, weder mit sich selbst noch mit den anderen im Widerspruch und Konflikt zu sein.»[107] Das bedeutet, wir müssen einen Weg finden, uns friedlich und harmonisch zu verhalten, sowohl in Bezug auf uns selbst als auch auf andere, und hilfreich zu sein als Ganzes. Das nennt man Mitgefühl. Es bedeutet nicht, dass ich mich um der Gemeinschaft willen aufopfere, sondern dass die Gemeinschaft dieses Ich mit einschließen sollte. Wir müssen einen Weg finden, damit diese Gemeinschaft dieses Individuum einbeziehen und gesund sein kann. Das ist der Bodhisattva-WEG.

Wechselwirkendes und nichtwechselwirkendes Wechselwirken

In der nächsten Zeile des *Sandōkai* lesen wir: «Wechselseitig wirkend verschmelzen sie». Wir dürfen diese Formulierung nicht so missverstehen, dass Dinge nur gelegentlich miteinander in Wechselwirkung stünden. Eigentlich stehen alle Dinge ständig in wechselseitiger Beziehung. Das japanische Wort für «verschmelzen» ist hier *wataru.* Das chinesische Schriftzeichen für dieses Wort hat zwei Komponenten: Eine bedeutet «Wasser» oder «Fluss» und die andere «gehen». Zusammen bedeuten die beiden: den Fluss überqueren bzw. in diesem Fall einen Fluss ohne Brücke zu Fuß überqueren. Häufig waren chinesische und japanische Dörfer durch einen kleinen Fluss getrennt. Der Fluss ist eine Grenzlinie, die man nur überquert, wenn es ein Problem zu lösen gibt. Dieses Schriftzeichen bedeutet also, zu verhandeln, sich zu treffen, um Probleme zu lösen. Es bedeutet auch, sich in der Welt umzublicken oder in der Welt herumzuwandern und sich Dinge anzuschauen. Insofern bedeutet *wataru,* Grenzen zu überqueren und zusammenzuarbeiten.

Gleichzeitig impliziert es eine gewisse Unabhängigkeit, da Menschen die Grenzlinien zwischen Dörfern nicht sehr häufig überqueren. Besonders in alten Zeiten war es so, dass die Leute in dem Dorf starben, in dem sie geboren wurden. Es kam häufig vor, dass eine Familie viele Generationen lang in dem gleichen Dorf lebte. Als ich in einem kleinen Bauerndorf im Umland von Kyōto lebte, gab es ungefähr siebzig Familien, von denen die meisten mehr als fünfhundert Jahre dort gelebt hatten. Im Tempel gab es ein Familiengrab, das bis ins sechzehnte Jahrhundert zurückdatierte. Die Dorfbewohner kamen nicht viel heraus. Aber wenn es Probleme gab, mussten sie die Grenzlinie überqueren, sich treffen, verhandeln und zusammenarbeiten. Das ist *wataru.* Dieses Schriftzeichen (*kanji*) verweist also sowohl auf Individualität als auch auf Zusammenarbeit. Das wechselseitige Handeln, das es beschreibt, ist nicht an eine bestimmte Zeit oder Gelegenheit gebunden, sondern geschieht fortlaufend zwischen allen Wesen und Dingen. Und doch sind alle Dinge gleichzeitig unabhängig.

Nichtwechselseitiges Wirken im wechselseitigen Wirken
Die nächste Zeile, «oder verbleiben in ihrem eigenen Zustand», bezieht sich auf das nichtwechselseitige Wirken, das ebenso ein fortlaufender Aspekt der Wirklichkeit ist und nicht etwas, was nur zu einer bestimmten Zeit und nur unter bestimmten Umständen stattfindet. Das Auge ist immer das Auge, die Nase ist die Nase. Ich bin ich, du bist du. Das Schriftzeichen, das hier mit «Zustand» übersetzt wird, hat wieder zwei Komponenten. Eine bedeutet «menschliches Wesen oder Person», die andere «stehend». Zusammen beschreiben sie eine Person, die an einem bestimmten Platz steht, was bedeutet, dass jede Person ihren eigenen Platz, ihre eigene Position hat. Das bezieht sich nicht nur auf Individuen, sondern auch auf die Funktionen jedes Individuums. Alle Sinne und ihre Objekte sind unabhängig. Jedes hat seinen eigenen Ort, seine eigene Zeit, seinen eigenen Rang und seine eigene Funktion. Sie können sich nicht zusammenschließen. Beide Aspekte, Individualität und wechselseitiges Wirken, sind immer gegenwärtig. Das klingt widersprüchlich, aber es ist in der Tat das Wesen der Wirklichkeit.

Wundervoller Dharma
Dōgen-Zenjis Hauptwerk ist das *Shōbōgenzō. Shō* bedeutet «wahr», «richtig» oder «korrekt». *Bō* (*hō*) ist «Dharma», *gen* «Auge». *Zō* ist ein «Lagerhaus» oder eine «Schatzkammer». *Shōbōgenzō* bedeutet somit «Schatzkammer des wahren Dharma-Auges». Das bedeutet, dass diese Wirklichkeit, die Wirklichkeit unseres Lebens, eine Schatzkammer des Auges ist. In diesem Fall steht «Auge» für die Weisheit, die den wahren Dharma sieht. Das Sanskritwort für «wahrer Dharma» ist *saddharma.* Es ist Teil des Titels des *Lotos-sūtras*, des *Saddharmapuṇḍarīka-Sūtras,* wo es «wahre Wirklichkeit» oder «wahre Lehre» bedeutet. Die sinojapanische Übertragung dieses Sanskritwortes ist *myōhō. Myō* ist ein interessantes Schriftzeichen mit zwei Komponenten: Eine bedeutet «Frau» und

die andere «jung». Ursprünglich bezieht sich *myō* also auf die Schönheit einer jungen Frau. Es bedeutet schön, vorzüglich, wundervoll, außergewöhnlich und sich ständig verändernd – etwas, was wir nicht ergreifen und nicht mithilfe der Logik verstehen können. Also ist die Wirklichkeit unseres Lebens umwerfend, wundervoll und doch auch befremdlich und schwer zu verstehen. Wie oben schon erläutert ist *hō* der Dharma.

Die Wirklichkeit selbst ist für uns eine große Frage. Es gibt keine Möglichkeit, die Wirklichkeit unseres Lebens in irgendein logisches System hineinzureduzieren und sie vollständig zu verstehen, weil unser Leben so komplex ist. Die Wirklichkeit fragt uns ständig: «Was ist dieses Leben? Wer sind wir? Was tue ich eigentlich gerade?» Die Antwort muss in irgendeiner Form aus unserem Tun, unserer Praxis kommen. Praxis bedeutet nicht notwendigerweise Sitzen oder die Lehre Buddhas studieren, es kann jede Handlung unseres täglichen Lebens sein. Selbst wenn wir es vermeiden, die Fragen der Wirklichkeit zu beantworten, ist die Vermeidungsstrategie selbst schon eine Antwort. Wenn wir die Wirklichkeit leugnen, ist das auch eine Antwort. Also können wir sie nicht umgehen. Jeder Einzelne von uns kommt, samt seinem Selbstbild, seinem Körper, seinem Geist und seiner Situation, um diese Wirklichkeit nicht herum. Wir selbst und unsere Situation funktionieren zusammen. Wir müssen diese vollständige Wirklichkeit als uns selbst akzeptieren. Wir sind kein abgetrenntes Teilstück der Wirklichkeit. Unser Leben ist die Summe all der Dinge, die innerhalb und außerhalb von uns stattfinden. Wir wollen friedlich sein, nicht nur in uns, sondern überall im gesamten Universum. Vielleicht ist hier bei uns kein Krieg, aber wenn es irgendwo anders Kämpfe gibt, kann dieses Land nicht friedlich sein, weil alles miteinander verbunden ist. Wir müssen mit den Dingen innerhalb und außerhalb von uns selbst kooperieren. Diese Haltung ist Bodhisattva-Praxis.

Diese vier Sätze drücken die wundervolle Wirklichkeit unseres Lebens aus; ein Leben, das zwei Aspekte hat, wechselseitig wirkend und auch nicht wechselseitig wirkend, und beide Aspekte stehen selbst miteinander in Wechselwirkung. Dennoch bleibt alles und jedes auf seinem eigenen Dharma-Platz. Dieser Ausdruck «Dharma-Platz» stammt ursprünglich aus dem *Lotossūtra*. Dōgen-Zenji verwendet ihn im *Shōbōgenzō Genjōkōan,* wo er sagt, dass Feuerholz auf seinem Dharma-Platz als Feuerholz bleibt und Asche auf seinem Dharma-Platz als Asche, und «das Vorher und das Nachher wird abgeschnitten» durch das Feuer. Es ist schwierig zu verstehen, aber wir müssen dies als Kōan durcharbeiten. *Genjō* bezieht sich auf das, was auch immer in diesem gegenwärtigen Moment als dem Dharma-Platz passiert. *Kōan* bedeutet sowohl «Wirklichkeit» als auch «Frage». Die Wirklichkeit stellt eine Frage: «Was ist das?», und wir müssen antworten. Die Antwort ist unsere Praxis, unser Handeln.

Dunkelheit und Licht

> Formen unterscheiden sich gänzlich in Material und Erscheinung,
> Klänge unterscheiden sich fundamental als angenehm oder grell.
> «Dunkelheit» benennt das Verschmelzen von hoch und tief,
> «Licht» die Unterscheidung von rein und befleckt.

Unterschiedlichkeiten der Objekte

Mit «Formen» sind hier die materiellen Objekte unserer Sinnesfelder gemeint. Obwohl dieses Gedicht nur Formen und Klänge erwähnt, sind alle sechs Objekte unserer sechs Sinnesorgane gemeint (einschließlich des Geistes, der mentale Formungen wahrnimmt). Alle Dinge besitzen verschiedene Wesenszüge und Merkmale. Wir alle sind menschliche Wesen, und doch sieht jeder von uns unterschiedlich aus. Obwohl wir ein gemeinsames Wesen, eine gemeinsame Essenz miteinander teilen, variieren wir in der Erscheinung. Alle Dinge haben einige Aspekte miteinander gemein und ebenso gewisse einzigartige Qualitäten.

Shítóu fährt fort: «Klänge unterscheiden sich fundamental als angenehm oder grell.» Es gibt viele verschiedene Arten von Klang, einige sind angenehm, einige sind schrecklich. Wir fühlen uns gut, wenn wir wunderschöner Musik lauschen, aber wenn wir im Zendō sitzen und jemand dreht lauten Rock 'n' Roll an, ist das störend. Das gleiche Lied kann uns ein gutes oder schlechtes Gefühl geben je nach Situation. Die Wirkung eines Liedes hängt nicht nur vom Wesen des Stückes selbst ab, sondern auch von der Verfassung dieses unseres Körpers und Geistes.

Das Gleiche gilt für den Geschmack. Köstliches Essen und abscheuliches Essen können einen sehr ähnlichen Nährwert haben. Aber wir haben Vorlieben und Abneigungen. Alles hat seinen eigenen, einzigartigen Charakter, und gleichermaßen reagieren wir darauf auf verschiedene Weisen. Manchmal fühlen wir uns gut, manchmal fühlen wir uns schlecht. Sogar wenn wir köstliches Essen vor uns haben, gleicht das köstliche Essen Abfall, wenn wir nicht hungrig sind. Wenn wir wirklich Hunger haben, erscheint sogar Abfall wie ein Festmahl. Die Erscheinung, die Qualität, die Bedeutung und der Wert der Dinge um uns herum hängt von den Eigenheiten jeder Sache und von den Bedingungen unseres Körpers und Geistes ab. Nichts besitzt einen festen Wesenskern oder einen feststehenden Wert.

Dunkelheit und Licht: Nichtunterscheidung und Unterscheidung
Shítóu fährt fort: «‹Dunkelheit› benennt das Verschmelzen von hoch und tief, ‹Licht› die Unterscheidung von rein und befleckt.» Das ist das gleiche Prinzip wie *ji* und *ri*. *Ji*, um das in Erinnerung zu rufen, ist der Aspekt der Unabhängigkeit: Alles hat seine eigenen Merkmale. *Ri* ist der Aspekt der Universalität oder Einheit. Eine Hand zum Beispiel besteht aus fünf unabhängigen Fingern, jeder mit einer verschiedenen Gestalt, Funktion und Bezeichnung. Wir können die Finger nicht von der Hand trennen und wir können die Finger nicht von den Milliarden Zellen trennen, aus denen sie bestehen. Eine Zelle wiederum ist eine Ansammlung von Milliarden von Atomen, die wir nicht trennen können, und jedes Atom nochmals eine Ansammlung von noch kleineren Teilchen. Diese eine Hand ist ein Teil meines Körpers, der ein Teil der menschlichen Gesellschaft ist, und diese wiederum ein Teil der größeren ökologischen Sphäre dieser Erde. Die Erde ist ihrerseits ein winziger Teil des gesamten Universums. Nichts ist starr und doch ist jedes Ding wirklich für sich unabhängig. Das ist tatsächlich eine wundervolle Art und Weise zu existieren. Das ist es, was im *Herzsūtra* gemeint ist, wenn es sagt: «Form ist Leerheit und Leerheit ist Form.» Nichts ist festgeschrieben, und doch ist diese Hand diese Hand. Ich bin ich, aber dieses «Ich» existiert nicht unabhängig. Ich kann als ein Teil von etwas existieren oder als eine Ansammlung von Dingen. Dunkelheit,

oder *ri* ist der universelle Aspekt unseres Lebens. Licht, *ji*, ist der individuelle, unabhängige Aspekt unseres Lebens. Im Dunkeln sind Farben nicht unterscheidbar. Im Licht wird alles deutlich. Wir können rot und blau unterscheiden, Nord und Süd, Gras und Wasser. Wir sollten unser Leben und die Welt aus beiden Blickwinkeln sehen, Licht und Dunkelheit, Unterscheidung und Nicht-Unterscheidung. Wir sehen uns für gewöhnlich als Individuen, verschieden von anderen Menschen. Ich sage: Das bin ich und das ist meine Meinung. Ich mag dies, ich hasse das. Wenn jemand anders eine andere Meinung hat, fühlen wir uns möglicherweise wütend oder traurig. Viele Konflikte und Probleme entstehen aus dieser Unterscheidung. Wenn es uns jedoch gelingt, das Einssein, die Universalität zu erkennen, verstehen wir, dass wir zusammen das gleiche Leben leben, unterstützt durch alle Wesen. Wir erkennen, dass wir ohne andere nicht leben können. Wenn wir dies klar und tiefgründig verstehen, verschwinden viele Probleme auf ganz natürliche Weise.

Nichtunterscheiden ist nicht Erleuchtung

Durch die Art und Weise, wie wir aufgezogen werden, fällt es uns sehr leicht, unsere Individualität zu sehen. Darum müssen wir vor allem lernen, die Universalität unseres Lebens zu erkennen. Wir müssen in der Lage sein zu erkennen, dass wir unser Leben mit anderen Menschen teilen und mit allen Wesen im gesamten Universum. Das ist die wechselseitig wirkende Abhängigkeit, eine der Hauptlehren Buddhas. Aber wenn wir an diesem Blickwinkel haften und es Erleuchtung nennen, machen wir einen Fehler. Der Buddha lehrte, dass wir die Wirklichkeit unseres Lebens von beiden Seiten sehen müssen.

Unsere Zazen-Praxis ist es, die Wirklichkeit zu erkennen, die vor der Trennung existiert. Normalerweise sehen wir Dinge aus einer Perspektive oder aus einer anderen. Wenn wir sitzen, lassen wir die Gedanken und alle speziellen Blickwinkel los. Wir ergreifen gar nichts. Das heißt nicht, dass wir alle Denkvorgänge auslöschen müssten. Denkvorgänge sind immer vorhanden, solange wir leben, sogar wenn wir in dieser Haltung sitzen. Unser Geist scheint oft sogar noch geschäftiger zu sein als gewöhnlich, wenn wir an einem ruhigen Platz sitzen. Tatsächlich ist zwar unser Körper und Geist im

Alltagsleben geschäftiger und lärmiger, aber da unsere Umgebung auch voller Lärm ist, bemerken wir die Umtriebigkeit in uns selbst nicht. Wenn wir jedoch an einen ruhigen Platz gelangen, hören wir selbst das geringste Geräusch. Wenn wir im Zendō sitzen, können wir das Ticken der Uhr hören. Die Geräusche unseres Körpers aus unserem Inneren werden deutlicher und es scheint so, als ob unser Geist lauter sei als gewöhnlich. Ich denke, das ist ein gutes Zeichen bezüglich unserer Praxis. Wir hören diese Geräusche, weil unser Geist beginnt, sich zu beruhigen. Natürlich sollten wir den inneren Lärm loslassen, weder an ihm hängen noch ihm zu entkommen suchen. Wir sollten einfach wach sein und ihn loslassen. Lasst alle Gedanken, Gefühle und Tagträume einfach frei kommen und gehen. Alles ist in Bewegung; nichts bleibt für immer. Lasst einfach alles zu.

Beim Zazen solltet ihr diese aufrechte Haltung bewahren, ruhig durch die Nase atmen und alles loslassen. Wir kontrollieren nichts, bewahren einfach die Haltung und lassen los. Auf diese Weise offenbaren sich Dunkelheit und Licht. Denkvorgänge sind immer noch vorhanden. Und doch denken wir nicht. Es ist eine schwierige Angelegenheit, das zu erklären. Es ist so, wie beim Autofahren den Gang rauszunehmen. Der Motor bewegt sich, aber der Wagen fährt nirgendwohin. Beim Zazen schalten wir unseren Geist auf Leerlauf. Denkvorgänge sind da, aber wir werden dadurch nicht in Bewegung versetzt. Mein Lehrer Uchiyama-Rōshi sagte: «Denken ist nur eine Absonderung unseres Gehirns.» Denken ist kein Gift. Aber wenn ihr danach schnappt und von ihm kontrolliert werdet, wird es giftig. Wir verwirklichen sowohl Dunkelheit als auch Licht, wenn wir unsere Hand des Denkens öffnen und nicht bewegt werden. Das ist die Praxis des Sitzens. Unser Zazen ist keine Methode, über die Wirklichkeit, in der es hell und dunkel gibt, nachzudenken. Es ist eine Art und Weise, sowohl Dunkelheit als auch Licht zu verwirklichen. Wir sind nicht die Beobachter, sondern vielmehr die Wirklichkeit selbst.

Vier Grundelemente

> Die vier Grundelemente kehren zurück zu ihrem eigenen Wesen,
> so wie ein Kind seine Mutter liebt.

Das Feuer wärmt, der Wind weht,
das Wasser ist nass, die Erde ist fest.
Auge und Form, Ohr und Klang,
Nase und Geruch, Zunge und Geschmack –

Die vier Grundelemente sind Feuer, Wind, Wasser und Erde. Hier beziehen sich diese vier Worte nicht auf die buchstäblichen Elemente, sondern auf die Elemente unseres Lebens. Feuer zum Beispiel repräsentiert die Körperwärme; Wind symbolisiert die Atmung und die Bewegung; Wasser bezeichnet das Blut, die Tränen oder andere Körperflüssigkeiten; und Erde verweist auf Knochen, Nägel, Haare und andere feste Anteile. Zusätzlich zu diesen vier betrachtet der Mahāyāna-Buddhismus *kū*, «Leerheit» oder «Raum», als fünftes Grundelement. Im Chinesischen benutzt man für «Raum» und für «Leerheit» das gleiche Schriftzeichen, das auch «Himmel» bedeuten kann. Da alles Raum einnimmt, ist Raum in gewisser Hinsicht ein weiteres Element.

Jedes Element hat seine eigene Natur: Das Feuer wärmt, der Wind weht, das Wasser ist nass, die Erde ist fest. Diese Elemente kann man nicht durcheinanderbringen. Aber gleichzeitig verbinden sich diese fünf zu einem Körper, einem Geist, einer Person. Und nicht nur diese eine Person, sondern alles in diesem Universum ist aus diesen fünf Elementen zusammengesetzt. Alles ist einfach eine Ansammlung dieser Elemente, und doch bewahrt jedes Wesen und jedes Ding seine Unabhängigkeit. Es ist wirklich seltsam, und doch ist es die Wirklichkeit.

Shítóu weiter: «Auge und Form, Ohr und Klang; Nase und Geruch, Zunge und Geschmack». Dies ist eine Auflistung einiger der Sinnesorgane des Körpers und Geistes und ihrer Objekte. Sie sind unabhängig und funktionieren doch zusammen, um die Welt zu erschaffen. Wenn wir in diesem Raum sitzen, werden der Raum und mein Sitzen eins. Wenn ich in der Küche koche, werden dieser Körper, mein Selbst, die Zutaten, das Wasser, das Feuer, die Gebrauchsgegenstände und der Raum, Küche genannt, ein Wesen, das zusammenarbeitet. Wenn wir Fußball spielen, wird dieses ganze Universum zur Welt des Fußballspielens. Unser Handeln und das Universum werden eins. Alles arbeitet zusammen. Wenn wir wütend werden, wird diese gesamte Welt eine Welt des Zorns, und alles um uns herum macht uns verrückt und wütend. Wenn wir auf Wettbewerb und Rivalität aus sind, wird die gesamte Welt eine Welt von Rivalität und Wettbewerb. Alle anderen Wesen, alle anderen Menschen werden Rivalen. Unser Körper und unser Geist wirken zusammen mit unserer Umgebung, um eine Welt zu erschaffen. In diesem Sinn ist unser Geist sehr wichtig. Eine Veränderung in unserem Geist könnte die ganze Welt ändern. Unsere Praxis ist wichtig, weil sie nicht nur die Praxis unseres Geistes ist: Sie nimmt Einfluss auf das gesamte Universum.

Wurzel und Blätter kehren zur Quelle zurück

> ... mit allen Dingen ist es so,
> dass die Blätter aus der Wurzel sprießen.
> Der gesamte Verlauf muss zurückkehren zur Quelle,
> «edel» und «niedrig» sind nur Sprechweisen.

Die Quelle gebiert die Wurzel und die Blätter
Hier verwendet Shítóu den Ausdruck «Blätter und Wurzel» in der gleichen Weise wie «spirituelle Quelle und Nebenflüsse». Auch das ist ein Symbol für Individualität und Universalität. Die Blätter stehen für Individualität und die Wurzel symbolisiert das Einssein. Die Übersetzung des nächsten Satzes ist allerdings fragwürdig: «Der gesamte Verlauf muss zurückkehren zur Quelle.» Das japanische Wort, das für «ganzer Verlauf» verwendet wird, ist *hon matsu. Hon* bedeutet «ursprünglich», «Grundlage», und *matsu* «Zweige und Blätter». *Hon* kann auch «Wurzel» bedeuten. Aus der Wurzel oder Grundlage entspringen alle individuellen Wesen. Und dieser Satz sagt, dass beide, *hon* (Wurzel) und *matsu* (Zweige) zu ihrer Quelle zurückkehren müssen. Eine bessere Übersetzung wäre daher: «Einheit und Individualität müssen zur Quelle zurückkehren.»

Diese «Quelle» ist nicht die gleiche wie die «spirituelle Quelle», die zu Beginn des Gedichtes erwähnt wird. «Spirituelle Quelle» bezieht sich auf die Wurzel, das Einssein. Im Gegensatz dazu ist diese «Quelle» hier eine Übersetzung des chinesischen Wortes *zōng* (jap. *shū*), das «Essenz» oder «Ursprung» bedeutet. Das ist ein sehr chinesischer Ausdruck für die Wirklichkeit. Im chinesischen Denken geht Individualität aus dem Einssein hervor. Es heißt ja oft, Zen-Buddhismus sei eine Mischung aus indischem Buddhismus und chinesischer Philosophie, in diesem Fall dem Daoismus. Die Idee, dass individuelle Wesen aus dem Einssein entspringen, ist eine typisch daoistische Weise zu denken. Lǎozǐ sagte: «Zurückkehren ist die Bewegung des Dào. Hervorbringen ist der Weg des Dào. Alle Dinge werden aus dem Sein geboren. Sein wird geboren aus Nichtsein. Das Dào kann man nirgendwo finden. Und doch nährt und vollendet es alle Dinge. Das Dào gebiert das Eine. Das Eine gebiert die Zwei. Die Zwei gebiert die Drei. Die Drei gebiert alle Dinge.»[108] Das bedeutet, dass Myriaden von unabhängigen Dingen aus dem Einen entspringen. Dieses Eine wiederum stammt vom Dào der Nichtsheit ab, oder *mu*. Letztendlich kehren sowohl Unterschied als auch Einheit zu ihrer Quelle (*shū*) zurück, die Nichtsheit (*mu*) ist.

Im Gegensatz zu den chinesischen glaubten die indischen Buddhisten nicht, dass Leerheit die Quelle von Form sei. Sie glaubten, Form sei Leerheit und Leerheit Form, aber nicht, dass Leerheit die Quelle von Form sei. In diesem Gedicht können wir die Mischung von indischer und chinesischer Philosophie erkennen. Einige zeitgenössische buddhistische Gelehrte ziehen den Schluss, dass Zen als Mischung aus chinesischem und indischem Gedankengut nicht der wahre Buddhismus sei. Ich halte die Situation jedoch für vielschichtiger. Chinesischer Buddhismus ist Buddhismus unter dem Einfluss chinesischer Kultur. Japanischer Buddhismus ist Buddhismus unter dem Einfluss japanischer Kultur. Wir könnten auch sagen, japanischer Buddhismus sei japanische Kultur unter dem Einfluss des Buddhismus. In gleicher Weise können wir sagen, chinesischer Buddhismus sei chinesische Kultur unter dem Einfluss des Buddhismus. Wir können beides jeweils aus zwei verschiedenen Richtungen betrachten. Wir können vom amerikanischen Buddhismus denken, er sei amerikanische Kultur unter dem Einfluss des Buddhismus oder Buddhismus beeinflusst durch die amerikanische Kultur. Eine Praxis als wahren Buddhismus zu beurteilen oder auch nicht, basierend auf dem nationalen und kulturellen Hintergrund des Verständnisses der Praktizierenden, erscheint mir nicht besonders sinnvoll. Wir müssen alle unseren eigenen Ausdruck des Dharmas finden, unseren eigenen Ausdruck der Wirklichkeit, nämlich einer schlichten, aber gleichzeitig vielschichtigen und interessanten Wirklichkeit.

Ein weiteres Beispiel für den Gegensatz zwischen indischem und chinesischem Gedankengut sind die «Zwei Wahrheiten» in Nāgārjunas Lehre gegenüber den «Drei Wahrheiten» in der Philosophie von Tiāntāi Zhìyǐ (Tendai Chigi, 538–597), dem bedeutendsten Meister in der chinesischen Tiāntāi-(Tendai-)Schule. Um dies noch einmal in Erinnerung zu rufen: Nāgārjunas Zwei Wahrheiten sind absolute Wahrheit und konventionelle Wahrheit. Im Kapitel 24 des *Mūlamadhyamakakārikā* «Untersuchung der Vierfachen Edlen Wahrheit», schrieb Nāgārjuna:

> Die Lehre des Dharmas durch die verschiedenen Buddhas beruht auf den zwei Wahrheiten, der relativen (weltlichen) Wahrheit und der absoluten (höchsten) Wahrheit. Wer den Unterschied zwischen den beiden Wahrheiten nicht kennt, kann das tiefgründige Wesen der Lehre Buddhas nicht verstehen. Ohne auf gewöhnliche alltägliche Handlungen (d.h., relative Wahrheiten) zu bauen, kann man die absolute Wahrheit nicht ausdrücken, und ohne sich der absoluten Wahrheit anzunähern, kann man Nirvāṇa nicht erlangen. Wir erklären, dass, was auch immer relativen Ursprungs ist, *śūnyatā* (Leerheit) ist. Dies ist eine provisorische Bezeichnung (d.h., Gedankenkonstruktion) für die Wechselseitigkeit (des Seins), und tatsächlich ist es der Mittlere Pfad (24:8–10).[109]

In diesen Passagen sagt Nāgārjuna, dem japanischen buddhistischen Gelehrten Hajime Nakamura zufolge, nur, dass relatives (wechselseitig abhängiges) Entstehen, *śūnyatā* (Leerheit), provisorische Bezeichnungen und der Mittlere Pfad alles die gleiche Sache seien.

In seiner Interpretation von Nāgārjunas Passagen erschafft Zhìyǐ drei Wahrheiten. Die erste ist die konventionelle Wahrheit aller Wesen als provisorische Bezeichnungen, die zweite ist die Wahrheit bezüglich *śūnyatā* (Leerheit), und die dritte ist die Wahrheit der Mitte. Zuerst müssen wir die konventionelle Wahrheit negieren und die Leerheit erkennen. Als Nächstes müssen wir *śūnyatā* negieren und in die Wahrheit der Mitte eintreten, weil *śūnyatā* auch nur eine provisorische Bezeichnung ist. Frei zu sein von provisorischen Bezeichnungen, einschließlich *śūnyatā*, ist die Wahrheit der Mitte. In dieser Interpretation stehen sich provisorische Bezeichnungen und *śūnyatā* gegenüber und sind doch das Gleiche. Frei zu sein von ihnen und beide zu transzendieren, ist die Wahrheit der Mitte. Für mich stellt es sich so dar, dass Zhìyǐs Interpretation der drei Wahrheiten und Shítóus Ausspruch, die Wurzel (Einheit) und die Zweige (Unterschied) müssten zur Quelle zurückkehren, die gleichen Muster chinesischen Gedankengutes aufweisen.

Das bekannte Yin-Yang-Symbol spiegelt dieses Muster wider. Yin (schwarz) und Yang (weiß) stehen sich gegenüber, und doch ist Yin in Yang eingeschlossen und umgekehrt. Die gegenläufigen Bewegungen beider sind zu einem Kreis integriert. Dieser Kreis wird das «Große Höchste» (chin. *tàijí*; jap. *taikyoku*) genannt. Es ist identisch mit der «Quelle» im *Sandōkai*.

«Sandōkai» als ein buddhistischer Text

Wenn wir das *Sandōkai* als einen buddhistischen Text lesen, müssen wir ihn natürlich eher aus einer buddhistischen denn aus einer daoistischen Perspektive heraus verstehen. Form leitet sich nicht aus der Leerheit ab. Die Einheit gebiert nicht den Unterschied. Fünf Finger werden nicht aus einer Hand geboren. Vielmehr sind Hand und fünf Finger genau die gleiche Sache.

Wenn Shítóu sagt: «‹Edel› und ‹niedrig› sind nur Redeweisen», bezieht er sich auf Buddhas als edel und andere Menschen als minder. Wir können hier für edel und niedrig jedwede Dichotomie einsetzen – Erleuchtung und Verblendung oder Universalität und Individualität. Er nennt unsere dualistische Denk- und Ausdrucksweise hier «nur Redeweise». Die Wirklichkeit vor jedem Gedanken, vor jeder Erklärung, kann nur erfahren werden. Wir können sie nicht erörtern. Sobald wir das versuchen, liegen wir schon daneben. Das ist ein wichtiger Punkt. Wir können über unser Leben sprechen oder über unser Zazen; aber wenn wir über unser Leben sprechen, ist es bereits ganz woanders. Wenn wir über Zazen reden, ist dieses Zazen selbst schon irgendwo anders. Also sollten wir, wenn wir in Zazen sitzen, Zazen komplett vergessen, weil wir es schon tun. Wenn wir über Zazen nachdenken, tun wir es nicht; wir denken. Wenn wir sitzen, sollten wir vergessen, was wir gerade tun. Wir sollten vergessen, was Zazen ist, und einfach sitzen. Das ist *shikantaza.*

Wie Avalokiteśvara mit tausend Augen und Händen wirkt

Es gibt ein Kōan, das die Beziehung zwischen Unabhängigkeit und wechselwirkender Abhängigkeit veranschaulicht. Es ist ein Frage-Antwort-Dialog zwischen Yúnyán Tánshèng (Un'gan Donjō, 780–841) und Dàowú Yuánzhì (Dōgo Enchi, 769–835).[110] Die Brüder Yúnyán und Dàowú waren Schüler von Yàoshān Wéiyǎn, der einer von Shítóus engeren Schülern war. Yúnyán war der jüngere Bruder und wurde in jungen Jahren Mönch. Dàowú war Beamter und wurde zwanzig Jahre später Mönch. Dàowú erlangte den WEG schnell, während Yúnyán niemals erleuchtet wurde. Yúnyáns Hauptschüler war Dòngshān, der Gründer der Cáodòng-(Sōtō-)Schule in China. Die Beziehung zwischen zwei Brüdern, die verwandtschaftliche wie auch die als Dharma-Brüder, war sehr interessant.

Yúnyán fragte Dàowú: «Was tut der Bodhisattva des großen Mitgefühls, wenn er seine unendlich vielen Hände und Augen gebraucht?»

Der Bodhisattva des Großen Mitgefühls ist Avalokiteśvara oder Kanzeon Bosatsu. Er ist ein Symbol für Buddhas Mitgefühl. Einige Statuen von Avalokiteśvara haben tausend Hände und tausend Augen, eins auf jeder Hand. Augen sind ein Symbol für Weisheit. Also hat dieser Bodhisattva viele Augen, um die Unterschiede zwischen den Wesen zu erkennen, und viele Hände, um sie zu retten. Yúnyáns Frage ist: Wie setzt Avalokiteśvara so viele Hände und Augen ein?

Dàowú antwortete: «Er ist wie jemand, der nachts die Hand nach hinten ausstreckt und nach seinem Kissen greift.»

Manchmal verlieren wir in der Nacht unser Kopfkissen und müssen es im Dunkeln finden. Bevor es elektrischen Strom gab, war die Nacht wirklich dunkel. Irgendwie gelingt es uns, unser Kopfkissen zu finden, obwohl wir nicht mit unseren Augen sehen können. Auf gewisse Weise ist unser ganzer Körper nur Augen.

Yúnyán sagte: «Ich verstehe, ich verstehe.»

Dàowú fragte: «Wie versteht du es?»

Yúnyán antwortete: «Der universelle Körper sind seine Hände und Augen.»

Dàowú antwortete: «Sehr gut, aber du kannst es nicht vollkommen, sondern nur zu achtzig oder neunzig Prozent ausdrücken.» Er wollte damit sagen, dass Yúnyáns Verständnis noch nicht ganz vollständig war. Das ist ein sehr wichtiger Punkt in unserer Abstammungslinie. Wenn du wirklich vollkommen wirst, gibt es nichts mehr zu tun. Unser Verständnis sollte immer nur 80 bis 90 Prozent betragen, und wir müssen stets weiter nachforschen.

Yúnyán sagte: «Ich bin eben so. Was würdest du sagen, Bruder?»

Dàowú erwiderte: «Seine Hände und Augen durchdringen seinen ganzen Körper.»

In dem Kapitel über das *Herzsūtra* führte ich aus, dass einer der Punkte dieses Kōans der ist, ob Yúnyáns und Dàowús Ausdrucksweise genau das Gleiche aussagen oder nicht. Wenn wir denken, dass sie unterschiedlich seien, können wir sie wie folgt interpretieren: Yúnyán sagt, es gebe tausend Augen überall am Körper, und Dàowú sagt, der ganze Körper ist Augen und Hände. Im ursprünglichen chinesischen Text sind nur zwei Schriftzeichen verschieden, *hen* und *tsū,* und beide bedeuten «ganz» oder «zur Gänze». Es scheint, als sagten Yúnyán und Dàowú das Gleiche. Aber *hen* bedeutet, dass es Hände und Augen überall am Körper gibt, und in Dàowús Ausdrucksweise bedeutet *tsū,* dass der gesamte Körper als Augen und Hände funktioniert. Es ist ein subtiler Unterschied, aber Dàowús Aussage hat viel mehr Dynamik. Er bezieht sich auf eine Handlung, während Yúnyáns Ausdruck statischer ist.

Dàowú sagt, dass unsere Praxis, und zwar nicht nur unser Zazen, sondern unser gesamtes Leben, gelebt werden sollte wie Avalokiteśvara. Wir haben nur zwei Hände und Augen, und doch sollte unser gesamter Körper zu Augen werden, wenn wir etwas tun. Wenn wir etwas sehen, zum Beispiel ein Gemälde in einem Museum, sollte unser ganzer Körper zu unseren Augen werden. Wir wertschätzen das Gemälde mit unserem ganzen Körper und Geist und nicht nur mit unseren Augen. Wenn wir essen, schmecken wir nicht nur mit der Zunge, sondern mit dem ganzen Körper. Die Farbe und Gestalt der Nahrung ist wichtig. Die Umstände der Umgebung des Ortes, wo wir essen, ist ebenso wichtig. Der Geschmack des Essens hängt sehr von der Situation ab. Wenn wir etwas tun, tun wir es mit dem ganzen Körper. Das Auge ist das Auge. Es ist wirklich unabhängig. Wenn wir jedoch tatsächlich dabei sind, etwas zu tun, tun wir es mit unserem gesamten Körper und Geist. Alle individuellen Sinnesorgane und Teile unseres Körpers arbeiten zusammen als ein Körper und Geist, als eine Person. Das ist eine sehr praktische Bedeutung von Leerheit. Alles arbeitet zusammen, um jedwede Situation entstehen zu lassen. Unsere Praxis besteht darin, diese vollständige Wirklichkeit zu erkennen und zu leben, die Wirklichkeit, die uns selbst und alle Wesen einschließt, gemeinsam erschaffend.

Im Licht ist Dunkelheit

> Im Licht ist Dunkelheit, aber begegnet ihr nicht als Dunkelheit,
> in der Dunkelheit ist Licht, aber seht es nicht als Licht.
> Licht und Dunkelheit verhalten sich zueinander
> wie Schritte nach vorn und hinten.

Licht und Dunkelheit durchdringen einander

Am Anfang des *Sandōkai* sagt Shítóu: «Die spirituelle Quelle strahlt hell im Licht, die Nebenflüsse strömen in der Dunkelheit.» Das ist die Art und Weise, wie er die Durchdringung von Unterschied und Einssein, *ji* und *ri*, der absoluten Wahrheit und der relativen Wahrheit zum Ausdruck bringt. Er verwendet hier nun erneut Licht und Dunkelheit, um die Haltung zu beschreiben, mit der wir der sich wechselseitig durchdringenden Wirklichkeit begegnen und sie erkennen sollten.

«Im Licht ist Dunkelheit, aber ...». Diese Übersetzung verwendet «aber», aber ich denke, «deshalb» ist besser: «... deshalb begegnet ihr nicht als Dunkelheit.» Licht und Dunkelheit sind immer zusammen. Wir können unser Leben nicht durch nur einen Aspekt verstehen. Wir sehen häufig Dunkelheit, Einssein oder Nicht-Unterscheidung als Erleuchtung und Unterscheidung als Verblendung. Aus dieser Perspektive bedeutet Erleuchtung, das Licht aufzugeben, die Unterscheidung und Differenzierung, und in einem Bereich des Nicht-Unterscheidens zu leben. Shítóu vermittelt jedoch ein vielschichtigeres Verständnis. In dem Ausdruck «Licht und Dunkelheit» bezieht sich Licht auf Saṃsāra und Dunkelheit auf Nirvāṇa oder Nicht-Unterscheidung. Aber beide sind untrennbare Aspekte einer Wirklichkeit. Im Mahāyāna-Buddhismus bedeutet unsere Praxis nicht, Saṃsāra zugunsten von Nirvāṇa zu entkommen. Nirvāṇa existiert innerhalb von Saṃsāra, das innerhalb von Nirvāṇa existiert. Wir können das ganze Leben nicht komplett zu Nirvāṇa oder komplett zu Saṃsāra machen, weil Saṃsāra und Nirvāṇa immer zusammen existieren. Exakt inmitten von Saṃsāra existiert Nirvāṇa.

Der nächste Satz wiederholt die gleiche Idee. «In der Dunkelheit ist Licht, aber seht es nicht als Licht.» Wir können dieses Licht nicht definieren, indem wir nur ein Gedankenkonstrukt verwenden. Verblendung und Erleuchtung existieren immer gemeinsam. Verblendung ist ein Produkt unseres Geistes. Die Tatsache, dass unser Gehirn die Macht hat, Verblendung hervorzubringen, ist die Wirklichkeit. Wir können dieses Fähigkeit nicht wieder aus unserem Hirn entfernen. Irgendwie müssen wir mit unseren Verblendungen als der Wirklichkeit unseres Lebens leben. Aber wenn wir vergessen, dass unsere Verblendungen von unserem eigenen Geist geschaffen wurden und wir sie für die Wirklichkeit halten, dann sind wir vollständig verstrickt und unser Leben wird ein einziges Durcheinander. Wir können nicht erkennen, wo es langgeht. Wir müssen einen Weg finden, mit der Verblendung zu leben, ohne von ihr herumgeschubst zu werden.

Shítóu fährt fort: «Licht und Dunkelheit verhalten sich zueinander wie Schritte nach vorn und hinten.» Es gibt kein Licht ohne Dunkelheit und keine Dunkelheit ohne Licht. Aber was bedeuten Schritte vorwärts und rückwärts? Beim Gehen ist der linke Fuß hinten, wenn der rechte Fuß vorn ist. Wenn der linke Fuß vorn ist, ist der rechte Fuß hinten. In diesem Sinn sind Licht und Dunkelheit wie linker und rechter Fuß. Sie sind immer zusammen, aber manchmal sehen wir nur Licht und manchmal nur Dunkelheit. Manchmal ist die Dunkelheit vorn und manchmal das Licht. Aber Licht und Dunkelheit sind immer zusammen, genau wie unsere Füße beim Gehen.

Dunkelheit ist negativ, Licht ist positiv

Es gibt für das Licht und die Dunkelheit jeweils zwei Bedeutungen. Wir können sie kombinieren, um drei verschiedene Bedeutungspaare zu erstellen. Dunkelheit wird normalerweise in einem negativen Sinn verwendet, für Unwissenheit, für die Unfähigkeit zu differenzieren, für einen Mangel an Intellekt oder die Unfähigkeit, Gutes und Böses auseinanderzuhalten. Ohne Wissen können wir nicht verstehen, was passiert. Diese Bedeutung von Dunkelheit ist negativ, weil sie als ein Mangel an Differenzierungsfähigkeit definiert ist. Eine Bedeutung von Licht ist das Gegenteil dieser ersten Bedeutung von Dunkelheit; Licht kann Geistesgaben bedeuten. Wir studieren, wie man analysiert, kategorisiert und Dinge entwirft. Auf diese Weise können wir Dinge außerhalb von uns selbst detaillierter und klarer erkennen. Diese Art, mit den Dingen um uns herum in Verbindung zu treten, nennt man Rationalismus. Der Einsatz von Vernunft, um unsere Welt zu verstehen, ist die ursprüngliche englische Definition von Erleuchtung. Im Europa des achtzehnten Jahrhunderts lag die Betonung bei dem Wort «Erleuchtung» auf der Ansammlung von Wissen: Unser Leiden wird durch Unwissenheit verursacht, also müssen wir mehr lernen und studieren und unsere Vernunft benutzen. Das ist auch heute noch eine unterschwellig zugrunde gelegte Prämisse in der Erziehung, nicht nur im Westen, sondern auch im Rest der Welt.

Licht ist negativ, Dunkelheit ist positiv

Die erste Bedeutung von «Licht» ist die Verwendung unseres Intellekts, um die Dinge nicht nur außerhalb von uns selbst zu sehen, sondern genauso auch innerhalb. Wir nennen dies Unterscheidung. Der Abhidharma war eine buddhistische Form des Rationalismus, ein Versuch, Dinge durch Vernunft und Analyse zu verstehen. Der Abhidharma war die Hauptströmung der buddhistischen Philosophie vor dem Mahāyāna. Der Abhidharma-Text *Abhidharmakośa bhāṣya* kategorisiert alle Dinge in fünfundsiebzig *dharmas* oder Elemente. Diese Philosophen waren davon überzeugt, dass es kein *ātman* oder Ich, keinen Körper und Geist jenseits einer Ansammlung von Elementen gebe und dass das Ich keine Substanz habe. Darin liegt die Bedeutung von Leerheit oder Ichlosigkeit. Sie glaubten, die fünfundsiebzig Elemente existierten wirklich und alle Wesen seien Ansammlungen dieser fünfundsiebzig Elemente. Sie schrieben klare Definitionen jedes einzelnen Elementes nieder. Die fünf *Skandhas* sind eine weitere Art und Weise, ein Wesen in Kategorien aufzugliedern.

Der Mahāyāna-Buddhismus transzendiert diesen Rationalismus und dieses Denkgebäude mit der Philosophie der Leerheit. Er lehrt, dass die Elemente selbst ohne Substanz, dass sie leer sind. Die fünf *Skandhas* sind leer. Sogar die grundlegenden Elemente sind leer. Das heißt, dass Auge, Ohr, Nase und Zunge nicht getrennt voneinander funktionieren, sondern nur als ein Ganzes. Sie sind alle mit- und untereinander verbunden. Das ist eine Bedeutung von Leerheit. Nichts kann als eine unabhängige Wesenheit existieren und alles funktioniert als Teil eines größeren Systems. Diese Perspektive nennt man «nichtunterscheidenden Geist» oder «nichtunterscheidende Weisheit». Darauf wird als «Dunkelheit» auch in diesem Gedicht Bezug genommen.

Überschreiten von negativ und positiv

Wenn man Dunkelheit als einen Mangel an Differenzierungsvermögen bzw. an Intellekt und Licht als rationales Unterscheiden einander gegenüberstellt, dann wird Dunkelheit negativ und Licht positiv bewertet. Wir können jedoch auch ein zweites Paar erstellen, in dem Licht als negativ (Unterscheidung aus einem begrenzten Blickwinkel) und Dunkelheit als positiv (eine nichtunterscheidende Sicht der Dinge) dargestellt wird.

Im Buddhismus denken wir für gewöhnlich, dass Nichtunterscheiden die Antwort sei; dass wir Unterscheidung außer Acht lassen und in den Bereich des Nichtunterscheidens eintreten sollten, der die Erleuchtung darstellt. Das ist wahr, aber es ist nicht das Ende der Geschichte. Es gibt eine weitere Bedeutung von «Licht», die man «Buddhas Weisheit» oder «später erlangte unterscheidende Weisheit» nennt und die ebenfalls auf Nichtunterscheidung basiert. In unserem täglichen Leben müssen wir unterscheiden, um zu praktizieren und anderen zu helfen. In diesem Fall bedeutet «Nichtunterscheiden» «Nichtanhaften». Dieses Licht wird *prajñā* genannt und im *Herzsūtra* als das strahlende Mantra beschrieben. Es ist aber sehr wichtig, dass wir die Nichtunterscheidung überschreiten. Im Zen gibt es einige Menschen, die sogenannte Erleuchtung erlangen und in einem Zustand des Nichtunterscheidens verbleiben. Manchmal haften solche Menschen an diesem Zustand in einer Art von Gier. Diese Praktizierenden werden *anshō no zenji* genannt. *An* ist «Dunkelheit» und *shō* Erleuchtung. Darum bezeichnet der Ausdruck «Erleuchtung in Dunkelheit» einen negativen Zustand. Buddhismus und unser Leben selbst haben viele Dimensionen. Wir sollten nicht in einem bestimmten Zustand stecken bleiben. In diesem Gedicht scheint es so, als würde Shítóu nur die Beziehung zwischen Licht und Dunkelheit, zwischen Unterscheidung und Nichtunterscheidung erörtern. Aber die Einsicht, die Shítóu verwendet, um die Beziehung zwischen Licht und Dunkelheit zu beschreiben, ist ein Beispiel für Buddhas Weisheit, also für die dritte Bedeutung von «Licht». Er zeigt uns, dass die Unterscheidung zwischen Dunkelheit und Licht nur eine andere Art von Unterscheidung ist. Er differenziert zwischen diesen beiden und integriert sie anschließend. Das ist eine sehr praktische Weisheit, frei sowohl von Unterscheidung als auch Nichtunterscheidung. So funktioniert unser Leben viel natürlicher.

Wie Kasten und Deckel

> Alle Dinge haben ihre Funktion –
> verwendet sie zum rechten Zeitpunkt.
> Die Erscheinungsformen passen ineinander wie Kasten und Deckel,
> das Grundlegende ist wie das Aufeinandertreffen zweier
> Pfeilspitzen.

Alles hat seinen eigenen Platz und seine eigene Funktion

«Alle Dinge haben ihre Funktion.» Jeder und jedes hat eine einzigartige Funktion. Wir alle haben verschiedene Fähigkeiten, Talente, Merkmale, Persönlichkeiten, Körper und Sprachen. Alle Dinge haben eine einer gewissen Situation angemessene Funktion. Das japanische Wort für «angemessene Situation» ist *sho*, was «Platz» bedeutet. Jeder von uns muss den besten Platz finden, um diesen Körper und Geist einzusetzen. Dieser einzigartige Körper und Geist existiert als eine Schnittstelle von Verschiedenheit und Einssein. Das ist der Ort, wo wir unsere ganz einzigartige Lebensweise erschaffen können. Das ist unsere Praxis. Unsere Praxis bedeutet nicht, dass wir uns zu einer besonderen Gestalt formen müssen. Wir sind nicht wie Autos mit bestimmten Standardformen und Standardqualitäten. Wir haben die Verantwortung, diesen einzigartigen Körper und Geist zu akzeptieren und ihn zum Einsatz zu bringen. Um das Potenzial dieses Körpers und Geistes vollständig auszuschöpfen, müssen wir eine angemessene Situation finden und sie als unser Leben verinnerlichen, als unser ureigenes Wirken.

Das Formhafte und das Grundlegende sind wie Kasten und Deckel
Als Nächstes sagt Shítóu: «Die Erscheinungsformen passen ineinander wie Kasten und Deckel, das Grundlegende ist wie das Aufeinandertreffen zweier Pfeilspitzen.» «Erscheinungsformen» ist eine Übersetzung von *ji* und bedeutet einzelne, getrennte Dinge oder Wesen. «Das Grundlegende» ist eine Übersetzung von *ri*, das Einssein oder die Universalität aller Wesen. Shítóu sagt, dass die Erscheinungsformen im Einklang mit dem Grundlegenden existieren und das Grundlegende in Einklang mit den Erscheinungsformen. «Die Erscheinungsformen passen ineinander wie Kasten und Deckel, das Grundlegende ist wie das Aufeinandertreffen zweier Pfeilspitzen» – diese beiden Satzteile sind eigentlich nur eine einzige Aussage. Das ist ein rhetorisches Mittel aus der chinesischen Dichtkunst, um die Wiederholung von zwei gleichen Subjekten zu vermeiden. Jeder der beiden Satzteile handelt von der Art und Weise, wie Erscheinungsformen existieren und zusammen funktionieren. Wir sollten lesen: «Die Erscheinungsformen und das Grundlegende passen ineinander wie Kasten und Deckel, das Grundlegende harmoniert mit den Erscheinungsformen wie beim Aufeinandertreffen zweier Pfeilspitzen.» Erscheinungsformen und das Grundlegende, *ji* und *ri*, Unterschied und Einssein, existieren auf die gleiche Weise wie Kasten und Deckel. Jeder Kasten hat eine andere Größe und einen Deckel, der genau passt. Somit gibt es kein anderes Prinzip als die Erscheinungsformen. Erscheinungsformen und das Grundlegende sind wie Kasten und Deckel, vollständig ineinandergefügt.

Zwei Pfeilspitzen treffen im Flug aufeinander
«Das Aufeinandertreffen zweier Pfeilspitzen» nimmt Bezug auf eine alte chinesische Geschichte über zwei Bogenmeister.[III] Einer

war der Lehrer und der andere sein herausragender Schüler. Als der Schüler spürte, dass sein Geschick das seines Lehrers übertroffen hatte, forderte er ihn heraus. Sie zielten aufeinander und schossen, und beide Pfeile trafen sich mitten im Flug und fielen zu Boden. Beide überlebten, weil sie über gleiches Geschick verfügten. Shítóu sagt, dass Erscheinungsformen und das Grundlegende, Verschiedenheit und Einssein, sich wie diese Pfeile treffen sollten. Unsere Praxis ist es, diese Beziehung zwischen Verschiedenheit und Einssein in jeder Situation aufs Neue zu verwirklichen. Wir können zum Beispiel nicht nur ganz auf uns gestellt leben. Wir sind Teil einer Gemeinschaft, und doch, egal, wo ich lebe, bin ich ich. Ich kann keine andere Person sein und doch, als ein Mitglied einer Gemeinschaft, muss ich dieses «ich bin ich» transzendieren und die Situation der ganzen Gemeinschaft sehen. Wir haben einen Platz als Individuum und auch als Mitglied eines Sanghas, einer Gemeinschaft. Wir haben auch ein weiteres «Ich», das die Situation aus beiden Blickwinkeln sieht. Der Standpunkt einer individuellen Person ist in diesem Fall ein Beispiel für Unterschied. Es ist ganz natürlich, dass ich eine Meinung habe, die sich von der anderer Menschen unterscheidet. Wir sollten unsere individuellen Meinungen nicht verleugnen, aber als Mitglied einer Gemeinschaft müssen wir die Dinge als Ganzes sehen. Der wünschenswerteste Zustand ist, wenn beide Sichtweisen einander treffen wie die Pfeile, die von den Bogenmeistern geschossen wurden. Wenn wir eine Situation auf diese Weise wahrnehmen können, können wir wirklich friedlich sein. Das passiert nicht oft, weil es in der Tat schwierig ist. Unsere gewöhnliche Art und Weise zu leben ist immer die von Pfeilen, die aneinander vorbeifliegen. Deshalb erleiden wir in unserem sozialen Leben Schmerzen. Es gibt keinen Weg, dass irgendjemand anders oder ein Gott dafür sorgen könnten, dass diese Pfeile im Flug aufeinandertreffen. Unsere Praxis ist es, die «angemessene Situation» zu finden, in der diese Person als ein Individuum und diese Person als ein Mitglied des Sanghas so übereinstimmen wie der Deckel mit seinem Kasten und so, wie sich zwei Pfeilspitzen mitten im Flug treffen.

Versteht beim Hören der Worte die Quelle
und bildet nicht eure eigenen Maßstäbe.
Wenn ihr den Pfad vor euren Augen nicht versteht:
Wie könnt ihr den Weg erkennen, selbst wenn ihr auf ihm lauft?
Fortschritt ist keine Frage von nah oder fern,
aber seid ihr verwirrt, blockieren Berge und Flüsse den Weg.
Demütig sage ich denjenigen, die das Rätsel erforschen:
Verschwendet keine Zeit.[96]

Worte und Wirklichkeit

Das ist die letztliche Botschaft von Shítóu an uns. «Versteht beim Hören der Worte die Quelle.» Wir haben seine Worte in diesem wunderbaren Gedicht gelesen und studiert. Nun warnt er uns hier: Wenn wir das, was er geschrieben hat, als eine Theorie auffassen, seine Worte gar auswendig lernen und aus ihnen ein Denkgebäude konstruieren, haben wir nicht im Mindesten verstanden, was er ausdrücken will. Es ist die Funktion von Worten und Begriffen, zu unterscheiden, ein Ding von allen anderen Dingen abzuheben. Selbst wenn wir das Wort «absolut» verwenden, befinden wir uns bereits beim entgegengesetzten Begriff «relativ». «Nichtunterscheidung» hat nur als Gegensatz zu «Unterscheidung» eine Bedeutung. Also wie können wir die Unterscheidung zwischen «absolut» und «relativ», zwischen «Unterscheidung» und «Nichtunterscheidung» überschreiten? Der einzige Weg ist der, die Quelle zu sehen, die Wirklichkeit, wie sie existiert, bevor unser denkender Geist sie verarbeitet. Um das zu tun, müssen wir praktizieren. Jedwedes theoretische Denk- und Bewertungssystem ist eine verdrehte Kopie der Wirklichkeit. Es bleibt nur, sie zu praktizieren, sie zu erfahren und mit dem Kopf zu nicken.

Alle Lehrgebäude, Theorien und Beschreibungen, die Worte und Begriffe verwenden, sind verdrehte Bilder der Wirklichkeit aufgrund unserer eigenen Sicht der Dinge. Wenn wir das kapieren, kann sogar ein verdrehtes Abbild nützlich sein. Wenn wir die verdrehte Landkarte jedoch für die wahre Wirklichkeit halten, kommen wir vom Weg ab und erschaffen uns unsere eigenen Beurteilungsmaßstäbe.

Einfach Sitzen auf dem Boden der Wirklichkeit

Shítóu fragt: «Wenn ihr den Pfad vor euren Augen nicht versteht: Wie könnt ihr den Weg erkennen, selbst wenn ihr auf ihm lauft?» Wenn wir die Wirklichkeit erkennen, ist der WEG immer vor unseren Augen. Wir werden geboren, leben und sterben innerhalb dieser Wirklichkeit. Wir fallen niemals aus der Wirklichkeit heraus. Und doch verlieren wir sie so oft aus den Augen. Wenn wir einfach sitzen und das Denken loslassen, können wir inmitten der Wirklichkeit sein. Durch «Einfach Sitzen» können wir unser gesamtes Dasein auf den Boden der Wirklichkeit stellen. Aber normalerweise erfinden wir unsere eigenen Standards und erschaffen unsere verdrehten Versionen von Wirklichkeit. Deshalb müssen wir ständig das Loslassen praktizieren. Wenn wir uns auf den Boden der Wirklichkeit stellen, werden wir den Pfad finden, auf dem wir gehen müssen. Ansonsten verirren wir uns in dem Geflecht der Wege, die unser Geist uns vorspiegelt.

Praxis Moment für Moment

«Fortschritt ist keine Frage von nah oder fern, aber seid ihr verwirrt, blockieren Berge und Flüsse den Weg.» Unsere Praxis ist kein Wettrennen gegen andere, kein Lauf von einem Startpunkt zu einem Ziel und keine Frage von nah oder fern. Unsere Praxis findet statt Moment für Moment. Wenn wir erwachen, befinden wir uns haargenau mitten auf dem WEG. Aber verlieren wir einen Augenblick später die Wirklichkeit aus den Augen, liegen wir zu 100 Prozent daneben. Laufen wir auf dem Weggeflecht einer verdrehten Wirklichkeit, dann wandern wir, egal, wie lange wir praktizieren, weit vom WEG entfernt, selbst wenn wir nach wie vor mitten auf dem WEG sind. Wir werden durch Berge und Flüsse innerhalb unseres Geistes blockiert.

«Demütig sage ich denjenigen, die das Rätsel erforschen: Verschwendet keine Zeit.» Egal, wie hart wir praktizieren, wir verschwenden unsere Zeit, wenn unsere Praxis nicht in der wahren Wirklichkeit gründet.

8

Endlose Praxis hier und jetzt: Der Vers zum Öffnen des Sūtras

> Einem unübertrefflichen, alldurchdringendem und vollkommenen Dharma
> begegnet man selbst in hunderttausend Millionen Kalpas äußerst selten.
> Jetzt habe ich ihn, kann ihn sehen und hören, ihn mir einprägen und ihn annehmen,
> und gelobe, die Wahrheit der Worte des Tathāgata zu schmecken.[112]

Das ist eine recht akzeptable und treffende Übersetzung des Verses, der vor Dharma-Unterweisungen in vielen amerikanischen Zenzentren rezitiert wird. Eine wörtlichere Übersetzung des japanischen Originals lautet:

> Einem unübertrefflichen, höchst tiefgründigen, feinsinnigen und wunderbaren Dharma
> kann man selbst in hunderttausend mal zehntausend Kalpas schwerlich begegnen.
> Ich sehe und höre ihn jetzt, kann ihn annehmen und bewahren,
> und gelobe (oder wünsche), die wahre Bedeutung des Tathāgata zu verstehen.

Das scheint ein sehr einfacher Vers zu sein. Er besagt: «Den Dharma, die Lehre Buddhas, trifft man nur sehr selten. Aber nun, da ich ihm begegnet bin, ist es mein Wunsch, ihn tiefgründig zu verstehen.» Ich denke jedoch, dass man einige Zeit braucht, um diesen Vers zu schmecken und ihn wirklich zu schätzen.

Im Japanischen lautet die erste Zeile: «Mujō jin jin mimyō no hō wa.» *Mujō* bedeutet «unübertrefflich», das erste *jin* «sehr» oder «extrem» und das zweite «tief» oder «tiefgründig». Also bedeutet *mujō jin jin* «höchstes und auch tiefstes». *Mi* bedeutet «sehr klein» oder «subtil», etwas, was wir mit unseren Augen ohne Hilfsmittel nicht sehen können. Also besagt die erste Zeile, dass der Dharma, die Lehre Buddhas, das Höchste, Ultimative und gleichermaßen das Tiefgründigste und Subtilste ist.

Dharma hat zwei Bedeutungen: die Lehre Buddhas und die Wahrheit, die er durch sein Erwachen erkannte. Also bedeutet Dharma sowohl die Lehren über die Wirklichkeit als auch die Wirklichkeit selbst. Diese erste Zeile besagt, dass die Lehre Buddhas die höchste, tiefste, subtilste und wunderbarste aller Lehren ist. Sie besagt gleichermaßen, dass die Wirklichkeit, die Śākyamuni Buddha erkannte, die höchste, tiefste, subtilste und wunderbarste ist. «Höchste» beinhaltet eine Aufwärtsbewegung, «tiefste» eine Abwärtsbewegung. Im Buddhismus hat dieses Paar eine besondere Bedeutung. Aufwärtsbewegung bedeutet die Wirklichkeit mit Weisheit oder *prajñā* zu sehen. Abwärtsbewegung bedeutet, geschickte Mittel einzusetzen, voller Mitgefühl mit allen Wesen. Der Buddha sieht die Wirklichkeit vom Gipfel der Weisheit aus und steigt herab, um allen Wesen zu helfen, zu erwachen und diese Wirklichkeit zu praktizieren. *Mujō jin jin* bezieht sich gleichzeitig auf die höchsten und tiefgründigsten Qualitäten der Weisheit und des Mitgefühls Buddhas. «Subtil und wunderbar» beschreibt etwas, was wir mit unseren Augen oder unserer gewöhnlichen Denkweise nicht erkennen können.

Der Ausdruck *jin jin mimyō no hō* stammt aus dem *Lotossūtra*, einer der wichtigsten Quellen der Lehren Dōgen-Zenjis. Für Dōgen-Zenji war das *Lotossūtra* von grundlegender Bedeutung, weil es den Mahāyāna-Weg des Bodhisattvas beschreibt. Der Ausdruck «tiefgründigster, subtilster und wunderbarster Dharma» stammt aus dem zweiten Kapitel mit dem Titel «Geschicklichkeit». Der erste Vers des Teils, in dem dieser Ausdruck auftaucht, beginnt mit:

> Die Helden der Welt können nicht gezählt werden
> Durch alle Götter und die Menschen der Welt.
> Die Reihe aller Lebewesen
> Ist nicht so, daß sie die Buddhas kennen können.
> Die Kraft Buddhas, der nichts fürchtet,
> Alle Samādhis der Befreiung
> Und alle übrigen Gesetze [= Dharmas] Buddhas
> Kann niemand ermessen.[113]

Dieser Abschnitt besagt, dass niemand den Buddha erkennen kann; kein menschliches Wesen kann verstehen, wer der Buddha ist, oder seine Größe ausloten. Das englische Längenmaß ist der «Fuß» und leitet sich von der Länge eines menschlichen Fußes ab. Wir messen durch das Vergleichen mit vertrauten Dingen. Etwas ermessen bedeutet zu verstehen, zu erfassen. Ohne etwas Vertrautes als Vergleichsbasis können wir nichts ausmessen. Wenn wir die Größe des Universums messen, verwenden wir Einheiten wie das Lichtjahr. Da wir ein Lichtjahr nicht erfahren können, ist es eine Abstraktion, etwas, was nur für Wissenschaftler von Bedeutung ist. Sinnvolle Messungen können wir nur mit unseren eigenen Erfahrungen als Messlatte machen. Buddha und Dharma sind uneingeschränkt und grenzenlos und sind deshalb nicht messbar. Um etwas Grenzenloses, etwas Unendliches zu verstehen, müssen wir unsere Hand öffnen und von unseren Maßstäben frei werden. Das tun wir beim Zazen. Wenn wir aufhören zu messen, können wir etwas Grenzenloses verstehen. Darin liegt die Bedeutung von «kann niemand ermessen». Das heißt nicht, dass 99 Prozent der Menschen nicht dazu in der Lage wären, sondern dass einige wenige, sehr hochstehende Menschen, Weise oder Erleuchtete, das Grenzenlose mit ihren speziellen Maßstäben ausloten können. Niemand kann etwas Unbegrenztes ausmessen, weil alle Maßstäbe begrenzt sind. Wir können nichts ohne Denkkonstruktionen, die auf unseren eingeschränkten Erfahrungen beruhen, messen. Wenn wir unsere Hand öffnen und aufhören, unsere Maßstäbe anzulegen, können wir etwas Grenzenlosem begegnen. Das ist unsere Praxis. Das ist die Eigenschaft dieses Dharmas.

Weiter im *Lotossūtra* mit dem Abschnitt, auf dem der Ausdruck «tiefgründiger, feinsinniger und wunderbarer Dharma» beruht:

> Von allem Ursprung folgt ich den zahllosen Buddhas,
> In Vollkommenheit wandelte ich alle Wege,
> Des äußerst tiefen, feinsinnigen und wunderbaren Gesetzes,
> Das schwierig wahrzunehmen und zu erfüllen.
> Während unermeßlicher Koṭis von Kalpas
> Wandelte ich auf allen diesen Wegen,
> Auf dem Platz der Erleuchtung erlangte ich
> die Vollendung der Frucht.[114]

«Kalpa» ist ein interessanter Ausdruck. Es ist eine Zeiteinheit, so etwas wie ein Lichtjahr, das auf eine ungewöhnliche Weise definiert wird. Man stelle sich ein Lager vor mit dem Fassungsvermögen von zehn Kubikmeilen, angefüllt mit Mohnsamen. Einmal in jedem Jahrhundert entfernt jemand einen einzigen Mohnsamen. Ein Kalpa definiert ist als der Zeitraum, den man braucht, um dieses Lager zu leeren. Das Sūtra spricht von Millionen von Kalpas, was schlussendlich bedeutet: niemals. «... kann man selbst in hunderttausend mal zehntausend Kalpas schwerlich begegnen» bedeutet, dass wir niemals dem Dharma begegnen können. Aber dann widerspricht es sich selbst und sagt: «Ich sehe und höre ihn jetzt, kann ihn annehmen und bewahren.» Die Übersetzung im MZMC-Sūtrabuch lautet: «Jetzt habe ich ihn, kann ihn sehen und hören, ihn mir einprägen und ihn annehmen.» Das Wort «haben» ist aber nicht stark genug. Wir müssen ihn hüten, bewahren und nähren. Es ist nicht genug, den Dharma einfach nur zu besitzen; wir müssen ihn auch hegen und pflegen.

In dieser Übersetzung wurde zudem das wichtige Wort «jetzt» ausgelassen. Wenn wir über den Dharma nur *nachdenken* und versuchen, ihn «zu bekommen», wird uns das nicht gelingen. Solange wir versuchen, ihn mit unseren Intellekt zu erfassen, bleiben wir erfolglos, weil das unmöglich ist. Das Wort «jetzt» beschreibt den gegenwärtigen Augenblick, die einzige Wirklichkeit. Die Vergangenheit ist schon vorbei und die Zukunft muss erst eintreffen. Keine von beiden ist die wirkliche Wirklichkeit. Nur *dieser* Augenblick, *jetzt*, ist die Wirklichkeit. Und doch ist dieses *jetzt* merkwürdig und wundersam. Wir können es nicht ergreifen, weil es keine Dauer hat. Wäre es anders, könnten wir es halbieren. Nehmen wir mal an, ich will das Wort «jetzt» aussprechen. Wenn ich den Anfangslaut *je-* spreche, liegt der Rest des Klangs, *-tzt*, noch in der Zukunft; wenn ich *-tzt* sage, ist *je-* aber schon vergangen. Wann ist also die Gegenwart? Die Gegenwart ist nichts. Sie ist leer. Also sind Vergangenheit und Zukunft niemals vorhanden und die Gegenwart ist leer. Es ist wirklich wundersam, und wir können es nicht verstehen. Wir erfahren die Wirklichkeit, leben tatsächlich unser Leben und handeln, und doch ist alles leer. Wenn wir es festhalten wollen, finden wir keine fassbare Substanz.

Die Wirklichkeit ist leer wie ein Gespenst: «Form ist Leerheit und Leerheit ist Form.» Das ist die Wirklichkeit. Dieser gegenwärtige Augenblick, der Null ist, leer, ist die einzige Wirklichkeit. Es ist die einzige Zeit, in der wir dem Dharma begegnen können, indem wir unser eingeschränktes Messen und unsere konventionellen Sicht- und Beurteilungsweisen loslassen. Um den Dharma zu erkennen, die Wirklichkeit, müssen wir unsere Hand öffnen und diese Wirklichkeit nur akzeptieren. Es gibt keinen Klang, und doch müssen wir diesem grenzenlosen Dharma lauschen und ihn annehmen. Wir können das Absolute nicht diskutieren. Argumente funktionieren hier nicht. Wenn wir das Wesen des Dharmas erörtern, erörtern wir unsere Einsicht, unser Verständnis der Wirklichkeit. Jeder von uns hat eine unterschiedliche Lebenserfahrung und verschiedene Arten und Weisen, die Dinge zu sehen. Unsere Meinungen und Ausdrucksweisen bezüglich der Wirklichkeit können voneinander abweichen. Wir können diskutieren oder streiten, und doch kann die Wirklichkeit selbst nicht das Objekt einer sinnvollen Debatte sein.

Alles, was wir tun können, ist, es anzunehmen, zu bewahren und zu behüten. «Bewahren» bedeutet, es anzuwenden. Anwenden heißt nicht, dass ich den Dharma benutze in dem Sinn, dass er das Objekt meines Handelns ist. Vielmehr bedeutet es, dass wir der Dharma selbst sind. Es gibt keine Wahrheit oder Wirklichkeit außerhalb unser selbst. Wir können nicht außerhalb der Wirklichkeit sein. Wir werden in diese Wirklichkeit hineingeboren und leben in dieser Wirklichkeit, in diesem Dharma. Da wir Teil des Dharmas sind, können wir ihn nicht von außen beobachten. Alles, was wir in unserem alltäglichen Leben tun, ist eine Verwirklichung dieses grenzenlosen Dharmas. Der unermessliche, unübertreffliche, höchst tiefgründige Dharma sollte durch unsere Praxis mit unserem kleinen, begrenzten und vergänglichen Körper und Geist verwirklicht werden. Praxis bedeutet mehr, als im Zendō in Zazen zu sitzen. Unsere Praxis, unser Leben, ist der einzige Weg, diesen unbegrenzten Dharma zu verwirklichen. Die einzige Zeit, in der wir diesen Dharma erkennen, hören, annehmen und bewahren können, ist genau jetzt.

Weiter heißt es im *Lotossūtra*:

Und nun sah und erkannte ich alles,
Die große Frucht und Vergeltung, wie sie ist,
Die Bedeutung von den mannigfaltigen Wesen und Formen,
Ich und die Buddhas der zehn Richtungen
Können diese Fakten wissen.
Dieses Gesetz [= Dharma], es kann nicht gezeigt werden.
Die Gestalt der Worte verschwindet.
Die Reihe aller übrigen Lebewesen,
Sie kann es nicht zu begreifen erlangen
Ausgenommen die Schar aller übrigen Bodhisattvas,
Die fest ist in der Glaubenskraft.

Der Ausdruck «Wesen und Formen», der sich auf das bezieht, was Śākyamuni Buddha in dem Prosatext sagt, der diesen Versen vorausgeht, ist von grundlegender Bedeutung für das Verständnis des Mahāyāna-Buddhismus. Der Buddha spricht zu Śāriputra, einem seiner zehn bedeutendsten Anhänger: «Genug, Śāriputra, wir müssen nicht weitersprechen! Warum ist es so? Das Gesetz, das Buddha vollendet hat, ist das höchste Gesetz, das noch nie dagewesen und das schwierig zu verstehen ist. Nur ein Buddha mit einem Buddha zusammen kann diese erschöpfen: die wahre Natur aller Gesetze (Dharmas), d. h., aller Gesetze (Dharmas) Erscheinung wie sie ist».[115] «Aller Dharmas Erscheinung wie sie ist» ist eine Übersetzung von *shohō jissō*. *Shohō* bedeutet «Myriaden von Dharmas» oder «alle Wesen». *Ji* ist «wahr» oder «wirklich» und *sō* die «Form». Also bedeutet *jissō* «Wirklichkeit» und «alle Dharmas oder Wesen». Dieser Dharma ist die Wirklichkeit aller Wesen, nicht etwas Abstraktes außerhalb der Welt der Erscheinungsformen. Es ist die Wirklichkeit aller formhaften Dinge, einschließlich unser selbst.

Das Sūtra fährt fort mit «... Erscheinung wie sie ist, Natur wie sie ist, Substanz wie sie ist». «Erscheinung» ist eine Übersetzung von *sō*, «Form». «Natur» ist das Wesen, die Charakteristik einer Sache. Das Wort, das hier mit «Substanz» wiedergegeben wird, lautet *tai*. Es bedeutet aber «Körper», nicht Substanz, etwas Vergängliches und Ichloses. Jedes Ding hat seinen eigenen Körper: ein Buch, Kleidung, Wasser, Gras, ein Mensch – alle haben einen Körper. Dann folgt «Kraft wie sie ist, Funktion wie sie ist». Jedes Wesen hat seine eigene Kraft und Energie. Es ist keine tote Sache. Und alles mit

Kraft und Energie hat eine Funktion. Auch wenn er sich nicht sichtbar bewegt, hat ein Berg Funktionen. Dōgen-Zenji sagt, dass Berge immer in Bewegung sind, immer wandern.

Und schließlich: «Ursache wie sie ist, Bedingungen wie sie sind, Frucht wie sie ist, Vergeltung [= Rückwirkung] wie sie ist, Folgerichtigkeit [= Übereinstimmung] von Anfang bis zum Ende wie sie ist.»

Diese «zehn Soheiten» wurden oben zu Beginn des Kapitels 5 erörtert. Wie wir dort erfahren haben, beziehen sich die ersten fünf Soheiten aller Wesen auf die Einzigartigkeit eines jeden Wesens. Und die nächsten vier lassen darauf schließen, dass jedwedes einzigartige Wesen nur in Beziehung mit anderen innerhalb des Netzwerkes wechselseitig abhängigen Entstehens durch alle Zeiten und Räume hinweg existieren kann.

Die zehnte Soheit ist die «Folgerichtigkeit von Anfang bis zum Ende wie sie ist». «Anfang» bezieht sich auf die erste Soheit und «Ende» auf die neunte, die Rückwirkungen. Diese neun Punkte sind keine voneinander unabhängigen Aspekte unseres Seins, sondern nur ein einziger, weil wir sie nicht voneinander trennen können. Diese letzte, die zehnte Soheit ist schwer zu verstehen. Jedes Wesen ist einzigartig und doch verbunden mit allen Wesen, vom anfanglosen Anfang bis zum endlosen Ende. Wenn wir uns eines Wesens annehmen, nehmen wir uns aller Wesen an und aller Zeiten. Nichts hat Substanz. Alles ist leer. Wenn wir dies mit unserem Intellekt und mithilfe von Denkkonstrukten zu erfassen suchen, werden wir neurotisch. Wenn wir einen Aspekt erfassen, verfehlen wir die weiteren. Wenn wir versuchen, den Unterschied zwischen den Wesen zu verstehen, differenzieren wir und sind blind für ihre Verbundenheit. Wenn wir uns auf die Beziehungen zwischen allen Wesen konzentrieren, sind wir blind für die Einzigartigkeit dieses Wesens. Diese zwei sich grundsätzlich widersprechenden Seiten der wahren Wirklichkeit aller Wesen wird im *Herzsūtra* mit «Form ist Leerheit und Leerheit ist Form» ausgedrückt. Das *Sandōkai* formuliert die gleiche Wirklichkeit mit «Verschmelzen von Unterschied (*ji*) und Einssein (*ri*)».

Weil es schwierig ist, beide Seiten der Wirklichkeit auf einmal mittels Intellekt und Denkgebäuden auszuloten und zu erfassen, wie das *Lotossūtra* sagt, brauchen wir die Kraft des Glaubens. Durch unsere auf Glauben gegründete Praxis können wir die wahre Wirklichkeit erfahren, auch wenn wir sie nicht als Objekt erkennen und ermessen können.

Die Kraft des Glaubens leitet sich aus der Zufluchtnahme zu den Drei Schätzen her. Wir nehmen Zuflucht, wir empfangen die Gebote und wir empfangen die Vier Bodhisattva-Gelübde und hören nicht auf, zu praktizieren, tragen das Gewand eines Buddhas, empfangen mit Dankbarkeit die Gaben des Netzwerkes des wechselseitig abhängigen Entstehens, Geschenke wie Luft, Wasser, Nahrung und viele Dinge mehr. Wir halten unsere Bemühungen aufrecht, zu hören, zu verstehen und die Lehren der Sūtras zu behüten – durch Texte, Gespräche und Unterweisungen von Lehrern und anderen – und der Wirklichkeit selbst.

Unsere Praxis umfasst alle Handlungen dieses Körpers und Geistes – einschließlich unserer Gedanken, die auch ein Weg sind, diesen wunderbaren Dharma zu verstehen. Wir müssen unsere Gedanken nicht abschneiden. Denken ist ja auch und tatsächlich eine Funktion des Dharmas. Aber wir sollten wirklich verstehen, dass das Denken die Wirklichkeit nicht begreifen kann. Darum müssen wir unsere Hände öffnen und mit der Wirklichkeit umgehen, der wir täglich begegnen. Wenn wir über jedes Teilstück isoliert nachdenken, ist es wirklich schwierig, die Wirklichkeit als ein Ganzes zu sehen und sie zu erklären. Aber die Lehre Buddhas ist wirklich ganz einfach. Es ist die Wirklichkeit, die wir ständig erfahren, nicht irgendetwas Geheimnisvolles oder Mystisches jenseits der formhaften Welt. Es ist nichts Verborgenes. Aber auch wenn das so ist, ist es schwierig, die Existenzweisen aller Wesen in dieser Welt der Erscheinungsformen, in der wir leben, zu ergründen. Die Art und Weise unseres Daseins ist in der Tat rätselhaft. Die Wahrheit ist nicht verborgen, sondern immer hier, immer verwirklicht. Das Ziel unserer Praxis ist es nicht, etwas zu erfahren, was sich von unserem alltäglichen Leben unterscheidet. Es liegt darin, tief in die Wirklichkeit jedes Wesens zu schauen, einschließlich des eigenen. Das ist wirklich wundersam und schwer nachzuvollziehen. Dies schätzen zu wissen, heißt, dem Dharma zu begegnen. Wenn wir wirklich hinsehen, zuhören, annehmen und den Dharma bewahren, können wir nicht anders als zu geloben, es tiefer verstehen zu wollen. Das ist die Bedeutung der letzten Zeile dieses Verses «Ich gelobe, die wahre Bedeutung des Tathāgata zu verstehen». Wir geloben, den *dharmakāya*, in den wir hineingeboren sind, tiefgründig zu verstehen: die Wirklichkeit, die selbst Buddhas Körper ist, in dem wir leben und sterben zusammen mit allen Wesen.

Anmerkungen

1. «Den Weg der Vorfahren aus dem Westen kommend übermittle ich nach Osten.
   Den Mond fischend, die Wolken pflügend,
   sehne ich mich nach dem uralten Wind.
   Wie könnte roter Staub von der gewöhnlichen Welt bis hierher aufsteigen?
   Verschneite Nacht in den tiefen Bergen in meiner Grashütte.»
   Dōgen's Extensive Record: A Translation of Eihei Koroku, Übers. Leighton and Okumura (Wisdom Publications, 1995), S. 638.
2. *Buddhadharma*, Frühjahr 2011, S. 25.
3. Dainin Katagiri, *Each Moment Is the Universe: Zen and the Way of Being Time* (Boston: Shambhala, 2007), S. 216.
4. Ich fand dieses Gedicht im Entwurf von *Ceaseless Effort: The Life of Dainin Katagiri*, von Andrea Martin (Minnesota Zen Meditation Center).
5. Die Geschichte basiert auf der Übersetzung von Thomas William Rhys Davids, *Buddhist Birth-Stories* (1880; Nachdr. Calcutta: Srishti Publishers, 1998). Eine weitere Version findet sich in Rafe Martin, *The Hungry Tigress: Buddhist Legends and Jataka Tales* (Berkeley: Parallax Press, 1990).
6. Martin, *Hungry Tigress.*
7. Das ist die Übersetzung der Verse der vier Bodhisattva-Gelübde des Sūtrabuchs, das im Minnesota Zen Meditation Center verwendet wird. Die Übersetzung in *Sōtō School Scriptures for Daily Services and Practice,* veröffentlicht von der Sōtōshu Shūmuchō, lautet wie folgt: «Es gibt zahllose Wesen; ich gelobe sie alle zu befreien. / Verblendungen sind unerschöpflich; ich gelobe sie alle zu beenden. / Dharma-Tore sind grenzenlos; ich gelobe sie alle zu durchschreiten. / Der Buddha-Weg ist unübertrefflich; ich gelobe ihn zu verwirklichen.» (*Shujō muhen seigan do / Bonnō mujin seigan dan / Hōmon muryō seigan gaku / Butsudō mujō seigan jō.*)
8. Das heißt nicht, dass Buddhisten nicht auch beten. Ursprünglich gab es im Buddhismus keine heiligen Wesen, zu denen man betete; aber später, im Mahāyāna- und Vajrayāna-Buddhismus, wurden Buddhas, Bodhisattvas und einige Wächter-Götter als Objekte der Anbetung betrachtet.
9. Augustine Ichirō Okumura, *Awakening to Prayer*, übersetzt von Theresa Kazue Hiraki und Albert Masaru Yamato (Washington, D.C.: ICS, 1994).
10. Das ist eine Übersetzung der Verse aus dem *Bosatsu yōraku hongōkyō* (*Bodhisattva-Juwelenhalsband-Sūtra*). *Taisho*, Vol. 24, S. 1013.
11. Dieser Vers steht im Mahavāgga des Pāli-Vinaya: Santuttho (Übers.), *Mahāvagga. Die große Gruppe aus der Sammlung der buddhistischen Ordensregeln* (Heidelberg: Kristkeitz, 2011), S. 23.
12. Dieses Gedicht wurde im MZMC-Newsletter Frühjahr 1991 anlässlich des ersten Gedenktages von Katagiri-Rōshis Todestag veröffentlicht.

13. D.T. Suzuki, *Living by Zen: A Synthesis of the Historical and Practical Aspects of Zen Buddhism* (London: Samuel Weiser, 1972). Dt. Ausgabe unter dem Titel *Leben aus Zen.*
14. D.T. Suzuki: *Zen ni yoru Seikatu*, übersetzt von Kobori Sōhaku, Suzuki Daisetsu Zen senshu, Vol. 3 (Tōkyō: Shunjūsha, 1975), S. 173.
15. D.T. Suzuki: *Outlines of Mahāyāna Buddhism* (New York: Schocken Books, 1963) S. 307.
16. Kōshō Uchiyama, *Opening the Hand of Thought* (Boston: Wisdom, 2004), S. 157.
17. Shōhaku Okumura, *Shikantaza: An Introduction to Zazen* (Kyōto: Kyōto Sōtō-Zen Center, 1985), S. 63.
18. Shōhaku Okumura und Taigen Dan Leighton (Übers.), *The Wholehearted Way: A Translation of Eihei Dōgen's Bendōwa with Commentary by Kōshō Uchiyama Roshi* (Boston: Tuttle, 1997), S. 23.
19. *Lotos-Sūtra. Sūtra von der Lotosblume des wunderbaren Gesetzes.* Nach dem chinesischen Text von Kumārajīva ins Deutsche übersetzt und eingeleitet von Margarete von Borsig (Gerlingen: Lambert Schneider, 1992), Kap. 3, «Ein Gleichnis», S. 111.
20. Taigen Dan Leighton und Shōhaku Okumura (Übers.), *Dōgen's Pure Standards for the Zen Community: A Translation of Eihei Shingi* (Albany: State University of New York Press, 1996), S. 47-49.
21. *Ebenda.*
22. *a. a. O.*, S. 48.
23. *a. a. O.*, S. 37.
24. *a. a. O.*, S. 48.
25. *a. a. O.*, S. 48-49.
26. Guīshān Língyòu (Isan Reiyū) lebte von 771 bis 853 u. Z. während des goldenen Zeitalters des chinesischen Zen. Er gründete die Guīyǎng-(Igyō-)Schule, eine der fünf Schulen des Zen in China. Guīshān war der Dharma-Nachfolger von Bǎizhàng Huáihǎi (Hyakujō Ekai). Bǎizhàng ist bekannt für sein *Bǎizhàng Qīngguī* (*Hyakujō Shingi*), eine Zusammenstellung der Regeln für ein Zen-Kloster. Mit Bǎizhàngs Regelwerk wurde die zen-klösterliche Praxis offiziell eingeführt.
27. Dies ist meine eigene Übersetzung. Eine weitere findet sich in Gudō Wafu Nishijima und Ritsunen Gabriele Linnebach (Übers.), *Shōbōgenzō. Die Schatzkammer des wahren Dharma-Auges*, Band 2 (Heidelberg: Kristkeitz [2]2013), S. 187. Nishijima verwendet die japanische Schreibung der Namen, hier Isan Reiyū. Zen-Meister Dàyuān (jap. Daien) ist der Ehrentitel, der Guīshān vom Kaiser verliehen wurde.
28. Diese Vorlesung am Sōtōshu Kyōka Kenshūsho (Sōtō School Propagation and Research Institute) wurde von Rev. Rosan Yoshida übersetzt und erschien im MZMC-Newsletter in drei Teilen: Herbst 1990, Frühjahr 1991 und Sommer 1991.

29. Hōkyōji ist ein ländliches Praxis-Zentrum im südöstlichen Minnesota, gegründet 1978. Im Jahr 2007 wurde es vom MZMC unabhängig und heißt aktuell Hōkyōji Zen-Praxis-Gemeinschaft.
30. Dies ist Teil eines Gespräches zwischen Hóngzhì und seinem Lehrer Dānxiá Zǐchún (Tanka Shijun, 1074–1117), in Hóngzhìs Biographie in *The Record of Hongzhi* (chin. *Hóngzhì-lù*; jap. *Wanshi-roku*). Ursprünglich stammt diese Redensart von Baima Xing'ai (Hakuba Gyōai), zit. in *The Record of the Transmission of the Dharma Lamp* (chin. *Jǐngdé Chuándēnglù*; jap. *Keitoku Dentōroku*), Band 23.
31. Dieser Ausdruck von Dōgen-Zenji findet sich im *Eihei Kōroku, Dharmaansprache Nr. 2*, Leighton und Okumura (Übers.), op. cit., S. 76.
32. Die Übersetzung in *Sōtō School Scriptures for Daily Services and Practice* lautet: «All mein vergangenes und schädliches Karma, / geboren aus anfangloser Gier, Hass und Verblendung, / durch Körper, Sprache und Geist, / gestehe und bereue ich jetzt vollständig.»
33. Dies basiert auf der Theorie des Ursprungs des Mahāyāna-Buddhismus, wie sie von japanischen Gelehrten wie zum Beispiel Akira Hirakawa vertreten wird. Als ich 1993 Vorlesungen dies betreffend hielt, war mir die Kritik westlicher Gelehrter zu der Hypothese, dass Mahāyāna-Buddhismus ursprünglich eine buddhistische Laienbewegung war, nicht bekannt. Heute unterstützen wenige Gelehrte diese Hypothese.
34. Hier wird «Ego» als Übersetzung des Sanskritwortes *ātman* verwendet, das für gewöhnlich mit «Selbst» oder «Seele» übersetzt wird. «Ichlosigkeit» ist eine Übersetzung von *anātman*, «Nicht-Selbst». Dem «*Shambhala Dictionary of Buddhism and Zen* (Boston: Shambala, 1991) zufolge bedeutet *ātman* «das wirkliche unsterbliche Selbst menschlicher Wesen, im Westen bekannt als die Seele». Im Mahāyāna wird nicht nur die «Seele» menschlicher Wesen, sondern auch die Substanz von Materie verneint.
35. Dies ist meine eigene Übersetzung des *Busso-shōden Zenkaishō* (*Essence of Buddha Ancestors' Authentically Transmitted Zen Precepts*), *Taisho*, Vol. 82, Nr. 2601.
36. Dies ist meine eigene Übersetzung aus: Sōtan Oka, *Kaitei Busso-shōden Zenkaishō Kōwa* (*Lecture on the revised Busso-shōden Zenkaishō*) (Tōkyō: Kōmeisha, 1931), S. 44-48.
37. In den *Sōtō School Scriptures for Daily Services and Practice* lautet der Text: «Ich nehme Zuflucht zu Buddha. / Mögen alle Wesen / den großen Weg verkörpern, / entschlossen zu erwachen. / Ich nehme Zuflucht zum Dharma. / Mögen alle lebenden Wesen / tief in die Sūtras eintreten, / die Weisheit wie ein Ozean. / Ich nehme Zuflucht zum Sangha. / Mögen alle Wesen / die Harmonie in der Gemeinschaft unterstützen, / frei von Einschränkungen.» Dieser Vers war ursprünglich ein Teil eines längeren Verses in Kapitel 11 des *Avataṃsaka-Sūtras*, «Reinigende Praxis». Die Übersetzung der englischen Fassung lautet wie folgt: «Zuflucht nehmend zu

Buddha, / sollten sie wünschen, dass alle Wesen / die Linie der Buddhas fortsetzen, / das unübertreffliche Streben verspürend. / Zuflucht nehmend zu der Lehre, / sollten sie wünschen, dass alle Wesen / tief in die Schriften eintreten, / und ihre Weisheit tief sein möge wie das Meer. / Zuflucht nehmend zur Gemeinschaft, / sollten sie wünschen, dass alle Wesen / ... / alle frei werdend von Einschränkungen.» Thomas Cleary (Übers.), *The Flower Ornament Scripture: A Translation of The Avatamsaka Sūtra* (Boston: Shambhala, 1993), S. 315-316.

38. Dies ist meine eigene Übersetzung. Siehe auch Nishijima und Linnebach (Übers.), *Shōbōgenzō*, Buch 4, S. 206.
39. Munish B. Schiekel (Übers.), *Dhammapada. Die Weisheitslehren des Buddha*, Nr. 160 (Freiburg: Herder, 1998), S. 58.
40. Nyanaponika (Übers.), *Sutta-nipāta*, Lehr-Dichtungen III:12, Betrachtung der Zweiheit (Dvayatānupassanā-Sutta), Nr. 752. Stammbach (Beyerlein & Steinschulte / www.palikanon.com).
41. *Dàchéng yì zhāng* (jap. *Daijō-gi-shō, the meaning of Mahāyāna Teaching*), verfasst von Huiyuan (Eon) vom Tempel Jōyōji während der Zeit der Suí-Dynastie (589–618), *Taisho*, Vol. 44, Nr. 1851, S. 654.
42. Das ist die Übersetzung im MZMC-Sūtrabuch, S. 1. Der Text in den *Sōtō School Scriptures for Daily Services and Practice* lautet übersetzt: «Wie großartig das Gewand der Befreiung, / ein formloses Feld des Verdienstes. / Uns mit Buddhas Lehre umhüllend / befreien wir alle lebenden Wesen.» Dieser Vers erscheint auch im *Chányuàn Qīngguī* («Die reinen Regeln für das Chán-Kloster»), Bd. 8, in dem Abschnitt, der die Zeremonie des Empfangens der Gebote für Novizen (*shami*) beschreibt.
43. Dies ist meine eigene Übersetzung. Siehe auch Nishijima und Linnebach (Übers.), *Shōbōgenzō*. Buch 1, S. 168.
44. Santuttho (Übers.), *Mahāvagga. Die große Gruppe aus der Sammlung der buddhistischen Ordensregeln*. VIII.216 (Heidelberg: Kristkeitz, 2011), S. 373.
45. Dies ist meine eigene Übersetzung. Siehe auch Nishijima und Linnebach (Übers.), *Shōbōgenzō*, Band 1, *Kesa kudoku* («Die Verdienste des Kesa»), S. 127, und *Den-e* («Die Weitergabe des Gewandes»), S. 186.
46. Soweit ich weiß, ist eine englische [oder deutsche; d. Übers.] Fassung des *Kyōjukaimon* bis jetzt noch nicht veröffentlicht worden. Im *Shōbōgenzō Ki'e-sanbō* («*Zufluchtnahme zu den Drei Schätzen*») stellt Dōgen vier Arten der Drei Schätze vor, einschließlich der drei hier erwähnten. Siehe Nishijima und Linnebach (Übers.), *Shōbōgenzō*, Band 4, S. 205.
47. Dies ist eine freie Übersetzung aus dem Japanischen. Die deutsche Übersetzung aus dem Pāli findet sich in: Nyanaponika (Übers.), *Sutta-nipāta*, Lehr-Dichtungen I.4, Der Pflüger Bhāradvāja (Kasi-Bhāradvāja-Sutta). Stammbach (Beyerlein & Steinschulte / www.palikanon.com).
48. Leighton und Okumura, *Dōgen's Pure Standards*, S. 36.
49. *Ebenda*, S. 83-84.

50. Robert A.G. Thurman (Übers.), *The Holy Teaching of Vimalakīrtī: A Mahāyāna Scripture* (College Park: Pennsylvania State University Press, 1988), S. 27.
51. *Lotos-Sūtra*, Kap. 2, «Geschicklichkeit», *op. cit.*, S. 58.
52. *Ebenda.*
53. Die Texte der Rezitationen zu den Mahlzeiten in Kapitel 5 werden zit. aus: *Sōtō School Scriptures for Daily Services and Practice*, S. 75, und nicht aus dem Sūtrabuch des MZMC.
54. Maurice Walshe (Übers.), *The Long Discourses of the Buddha: A Translation of the Dīgha Nikāya* (Boston: Wisdom, 1987), S. 263.
55. Red Pine (Übers.), *The Diamond Sūtra: The Perfection of Wisdom: Text and Commentaries translated from Sanskrit and Chinese* (Washington, D.C.: Counterpoint, 2001), S. 3.
56. *Bi Yan Lu* / Bi-Yän-Lu (chin.), *Hekiganroku* (jap.), Fall 1. Es gibt diverse deutsche Übersetzungen unter verschiedenen Titeln, z.B.: *Die Niederschrift von der smaragdenen Felswand, Die Niederschrift vom blauen Fels*, und andere.
57. *Fahuawengou. Taisho*, Vol. 34, No. 1718, S. 0128a16.
58. Übersetzung der Buddhist Text Translation Society mit wenigen geringfügigen Änderungen durch den Autor.
59. Dies ist meine eigene Übersetzung. Siehe auch Nishijima und Linnebach (Übers.), *Shōbōgenzō*, Band 4, ²2015, S. 205.
60. Menzan Zuihō (1683–1769), einer der größten Mönchsgelehrten des Sōtō-Zen der Tokugawa-Periode, schrieb einen Kommentar zu diesem «Vers der Fünf Betrachtungen» mit dem Titel *Jujiki gokan kunmo* («Anleitung zu den Fünf Betrachtungen des Empfangens von Nahrung») im Jahr 1720. Er sagt, dass diese fünf Betrachtungen zum ersten Mal in einem Vinaya-Text von Nánshān Dàoxuán (Nanzan Dōsen), dem Gründer der chinesischen Ritsu-(Vinaya-)Schule, erwähnt wurden. Später wurde der Vers von Huáng Tíngjiān (Kō Teiken, 1045–1105), einem der berühmten chinesischen Literaten der Sòng-Dynastie, der auch Zen praktizierte, neu verfasst. Er erscheint auch im *Chányuàn Qīngguī* (*Zen'en Shingi*, «Die reinen Regeln für das Chán-Kloster») von Chánglú Zōngzé (Chōro Sosaku, gest. 1107). Dōgen-Zenji entnahm den Vers aus den chinesischen Standards. Heutige Gelehrte bezweifeln jedoch Huángs Autorenschaft, weil der gleiche Vers in einem Text gefunden wurde, der vor seiner Geburt entstand.
61. Dies sind Teile meiner unveröffentlichten Übersetzung des *Shōbōgenzō Hachidainingaku* («Die Acht Merkmale des Erwachens Großer Wesen»). Eine weitere Übersetzung findet sich in Nishijima und Linnebach (Übers.), *Shōbōgenzō*, Band 4, ²2015, S. 271-276.
62. Samyutta Nikāya 56.11, Vom Vollendeten Gesprochenes (Dhammacakkappavattana Sutta). Stammbach (Beyerlein & Steinschulte / www.palikanon.com).

63. Vgl. *Lotos-Sūtra*, Kap. 2, «Geschicklichkeit», *op. cit.*, S. 75 f., so auch zit. im *Shōbōgenzō Hachidainingaku*, Nishijima und Linnebach (Übers.), *Shōbōgenzō*, Band 4, ²2015, S. 189.
64. Nishijima und Linnebach (Übers.), *Shōbōgenzō*, Band 4, ²2015, S. 198.
65. Leighton und Okumura, *Dōgen's Pure Standards*, S. 98.
66. Dies ist meine eigene Übersetzung. Eine weitere (englischsprachige) findet sich in Kazuaki Tanahashi (Hg.), *Enlightenment Unfolds: The Essential Teachings of Zen Master Dōgen* (Boston: Shambhala, 1999), S. 23.
67. Samyutta-Nikāya, 6.1 (Übers. Geiger / Nyanaponika; www.palikanon. com).
68. Samyutta-Nikāya, 22.94 (Übers. Oldenberg / Neumann; *ebd.*).
69. Die Drei Fahrzeuge stellen die Mahāyāna-Kategorisierung des Buddhismus dar. *Śrāvaka* bedeutet «Hörer» und bezieht sich auf Buddhas Schüler. *Pratyekabuddha* bedeutet «eigenständig Erwachter» und bezieht sich auf Praktizierende, die Erwachen ohne einen Lehrer erlangen und andere nicht unterweisen. Vom Standpunkt des Mahāyāna aus waren beide *Hīnayāna*, «kleinere Fahrzeuge».
70. Als ich 1993 diesen Vortrag hielt, waren Herztransplantationen in Japan noch nicht legal. 1997 wurde dieses Verfahren legalisiert, wird aber immer noch sehr selten durchgeführt.
71. Ich lebe in Amerika als Ausländer und brauche eine Menge Geduld. Katagiri-Rōshis Name Dainin bedeutet «Große Geduld». Ich denke, das war ein sehr passender Name für ihn als Lehrer in den Vereinigten Staaten, wo sich die spirituellen und kulturellen Hintergründe sehr von denen in Japan unterscheiden. Amerikanische buddhistische Praktizierende, die mit einem Lehrer aus Japan oder einem anderen asiatischen buddhistischen Land praktizieren, brauchen wohl die gleiche Art von Geduld. Eigentlich ist es immer so, dass zwei Menschen, die zusammen leben oder arbeiten, manchmal in Konflikte miteinander geraten und Geduld üben müssen.
72. Edward Conze (Übers.), *Perfect Wisdom: The Short Prajñā-pāramitā Texts* (Devon: Buddhist Publishing Group, 1973), S. 140.
73. Katagiri-Rōshis Übersetzung erschien in der Zeitschrift *Zen no Kaze* (Zen-Wind), der Sōtōshū Shūmuchō. Die Übersetzung dieses Satzes in *Sōtō School Scriptures for Daily Services and Practice* lautet: «Avalokiteśvara Bodhisattva, tiefgründig *prajñā-pāramitā* praktizierend, erkannte, dass alle fünf Ansammlungen leer sind und befreite so von allem Leiden.»
74. *Shōbōgenzō Kannon*. Nishijima und Linnebach (Übers.), *Shōbōgenzō*, Band 2, S. 230.
75. Yúnyán war der Lehrer von Dòngshān (Tōzan), dem Gründer des chinesischen Cáodòng-(Sōtō-)Zen. Er wird weiter unten erwähnt.
76. Vgl. auch Sabine Hübner (Übers. u. Komm.), *Der Göttervogel Garuda. Teishō zu den 100 Kōan des Shōyōroku («Niederschrift aus der Klause des Gleichmuts»)* (Heidelberg: Kristkeitz, 2017), Fall 54, S. 251 ff., sowie Fall 89 im *Hekiganroku* (s. o., Anm. 56).

77. Shōhaku Okumura, *Die Verwirklichung der Wirklichkeit. Der Schlüssel zu Dōgens Shōbōgenzō* (Heidelberg: Kristkeitz, 2014), Anh. 2, *passim.*
78. Conze, *a. a. O.*, S. 140.
79. Kenneth K. Inada (Übers.), *Nāgārjuna: A Translation of His Mūlamadhyamakakārikā with an Introductory Essay* (Tōkyō: Hokuseidō Press, 1970), S. 146. (Kapitel und Versnummern werden in dem Text zitiert.)
80. Dies ist meine eigene Übersetzung. Eine weitere Übersetzung findet sich in Nishijima und Linnebach (Übers.), *Shōbōgenzō,* Band 4, S. 257 f.
81. Inada, *Nāgārjuna, a. a. O.*, S. 39.
82. *Ebenda*, S. 59.
83. Dies ist meine eigene Übersetzung aus dem Chinesischen, die Kumārajīva mit Piṅgalas Kommentar übersetzt hat. *Taisho*, Vol. 30, Nr. 1564, S. 8a07.
84. Shōhaku Okumura, *Die Verwirklichung der Wirklichkeit. Genjōkōan – Der Schlüssel zu Dōgen-Zenjis Shōbōgenzō* (Heidelberg: Kristkeitz 2014), S. 25.
85. *Ebenda*, S. 27.
86. *Ebenda,* S. 27 f.
87. Francis Cook (Übers.), *The Record of Transmitting the Light: Zen Master Keizan's Denkōroku* (Boston: Wisdom, 1996), S. 193 f.
88. Conze, *a. a. O.,* S. 140.
89. Vgl. auch Okumura, *Die Verwirklichung der Wirklichkeit,* S. 251.
90. Nakamura, *Gotama Buddha: A Biography Based on the Most Reliable Texts* (Kosei Publ., 2001), S. 319.
91. Dies ist meine eigene Übersetzung. Eine weitere findet sich in Nishijima und Linnebach (Übers.), *Shōbōgenzō,* Band 3, ^{2}2014, S. 76.
92. Eihei Dōgen und Shōhaku Okumura (Übers.), *Unterweisungen zum wahren Buddha-Weg. Shōbōgenzō zuimonki* (Heidelberg: Kristkeitz, ^{4}2011), III 10, S. 113 f.
93. Inada, *Nāgārjuna*, S. 103.
94. Als ich 1994 diesen Vortrag hielt, war mein Sohn drei Jahre alt und ich war fünfundvierzig. Das war das erste Mal, dass ich das Älterwerden spürte.
95. Einer der ältesten Tempel in Japan, Shiten'ō-ji, wurde von Prinz Shōtoku im 6. Jh. in den allerersten Anfängen des japanischen Buddhismus erbaut. Zu dieser Zeit waren Ōsaka und Nara die zwei dominierenden Städte. Nara war die Hauptstadt und Ōsaka war ein Hafen, um nach Korea und China zu reisen. Der Prinz baute auch einen Tempel in Nara, Hōryūji genannt. Hōryūji hat die älteste Holzkonstruktionen der Welt, fast 1.500 Jahre alt.
96. MZMC-Sūtrabuch, S. 8 (engl. Übers. v. Thomas Cleary). Im Sūtrabuch wurde das Wort «Patriarch» der ursprünglichen Übersetzung in «Vorfahre» geändert.
97. Das Wort *Sandōkai* stammt aus der Überschrift eines daoistischen Textes über das *Yijing* («Buch der Veränderungen») aus der Zeit der Han-Dynastie (206 v. u. Z.–220 u. Z.).
98. Nishijima und Linnebach (Übers.), *Shōbōgenzō,* Band 1, ^{3}2013, S. 285.

99. *Ebenda*, S. 273.
100. Yoshito S. Hakeda (Übers.), *The Awakening of Faith* (New York: Columbia University Press, 1967), S. 31. Dies ist einer der wichtigsten Texte zur Theorie der Buddha-Natur (*tathāgata-garbha*) als grundlegendem Teil der Zen-Lehre.
101. Hakeda sagt: «Da es sich ganz klar so darstellt, dass die Essenz aller Dinge leer ist, d.h., ohne Illusion, ist der wahre GEIST ewig, andauernd, unveränderlich, rein und selbst-genügend; deshalb wird er ‹nicht-leer› genannt.» (*A.a.O.*, S. 35).
102. Zōngmìs Erörterung der Unterschiede zwischen den vier Schulen liegt in englischer Übersetzung vor in «Chart of the Master-Disciple Succession of the Chan Gate That Transmits the Mind Ground in China», in: Jeffrey Lyle Broughton (Übers.), *Zongmi on Chan* (New York: Columbia University Press, 2009), S. 69-100.
103. Okumura, *Die Verwirklichung der Wirklichkeit*, S. 26.
104. Inada, *Nāgārjuna*, S. 146.
105. Siehe Anm. 100.
106. Sheng-yen (Shèngyán), *The Infinite Mirror: Commentaries on Two Chan Classics* (Boston: Shambhala, 1990), S. 25. Shèngyán übersetzt *Sandōkai* mit «Untersuchung der passenden Hälften (inquiry [*san*] into matching [*dō*] halves [*kai*])». Das unterscheidet sich sehr von der japanischen Interpretation.
107. G.W. Nishijima und G. Linnebach (Übers.), *Shōbōgenzō*, Band 4, [2]2014, S. 52.
108. Stephen Mitchell (Übers.), *Tao Te Ching* (New York: HarperCollins, 1988), S. 40-42.
109. Inada, *Nāgārjuna*, S. 146-148.
110. Dieses Kōan hat den Titel «Un'gans (Yúnyáns) ‹Bodhisattva des großen Erbarmens›». Vgl. oben, S. 169 ff. und *Shōbōgenzō Kannon*. Nishijima und Linnebach (Übers.), *Shōbōgenzō*, Band 2, S. 230. Siehe auch oben, Anm. 74-76.
111. *Lièzǐ*, Vol. 5.
112. Dieser Vers lautet in den *Sōtō School Scriptures for Daily Services and Practice:* «Dem unübertrefflichen, tiefgründigen und wunderbaren Dharma / ist selten zu begegnen, selbst in hundert, tausend, Millionen Kalpas. / Jetzt können wir es erkennen und hören, annehmen und bewahren. / Mögen wir die Bedeutung der Wahrheit des Tathāgatas entfalten.»
113. *Lotos-Sūtra*, Kap. 2, «Geschicklichkeit», *op. cit.*, S. 59.
114. *Ebenda.*
115. *a.a.O.*, S. 58.

Namensverzeichnis

Anmerkung: Quellen für dieses Verzeichnis sind u. a. das *Bukkyōgo Daijiten* (Nakamura Hajime, Tōkyō Shoseki), das *Zengaku Daijiten* (Taishūkan Shoten), das *Bukkyō Daijiten* (Shōgakkan) und *The Shambhala Dictionary of Buddhism and Zen* (Shambhala).

Ānanda: Einer der zehn größten Schüler Buddhas. Er war zwanzig Jahre lang der persönliche Begleiter des Buddha und lernte alle Unterweisungen Buddhas auswendig. Seine Erläuterungen der Abhandlungen Buddhas bilden die Grundlage für die Sūtras beim ersten Konzil.

Aśvaghoṣa: Indischer Mönch und Dichter, der im ersten bis zweiten Jahrhundert u. Z. lebte. Er verfasste den Text *Buddha-carita: Life of the Buddha.* Ein weiteres Werk, *Awakening of Faith in Mahāyāna,* wurde Aśvaghoṣa zugeschrieben, aber manche Gelehrte denken heute, dass der Text in China geschrieben wurde.

Avalokiteśvara: Einer der wichtigsten Bodhisattvas des Mahāyāna-Buddhismus, der als Symbol für Buddhas Mitgefühl gilt.

Bǎizhàng Huáihǎi (Hyakujō Ekai, 749–814): Bedeutender Zen-Meister während der Zeit der Táng-Dynastie in China. Er war ein Dharma-Nachfolger von Mǎzǔ Dàoyī und Meister von Guīshān Língyòu und Huángbò Xīyùn. Gilt als der Autor der ersten «reinen Regeln» (chin. *Qīngguī*, jap. *Shingi*).

Bǎotáng Wúzhù (Hotō Mujū, 714–774): Der Gründer der Bǎotáng-Schule des Zen in der Zeit der Táng-Dynastie.

Bodhidharma (jap. Bodaidaruma): Der 28. Vorfahre nach Śākyamuni Buddha in der indischen Herkunftslinie, der von Indien nach China reiste und zum ersten Vorfahren der Zen-Tradition wurde.

Butsuju Myōzen (1184–1225): Ein Anhänger von Myōan Eisai, der die Rinzai-Zen-Tradition nach Japan übermittelte und Dōgens erster Zen-Lehrer in Japan war. Myōzen und und Dōgen reisten zusammen nach China, aber Myōzen starb während seines Aufenthalts im Tiāntóng-Kloster.

Chánglú Qīngliǎo (Chōro Seiryō): Chinesischer Cáodòng-(Sōtō-) Zen-Meister, ein Dharma-Erbe von Dānxiá Zǐchún (Tanka Shijun) und der ältere Dharma-Bruder von Hóngzhì Zhèngjué.

Chánglú Zōngzé (Chōro Sōsaku, ?–1107): Der chinesische Zen-Meister, der das *Chányuàn Qīngguī* (*Zen'en Shingi*, «Die reinen Regeln für das Zen-Kloster») zusammenstellte.

Conze, Edward (1904–1979): Britischer buddhistischer Gelehrter, der in England und den Vereinigten Staaten lehrte, und Autor vieler Bücher zu den *Prajñā-pāramitā-Sūtras.*

Dainin Katagiri-Rōshi (1928–1990): Der Gründer des Minnesota Zen Meditation Center. Er kam 1963 in die Vereinigten Staaten und half Shunryū Suzuki-Rōshi im San Francisco Zen Center bis zu dessen Tod im Jahr 1971. Er zog anschließend nach Minneapolis, um dort 1972 das MZMC aufzubauen.

Dàjiàn Huìnéng (Daikan Enō, 638–713): Der sechste Vorfahre des chinesischen Zen und Dharma-Erbe des fünften Vorfahren, Dàmǎn Hóngrěn. Er gilt als der Gründer der Südlichen Schule des chinesischen Zen.

Dàmǎn Hóngrěn (Daiman Kōnin, ca. 602–675): Der fünfte Vorfahre in der chinesischen Zen-Tradition, aus der die Nördlichen und Südlichen Schulen abstammen.

Dàowú Yuanzhi (Dōgo Enchi, 769–835): Ein Dharma-Erbe von Yàoshān Wéiyǎn und Dharma-Bruder von Yúnyán Tánshèng.

Dàyi Dàoxìn (Dai'i Dōshin, 580–651): Der vierte Vorfahre des chinesischen Zen und der Meister von Dàmǎn Hóngrěn. Dàyis und Dàmǎns Versammlungen nannte man später die «Dharma-Tore des Östlichen Berges».

Dòngshān Liángjiè (Tōzan Ryokai, 802–869): Der Dharma-Erbe von Yúnyán Tánshèng. Dòngshān war der Gründer der chinesischen Cáodòng-Schule.

Dōgen (Eihei Dōgen, 1200–1253): Als ein Dharma-Erbe von Tiāntóng Rújìng ist Dōgen der Begründer des japanischen Sōtō-Zen.

Feixiu (Haikyū, 797–870): Regierungsbeamter der Táng-Dynastie. Er studierte den Fǎyǎn-(Kegon-)Buddhismus mit Guīfēng Zōngmì und Zen mit Huángbò Xīyùn.

Guīfēng Zōngmì (Keihō Shūmitsu, 780–831): Mönchs-Gelehrter der Huáyán-Schule und auch Zen-Meister in der Zeit der Táng-Dynastie. Er verfasste den Text *Zhonghua chuanxindi chanmen shizi chengxi tu* (Die Abstammungslinie des Zen in China; vgl. oben Anm. 102) und viele andere Texte.

Guīshān Língyòu (Isan Reiyū, 771–853): Ein Dharma-Erbe von Bǎizhàng Huáihǎi. Zusammen mit seinem Anhänger Yǎngshān Huìjì gilt er als der Begründer einer der fünf Schulen des chinesischen Zen, der Guīyǎng-Schule.

Hārītī (Kishimojin): Die Tochter eines dämonischen Wesens (*yakṣa*) in Rājagṛha. Sie hatte fünfhundert (oder eintausend oder zehntausend)

Kinder, die sie mit den Babys von anderen ernährte. Als sie von Buddha den Dharma erfuhr, bereute sie ihre Verfehlungen und gelobte, den Buddhismus zu beschützen. In Japan wird sie für eine leichte Geburt und die Gesundheit von Kindern angerufen.

HÉZÉ SHÉNHUÌ (Kataku Jinne, 668–760): Ein Schüler des sechsten Vorfahren, Huìnéng. Er kritisierte die Nördliche Schule und bestand darauf, dass Huìnéng der legitime Nachfolger des fünften Vorfahren sei. Er gilt als der Begründer der Hézé-Schule.

HÓNGZHÌ ZHÈNGJUÉ (Wanshi Shōkaku, 1091–1157): Berühmter chinesischer Cáodòng-(Sōtō-)Zen-Meister, der als Abt des Tiāntóng-Klosters diente. Hóngzhì war sehr bekannt für seine herausragenden Gedichte und er verfasste Verse zur Ergänzung von einhundert Kōans. Wànsōng Xíngxiù schrieb später Kommentare zu diesen Gedichten und schuf das *Cóngróng lù* (Shōyōroku).

HUÁNG TÍNGJIĀN (Kō Teiken, 1045–1105): Berühmter Dichter und Kalligraph in der Zeit der Sòng-Dynastie in China. Er war ein Laienanhänger des Rinzai-Zen-Meisters Huánglóng Zǔxīn.

JÌNGZHÒNG WÚXIĀNG (Jōshu Musō, 684–762): Ein Zen-Meister aus Korea in der Zeit der Táng-Dynastie und der Lehrer von Bǎotáng Wúzhù.

KŌDŌ SAWAKI (1880–1965): Sōtō-Zen-Meister und Kōshō Uchiyamas Lehrer. Er war Professor an der Komazawa-Universität, aber leitete niemals einen eigenen Tempel oder ein eigenes Kloster. Er wurde «obdachloser Kōdō» genannt, weil er ganz Japan bereiste, um zu lehren.

KŌSHŌ UCHIYAMA (1912–1998): Kōdō Sawakis Dharma-Erbe, der dessen Nachfolger im Antaiji. Verfasser vieler Bücher, von denen mehrere ins Englische und andere Sprachen übersetzt wurden.

KUMĀRAJĪVA (344–413): Einer der wichtigsten Übersetzer buddhistischer Texte vom Sanskrit ins Chinesische. Er übersetzte viele Mahāyāna-Texte einschließlich des *Lotossūtras*, des *Vimalakīrtinirdeśasūtras*, des *Mūlamadhyamakakārikā* und des *Mahāprajñāpāramitaśāstra.*

LÓNGTÁN CHÓNGXÌN (Ryūtan Sōshin): Zen-Meister während der Zeit der Táng-Dynastie in Shítóu Xīqiāns Herkunftslinie. Shítóus Anhänger Tiānhuáng Dàowú war sein Lehrer und Déshān Xuānjiàn (Tokusan Senkan) sein Schüler.

MAHĀKĀŚYAPA: Einer der zehn Hauptjünger Śākyamuni Buddhas. Er war berühmt für seine strenge Disziplin, da er im Wald lebte, selbst nachdem der Buddha Klöster gegründet hatte. Nach Buddhas Tod wurde er der Anführer des Sanghas und übernahm die Leitung des

Ersten Konzils von fünfhundert Arhats. In der Zen-Tradition gilt er als der erste Vorfahre in der indischen Herkunftslinie, da er die Dharma-Übermittlung vom Buddha erhielt.

Maitreya Buddha: Der künftige Buddha. Maitreya weilt derzeit im Tuṣita-Himmel als ein Bodhisattva; seine Ankunft in dieser Welt wird für die Zukunft erwartet.

Mañjuśrī: Der Bodhisattva der Weisheit. Im Zen wird eine Statue Mañjuśrīs im Zentrum der Mönchshalle aufgestellt.

Mǎzǔ Dàoyī (Baso Dōitsu, 709–788): Einer der bedeutendsten Zen-Meister während der Zeit der Táng-Dynastie. Mǎzǔ war ein Schüler von Nányuè Huáiràng. Er hatte viele Schüler, einschließlich Bǎizhàng Huáihǎi und Guīshān Língyòu.

Menzan Zuihō (1683–1769): Einer der wichtigen Sōtō-Zen-Mönchs-Gelehrten der Tokugawazeit. Als Dharma-Erbe von Sonnō Shūeki studierte er ausgiebig Dōgen und verfasste viele Kommentare zum *Shōbōgenzō* und anderen Schriften Dōgens.

Myōan Eisai (1141–1215): Der erste japanische Meister, der die Rinzai-Zen-Tradition nach Japan übermittelte. Er gründete mehrere Zen-Klöster, u.a. das Kenninji in Kyōto, wo Dōgen mit Eisais Schüler Myōzen praktizierte.

Nāgārjuna: Einer der wichtigsten Philosophen des Buddhismus und der Begründer der Mādhyamika-Schule des Mahāyāna-Buddhismus. Sein bedeutendstes Werk ist das *Mūlamadhyamakakārikā.* In der Zen-Tradition gilt er als der vierzehnte Vorfahre.

Nánshān Dàoxuān (Nanzan Dōsen, 596–667): Buddhistischer Meister während der Zeit der Táng-Dynastie in China und Begründer der Nánshān-(Nanzan-)Ritsu-shū (Vinaya-Schule).

Nányuè Huáiràng (Nangaku Ejō, 677–744): Zen-Meister während der Zeit der Táng-Dynastie. Er war Dharma-Erbe des sechsten Vorfahren, Huìnéng und der Meister von Mǎzǔ Dàoyī.

Niútóu Fǎróng (Gozu Hōyū, 594–657): Zen-Meister während der Zeit der Táng-Dynastie. Er galt als der Schüler des vierten Vorfahren, Dàoxìn, und als der Gründer der Niútóu-(Ochsenkopf-)Schule des Zen.

Okumura, Ichirō (*1923): Pater Ichirō Okumura trat 1948 in die katholische Kirche ein und wurde im Jahr 1957 im Orden der Unbeschuhten Karmeliter zum Priester geweiht.

Qīngyuán Xíngsī (Seigen Gyōshi, 660?–740): Zen-Meister während der Zeit der Táng-Dynastie. Einer der Dharma-Erben des sechsten Vorfahren, Huìnéng. Er war der Meister von Shítóu Xīqiān.

Śākyamuni Buddha: Der Begründer des Buddhismus. Śākyamuni bedeutet «Weiser aus dem Śākyer-Clan».

Samantabhadra: Einer der wichtigsten Bodhisattvas im Mahāyāna-Buddhismus, der als der Beschützer all dener, die den Dharma lehren, verehrt wird.

Śāriputra: Einer der zehn großen Jünger Śākyamuni Buddhas. Er gilt als derjenige mit der tiefgründigsten Weisheit in Buddhas Versammlung.

Shítóu Xīqiān (Sekitō Kisen, 700–790): Zen-Meister während der Zeit der Táng-Dynastie. Dharma-Erbe von Qīngyuán Xíngsī und der Meister von Yàoshān Wéiyǎn; er ist berühmt für seine Gedichte «Verschmelzen von Verschiedenheit und Einheit» (*Sandōkai*) und «Lied von der Strohhütte».

Shōtoku Taishi (574–622): Prinz des Kaisers Yōmei. Er diente als Prinzregent an der Stelle seiner Tante, Kaiserin Suiko, und spielte eine Schlüsselrolle im Aufbau des Buddhismus in Japan. Er gründete die Kloster Hōryūji in Nara und Shiten'ō-ji in Ōsaka.

Sōen Nakagawa (1907–1984): Japanischer Rinzai-Zen-Meister. Er war der Abt des Tempels Ryūtakuji.

Subhūti: Einer der zehn großen Jünger Śākyamuni Buddhas, er gilt als derjenige mit dem tiefgründigsten Verständnis von Leerheit.

Śuddhodana: König des Śākyerclans und Śākyamuni Buddhas Vater.

Tiānhuáng Dàowú (Ten'nō Dōgo, 748–807): Zen-Meister während der Zeit der Táng-Dynastie, einer von Shítóu Xīqiāns Schülern.

Tiāntái Zhìyǐ (Tendai Chigi, 538–597): Einer der wichtigsten chinesisch-buddhistischen Meister. Die chinesische Tiāntāi-(Tendai-)Schule beruht auf seinen Lehren.

Tiāntóng Rújìng (Tendō Nyojō, 1163–1227): Zen-Meister während der Zeit der Sòng-Dynastie, Abt des Tiāntóng-Klosters, als Dōgen in China praktizierte. Dōgen erhielt die Dharma-Übermittlung von Rújìng.

Vairocana Buddha: Der Hauptbuddha des *Avataṃsaka-Sūtras* ist der Sambhogakāya-Buddha. Mahā-Vairocana (Dainichi Nyorai) ist der Dharmakāya-Buddha und der Hauptbuddha im Vajrayāna-Buddhismus.

Vimalakīrti: Die Hauptfigur im *Vimalakīrtinirdeśa-Sūtra*. Er war ein reicher Laienschüler des Buddha, der über ein besseres Verständnis der Leerheit verfügte als die ordinierten Jünger.

Vipaśyin Buddha: Der erste der sieben Buddhas der Vergangenheit. Der siebente ist Śākyamuni.

Wǔ (Kaiser Wǔ, 464–549): Der erste Kaiser der Liang-Dynastie. Er unterstützte den Buddhismus und unterrichtete sich selbst in buddhistischen Sūtras wie zum Beispiel dem *Parinirvāṇa-Sūtra.* In der Zen-Überlieferung heißt es, er sei mit Bodhidharma zusammengetroffen.

Xuánzàng (Genjō, 600–664): Einer der wichtigsten Übersetzer in der Geschichte des chinesischen Buddhismus. Er reiste alleine nach Indien und blieb dort siebzehn Jahre; er übermittelte die Lehre der Yogācāra-Schule und begründete die Fǎxiàng-(Hossō-)Schule.

Yǎngshān Huìjì (Gyōsan Ejaku, 807–883): Zen-Meister während der Zeit der Táng-Dynastie, Dharma-Erbe von Guīshān Língyòu; er gilt als der Mitbegründer der Guīyǎng-(Igyō-)Schule des Zen.

Yúnyán Tánshèng (Un'gan Donjō, 780–841): Ein Zen-Meister während der Zeit der Táng-Dynastie, Dharma-Erbe von Yàoshān Wéiyǎn und der Lehrer von Dòngshān Liángjiè.

Yùquán Shénxiù (Gyokusen Jinshū, 606–706): Zen-Meister während der Zeit der Táng-Dynastie, Schüler des fünften Vorfahren Dàmǎn Hóngrěn und Begründer der Nördlichen Schule des Zen.

Verzeichnis der Fachausdrücke und Texte

Abhidarma: Die früheste Textsammlung buddhistischer Philosophie und Psychologie. Sie entstand in der Zeit zwischen dem dritten Jahrhundert v. u. Z. und dem dritten Jahrhundert u. Z. Ihre Auslegungen und Erklärungen der in den Sūtras enthaltenen Gedanken geben die Sichtweisen der individuellen buddhistischen Schulen wieder.

Abhängiges Entstehen: siehe Wechselwirkend abhängiges Entstehen.

Absolute Drei Schätze (*ittai sanbō*): Eine der drei Kategorien der Drei Schätze, die in Dōgens Begleittexten zu den sechzehn Geboten erwähnt werden. Siehe Ittai sanbō.

Achtfacher Edler Pfad (skt. *aṣṭāṅgika-mārga*): Die vierte der Vier Edlen Wahrheiten; der Pfad, der zur Beendigung des Leidens führt, bestehend aus rechter Sicht, rechtem Denken, rechter Rede, rechter Handlung, rechter Lebensweise, rechtem Bemühen, rechter Achtsamkeit und rechter Konzentration.

Āgama-Sūtra: Der Name, der in China für die Sammlungen früher buddhistischer Sūtras verwendet wird, vergleichbar dem Pāli-Nikāya.

Alter Buddha (*kobutsu*): Dōgen verwendet diesen Ausdruck als Titel für Zen-Meister, die wahrhaftig den Dharma erlangt haben, so wie Zhàozhōu, Hóngzhì und sein Lehrer Tiāntóng Rújìng.

Ambrosia: Eine Übersetzung für das Sanskritwort *amṛta*, jap. *kanro*. Dies ist ein Getränk für himmlische Wesen. Wer davon trinkt, erlangt Unsterblichkeit. Es symbolisiert Nirvāṇa und die Lehren Buddhas.

Anātman: Nicht-Ich, Nicht-Substanz; eines der drei Kennzeichen von allem, was existiert. Die Anātman-Lehre ist eine der zentralen Lehren des Buddhismus; sie besagt, dass kein Ich im Sinn einer dauerhaften, ewigen, vollständigen und unabhängigen Wesenseinheit innerhalb eines Individuums existiert. Im Buddhismus ist das Ich (oder Selbst) nicht mehr als ein flüchtiger, flüssiger Prozess, der das Ergebnis der Interaktionen der fünf «Ansammlungen» oder Daseinskomponenten (*skandhas*) ist. Im frühen Buddhismus beschränkt sich diese Analyse auf Menschen. Im Mahāyāna wird sie auf alle bedingt entstehenden Wesen angewandt. Dieses Fehlen eines Selbst-Wesens nennt man Leerheit.

Antaiji: Ein Sōtō-Zen-Tempel in Kyōto, wo Kōdō Sawaki-Rōshi und Kōshō Uchiyama-Rōshi lehrten. Seit 1976 befindet er sich in der Präfektur Hyōgo.

Asura: Einer der sechs Bereiche von Saṃsāra. Englische Übersetzungen sind «kämpfender Geist», «Dämon», «böser Geist» und «Titan».

Ātman: Dem Brahmanismus zufolge das wirkliche, unsterbliche Selbst menschlicher Wesen, korrespondierend mit dem, was im Westen als die Seele bekannt ist. Es ist das nichtbeteiligte Zeugnis von *jīva* (unveränderliche Essenz) zwischen Körper und Denken und, als absolutes Bewusstsein, identisch mit *brāhman*, dem, worauf alle Wirklichkeit fußt. Durch das Verdienst seiner Übereinstimmung mit *brāhman* sind seine charakteristischen Merkmale (*ātmakara*) identisch: ewiges absolutes Wesen, absolutes Bewusstsein und absolute Glückseligkeit. Im Buddhismus wird die Existenz eines *ātman* verneint: weder innerhalb noch außerhalb physischer und mentaler Manifestationen gibt es irgendetwas, was als eine unabhängige, unvergängliche Essenz bestimmt werden kann.

Avataṃsaka-Sūtra (Blumenornament-Sūtra): Ein Mahāyāna-Sūtra, das die Basis der Lehren der chinesischen Huayen-(Kegon-)Schule ist, die «wechselseitig wirkendes Durchdringen» betont.

Bewusstsein (skt. *vijñāna*): Die fünfte der fünf Gruppen des Anhaftens (*skandhas*). Wenn die sechs Sinnesorgane ihre Objekte wahrnehmen, entstehen sechs Bewusstseinsverfassungen: Augen-Bewusstsein, Ohr-Bewusstsein, Nasen-Bewusstsein, Zungen-Bewusstsein, Körper-Bewusstsein und Bewusstsein des Geistes. In der Yogācāra-Lehre werden zwei weitere Bewusstseinsverfassungen hinzugefügt: *manas vijñāna* (Ich-Bewusstsein) und *alaya vijñāna* (Speicherbewusstsein).

Bhagavat: Einer der zehn Beinamen von Buddha, dem von der Welt verehrten Einen.

Bodhgayā: Einer der vier heiligen Orte des Buddhismus, wo Śākyamuni Buddha vollständige Erleuchtung erlangte.

Bodhibaum: Der Feigenbaum, unter dem Śākyamuni Buddha vollständige Erleuchtung erlangte.

Bodhi-Geist (skt. *bodhi-citta*): erwachter Geist, der Geist der Erleuchtung; der Geist, der den Weg sucht.

Bodhisattva: Im frühen Buddhismus bezieht sich Bodhisattva auf Śākyamuni Buddha, bevor er die Buddhaschaft erlangte. Im Mahāyāna-Buddhismus ist ein Bodhisattva ein Mensch, der Bodhi-Geist erweckt hat, die Bodhisattva-Gelübde empfangen hat und den Pfad des Bodhisattvas beschreitet.

Bonnō: Ein japanisches Wort für das Sanskritwort *kleśa*. Obwohl es für gewöhnlich mit Verblendung, Illusion oder Leidenschaft übersetzt wird, schwingt bei diesem Wort viel mehr mit, wie beispielsweise Sorge um weltliche Dinge, sinnliches Begehren, Leid und Schmerz.

Brahmanetz-Sūtra (Brahmajāla-Sūtra; jap. *Bonmōkyō*): Ein mahāyāna-buddhistisches Sūtra, das die zehn Hauptgebote und die achtundvierzig kleineren Gebote der Bodhisattvas enthält.

Brahma: Brahma war ursprünglich einer der Götter in der indischen Mythologie. Im Buddhismus wird Brahma als einer der Wächter-Götter des Dharmas betrachtet.

Buddha-Natur: (skt. *buddhata*): Das gleiche Denkmodell wie *tathāgata-garbha*; Tathāgatas Embryo oder Mutterschoß. Die wahre, unveränderliche und ewige Natur aller Wesen.

Cáodòng-Schule: Cáodòng (jap. Sōtō) ist eine der fünf Schulen der chinesischen Chán-(Zen-)Tradition, gegründet von Dòngshān Liángjiè und seinem Schüler Cáoshān Běnjì. Diese Linie wurde durch Eihei Dōgen von China nach Japan übermittelt und besteht bis heute.

Chányuàn Qīngguī (*Zen'en Shingi*, «Die reinen Regeln für das Chán-Kloster»): Das früheste Chán-(Zen-)Klosterregelwerk, zusammengestellt von Chánglú Zōngzé im Jahr 1103.

Chiji Shingi («Reine Standards für die Tempelverwalter»): Ein Teil von Dōgens *Eihei Shingi*. *Chiji* bezieht sich auf die sechs Klosterverwalter: Leiter (*tsūsu*), Stellvertretender Leiter (*kansu*), Schatzmeister (*fūsu*), Beaufsichtiger des Verhaltens der Mönche (*inō*), Chefkoch (*tenzo*) und Leiter der Arbeiten (*shissui*).

Dāna pāramitā: Eine der sechs *pāramitās*; die Praxis des Gebens oder der Großzügigkeit. Es gibt zwei Arten von *dāna:* das Darbringen von Dharma oder das Geben von materiellen Dingen.

Dhammapada: Eine der ältesten und bekanntesten buddhistischen Schriften, enthalten im Khuddaka Nikāya.

Dharma-Tor (skt. *dharma mukha*): Die Lehren der Wahrheit; das Tor zur Wahrheit.

Dharma/dharmas: Ein Begriff mit verschiedenen Bedeutungen. *Dharma* (im Singular) bezieht sich auf die Wahrheit oder Wirklichkeit, die der Buddha durch sein Erwachen erkannte, sowie die Lehren Buddhas als Ausdruck oder Erörterungen dieser Wahrheit. *Dharmas* (im Plural) bezeichnet die Erscheinungsformen wie auch Verhaltensnormen und ethische Regeln, Objekte des Denkens, Ideen und Widerspiegelungen von Dingen im Geist.

Dharmadhātu (Dharma-Bereich): Im Mahāyāna-Buddhismus die Vorstellung einer wahren Natur, die alle Erscheinungsformen durchdringt und umfasst. Als ein Raum oder Bereich ist Dharmadhātu die unverursachte und unveränderbare Totalität, in der alle Erscheinungsformen entstehen, verweilen und untergehen.

DHARMAKĀYA: Einer der drei Körper eines Buddhas im Mahāyāna-Buddhismus. Dharmakāya ist die wahre Natur des Buddha, die mit der höchsten Wirklichkeit, der Essenz des Universums, übereinstimmt. Der Dharmakāya ist die Einheit des Buddha mit allen Wesen im Universum. Gleichzeitig stellt es den Dharma dar, die vom Buddha dargelegte Lehre. Die anderen zwei Körper sind Sambhogakāya (Genuss-Körper) und Nirmāṇakāya (Verwandlungskörper).

DHARMA-NATUR (skt. *dharmatā*; jap. *hosshō*): Die wahre Natur aller Wesen; Soheit oder Leerheit.

DIAMANTSŪTRA (skt. Vajracchedikā-prajñā-pāramitā-Sūtra). Sūtra des Diamant-Spalters der Höchsten Weisheit. Eines der Sūtras in der Gruppe der *Prajñā-pāramitā-Sūtras*. Es zeigt, dass die Erscheinungsformen der sichtbaren Welt nicht die höchste Wirklichkeit sind, sondern Illusionen, Projektionen des eigenen Geistes.

DREI GEISTESGIFTE: Die drei zerstörerischen, tief verwurzelten menschlichen Neigungen – Gier, Hass und Verblendung –, die die Quelle allen Leidens sind. Allesamt sind sie das Ergebnis der Unwissenheit bezüglich unserer wahren Natur.

DREI SCHÄTZE oder DREI JUWELEN: Drei Dinge, zu denen ein Buddhist Zuflucht nimmt und bei denen er nach Orientierung sucht – Buddha, Dharma und Sangha. Diese können in drei sich ergänzenden Weisen definiert werden. Siehe ITTAI SANBŌ, GENZEN SANBŌ und JŪJI SANBŌ.

DUḤKHA: Sanskritwort, das üblicherweise mit «Leiden» übersetzt wird. Es ist die erste der Vier Edlen Weisheiten. *Duḥkha* bedeutet nicht nur Leiden im Sinn unangenehmer Gefühle, es bezieht sich auch auf alles, sowohl materielles wie mentales, was bedingt ist, Subjekt des Entstehens und Vergehens, zusammengesetzt aus den fünf «Ansammlungen» oder Daseinskomponenten (*skandhas*) und nicht in einem Zustand der Befreiung. Somit bedeutet alles, was vorübergehend angenehm ist, Leiden, weil es Veränderung unterliegt und ein Ende hat. *Duḥkha* entsteht aufgrund verblendeter Begierde und Verlangen und kann verwandelt werden, indem die Begierde durch das Praktizieren des Achtfachen Edlen Pfades beseitigt wird.

EIHEI KŌROKU: Eine Sammlung von Eihei Dōgens Dharmahallen-Ansprachen im Kōshōji, Daibutsuji und Eiheiji, einschließlich der Dharma-Texte und chinesischen Gedichte, die von seinen Schülern Ejō, Sen'ne und Gi'en zusammengestellt wurden.

Eihei Shingi: Die Sammlung von Dōgens Niederschriften über die Klosterregeln: «Anweisungen für den Koch» (*Tenzokyōkun*), «Wie man den Weg beschreitet» (*Bendōhō*), «Der Dharma zum Einnehmen der Mahlzeiten» (*Fushuku hanpō*), «Regeln für den Studiersaal» (*Shuryō Shingi*), «Der Dharma für die Begegnung mit Älteren Unterweisenden während der Fünf Sommerpraxisperioden» (*Taitaiko Gogejarihō*) und «Reine Standards für die Tempelverwalter» (*Chiji Shingi*).

Ein Geist (jap. *isshin*): Dieser Ausdruck kann sich sowohl auf den Geist im Sinn von Erscheinungsformen (*jishin*) beziehen als auch auf den Geist im Sinn des Absoluten (*rishin*). Ersterer ist der unterscheidende Geist, Letzterer der Geist jenseits von Unterscheidung.

Ejiki (skt. *durvarṇī-karaṇa*): Gedeckte Farbe des *o-kesa*, des rechteckigen Gewandes. Im alten Indien sammelten buddhistische Mönche weggeworfene Stoffstücke, wuschen sie, färbten sie mit einer Ockerfarbe und nähten sie dann zu einem Gewand zusammen.

Enmei-jukku-kannon-gyō: Ein sehr kurzes chinesisches Sūtra mit nur zweiundvierzig Schriftzeichen über Kanzeon Bosatsu (Avalokiteśvara-Bodhisattva).

Erwachen des Glaubens im Mahāyāna (*Daijōkishinron*): Einer der wichtigsten mahāyāna-buddhistischen Texte, die für die *tathāgata-garbha*-Theorie (siehe Buddha-Natur) eintritt. Dieser Text beeinflusste nachhaltig viele chinesisch- und japanisch-buddhistische Lehren.

Form (skt. *rūpa*): Die erste der fünf «Ansammlungen» oder Daseinskomponenten (*skandhas*), materielle Elemente. Bezogen auf den Menschen ist der Körper *rūpa,* während die anderen vier Skandhas Funktionen des Geistes sind.

Formhafte Wesen (skt. *samskṛta*; jap. *ui-hō*): Bedingte Wesen. Alle wechselseitig abhängigen und bedingten formhaften Wesen, die entstehen, verweilen, sich verändern und vergehen. Alles Konditionierte ist leer, vergänglich, ohne Substanz.

Freudvoller Geist: Eine der drei Geisteshaltungen, die in Dōgens *Tenzokyōkun* erörtert werden. Die anderen zwei sind großherziger Geist und fürsorglicher Geist.

Fühlen oder Empfinden (skt. *vedanā*): Die zweite der fünf «Ansammlungen» oder Daseinskomponenten (*skandhas*). Jedes Mal, wenn eines der sechs Sinnesorgane mit seinem Objekt in Kontakt kommt, haben wir angenehme, unangenehme oder neutrale Empfindungen.

Fühlende Wesen: Die Gesamtheit der lebenden Wesen, die der Illusion unterliegen, leiden und Saṃsāra durchwandern.

Furchtlosigkeit (skt. *abhayadāna*; jap. *muise*): Freiheit von Angst. Eine der drei Arten des Gebens (*dāna*). Die anderen zwei sind das Darbringen von materiellen Dingen und das Darbringen des Dharmas.

Fukuden (skt. *puṇya-kṣetra*): Das Feld (Reisfeld), das die Ernte von Glück oder Verdienst (*puṇya*) mit sich bringt. *Puṇya* bezieht sich auf karmische Verdienste, die durch gute Handlungen wie Großzügigkeit und Sūtrarezitieren erworben werden. Alle Gaben für die Drei Schätze, besonders für den Buddha und die Mönche, bringen Verdienste. Deshalb galt der Sangha der Mönche als «Feld des Glücks».

Fürsorglicher Geist (jap. *rōshin*): Eine der drei Geisteshaltungen, die in Dōgens *Tenzokyōkun* erörtert werden. Eine weitere mögliche Übersetzung ist «elterlicher Geist»: Der Geist, der sich um andere auf die Art und Weise kümmert, wie Eltern für ihre Kinder sorgen.

Fushuku hanpō («Der Dharma zum Einnehmen der Mahlzeiten»): Ein Abschnitt des *Eihei Shingi*, verfasst von Eihei Dōgen. Er beschreibt den Vorgang des formellen Morgen- und Mittagsmahles in der Mönchshalle.

Gebot (skt. *śīla*): Eine der sechs *pāramitās* der Bodhisattva-Praxis: Vollkommenheit moralischen Verhaltens, Ethik, Tugend, anständiges Verhalten. Die Richtschnur für das Verhalten kann in Form expliziter, klarer Gebote für die verschiedenen Arten von Praktizierenden noch detaillierter spezifiziert werden.

Gedankenkonstruktion (skt. *prapañca*; jap. *keron*): Einer der wesentlichen Ausdrücke in Nāgārjunas Abhandlungen über die Leerheit. Er bezieht sich auf die verblendeten Konzeptualisierungen der Welt durch die Verwendung immer ausgeweiteterer Sprache und Begriffe, allesamt verwurzelt in der Ich-Verblendung. Andere Übersetzungen sind «begriffliche Wucherungen» oder «selbst-bezogenes Denken».

Geiergipfel (skt. Gṛdhrakūṭa): Ein Berg in der Nähe der Stadt Rājagṛha. Śākyamuni Buddha äußerte sich auf diesem Berg oft vertiefend zu verschiedenen Themen. Es wird gesagt, dass das *Lotossūtra* dort dargelegt wurde. Im Zen wird überliefert, hier habe die Übermittlung vom Buddha an Mahākāśyapa stattgefunden, als der Buddha eine Blume emporhielt und jener lächelte.

Geistes-Grund: Eine Übersetzung des japanischen Wortes *shinchi*, gleichbedeutend mit Ausdrücken wie Geist-Natur und Geistes-Quelle. *Geist* bezieht sich hier auf einen Geist von absoluter Soheit. Dieser Geist ist wie der Boden, aus dem alle verschiedenen Pflanzen, Gräser, Getreide, Bäume und so weiter entstehen und wachsen.

Gelübde: (skt. *pranidhāna*): Im Mahāyāna-Buddhismus legen Bodhisattvas ein Gelübde ab, mit dem sie erklären, dass sie danach streben, alle fühlenden Wesen aus Saṃsāra zu befreien und sie zur Erleuchtung zu führen. Bodhisattvas suchen das Erwachen nicht nur für sich selbst, sondern vielmehr bemühen sie sich nach Kräften, alle Wesen zu befreien und ihnen zu helfen, Nirvāṇa zu erreichen.

Genzen sanbō: Einer der drei alternativen Wege, die Drei Schätze in Begriffen des historischen Ursprungs des Buddhismus zu definieren: Śākyamuni Buddha ist der Buddhaschatz; die Lehren Buddhas sind der Dharmaschatz und die Anhänger Buddhas und Laienschüler sind der Sanghaschatz. Die zwei anderen Definitionen sind die Absoluten Drei Schätze (*ittai sanbō*) und die Bewahrenden Drei Schätze (*jūji sanbō*). Siehe auch Drei Schätze.

Geschickte Mittel (skt. *upāya*; jap. *hōben*): Eine geschickte Methode oder ein zweckdienliches Hilfsmittel, das von Buddhas und Bodhisattvas eingesetzt wird, um die Wesen zu leiten. Dies ist auch der Titel des zweiten Kapitels des *Lotossūtras*.

Grosses Vollkommenstes (chin. *taiji*; jap. *taikyoku*): Ein chinesischer kosmologischer Begriff für den höchsten, ultimativen Zustand des nicht zu unterscheidenden Absoluten und des unbegrenzten Potenzials, im Gegensatz zu *wuji* («ohne jegliches Ultimative»). Das Große Vollkommenste ist die Quelle zweier entgegengesetzter Kräfte, *yin* und *yang*, die alle Dinge hervorbringen.

Grossherziger Geist: Eine der drei geistigen Haltungen, die alle Praktizierenden im Zen aufrechterhalten müssen. Sie werden in Dōgens *Tenzokyōkun* («Anweisungen für den Koch») erwähnt. Die anderen zwei Haltungen sind «fürsorglicher Geist» und «freudvoller Geist». Ein großherziger Geist ist wie ein Berg oder Ozean, unbeweglich und ohne Unterscheidung.

Hachidainingaku («Die acht Zeichen des Erwachens großer Wesens»), das letzte Kapitel von Dōgens *Shōbōgenzō*, verfasst im Jahr seines Todes. Die Lehrrede über die acht Zeichen des Erwachens großer Wesens war die letzte, die der Buddha in der Nacht vor seinem Eintritt ins Parinirvāṇa gehalten hat, und sie ist im *Sūtra der hinterlassenen Lehren Buddhas* (*Butsu-yuikyōgyō*) aufgezeichnet.

Handlungsimpulse (skt. *samskāra*; jap. *gyō*): Die vierte der fünf «Ansammlungen» oder Daseinskomponenten (*skandhas*). Handlungsimpulse umfassen alle willentlichen Impulse oder Absichten, die einer Handlung vorangehen.

Hi'ei: Ein Berg östlich von Kyōto und Sitz des Hauptklosters der japanischen Tendai-Schule, Enryakuji. Eihei Dōgen wurde in diesem Kloster Mönch.

Hikkyo-kisho: Der Ort, an den wir letztendlich zurückkehren. Dōgen sagt, wir sollten Zuflucht zu den Drei Schätzen nehmen, weil sie der Platz sind, an den wir letztendlich zurückkehren.

Hirschpark (Mṛgadāva): Einer der vier heiligen Plätze im indischen Buddhismus. Nachdem Śākyamuni Buddha Erleuchtung erlangt hatte, zog er zum Hirschpark in Sārnāth, in den Randgebieten von Vārāṇasī, und unterwies die fünf Mönche. Dies wird als «das erste Drehen des Dharma-Rades» bezeichnet.

Hóngzhōu-Schule: Hóngzhōu (jap. Kōshū) ist die Schule des chinesischen Zen, gegründet von Mǎzǔ Dàoyī. Hóngzhōu ist der Name der Provinz, wo viele seiner Schüler lebten.

Hṛdaya: Ein Sanskritwort, das ins Chinesische mit *xīn* (Geist / Herz) übersetzt wurde. Die ursprüngliche Bedeutung ist das Herz als ein Teil des Körpers. Es bedeutet auch «Essenz», wie im Titel des *Prajñāpāramitā-hṛdaya-Sūtra*.

Indras Netz: Eine Metapher, die verwendet wird, um die Denkmodelle «Leerheit», «wechselwirkend abhängiges Entstehen» und «Durchdringung» zu veranschaulichen, die im *Avataṃsaka-Sūtra* genannt werden. Die Metapher zeigt, dass alle formhaften Wesen inniglich vertraut miteinander verbunden sind. Indras Netz hat ein Juwel mit zahlreichen Facetten an jedem Knotenpunkt, und jedes Juwel wird in allen anderen Juwelen gespiegelt.

Ittai sanbō: Eine der drei Kategorisierungen der Drei Schätze, der Absoluten Drei Schätze. *Ittai* bedeutet wörtlich «Ein Körper». Der Buddhaschatz ist der *dharmakāya*-Buddha; der Dharmaschatz ist die Art und Weise, wie alle Dinge sind; und der Sanghaschatz ist die wechselwirkende Verbindung aller Wesen innerhalb von «Indras Netz» des Universums. Siehe auch Drei Schätze.

Jātaka: Teil des Khuddaka Nikāya, einer Sammlung von Geschichten über Buddhas vorherige Leben. In diesen Geschichten wird der Buddha als ein Bodhisattva bezeichnet.

Ji: formhafte, konkrete Dinge, im Gegensatz zum Grundlegenden, dem Prinzip (*ri*); das Relative im Gegensatz zum Absoluten.

Jijuyū zanmai: «Der *Samādhi*, in dem man sich selbst empfängt und benutzt». Dieser Begriff, den Dōgen als Grundlage für seine Unterweisungen über Zazen verwendet, verweist auf das Fallenlassen begrifflicher Grenzen wie «ich», «andere», «Myriaden von Wesen» und «Praxis» beim Zazen oder bei jeder anderen aufrichtigen Praxis.

Jūji sanbō: Die Aufrechterhaltenden oder Bewahrenden Drei Schätze, eine der drei Kategorisierungen der Drei Schätze. Buddha, symbolisiert durch Buddhadarstellungen, ist der Buddhaschatz; die aufgezeichneten buddhistischen Texte sind der Dharmaschatz und die Sanghamitglieder in jedem buddhistischen Sangha sind der Sanghaschatz. Diese haben die buddhistische Tradition seit Śākyamuni Buddhas Tod aufrechterhalten. Siehe auch Drei Schätze.

Jukai-Zeremonie: Durch diese Zeremonie, in der wir die buddhistischen Gebote als die Richtschnur unseres Lebens empfangen, werden wir offiziell Buddhist.

Kalpa: Ein äußerst langer Zeitraum. Um die Länge eines Kalpas auszudrücken, gibt es zwei Gleichnisse. Im ersten ist ein Kalpa so lang, wie es dauert, einen zehn Kubikmeilen großen Container voll mit Mohnsamen zu leeren, wobei alle einhundert Jahre nur ein einziges Samenkorn entfernt wird. Im zweiten heißt es, wenn einmal alle hundert Jahre ein himmlisches weibliches Wesen mit seinem Seidenärmel über einen Felsen von einer Kubikmeile Größe wischt, dann ist ein Kalpa die Zeit, die nötig ist, um den Felsen abzutragen.

Kapilavastu: Der Name der Stadt, wo Śākyamuni Buddhas Vater Śuddhodana König war. Der Buddha wurde im Lumbinī-Park nahe der Stadt geboren. Einer der vier heiligen Orte des indischen Buddhismus.

Karma: Eine Handlung des Geistes, des Körpers oder des Redens, die in der Zukunft eine Wirkung hervorbringt.

Kaṣāya (jap. *kesa*): Das rechteckige Gewand für buddhistische Mönche. Dieses Wort bezieht sich auf die Farbe des Gewandes, üblicherweise ein gedecktes Schwarz, Blau oder Rot. Mönchen war es erlaubt, drei Arten von *kaṣāya* zu besitzen: *samghātī*, *uttarāsaṃgha* und *antarvāsa*.

Kausalität: Das Prinzip von Ursache und Wirkung. Der Buddha sagte: Nichts existiert ohne Ursache. Es kann so ausgedrückt werden: «Wenn dies existiert, existiert jenes; wenn dies entsteht, entsteht jenes; wenn dies nicht ist, ist jenes nicht; wenn dies aufhört zu sein, hört jenes auf zu sein.»

Kesa (*o-kesa*): Traditionelles Mönchsgewand, das von Hand genäht wird und ursprünglich aus weggeworfenen Stoffstücken zusammengesetzt wurde. *O-kesa* ist die Höflichkeitsform von *kesa*.

Kitō: Aus einem speziellen Grund zu Buddhas, Bodhisattvas oder Wächter-Göttern des Buddhismus beten. Dies war ursprünglich eine Praxis des Esoterischen Buddhismus, aber später wurde es in weiteren buddhistischen Schulen einschließlich des Zen praktiziert.

Kuśinagara: Der Ort, wo Śākyamuni Buddha ins Nirvāṇa einging. Einer der vier heiligen Orte im indischen Buddhismus.

Kuyō: Ein japanisches Wort für das Darbringen von Gaben für Buddha, Dharma und Sangha oder verstorbene Personen durch Handlungen des Körpers, der Rede oder des Geistes.

Kyōjukaimon: Eihei Dōgens Begleittexte zu den sechzehn Geboten, niedergeschrieben von seinem Dharma-Erben Koun Ejō. Dieser kurze Text ist die Basis der Morallehre in der Sōtō-Zen-Tradition.

Kyōzō (skt. Sūtra Piṭaka): Eine der drei Abteilungen der buddhistischen Schriften, eine Sammlung von Buddhas Reden. Die anderen beiden sind der Abhidharma Piṭaka (psychologische Abhandlungen seiner Lehren) und der Vinaya Piṭaka, die Sammlung von Buddhas Ermahnungen, das Fehlverhalten von Mönchen betreffend. Später wurde *kyōzō* in China und Japan auf das Gebäude bezogen, in dem buddhistische Schriften aufbewahrt wurden.

Leerheit (skt. *śūnyatā*): Ein Ausdruck, der im Mahāyāna-Buddhismus verwendet wird, wie zum Beispiel im *Prajñā-pāramitā Sūtra,* für die Nichtexistenz eines dauerhaften Selbst (*anātman*) und wechselwirkend abhängiges Entstehen.

Leiden: siehe Duḥkha.

Leitender Mönch (*shuso*): Der Leitende Mönch einer Praxisperiode, der, als Vorbild für die Mönche fungierend, die Verantwortlichkeiten für die Lehre mit dem Abt teilt und die Praxis der anderen Mönche führt und fördert.

Lotoshaltung: Haltung mit gekreuzten Beinen in der Sitzmeditation. Ursprünglich bezieht sich dieser Begriff im Esoterischen Buddhismus auf die Hindu-Yogahaltung, die unter der Bezeichnung *padmāsana* bekannt ist. Im Zen-Buddhismus verwendet man die Begriffe *kekkafuza* (voller Lotossitz) und *hankafuza* (halber Lotossitz).

Lotossūtra (skt. *Saddharmapuṇḍarīka-Sūtra*; jap. *Myōhō-renge-kyō*): Eines der wichtigsten Sūtras im Mahāyāna-Buddhismus, besonders beliebt in China und Japan. Die Tiāntāi-(Tendai-) und die Nichiren-Schule beruhen auf seinen Lehren. Da Dōgen ursprünglich in der Tendai-Tradition ordiniert und geschult wurde, bevor er begann, Zen zu praktizieren, schätzte er das *Lotossūtra* als den König aller Sūtras.

Lumbinī-Park: Einer der vier heiligen Orte im indischen Buddhismus. Śākyamuni Buddha wurde in diesem Park in der Nähe von Kapilavastu geboren, dem Hauptsitz des Śākyer-Clans.

Magadha: Nordindisches Königreich zur Zeit von Śākyamuni Buddha. Rājagṛha war die Hauptstadt des Königreichs, wo das erste buddhistische Kloster, Veluvana-(Bambushain-)Vihāra, gegründet wurde. Der König von Magadha, Bimbisāra, und sein Sohn Ajātasatru unterstützten Śākyamuni und seinen Sangha.

Mahāsattva: Wörtlich «Großes Wesen»; eine Bezeichnung für Bodhisattvas.

Mahāyāna: Bedeutet wörtlich «Großes Fahrzeug». Mahāyāna ist einer von zwei Hauptströmungen des indischen Buddhismus, der andere ist Theravāda. In der Mahāyāna-Tradition möchte man die Buddhaschaft nicht allein für sich selbst, sondern zusammen mit allen lebenden Wesen erlangen.

Mantra: Eine Silbe oder eine Reihe von Silben, die eine besondere Kraft besitzen sollen und die dazu dienen, kosmische Kräfte und Aspekte der Buddhas zu verwirklichen. Manchmal ist ein Mantra der Name eines Buddhas. Wiederholtes Rezitieren von Mantras, auch *dhāranīs* genannt, ist eine Meditationspraxis in vielen buddhistischen Schulen, besonders im Esoterischen Buddhismus. In der Zen-Tradition zeigt die Verwendung von Mantras den Einfluss des chinesischen Esoterischen Buddhismus.

Mārga: Der buddhistische Pfad, insbesondere die vierte der Vier Edlen Wahrheiten: der Achtfache Edle Pfad, der zum Beenden des Leidens führt.

Mittlerer Weg (skt. *Madhyamāpratipad*): Eine Bezeichnung für die Ausübung des Achtfachen Edlen Pfads, der von Śākyamuni Buddha gelehrt wurde, der sagte, dass die zwei Extreme, Selbst-Verhätschelung und Selbst-Erniedrigung, vermieden werden sollten. Später im Mahāyāna beschrieb Nāgārjuna den Mittleren Weg als Absehen davon, zwischen zwei gegensätzlichen Positionen zu wählen bezüglich der Existenz oder Nicht-Existenz aller Dinge. Deshalb wurde seine Schule Mādhyamika, Schule des Mittleren Weges genannt.

Mui (skt. *asamskṛta*): «Unkonditioniert» oder «nicht-geschaffen». Dinge, die jenseits bedingter Existenz sind, jenseits von entstehen, verweilen, sich verändern und vergehen. In der ursprünglichen Lehre wurde nur Nirvāṇa als unkonditioniert betrachet. Die Sarvāstivāda-Schule kennt drei Arten von unkonditioniertem Raum und zwei Arten von Verlöschen (*nirodha*).

Mujūsho-nehan: Eine der drei Arten von Nirvāṇa, das Nirvāṇa des Nicht-Verweilens. Dies ist das Nirvāṇa der Bodhisattvas, die dank ihrer Weisheit nicht am Ufer von Saṃsāra verbleiben und dank ihres Mitgefühls nicht an dem fernen Ufer von Nirvāṇa verweilen.

Mumyō (skt. *avidyā*): Unwissenheit, eines der drei Geistesgifte. Unwissenheit bezüglich der Vier Edlen Weisheiten und der Wirklichkeit aller Wesen ist die erste Ursache von Leid in Saṃsāra.

MUSHOTOKU: Ohne Gewinn. Freiheit von dem Begehren, irgendein erwünschtes Ergebnis mithilfe der buddhistischen Praxis zu erzielen. Dieser Ausdruck taucht in den *Prajñā-pāramitā-Sūtras* auf, wie dem *Diamantsūtra* und dem *Herzsūtra*. Eihei Dōgen betont ausdrücklich eine Praxis ohne Gewinnerwartung im *Gakudōyōjinshū* («Punkte, die es bei der Praxis des WEGES zu beachten gilt»).

NIRVĀṆA (jap. *nehan*): *Nirvāṇa* bedeutet wörtlich «Auslöschen» oder «Ausblasen» der «drei Feuer» Gier, Zorn/Hass und Unwissenheit; es ist der Zustand vollkommenen Geistesfriedens. Im frühen Buddhismus bedeutete es das Entrinnen aus dem Kreislauf der Wiedergeburt in Saṃsāra und Eingang in einen völlig anders gearteten Existenzmodus. Nirvāṇa unterliegt keinen Bedingungen, ist jenseits von entstehen, verweilen, sich verändern und vergehen. Im Mahāyāna unterscheidet sich Nirvāṇa nicht von Saṃsāra oder der ultimativen Natur des Dharmakāya. Die Dualität von Saṃsāra und Nirvāṇa existiert nur von einem konventionellen Standpunkt aus.

NIÚTÓU-SCHULE: Niútóu («Ochsenkopf», jap. *Gozu*) ist eine der Schulen des chinesischen Zen, gegründet von Niútóu Fǎróng, einem Schüler des vierten Vorfahren Dàoxìn.

NÖRDLICHE SCHULE: Eine der Schulen des chinesischen Zen. Die nördliche und die südliche Schule trennten sich nach der Zeit des fünften Vorfahren Dàmǎn Hóngrěn. Der Gründer der nördlichen Schule war Yùquán Shénxiù, ein älterer Dharma-Bruder Huìnéngs.

O-KESA: siehe KESA.

ŌRYŌKI (skt. *pātra*): Ein Set von Essschalen, das Zen-Mönche bei ihrer Ordination erhalten. In engerem Sinn bezieht sich *ōryōki* auf die größte dieser Schalen. In Indien verwendeten buddhistische Mönche nur eine Schale zum Betteln und Essen, eine Schale, die viel größer war als die *ōryōki* in der heutigen Zen-Tradition.

PĀRAMITĀ: Bedeutet wörtlich «Vollkommenheit» bestimmter Tugenden. Im Mahāyāna-Buddhismus werden die sechs *pāramitās* – Geben, Ethik, Geduld, Bemühen, Konzentration und Weisheit – als Bodhisattva-Praxis betrachtet.

PRAJÑĀ (jap. *hannya*): Weisheit, ein zentraler Begriff des Mahāyāna-Buddhismus und eine der sechs *pāramitās* der Bodhisattva-Praxis. Diese Weisheit erkennt die Leerheit, die wahre Wirklichkeit aller Dinge.

PROPHEZEIUNG (skt. *vyākaraṇa*; jap. *juki*): Prophezeiung eines Buddhas bezüglich des Erlangens der Buddhaschaft einer Person in einem zukünftigen Leben.

RAD-DREHENDER KÖNIG (skt. *cakravarti-rāja*): In der indischen Tradition ein idealer König, der die Welt regiert, indem er das Rad, das er vom Himmel bei seiner Inthronisierung erhält, herumrollt. Das Rad seines Wagens rollt überall ohne die geringste Einschränkung.

REUE (skt. *kṣamā*; jap. *san'ge*): Ein wichtiger Teil des Buddhismus seit seinen Anfängen. Zwei Mal im Monat versammelte sich jeder Sangha zu einer *uposatha* (jap. *fusatsu*) genannten Zeremonie. Während der Versammlung rezitierte der Leiter des Sanghas die Vinaya-Gebote, und Mönche, die die Gebote verletzt hatten, bereuten öffentlich.

RI: das Grundlegende, das Prinzip, im Gegensatz zu formhaften, konkreten Dingen; das Absolute im Gegensatz zum Relativen. Siehe auch JI.

RIG VEDA: Die älteste Sammlung von Versen der Weisheit im indischen Denken, genannt «Veden».

SABA: Kleine Nahrungsstückchen, die von den Praktizierenden in Zen-Klöstern während der *ōryōki*-Mahlzeiten den unsichtbaren Wesen wie zum Beispiel hungrigen Geistern, dargebracht werden.

SAMĀDHI (jap. *zanmai*): Konzentration des Geistes, eine der drei Grundlagen des Buddhismusstudiums; die anderen zwei sind Ethik (*śīla*) und Weisheit (*prajñā*). Dōgen nannte seine Zazen-Praxis JIJUYŪ ZANMAI, siehe dort.

SAṂSĀRA: Wörtlich bedeutet *saṃsāra* «ständiger Fluss»: der Kreislauf von Geburt, Leben, Tod und Wiedergeburt innerhalb der «sechs Bereiche». Dieser Kreislauf endet mit dem Erlangen der Befreiung und dem Eintritt ins Nirvāṇa.

SANGHA: Die buddhistische Gemeinschaft. In engerem Sinn besteht der Sangha aus Mönchen, Nonnen und Novizen. Im weiteren Sinn umfasst er auch Laienanhänger.

SANSHIN: Die drei Geisteshaltungen oder mentalen Grundeinstellungen für Praktizierende eines Zenklosters, die in Dōgens *Tenzokyōkun* erwähnt werden: freudvoller Geist, fürsorglicher Geist und großherziger Geist.

SECHS BEREICHE: Die Bereiche der Hölle, der hungrigen Geister, der Tiere, der dämonischen Wesen (*asuras*), der Menschen und der himmlischen Wesen. Siehe SAṂSĀRA.

SESSHIN: Wörtlich: «Berühren / Umarmen des Geistes / Herzens». Intensive Praxisperiode in Zen-Klöstern, während der die Mönche sich hauptsächlich auf die Praxis der Sitzmeditation konzentrieren.

Shikantaza: «Nur Sitzen». Ursprünglich wurde dieser Ausdruck von Tiāntóng Rújìng verwendet, Eihei Dōgens Lehrer. Auch Dōgen lehrte eine Praxis des aufrichtigen Sitzens ohne irgendwelche speziellen Meditationstechniken.

Shingon-Schule: Japanische esoterisch-buddhistische Schule, gegründet von Kūkai (774–835).

Shitenn'ō-ji: Einer der ältesten buddhistischen Tempel, gegründet von Prinz Shōtoku in Ōsaka im siebten Jahrhundert.

Shōbōgenzō: «Die Schatzkammer des Wahren Dharma-Auges». Der Titel der Sammlung von Eihei Dōgens Schriften. Das *Shōbōgenzō* gilt als das tiefgründigste Werk der Zen-Literatur und das herausragendste Werk der buddhistischen Literatur Japans.

Skandhas: Die fünf Gruppen des Anhaftens.

Śramaṇa (jap. *shamon*): Asketischer Wandermönch. Ein anderer Name für einen buddhistischen Mönch.

Sōdō (Mönchshalle): Eines der sieben Grundgebäude von Zen-Klöstern, in dem die Mönche schlafen, Meditation praktizieren und Mahlzeiten einnehmen.

Sōtō-Zen: Sōtō (jap.) oder Cáodòng (chin.) ist eine der fünf Schulen des chinesischen Zen, gegründet von Dòngshān Liángjiè und seinem Schüler Cáoshān Běnjì. Diese Tradition wurde durch Eihei Dōgen von China nach Japan übermittelt und wird bis heute praktiziert.

Stūpa: Ursprünglich waren Stūpas Gedenkmonumente für Śākyamuni Buddha, die an verschiedenen heiligen Orten erbaut wurden, wie im Lumbinī-Park, wo der Buddha geboren wurde; Bodhgayā, wo er die Erleuchtung erlangte; Sārnāth, wo er fünf Mönchen seine erste Unterweisung gab; Kuśinagara, wo er ins Nirvāṇa eintrat.

Soheit: «Soheit», «Auf-diese-Weise», «So-wie-es-ist» sind Übersetzungen für skt. *tathatā* und jap. *shin'nyo*, was sich auf die Wirklichkeit aller Wesen bezieht, so wie sie ist. Soheit ist ein Synonym für *dharmatā*.

Südliche Schule: Eine der Schulen des chinesischen Zen, gegründet vom sechsten Vorfahren, Huìnéng. Die zentrale Lehre dieser Schule ist die «unmittelbare» oder «plötzliche» Erleuchtung.

Śūnyatā: siehe Leerheit.

Suttanipāta: Eine Sammlung kurzer Sūtras. Eine der ältesten Schriften des Buddhismus, zum Khuddaka-Nikāya gehörend.

Takuhatsu (skt. *piṇḍapāta*): Traditioneller religiöser Bettelgang, von buddhistischen Mönchen seit Buddhas Zeiten praktiziert, auch heute noch in der Theravāda-Tradition und von Zen-Mönchen in Japan.

Im heutigen Japan empfangen die Mönche hauptsächlich Geldspenden anstelle von Nahrung.

TATHĀGATA: Einer der zehn Beinamen Buddhas, wörtlich «der So-Gekommene» oder «der So-Gegangene».

TATHATĀ: «Soheit», «Auf-diese-Weise», «So-wie-es-ist». Eines der zentralen Denkmodelle des Mahāyāna-Buddhismus bezüglich der wahren Realität aller Wesen.

TENZOKYŌKUN («Anweisungen für den Koch»): Der erste Abschnitt des *Eihei Shingi*. Eihei Dōgen schrieb diesen Text, um am Beispiel des Kochens die Bedeutung der Gemeinschaftsarbeiten als Praxis zu lehren.

TRANSMIGRATION: Man glaubt, Transmigration oder Reinkarnation trete nach dem Tod ein, wenn die Seele oder der Geist in einem neugeborenen Körper zurück ins Leben kommt. Diese Lehre ist ein zentraler Glaubenssatz in der Mehrheit der indischen religiösen Traditionen wie Hinduismus, Jainismus und Sikhismus. Die buddhistische Vorstellung der Wiedergeburt wird oft auch als Reinkarnation bezeichnet.

TRIPIṬAKA: Die drei «Körbe» (der buddhistischen Schriften): Sūtra-Piṭaka, Abhidharma-Piṭaka und Vinaya Piṭaka.

TUṢITA-HIMMEL: Der Himmel, wo Śākyamuni Buddha sich aufhielt, bevor er geboren wurde. Man glaubt, dass Maitreya dort seinen Sitz habe und in mehreren Milliarden Jahren wieder in diese Welt hineingeboren werde.

UNÜBERTREFFLICHER GEIST: Eine Übersetzung des japanischen Wortes *mujōshin*, eines Synonyms für *bodaishin* (Skt. *bodhi-citta*). *Bodhicitta* gilt als die Kurzform von *anuttarā-samyak-sambodhi-citta*. «Unübertrefflich» ist eine Übersetzung von *anuttarā*.

VAJRAYĀNA: Ein Schule des Buddhismus, die im Indien des sechsten oder siebten Jahrhunderts entstand. Diese Schule nennt man auch Esoterischen oder Tantrischen Buddhismus. Sie entwickelte sich aus den Lehren des Mahāyāna-Buddhismus unter dem starken Einfluss des Hinduismus. Sie reichte bis China, Japan und Tibet. Die von Kūkai gegründete Shingon-Schule ist eine japanische Form des Vajrayāna-Buddhismus.

VERGÄNGLICHKEIT (skt. *anitya*): Eines der drei Kennzeichen aller Wesen. Die zwei anderen sind Leiden (*duḥkha*) und Nicht-Ich (*anātman*).

VERSCHMELZEN VON UNTERSCHIED UND EINHEIT: Der Titel des *Sandōkai* von Shítóu Xīqiān.

Vier Edle Wahrheiten (skt. *ārya-satya*): Der grundlegende Lehrsatz des Buddhismus. Die Vier Edlen Wahrheiten sind Leiden (*duḥkha*), die Entstehung des Leidens, das Beenden des Leidens und der Pfad, der zum Beenden des Leidens führt.

Vier Grundelemente: Die Bestandteile aller lebenden Wesen und Dinge: das Erdelement, das in festen Dingen wie Knochen vorkommt; das Wasserelement, wie Blut und andere Körperflüssigkeiten; das Feuerelement, wie Körperwärme, und das Windelement oder Bewegung.

Vier Wohltäter (jap. *shion*): Es gibt verschiedene Zusammenstellungen der vier Wohltäter in verschiedenen Texten. Die gebräuchlichste Zusammenstellung ist (1) Vater und Mutter, (2) alle lebenden Wesen, (3) der König eines Landes und (4) die Drei Schätze.

Vinaya: Einer der drei *piṭakas* («Körbe») der buddhistischen Schriften. Der Vinaya-Piṭaka ist eine Sammlung der Regeln und Anweisungen für das Gemeinschaftsleben von Mönchen und Nonnen.

Viṣṇu: Der Höchste Gott in der Vaiṣṇava-Tradition des Hinduismus.

Wahrnehmung (skt. *samjñā*): Die dritte der fünf «Ansammlungen» oder Daseinskomponenten (*skandhas*). Wahrnehmung bezeichnet nicht nur die Konstrunktion mentaler Bilder und das Erstellen von Denkmodellen, sondern auch die Denkkonstruktionen selbst.

Wechselwirkend abhängiges Entstehen (skt. *pratītya-samutpāda*; jap. *engi*): Eine der buddhistischen Hauptlehren über die Kausalität, auch kurz: «abhängiges Entstehen».

Yogācāra-Schule: Eine der zwei Mahāyāna-Schulen in Indien, gegründet von Maitreyanātha, Asaṅga und Vasubandhu.

Zendō: Eine Abkürzung von *zazendō*; ein großer Raum für die Zazen-Praxis; Meditationshalle in der Zen-Tradition.

Zwei Wahrheiten: Konventionelle und absolute Wahrheit. Nāgārjuna ist der erste buddhistische Meister, der in seinem Werk *Mūlamadhyamakakārikā* klar und deutlich diese zwei Arten von Wahrheit benannte.

Zwölf Verknüpfungen des abhängigen Entstehens: s. Wechselwirkend abhängiges Entstehen.

Über den Autor

Shōhaku Okumura wurde 1948 in Ōsaka in Japan geboren. Er absolvierte an der Komazawa-Universität in Tōkyō in Studium der Buddhologie, erhielt 1970 von Kōshō Uchiyama-Rōshi die Ordination zum Zenmönch und ist dessen Dharmanachfolger in der Linie von Kōdō Sawaki-Rōshi. Er praktizierte bei Kōshō Uchiyama-Rōshi im Kloster Antaiji, bei Ikkō Narasaki-Rōshi im Kloster Zuiōji, sowie u.a. im Pioneer Valley Zendō in Massachusetts, unterrichtete u.a. im Sōtō-Zen-Zentrum in Kyōto und im Minnesota Zen Meditation Center in Minneapolis. Von 1997 bis 2010 leitete er das Soto Zen Buddhism International Center in San Francisco.

Okumura-Rōshi übersetzte und kommentierte eine Vielzahl von Texten von Dōgen-Zenji und Uchiyama-Rōshi ins Englische, von denen insbesondere Dōgens *Shōbōgenzō zuimonki* auch in deutscher Sprache vorliegt, sowie mehrere eigene Bücher.

Heute lebt er mit seiner Familie in der von ihm gegründeten *Sanshin Zen Community* in Bloomington, Indiana.

Im gleichen Verlag von Shōhaku Okumura:

Shōhaku Okumura
Die Verwirklichung der Wirklichkeit
«Genjōkōan» – der Schlüssel
zu Dōgen-Zenjis *Shōbōgenzō*
ISBN 978-3-932337-60-4

Meister Dōgen (1200–1253), der Begründer des Sōtō-Zen, ist bekannt als einer der bemerkenswertesten Denker der Religionsgeschichte überhaupt und insbesondere des Zen. Seine Werke sind poetisch und literarisch formvollendet wie auch beispiellos erkenntnisreich und philosophisch. Sie verweisen auf die tiefsten Ebenen zenbuddhistischen Denkens, sind aber auch nicht leicht zugänglich für den Leser.
Das vorliegende Buch schließt diese Lücke. Es gibt uns eine fundierte Einführung in das Denken und die Lehren Meister Dōgens, indem es das wichtigste Kapitel, «Genjōkōan», seines bahnbrechenden Hauptwerks, des *Shōbōgenzō*, ausführlich erklärt und erläutert. Das Kapitel *Genjōkōan* ist gleichzeitig Gerüst, Schlüssel, Essenz und Kulminationspunkt von Dōgens umfangreichem Schaffen. Es eröffnet uns den Weg, die im *Shōbōgenzō* dargelegte Lehre ganz grundlegend zu verstehen und danach zu leben.

Zen-Meister Shōhaku Okumura hat sein gesamtes Leben der Erforschung und Vermittlung von Dōgens Lehre und der Übersetzung seiner Schriften gewidmet. Er gibt mit diesem Buch sowohl dem Anfänger als auch dem Fortgeschrittenen detaillierte und kenntnisreiche Hilfestellung und vielfältige Anregung bei der Beschäftigung mit diesem Schlüsselkapitel des *Shōbōgenzō*.

Ergänzt wird das Buch durch eine ausführliche Biografie Dōgens von Hee-Jin Kim, die uns einen erhellenden Einblick bietet in den historischen Kontext, in dem Dōgen lebte und lehrte, und dadurch das Verständnis des Textes noch weiter vertieft.

Im gleichen Verlag:

Bücher von
Bhante Henepola Gunaratana

Die Praxis der Achtsamkeit
Eine Einführung in die Vipassana-Meditation
ISBN 978-3-921508-77-0

Von der Achtsamkeit zur Sammlung
Eine Einführung
in die tieferen Stadien der Meditation
ISBN 978-3-932337-78-9

Acht Schritte zum Glück
Mit Achtsamkeit auf dem Pfad des Buddha
ISBN 978-3-932337-79-6

Dhammarato Bhikkhu
Der Kern der Lehre
Die bedeutsamsten Reden Buddhas
in zeitgemäßer Sprache
ISBN 978-3-932337-44-4

Um zu verstehen, was der Buddhismus ist und bewirkt, lässt man am besten seinen Stifter zu Wort kommen. Die Quelle dieser in zeitgemäße Sprache komplett neu übertragenen Reden und Dialoge des Buddha ist das überlieferte Wort seiner engsten Jünger, der Pali-Kanon, einer der kostbarsten geistigen Schätze der Menschheit. Doch die bisher erschienenen deutschsprachigen Interpretationen und Übersetzungen des Kanons sind vornehmlich für ernsthaft praktizierende Buddhisten und Experten gedacht. Diese neu übertragene Auswahl der wichtigsten und bedeutsamsten Reden des Buddha soll diesen geistigen Schatz nun auch einem breiteren Publikum eröffnen.
In diesen Texten ist alles enthalten, was wir benötigen, um den buddhistischen Weg zu verstehen und zu gehen, damit uns dieser zu einem freieren und unabhängigeren Dasein führt.

Werner Kristkeitz Verlag
Löbingsgasse 17 • 69121 Heidelberg • www.kristkeitz.de

Im gleichen Verlag:

Myōkyō-ni Irmgard Schlögl
Die Suche nach der Ganzheit
Unterweisungen
für übende Zen-Buddhisten

ISBN 978-3-932337-62-8

«Was das menschliche Herz wirklich will, ist eine Wieder-Verbindung mit der Harmonie, die alles durchdringt und in der sie ihr Sein hat. Damit wird seine Sehnsucht erfüllt, und so erfüllt entsteht eine aktive und freudige Anteilnahme an und mit allem, was ist.» Dieses Thema, die Suche des Herzens nach der Ganzheit, durchzieht die Schriften und Unterweisungen der Ehrw. Myōkyō-ni wie ein roter Faden.

Die Autorin verweist darauf, dass dieses Bedürfnis nach Erfüllung das Gebiet aller religiösen Bestrebungen ist. Die verschiedenen Traditionen, so unterschiedlich sie im Einzelnen auch sein mögen, deuten alle auf dieselben Wahrheiten, auf das Universelle, weil unsere menschliche Natur, unser menschliches Herz dasselbe ist. Dass die menschliche Natur die Begriffe alt, modern, westlich und östlich überschreitet, macht die Untersuchung fernöstlicher wie auch christlicher Symbole, buddhistischer Allegorien, wie auch verschiedener Aspekte von C. G. Jungs analytischer Psychologie deutlich.

Dieses Buch ist ein Wegweiser. Es leitet den Übenden Schritt für Schritt durch die buddhistischen Lehren, die immer klar und ausführlich in konkretes tägliches Training übersetzt werden. Diese aufschlussreichen Hinweise zur Übung auf dem Weg zur Ganzheit wurden von Myōkyō-nis Schülern stets als hilfreich und ermutigend empfunden. Mögen sie auch weiterhin andere auf dem Weg inspirieren und unterstützen.

Werner Kristkeitz Verlag
Löbingsgasse 17 • 69121 Heidelberg • www.kristkeitz.de